Floride

GUIDES BLEUS ÉVASION

Ce guide a été établi par **Rémy Leroux Monet.**

Rémy Leroux Monet est un homme de tourisme. Il a présidé dix ans durant la Fédération internationale des journalistes et écrivains du tourisme (FIJET), tout en enseignant dans ce domaine, notamment à la Sorbonne. Ce Parisien de souche, globe-trotter par goût et par nécessité professionnelle, rédige désormais des guides touristiques. Il réside actuellement au Costa Rica.

Pour la présente édition, l'auteur tient à remercier tout spécialement Terry Abel, Missy Austin, Ernst Bacher, Rita Brown, Lynn Canfield, Mayra Cárdenas, Nancy Chambers, Bernardo Chávez Calvo, Missy Clark, Lisa Cole Wertchafter, Marianne Corriez, George Cortes, Lee Daniel, John Dreyer, Betsy Dross, Mary Louise English, Jacqueline Fernández, Francis J. Flynn Jr., Vickie García-Serra, Ernie Hill, Juan Iraola, Sue Jenne, Bill & Diane Johnson, Larry Krick, Rick de la Guardia, Franck Langley, Laura Mancine, Kathleen Martin, Martine, Francine Mason, Alyce M. McDaniel, Marcia Meredith, Martha Mihovilich, Donna Mirus, Jean Modot, Karen Moran, C. Murawski, Constance Nora, Wanda Salerno, Rosetta Stone Land, Allen Susser, Tica Walley, Marilena Zúñiga, ainsi que l'Office national du tourisme des États-Unis (USTTA) pour l'Europe en France, la Florida Department of Commerce Division of Tourism, le Greater Miami Convention & Visitors Bureau et la compagnie aérienne American Airlines pour l'aide apportée à la réalisation de cette nouvelle édition mise à jour.

Direction : Isabelle Jeuge-Maynart. **Direction éditoriale :** Catherine Marquet. **Responsable de collection :** Armelle de Moucheron. **Secrétariat d'édition :** Sophie Favrolt. **Lecture-correction :** Olga Dubost, Jeanine Goulhot, Amaury Donon, Stéphanie Debord. **Documentation :** Florence Guibert, Isabelle Jullien. **Informatique éditoriale :** Lionel Barth, Pascale Ocherowitch. **Maquette intérieure :** Daniel Arnault. **Mise en page PAO :** Catherine Riand. **Cartographie :** Alain Mirande, Fabrice Le Goff, Valérie Tantin. **Dessins :** Gilles Grimon, Frédéric Dégranges. **Fabrication :** Gérard Piassale, Caroline Garnier.

Crédit photographique : **Bridgeman-Giraudon** : p. 61. **J.-C.Charmet**, p. 57. **DIAF** : D. Ball, p. 110 ; D. Miller, pp. 26-27, 30, 73 ; B. Simmons, p. 60 ; N. Wheeler, p. 72 ht. **Explorer** : Adina, pp.124, 133 bas, 169 ; G. Boutin, pp. 48, 91 bas ; P. Brylak, p. 90 ht ; P. Donehue, pp. 19, 77 ht, g. ; S. Grandadam, p 77. **Gamma** : Greenwood, pp. 90 bas, 91 ht. **S. Grandadam**, pp. 69, 72 bas. **Hoa Qui** : S. Grandadam, pp. 6, 19, 164, 180 ht; E. Lallo, p. 214; R. Leslie, p. 181 ; P. de Wilde, pp. 102, 111. **Map** : Mouliane, p. 149 (© Disney Enterprises, Inc./Used by permission from Disney Enterprises, Inc.). **Photo Labs** : R. Ehlert, p. 132. **Rapho** : Martel, p. 184. **Top** : O. Martel, p. 203. **Universal Studios Florida** : p. 136. **The Walt Disney Company** : p. 7. Les photos pp. 83, 110, 133 ht, 180 bas, nous ont été transmises par l'auteur. **Couverture** : de ht en bas et de g. à dr. : Epcot, Disney World (**Diaf**, C. Moirenc ; used by permission from Disney Enterprises, Inc.) ; Seaside (**Diaf**, N. Wheeler) ; Key West (**Visa**, W. Louvet) ; Miami Beach (**Visa**, A. Venturi).

Aussi soigneusement qu'il ait été établi, ce guide n'est pas à l'abri des changements de dernière heure, des erreurs ou omissions. Faites-nous part de vos remarques. Informez-nous aussi de vos découvertes personnelles. Nous accordons la plus grande attention au courrier de nos lecteurs.
Guides de Voyage Hachette, 43, Quai de Grenelle, 75905 Paris Cedex 15.

SOMMAIRE

ALLER EN FLORIDE

Toutes les informations nécessaires à la préparation et à l'organisation préalables de votre séjour.

QUELQUES CLÉS POUR COMPRENDRE

VISITER LA FLORIDE

Pour découvrir les principales richesses touristiques de la Floride, deux grandes étapes et sept grands itinéraires, accompagnés de cartes et de plans, et, à chaque ville ou site, les meilleures adresses d'hôtels, de restaurants et de loisirs.

POUR EN SAVOIR PLUS

ARRÊTS SUR IMAGE «ZOOMS»

ENCADRÉS

CARTES ET PLANS

SYMBOLES ET ABRÉVIATIONS

♥ les coups de cœur de la rédaction

Sites, monuments, musées, œuvres

***	exceptionnel
**	très intéressant
*	intéressant

Hôtels

▲▲▲▲	hôtel de très grand luxe
▲▲▲	hôtel de grande classe offrant un confort maximal
▲▲	hôtel de bon confort
▲	hôtel simple mais confortable

Restaurants

♦♦♦♦	cadre luxueux, très bonne table. Prix élevés
♦♦♦	bonne table, service agréable. Prix moyens
♦♦	table simple. Prix modérés
♦	cuisine populaire. Bon marché

Cartes de paiement

Principales cartes acceptées par l'établissement :

VISA	Carte Bleue Visa
AE	American Express
DC	Diner's Club
MC	Eurocard MasterCard

DÉCOUVRIR LA FLORIDE

Disney World et des gratte-ciel pastel bordant des plages sans fin, voilà le cliché. Mais en Floride, vous irez aussi dans les Everglades, refuge des Indiens miccosukees, ou au bord du deuxième plus grand lac des États-Unis : Okeechobee. Vous découvrirez la première ville (espagnole) du continent américain, Saint Augustine. Terre d'émigrations, surtout latine, la Floride sonne aujourd'hui comme une Amérique à mezza voce.

QUE VOIR ?

La Floride du sud

Le morceau de choix. Une série de passages obligés pour ceux qui découvrent la Floride. *(Les distances sont calculées à partir de Miami.)*

***Key West ♥ (145 mi/217 km S), au bout de la somptueuse route des Keys entre Atlantique et golf du Mexique, une charmante petite ville balnéaire tropicale, rendue célèbre par moult hommes de lettres.

Cette maison de Key West, gardée par un fidèle palmier, associe les couleurs modernes de l'art déco, l'architecture coloniale et le bois.

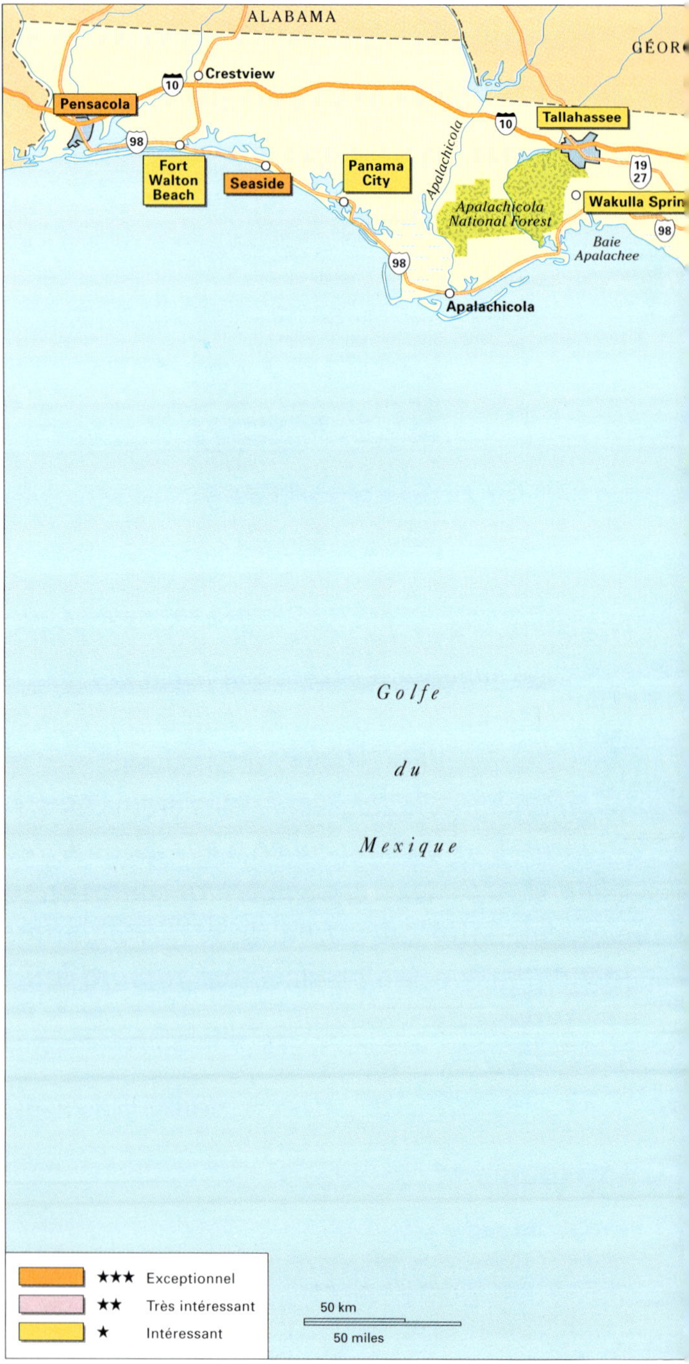

QUE VOIR EN FLORIDE ?

OCÉAN
ATLANTIQUE
Osceola N. Forest
Jacksonville
Lake City
St. Augustine
Gainesville
St. Johns River
Suwannee
Lake George
Ocala National Forest
Ocala
Daytona Beach
omosassa Springs
J.F. Kennedy Space Center
Universal Studios
Orlando
Disney World and EPCOT Center
Wet'n Wild
Sea World
Cape Canaveral
rpon rings
Tampa
Melbourne
Lakeland
Lake Kissimmee
Saint Petersburg
Florida Turnpike
int sburg ach
Fort Pierce
Sarasota
Peace
Port Charlotte
Lake Okeechobee
Fort Myers
Palm Beach
Caloosahatchee
Cape Coral
Belle Glade
Boca Raton
Fort Lauderdale
Naples
Hollywood
Dania Beach
Marco Island
Hialeah
Miami
Miami Beach
Everglades Nat. Park
Key Largo
Cape Sable
Florida Bay
Key West
Florida Keys

***Le parc national des Everglades ♥ (22 mi/35 km S), refuge des Indiens miccosukees et de milliers d'animaux dont des espèces en voie de disparition.
Miami, capitale du tourisme floridien avec ses gratte-ciel qui hébergent une intense activité internationale de commerce et de finances, ses 600 hôtels et motels et ses 7 000 restaurants. Son annexe bohème, **Coconut Grove**, tient à la fois de Saint-Germain-des-Prés, Woodstock et Saint-Tropez. *Little **Havana** est le quartier enrichi par les émigrés cubains et autres latins. *Little **Haiti** accueille les Noirs d'Haïti ou d'ailleurs. ***Coral Gables** offre la tranquillité et l'élégance de ses résidences. A ***Seaquarium ♥, les jeux des dauphins vous enchanteront. Quant à la ***Villa Vizcaya ♥, reconstitution superbe d'une demeure de la Renaissance italienne, elle renferme une belle collection d'arts décoratifs européens.
**Miami Beach, la contrepartie balnéaire de la ville, un groupe d'îles à la vocation balnéaire internationale, rehaussé par son **Quartier Art Déco qui retrouve son âme petit à petit depuis 1986.

La Floride du centre

Domination absolue de Walt Disney à Orlando par qui le destin de toute cette région vallonnée et verdoyante a changé. *(Les sites mentionnés se situent dans un rayon de moins de 50 km d'Orlando.)*
***Sea World of Florida : dauphins et monstres marins vous y attendent.
***Les Universal Studios, que vous pourrez comparer avec ceux de Disney.
***Walt Disney World ♥. Au **Magic Kingdom**, laissez-vous séduire par Mickey et Minnie qui vous présentent leurs nombreux amis. À **EPCOT**, visitez la planète en 11 escales. Quant aux **Disney-MGM Studios**, vous exercerez vos talents cinématographiques en compagnie de vos stars préférées.
*Orlando, la concurrente de Miami. Orlando est comme une ville à la campagne. Son destin a changé avec le début des gigantesques travaux d'aménagement de Walt Disney World à partir de 1967, qui en font aujourd'hui, avec ses trois parcs d'attractions, la deuxième capitale du tourisme de l'État du Soleil. ***Church Street Station, le complexe le plus dingue de restaurants, bars, discothèques et autres antres du shopping, est à Orlando, ainsi que ***Wet'n Wild, le meilleur parc aquatique de Floride.

De Miami à Jacksonville

Un grand axe sud-nord, longeant de nombreuses plages et permettant notamment la découverte des mecques de la course automobile (Daytona), de la conquête de la lune (Centre Kennedy) et de l'histoire universelle (Saint Augustine). *(Les distances sont calculées à partir de Miami.)*
***Boca Raton ♥ (40 mi/61 km N) et *Palm Beach (58 mi/91 km N), où tout est luxe, calme et volupté.
***Fort Lauderdale ♥ (30 mi/45 km N), capitale d'un nouveau tourisme plus familial, une ambiance village plus humaine avec moins de tours-hôtels.
***Kennedy Space Center (248 mi/384 km N), à la conquête de l'espace.
***Saint Augustine ♥ (302 mi/467 km N), la plus vieille ville du continent américain fondée le 8 septembre 1565 par les conquistadores espagnols ; elle doit son charme à ses fortifications et à sa mise en valeur exemplaires.
*Dania (23 mi/33 km N), pour ses antiquaires et son fronton de jaï alaï.
*Daytona et *Daytona Beach (396 mi/564 km N), d'où les amateurs de courses de toutes disciplines ne décolleront plus.
*Fort Pierce (119 mi/185 km N), avec l'embranchement à Port Saint Lucie pour gagner la conquête française en terre américaine, c'est-à-dire le ****Club Méditerranée Sandpiper, l'un des deux sis aux États-Unis.

La côte ouest, de Naples à Panama City

Ce très agréable parcours de plus de 900 km permet de longer le golfe du Mexique, qui offre de longues plages au sable blanc et des agglomérations in-

Carte d'identité

Situation : à l'extrémité S-E des États-Unis (10 heures de vol de Paris), à 90 mi/144 km de Cuba.
Frontières : communes au N et au N-O avec l'Alabama et la Géorgie.
Plages : 1 600 km.
Côtes : 13 500 km.
Superficie : 140 000 km^2 (la France mesure 550 000 km^2).
Point culminant : à 105 m, près de Lakewood, dans la « Queue de la poêle », aux confins de l'Alabama.
Climat : subtropical, chaud toute l'année, pluies tropicales l'été. Le golfe du Mexique et l'océan Atlantique atténuent les excès de température.
Population estimée en avril 1993 : 13,6 millions dont 3,5 de Noirs et 8,5 de Blancs. Le comté de Dade/Miami est à 43 % hispanique. Taux de croissance annuelle de la population : 1,7 %. Le dernier recensement date de 1990 et le prochain aura lieu en l'an 2000. La Floride est le 4e État le plus peuplé des États-Unis, après la Californie, New York et le Texas.
Capitale administrative : Tallahassee (125 000 hab.).
Villes principales : Miami (360 000 hab.), Orlando (165 000 hab.), Jacksonville (635 000 hab.), Tampa (280 000 hab.), Saint Petersburg (240 000 hab.), Fort Lauderdale (150 000 hab.).
Fuseaux horaires : heure de l'est *(Eastern Standard Time)* pour la plus grande partie de la Floride et heure du centre *(Central Standard Time)* pour l'extrémité occidentale de la « queue de la poêle » *(Panhandle)*, les deux zones étant délimitées par la rivière Apalachicola (voir p. 213).
Surnom : État du Soleil *(Sunshine State)*, selon une décision du Parlement de l'État de Floride en 1970. Abréviation officielle : FL.
Devise des États-Unis : Nous faisons confiance à Dieu *(In God We Trust)*.
Religions pratiquées : principalement protestantisme, catholicisme et judaïsme.
Langues parlées : l'anglais est la langue officielle. La langue étrangère la plus utilisée est l'espagnol, dans de plus fortes proportions à Miami, dans le comté de Dade et au sud de l'État. On trouve aussi du français, de l'hébreu, du yiddish, de l'allemand, etc.
Régime politique : entrée dans l'Union le 3 mars 1845. 27e État du pays. Démocratie républicaine à deux Chambres. Fonctionnement similaire à l'État fédéral.
Gouverneur actuel : M. Lawton Chiles (démocrate) élu le 8 novembre 1990 pour un premier mandat de quatre ans. Réélu pour quatre ans le 8 novembre 1994 face à M. Jeb Bush (républicain), fils de l'ancien Président des États-Unis George Bush.
Principales ressources :
– le tourisme et les loisirs ont rapporté 20 % du total des recettes fiscales de l'Etat de Floride en 1993.
– l'agriculture (oranges, pamplemousses, viande de bœuf, céréales, légumes, poissons et crustacés).
– l'industrie (imprimerie, édition, équipements pour l'électronique et les transports, agro-alimentaire).

contournables pour l'Histoire ou le tourisme moderne. *(Les distances sont calculées à partir de Naples.)*
*****Sarasota** ♥ (105 mi/168 km N), destination élégante, est, en outre, comme la vitrine de la politique culturelle de l'État de Floride. Le *****Musée Ringling** ♥ offre un panorama de l'art universel dans ses somptueux bâtiments de style Renaissance italienne… construits à la fin des années 20.

**Fort Myers (34 mi/54 km N), cité de l'inventeur Edison dont on peut visiter la ***maison.
**Naples ♥, cité cossue pour un séjour de classe.
**Saint Petersburg (143 mi/230 km N) et **Saint Petersburg Beach, villes touristiques nouvelles par excellence, promues à la fin du siècle dernier pour leur nombre inégalable d'heures de soleil. Le ***Musée Dali est exceptionnel.
**Tampa (156 mi/255 km N), la troisième ville de l'État du Soleil, est un centre de communication maritime et aérienne. Ses attraits sont nombreux et dispersés. Voir notamment ***Ybor City ♥ fondée par des émigrants, cubains et autres, ainsi que ***Busch Gardens ♥, un grand parc d'attractions consacré à la démystification de l'Afrique aux yeux des Américains.
*Homosassa Springs (236 mi/378 km N) et *Wakulla Springs (378 mi/555 km N). Grands complexes aquatiques naturels transformés en « attractions ».
*Tarpon Springs (189 mi/305 km N), pour célébrer l'émigration grecque et les pêcheurs-plongeurs d'éponges.

Le nord de la Floride

Un parcours plus agreste, plus vallonné que le reste de la Floride, plus nuancé climatiquement avec (presque) les quatre saisons et des sources thermales abondantes. *(Les distances sont calculées à partir de Jacksonville.)*
***La forêt nationale d'Osceola (Lake City, porte d'accès, à 60 mi/96 km O), l'une des plus belles de Floride pour la variété de ses essences.
***Pensacola ♥ (575 mi/920 km N-O) a été fondée par les conquistadores espagnols. Elle en a de fort beaux restes – autour notamment de ***Seville Square – qu'elle sait combiner à merveille avec les loisirs balnéaires.
***Seaside ♥ (513 mi/821 km N-O), nouvelle et unique station, faite de chalets inspirés de l'architecture traditionnelle du sud.
*Jacksonville (338 mi/524 km N), la plus grosse ville de Floride, aux dimensions modestes cependant par comparaison avec les villes des États-Unis (635 000 hab.), fière de ses plages au sable blanc toutes proches et de son atmosphère qui sent déjà le sud.
*Panama City (481 mi/769 km N-O), une nouvelle capitale balnéaire où s'effacent petit à petit les traditionnels retraités au profit des jeunes vacanciers.
*Tallahassee (163 mi/253 km O), la voici, la vraie capitale (administrative) de la Floride ! Tout y est net, au carré, comme dans le monde des fonctionnaires. Avec de grands parcs et des immeubles néo-victoriens et néo-classiques.
Fort Walton Beach (544 mi/870 km N-O), pour ses plages mais aussi pour la toute proche et plus grande base aérienne militaire US, Eglin Air Force Base.

SI VOUS AIMEZ...

Les plages. Proches des grandes villes : c'est en priorité **Miami (S-E, p. 85) mais aussi **Fort Myers (S-O, p. 191) ou encore *Jacksonville (N-E, p. 215) et **Saint Petersburg (O, p. 196). Pour vous tout seul : elles vous attendent le long de la **Côte spatiale** (E, à partir de la p. 155), la ***Route des Keys ♥ (S, à partir de la p. 108), la **Miracle Strip** (N-O, à partir de la p. 228) et dans les îles ***Sanibel ♥ et ***Captiva ♥ (S-O, p. 190).
Les villes historiques. Arpentez donc en priorité ***Saint Augustine ♥ (N-E, p. 173) et ***Pensacola ♥ (N-O, p. 231) constituées au temps de la colonisation espagnole. Ne pas oublier ***Ybor City ♥ à Tampa (O, p. 202). Le **Quartier Art Deco de Miami Beach (S-E, p. 85), restauré, est superbe.
Les villes « à l'américaine ». Vous avez le choix entre **Miami (S-E, p. 75), *Jacksonville (N-E, p. 215), *Orlando (Centre, p. 125), *Tallahassee (N-O, p. 221), **Fort Myers (S-O, p. 191), **Tampa (O, p. 202), ***Fort Lauderdale ♥ (S-E, p. 159).

Les cités où tout est luxe, calme et volupté... Alors, ne manquez pas **Naples ♥ (S-O, p. 186), ***Sarasota ♥ (O, p. 193), ***Boca Raton ♥ (S-E, p. 163), Palm Beach (S-E, p. 164) et ***Marco Island ♥ (S-O, p. 189).
Les parcs d'attractions où la démesure est de règle. Séjourner à Orlando pour mieux vous divertir à ***Walt Disney World ♥ (p. 145), à ***Sea World of Florida ♥ (p. 135), à ***Cypress Gardens (p. 137) et aux ***Universal Studios (p. 134) ; à Tampa pour ***Busch Gardens ♥ (p. 206) ; ou encore à Miami pour ***Miami Seaquarium ♥ (p. 83).
La conquête spatiale. Visitez le centre spatial de Cap Kennedy (E, p.168).
Les centres commerciaux dingues. Voyez notamment Aventura au N de Miami Beach, Sawgrass Mills près de Fort Lauderdale ou bien Mayfair à Coconut Grove, près de Miami.
Les demeures historiques devenues hôtels. Descendez par exemple au ****Biltmore ♥ à Coral Gables, près de Miami (p. 94) ; au ****Don Cesar ♥ à Saint Petersburg Beach (p. 201) ; au ***Stouffer Vinoy Resort à Saint Petersburg (p. 201) ; au ****Boca Raton Hotel & Club ♥ à Boca Raton (p.163) ou encore au ****Breakers ♥ à Palm Beach (p. 166).
Les ponts qui n'en finissent pas. Vous serez particulièrement gâtés en parcourant la ***route des Keys ♥ (S, à partir de la p. 108). En mineur, ceux de ***Marco Island ♥ (S-O, p. 189) et de Santa Rosa Island (N-O, p. 231).
Les grands musées. Vous attendent en priorité : la ***Villa Vizcaya ♥ à Miami, qui abrite un musée des Arts décoratifs européens (p. 82) ; le ***Musée Dali à Saint Petersburg (p. 200) ; le ***Musée Ringling ♥ à Sarasota, qui présente une riche collection d'œuvres classiques européennes (p. 194) ; le **Musée Plant, à Tampa, qui expose des meubles anciens, des faïences et des objets d'art oriental (p. 205).
Les parcs nationaux et la grande nature. Passages obligés : les marais des ***Everglades ♥ à quelques km de Miami (p. 103) ; la **forêt nationale Apalachicola près de Tallahassee (p. 227) ; la ***forêt nationale Osceola, près de Jacksonville (p. 221) ; le ***lac Okeechobee, au centre de l'État (p. 192).
L'exotisme culturel. Vous rencontrerez des Indiens dans les Everglades (p. 103), des Cubains dans Little Havana à Miami (p. 88), des Haïtiens dans Little Haiti à Miami (p. 90), des Grecs à Tarpon Springs (p. 209).

PROGRAMME

En partant de la France, les offres forfaitaires des voyagistes et les facilités tarifaires en matière de transport aérien sont le plus souvent proposées pour un séjour de 6 à 8 jours sur place. Si vous restez moins longtemps, vous paierez proportionnellement plus cher...
Si vous ne disposez que de deux jours. Séjournez alors à Miami Beach pour profiter de la plage ou de la piscine de l'hôtel. Vous devrez louer une voiture. Les distances sont grandes et les transports en commun vous prendraient trop de temps. Il vous faut absolument visiter la Villa Vizcaya, chef-d'œuvre de reconstitution architecturale (il s'agit d'une villa de style Renaissance italienne, achevée en 1916), transformée en un brillant musée des arts décoratifs européens ; faire un saut à Coconut Grove pour l'ambiance Saint-Germain-des-Prés revue et corrigée par l'Amérique ; éventuellement, passer un moment au Metrozoo et aller dîner dans un restaurant de fruits de mer.
Si vous restez 7 jours. Vous pouvez prévoir d'effectuer un petit tour de Floride : Miami, en deux jours donc ; Key West et ses « îles » les plus au sud des États-Unis, l'ambiance antillaise, la pêche au gros, la plongée sous-marine, le farniente, mais aussi les maisons en bois hantées par Ernest Hemingway ; une petite journée de transport (avion ou autocar) et filez sur Orlando, centre d'excursions permettant de mesurer les dimensions des « attractions » floridiennes : le Monde de Walt Disney et sa récente extension, EPCOT, vitrine du monde vu par l'Amérique ; les tout nouveaux studios

MGM ; **Wet'n Wild**, pour vous amuser avec les vagues dans une immense piscine ; et enfin **Sea World**, le domaine aquatique où règne la célèbre baleine Shamu.

Si vous disposez de 15 jours. Gardez le même schéma que pour le séjour d'une semaine, et ajoutez une escapade vers l'ouest dans le magnifique **golfe du Mexique**, avec de grandes étapes balnéaires comme **Saint Petersburg**, puis retour à Miami par **Tampa**, avec son quartier latin et ses fabriques de cigares.

LA FLORIDE AUTREMENT

Fraterniser avec les Américains. C'est très facile par exemple à la sortie de la messe le dimanche midi, mais aussi dans les bars de toutes les catégories qui se présentent à vous le long de la route ou encore dans un complexe comme Church Street Station dans Downtown Orlando (p. 131).

Des paris tout à fait particuliers. Les paris mutuels se pratiquent sur les courses de lévriers et les parties de pelote basque (jaï alaï, voir p. 96). Pas moins de 18 pistes sont à votre disposition ainsi que 12 frontons à travers l'État du Soleil. Mais point de casinos…

Devenez taste-vin floridien. Le vin floridien commence à se faire un marché. Goûtez-le à Lakeridge dans le cadre d'une agréable séance taste-vin (p. 143).

Écouter le silence et les grillons. Le long des routes secondaires (très bonnes) du N de l'État, notamment près de Tallahassee (p. 221).

Toutes les courses. À Daytona (p. 171), vous pourrez assister à toutes les courses, voitures, kart et, bien sûr, motos sur le fameux parcours Daytona International Speedway qui peut accueillir au moins 125 000 spectateurs.

Priez dans un monastère espagnol. À Miami, un monastère roman remontant à l'année 1141 a été réinstallé par le magnat de la presse William Randolph Hearst en 1954, laissant loin derrière son Espagne natale (p. 89).

Des enchères qui partent en fumée. Les plus grandes et les plus anciennes enchères de vente de tabac ont lieu chaque année en juillet et août à Lake City (p. 221) et à Live Oak (p. 222), près de Jacksonville.

Nostalgie. Ne manquez pas d'assister au déchargement des navires bananiers et écrevissiers sur les quais de Tampa, au Waterfront (p. 206), en provenance d'Amérique du Centre et du Sud.

Décor de théâtre. Si vous aimez séjourner dans une localité qui ressemble à un décor de théâtre, Seaside, près de Tallahassee, est faite pour vous. Des chalets à gogo avec des services et infrastructures multiples compris dans le prix de la location (p. 230).

Assister à un match de base-ball ou de football américain. Toujours très animé si la partie implique les Florida Marlins ou les Miami Dolphins, deux équipes de Miami qui jouent habituellement au Joe Robbie Stadium (p. 97).

PARTIR

QUAND PARTIR ?

On pourrait considérer qu'il fait toujours beau en Floride et que les quatre saisons ne sont pas très marquées. Les statistiques montrent que grosso modo la moyenne est de 21 °C en « hiver » et de 31 °C en été. Ce qui veut dire, par exemple, que dans le N de la Floride, à Noël, vers Ocala, vous aurez tout juste besoin d'un pull, tôt le matin et en soirée. Le plus gênant serait plutôt l'excès de chaleur et d'humidité, contre lequel il n'est pas si facile de se prémunir, malgré la bonne climatisation des voitures, des chambres d'hôtel et des locaux publics. Évitez, si vous en êtes incommodés, les mois de juin à septembre. Si vous pratiquez des vacances balnéaires, avec peu de déplacements, cette saison restera tout de même très supportable, voire agréable, malgré quelques pluies tropicales, quelques quarts d'heure par jour. La météo vous parlera de *chance of rain* et annoncera un pourcentage de probabilités de pluies pour les prochaines heures...
Les **mois d'été** sont donc les plus creux. Les touristes étant plus rares, les prix baissent et les magasins soldent. La clientèle américaine est alors moins nombreuse, plutôt constituée de familles modestes, d'étudiants et de retraités.
La **haute saison** se situe approximativement entre les mois de décembre et de février inclus. Les horaires de visite des « attractions » sont allongés et les restaurants et les hôtels sont tous ouverts. L'activité générale bat alors son plein avec de nombreux festivals et autres fêtes d'ordre culturel, sportif, folklorique, populaire et artistique. L'Office du tourisme de l'État de Floride *(Florida Department of Commerce Division of Tourism)* diffuse un document appelé *Top Festivals and Events in Florida* (Les grands événements et festivals de Floride), qui est mis à jour tous les ans. On vous l'enverra sur simple demande à Tallahassee, si vous ne pouvez pas vous le procurer auprès des Offices nationaux du tourisme des États-Unis *(USTTA)* en Europe. Vous le trouverez de toute façon facilement dans les différents offices du tourisme locaux des grandes villes de Floride *(Convention & Visitors Bureau)* et dans la plupart des chambres de commerce locales *(Chambers of Commerce).*

Températures moyennes en °C relevées à Miami et à Orlando

	Janv.	Fév.	Mars	Avr.	Mai	Juin	Juil.	Août	Sept.	Oct.	Nov.	Déc.
MIAMI maxima	24,5	25	26,5	28	29,5	31	31,5	32	31	29,5	26,5	25
moyenne	19,5	20	21,5	24	25,5	27	28	28	28	25,5	22	20
minima	15	15	17	19,5	21,5	23	24,5	24	24	21,5	18	15,5
ORLANDO maxima	21,5	22	24,5	28	30,5	31,5	32	32	31	28	24,5	22
moyenne	15,5	16,5	19	21,5	24,5	26,5	27	27	27	23	19,5	16,5
minima	10	10,5	13	16	19	21,5	23	23	22	19	14	11

Pour convertir les degrés Fahrenheit (°F) en degrés centigrades (°C), il suffit de soustraire 32, multiplier par 5 et diviser par 9... L'inverse est aussi facile : multiplier par 9, diviser par 5 et ajouter 32.
Nous avons essayé de convertir pour vous quelques températures : 20 °C = 68 °F ; 22 °C = 72 °F ; 24 °C = 75 °F ; 26 °C = 79 °F ; 28 °C = 82 °F ; 30 °C = 86 °F ; 32 °C = 90 °F ; 34 °C = 93 °F ; 36 °C = 96 °F ; 37 °C = 99 °F, etc.
Pour vous aider à mieux fixer vos dates de voyage, nous avons établi une sélection des fêtes et festivals les plus intéressants, à chacune des grandes étapes de la Floride. (Voir p. 37 et au chapitre consacré à chaque ville).

Météorologie

La société Météoconsult propose deux services Minitel : 3615 MET pour connaître la météo en France et à l'étranger avec des prévisions à 5 jours, 3617 METPLUS avec des prévisions à 10 jours. Autre possibilité : téléphoner au ☎ 08.36.68.12.34 (informations France, étranger, météo marine ou dialogue avec un ingénieur météo).

COMMENT PARTIR ?

Attention : tous nos tarifs sont donnés à titre indicatif; ce sont ceux pratiqués au printemps 1998.

En avion

Si quelques compagnies légendaires, comme la Pan Am, ne sillonnent plus les cieux au-dessus de l'Atlantique, d'autres ont pris la relève et assurent la liaison Paris/Miami sans escale ou avec des correspondances faciles, en Europe ou aux États-Unis. Certaines compagnies programment des départs depuis les principales villes régionales françaises et les autres capitales européennes.

Les vols réguliers à tarif promotionnel

En dehors de la tarification négociée avec l'Association Internationale des Transporteurs Aériens (I.A.T.A), qui se répartit en trois catégories (classe économique, première classe et classe affaires), chaque compagnie est libre de proposer des tarifs promotionnels aux appellations différentes. On trouve le plus souvent le tarif excursion, vacances, jeunes, couple ou 3e âge. Lorsqu'il y a des accords entre plusieurs compagnies, on parle alors de tarifs APEX, SUPERPEX ou PEX. Il faut savoir que tous ces tarifs promotionnels ou APEX sont soumis à des conditions particulières de séjour. Le plus souvent, il faut rester un minimum de 7 jours sur place et un maximum de 3 mois ou bien passer la nuit du samedi à dimanche sur place. En cas d'annulation, on n'obtient qu'un remboursement partiel. La réservation et l'achat du billet doivent être simultanés et on ne peut changer ses dates d'aller et de retour.

Les vols charter

Certaines compagnies comme **Air France** ou **Nouvelles Frontières** ont leur propre compagnie de vols charters, mais le plus souvent, on achète des billets charters auprès de certains tours-opérateurs. En règle générale, les prix de ces vols sont inférieurs à ceux des vols réguliers, mais ce n'est pas toujours le cas. Alors que le prix d'un vol charter est variable en fonction de la demande, le prix du vol régulier, lui, est fixe. Avant d'acheter un billet charter, comparez d'abord avec le tarif promotionnel correspondant à votre situation. Celui-ci peut s'avérer plus avantageux. Faites également attention aux contraintes: sachez que vous ne connaîtrez votre horaire de départ que trois jours à l'avance, dans le meilleur des cas une semaine, par convocation à votre domicile. La date du retour vous sera communiquée également trois jours à l'avance sur votre lieu de séjour. Vous ne pouvez donc pas changer les dates d'aller ni de retour, et en cas d'annulation, vous ne serez pas remboursé, à moins de souscrire une assurance annulation auprès de votre compagnie d'assurances (voir p. 23). La compagnie charter se réserve le droit de reporter de 24 h ou 48 h le vol sans dédommagement pour le client. En cas de retard d'avions ou de grève dans les aéroports, les vols charters sont les derniers à décoller. D'où quelques difficultés si l'on a des correspondances. Une fois ces contraintes connues, l'on est armé pour voyager en charter.

Les vols directs

Air France, rens. et réservations pour toute la France ☎ 0.802.802.802 (t.l.j. de 7h à 21h). Minitel 3615 ou 3616 code AF. Une liaison directe pour Miami au départ de Paris-Roissy-Charles-de-Gaulle 2C. Départ à 13h40; arrivée à 17h40. À partir de 3 021 F.

Agences Air France. Aix-en-Provence: 2, rue Aude 13100, rés. ☎ 04.91.39.39.39. **Ajaccio:** 3, bd du Roi-Jérôme 2000. **Avignon:** 7, rue Joseph-Vernet 84000. **Besançon:** 15, rue Proudhon 25000. **Bordeaux:** 29, rue Esprit-des-Lois 33000; Aéroport de Mérignac 33700. **Clermont-Ferrand:** 69. bd François-Mitterand 63000. **Grenoble:** 4, pl. Victor-Hugo 38000. **Lille:** 8-10, rue Jean-Roisin 59040. **Lyon:** 10, quai Jules-Courmont 69002. **Marseille:** 14, La Canebière 13001. **Nantes:** 6, pl. Royale. **Strasbourg:** 15, rue des Francs-Bourgeois 67000. **Tours:** 8-10, pl. de la Victoire 37000.

American Airline, 109, rue du Faubourg-Saint-Honoré, 75008 Paris ☎ 0.801.872.872. Vols directs quotidiens Paris-Orly-Sud-Miami (en 1998 environ 3 500 F A/R). Départ à 11h25, arrivée à 15h25 (heure locale). Durée du vol: 10h. Depuis Miami, des liaisons intérieures, le plus souvent en petits avions à hélices, sont établies par American Eagle, filiale de American Airline: Key West, Fort Myers, Naples, Jacksonville, Sarasota, Tallahassee et Tampa. Pour ceux qui achètent un billet transatlantique vers Miami, Chicago, New York ou Dallas, American Airline a mis en place un système particulièrement intéressant de forfaits permettant de voler à l'intérieur des États-Unis ou de rejoindre le Canada, le Mexique et les Caraïbes: forfait de trois à dix coupons (en 1998, à partir de 1 800 F pour 3 coupons donnant droit à 3 allers simples).

Les vols avec escales

Delta Airlines, 4, rue Scribe, 75009 Paris ☎ 01.47.68.92.92; numéro vert pour la province ☎ 08.00.35.40.80. Plusieurs vols hebdomadaires Paris-New York-Miami ou Orlando à partir de 3 610 F (HT) A/R. Delta Airlines est la seule compagnie française à assurer des vols directs entre Nice et New York. Promotions toute l'année (Paris-New York-Miami ou Nice-New York-Miami).

United Airlines, 34, av. de l'Opéra, 75008 Paris ☎ 0.801.72.72.72. Vol quotidien au départ de Paris-Roissy-Charles-de-Gaulle 1, via Washington ou Chicago pour Miami, Orlando, Tampa et Jacksonville. Autres liaisons vers la

Floride, toujours via Chicago ou Washington, au départ de Bruxelles, Londres, Amsterdam, Francfort et Milan.

Continental Airlines, 92, av. des Champs-Élysées, 75008 Paris ☎ 01.42.99.09.09. 2 vols quotidiens au départ de Paris-Charles-de-Gaulle C pour Miami avec escale à New York (aéroport de Newark). De New York, des liaisons sont établies avec Orlando, Tampa, Fort Lauderdale, Fort Myers, Melbourne, Sarasota et Jacksonville.

TWA, 6, rue Christophe Colomb, 75008 Paris ☎ 01.49.19.20.00 ; numéro vert pour la province ☎ 08.00.05.11.42. Vol quotidien direct pour New York et pour Saint-Louis avec correspondances pour Miami, Orlando, Jacksonville, Tampa, Fort Myers ou Fort Lauderdale.

USAir, 13-15, bd de la Madeleine, 75001 Paris ☎ 01.49.10.29.00 ; numéro Azur (coût d'une commmunication locale) ☎ 0.801.63.22.22. Vol direct Paris-Philadelphie ; correspondances pour Miami, Orlando, Tampa, Fort Myers, West Palm Beach, Jackonsville. Connexions Philadelphie-Charlotte (Caroline), Tallahassee et Pensacola en Floride. Liaison Miami-Key West avec USAir Express (petits appareils d'USAir).

Northwest Airlines, K.L.M. 16, rue Chauveau-Lagarde, 75008 Paris ☎ 01.42.66.90.00. Vol quotidien Paris-Charles-de-Gaulle 1 vers Detroit. Correspondances quotidiennes pour Miami, Orlando, Tampa, Jacksonville et Fort Myers.

Iberia, 1, rue Scribe, 75009 Paris ☎ 0.802.075.075. Vols de Paris, de Marseille, de Lyon ou de Nice à destination de Miami via Madrid.

Au départ de la Belgique. United Airlines, av. Louise 350, 1050 Bruxelles, ☎ (2) 713.36.36. Liaison Bruxelles-Washington-Miami ou Orlando.

Au départ de la Suisse. Swissair, Bahnohofstrasse 27, 8001 Zurich ☎ (1) 258.34.00. Réservation pour toute la Suisse : ☎ 0.848.800.700. Liaison Zurich-Atlanta. Connexion Atlanta-Miami avec Delta Airlines.

Les vols spéciaux

Nouvelles Frontières, 87, bd de Grenelle, 75015 Paris ☎ 08.03.33.33.33. Minitel : 3615 NF. Vols réguliers au départ de Paris pour Miami, Orlando, Fort-Lauderdale, Tallahassee ou Tampa avec United Airlines, American Airlines, Northwest Airlines, Continental Airlines, Swissair, K.L.M., Iberia, USAir et British Airways. Paris-Miami à partir de 2 790 F A/R.

Look Voyages, 23, rue de la Paix, 75002 Paris ☎ 01.53.43.13.13. Minitel 3615 LOOK VOYAGES. Vols réguliers à tarif négocié.

Access Voyages, 6, rue Pierre Lescot, 75001 Paris ☎ 01.44.76.84.50.55, pl. de la République, 69002 Lyon ☎ 04.72.56.15.95. Minitel 3615 ACCESS-VOYAGES. Vols réguliers à tarif négocié avec les compagnies américaines.

Any Way ☎ 0.803.008.008. Minitel 3615 code ANYWAY. Excellentes promotions 7 et 15 jours avant le départ. Mini-séjours.

Council Travel Service (C.T.S.), 1, pl. de l'Odéon, 75006 Paris, ☎ 01.44.41.89.80 ; N° Azur 0.801.41.00.41. Minitel 3615 code COUNCIL. Vols réguliers avec toutes les compagnies régulières.

Degriftour-Reductour ☎ 01.34.46.70.00. Minitel 3615 DEGRIFTOUR. Vols charter Paris-Miami et Paris-Orlando à partir de 2 800 F A/R.

En voyage organisé

Le choix des programmes proposés par des dizaines de voyagistes est désormais suffisamment large pour que vous trouviez une formule en accord avec vos projets et votre style de voyage, que vous vous rendiez en Floride pour vacances, affaires, sports ou croisières. Sachez encore qu'acheter un voyage dans une agence de voyages n'est pas synonyme de perte de votre indépendance ni de votre liberté de mouvement. Les voyages « à la carte », « en kit », « en li-

Sous une température moyenne de 21°C en hiver et de 31°C en été, le Sunshine State déroule 1 600 km de plages de sable fin.

berté », « à construire » ou « à composer » sont pléthore. La formule « Fly and Drive » (ou Autotours), c'est-à-dire un forfait comprenant le vol A/R + la location de voiture pour 1 semaine et les coupons d'hôtels, se répand également un peu partout. Prêtez une attention particulière au descriptif des circuits organisés. Le plus souvent, ils comprennent le transport aérien, l'hébergement, la demi-pension ou la pension complète, le guide et les droits d'entrée.

En France

Les généralistes

Nouvelles Frontières, 87, bd de Grenelle, 75015 Paris ☎ 0.803.333.333. Minitel 3615 NF. Séjours à la carte et circuits organisés.

Havas Voyages Vacances, dans les agences Havas Voyages ☎ 01.41.06.41.06. Minitel 3615 Havas Voyages. Autotours, hôtels à la carte.

Jet Tours, 19, av. de Tourville, 75007 Paris ☎ 01.47.05.01.95. Séjours à la carte, circuits organisés.

Kuoni, 33, bd Malesherbes, 75008 Paris ☎ 01.53.43.50.00. Minitel : 3615 KUONI. Un grand voyagiste français d'origine suisse de qualité et plutôt haut de gamme.

Club Méditerranée, siège social au 11, rue de Cambrai, 75019 Paris ☎ 0.801.802.803. Minitel 3615 CLUB MED.

Access Voyages, 6, rue Pierre Lescot, 75001 Paris ☎ 01.44.76.84.50 ; 55, pl. de la République, 69002 Lyon ☎ 04.72.56.15.95. Minitel 3615 ACCESS-VOYAGES. Uniquement vols secs.

Forum Voyages, centrale de réservation ☎ 01.53.32.71.72. Minitel 3615 code FV. Plusieurs agences à Paris et en province : **Forum Voyages**, 11, av. de l'Opéra, 75001 Paris ☎ 01.42.61.20.20.

Les spécialistes

Jetset, 41-45, rue Galilée, 75116 Paris ☎ 01.53.67.13.00. Minitel 3615, code ALLO USA. Prix intéressants sur vols réguliers des compagnies américaines. Autotours, coupons d'hôtels, location de villas, circuits organisés.

Wingate Travel, 19 bis, rue du Mont-Thabor, 75001 Paris ☎ 01.44.77.30.30. Ce tour-opérateur, partenaire de la compagnie American Airlines, propose : bons d'hôtels, location de voiture, autotours en individuel, circuits accompagnés.

Back Roads, 14, pl. Denfert Rochereau, 75014 Paris ☎ 01.43.22.65.65. Location de voiture et de camping cars, séjours à la carte, circuits organisés de 1 à 4 sem. Raft, trek, 4x4, VTT dans le Grand Canyon, séjours en ranch, séjours pour les chercheurs d'or dans le Colorado.

La Maison des Amériques, 4, rue Chapon, 75003 ☎ 01.42.77.50.50. Minitel 3615 MDA. Prix intéressants sur vols réguliers et séjours à la carte.

Comptoir des Amériques, 23, rue du Pont-Neuf, 75001 Paris ☎ 01.40.26.20.71. Autotours, circuits accompagnés, séjours à la carte. Grand choix d'hôtels dans le quartier Art déco de Miami. Extension possible aux Bahamas.

New America, 66, av. des Champs-Élysées, 75008 Paris ☎ 01.53.89.77.77. Autotours, circuits accompagnés, séjours à la carte (coupons d'hôtels), location de voitures.

Vacances Fabuleuses, 22 bis, rue George Bizet, 75016 Paris ☎ 01.53.67.60.00. Forfaits hôtels et excursions à Miami et Orlando. À noter les « prix futés » comprenant le vol + 3 nuits d'hôtels ou le vol + une semaine de location de voiture. Autre possibilité : le circuit accompagné (Fascinante Floride, 8 jours, au départ des USA). Ce voyagiste propose également des croisières avec Royal Caribbean au départ de Miami vers les Bahamas (3 nuits, vol transatlantique inclus).

Pacific Holidays, 34, av. du Général-Leclerc, 75014 Paris ☎ 01.45.41.52.58. Séjours à la carte, circuits organisés, coupons d'hôtels, location de voitures.
Vacances Air Transat, 43, bd Diderot, 75012 Paris ☎ 01.53.02.23.00. Vols charters. Circuits accompagnés, séjours à la carte.
Voyageurs du monde en Amérique du Nord, la Cité des Voyages, 55, rue Sainte-Anne, 75002 Paris ☎ 01.42.86.17.30. Séjours à la carte et circuits.

En Belgique : Acotra World, C.J.B./L'Autre Voyage, Connections, Eole, Joker, Nouvelles Frontières, Nouveau Monde, Pampa Explor, Services Voyages ULB, Taxistop, etc.

En Suisse : Artou, S.S.R., Nouvelles Frontières, etc.

Echange d'appartements

Les échanges d'appartements, encore peu connus des Français, se développent beaucoup depuis quelques années. Le principe repose sur la simultanéité et la réciprocité de l'échange. Au regard de la loi, que vous soyez locataire ou propriétaire, l'échange n'est pas considéré comme une sous-location. C'est comme si vous receviez des invités chez vous. Le contrat multirisque habitation couvre donc les éventuels dégâts causés par les résidents temporaires. Vous pouvez simplement étendre votre responsabilité civile dans l'hypothèse où vous causeriez des dégâts dans l'appartement prêté. En règle générale, il y a très peu de problèmes et les personnes qui y ont goûté renouvellent volontiers la formule. Il est vrai qu'il n'y a pas plus économique pour passer des vacances à l'étranger puisqu'il ne vous en coûtera que le montant de l'inscription annuelle. Deux organismes sur la France s'occupent de mettre en contact les adhérents :
Intervac, 230, bd Voltaire, 75011 Paris ☎ 01.43.70.21.22. Pour une inscription annuelle de 650 F (prix 1998), vous recevrez 1 catalogue répertoriant toutes les offres d'appartement ou de villas dans le monde entier.
Homelink Intl. France, Le Bel Ormeau, c/o The American Center, 409, av. Jean-Paul Coste, 13100 Aix-en-Provence ☎ 04.42.27.14.14. Présent depuis longtemps aux Etats-Unis, au Canada, en Australie, en Afrique du Sud, Homelink a également une succursale en France. Les adhérents français auront donc l'embarras du choix. Inscription annuelle : 780 F (prix 1998) pour 2 annonces, plus 2 catalogues envoyés automatiquement, 3 autres catalogues sont à disposition sur demande. Contrat d'échange avant l'entrée dans l'appartement. Homelink assure un suivi grâce à un formulaire d'évaluation permettant de juger de la qualité de l'échange.

Le train et l'autocar

En train : il existe deux forfaits ferroviaires (Rail Passes) de 15 ou 30 jours donnant droit à des kilométrages illimités sur une zone géographique délimitée du réseau Amtrak. Environ 205 dollars le forfait de 15 jours pour la zone Est du pays, 255 dollars pour 30 jours. Les billets doivent être obligatoirement achetés dans le pays dont on est le ressortissant, c'est-à-dire en France si l'on est français. Il n'y a pas de limite d'âge pour obtenir ces forfaits. En France, chez Wingate Travel, 19 bis, rue du Mont-Thabor, 75001 Paris ☎ 01.44.77.30.30, et chez plusieurs autres voyagistes.
En autocar : la compagnie Greyhound propose le réseau de service d'autocars le plus célèbre et le plus grand du monde. A petits prix, c'est le moyen idéal pour visiter l'Amérique. Sur tous les bus, le confort est maximum : climatisation, toilettes à bord, sièges inclinables, vitres teintées. Les forfaits « Ameripass » de 4, 7, 15 ou 30 jours doivent être achetés dans le pays dont on a la nationalité. Le jour de votre premier voyage, vous présentez votre forfait au comptoir de la gare routière afin qu'il soit validé. Vous remettez le premier coupon au chauffeur de votre autocar. Prix du forfait 4 jours, 715 F.

Minitel 3615 COUNCIL ou GREYHOUND. En France, chez **Council Travel**, 1, pl. de l'Odéon, 75006 Paris ☎ 01.44.41.89.80. En Suisse, chez **Greyhound**, Eisgasse 6, 8004 Zurich ☎ (1) 295.59.60.

FORMALITÉS

Passeports et visas

Les citoyens français, belges et suisses sont désormais exemptés de visa pour se rendre aux États-Unis. Ils doivent cependant toujours être en possession d'un passeport en cours de validité et effectuer un séjour de tourisme ou d'affaires de moins de 90 jours sans possibilité de prolongation ni de changement de statut sur place, c'est-à-dire par exemple devenir étudiant ou accepter un emploi. Il leur reste tout de même un formulaire à remplir et à signer, le I-94 W, et ce pour chaque passager, adulte, enfant ou bébé. Ce formulaire leur sera remis par la compagnie aérienne ou maritime avec laquelle ils voyagent, le consulat des États-Unis le plus proche de leur domicile ou leur agence de voyages. Cette facilité ne fonctionne cependant que sur présentation du titre de transport aller et retour valable sur l'une des compagnies signataires du programme pilote pour l'exemption des visas *(Visa Waiver Pilot Program)*. Il faut également présenter des preuves de solvabilité. À vrai dire, la grande majorité des compagnies aériennes ont signé cette convention. Assurez-vous que votre transporteur vous permet bien de bénéficier de ces nouvelles facilités.

Le visa n'est pas nécessaire non plus pour les citoyens canadiens se rendant aux États-Unis. Si vous arrivez aux États-Unis par voie terrestre en provenance du Canada ou du Mexique, l'admission sur le territoire des États-Unis est désormais possible sans visa et sans billet aller-retour.

Attention ! Le visa est toujours nécessaire pour certaines catégories de voyageurs, comme par exemple les étudiants ou ceux qui se sont vu refuser un visa récemment.

Obtention du visa. N'attendez pas la dernière minute, en été surtout, pour le demander. Sur présentation d'un passeport en cours de validité, d'une photo d'identité récente et du formulaire rempli, remis à cet effet, le consulat américain le plus proche de votre domicile (voir p. 28) vous établira ce visa, généralement sur le champ. Vous devez aussi justifier votre retour en France.

Dans la majorité des cas, les visas peuvent être obtenus par correspondance. Pour ce faire, il vous faut remplir, signer et dater le formulaire de demande de visa, ajouter une photo d'identité récente, ainsi qu'éventuellement les autres pièces requises, et poster votre dossier avec votre passeport en cours de validité au consulat le plus proche de votre domicile (voir p. 28). Joindre aussi une enveloppe portant vos nom et adresse d'une dimension suffisante pour contenir votre passeport en retour.

N'oubliez pas non plus que votre agence de voyages habituelle peut se charger de ces formalités, moyennant ou non rétribution.

Douane

Un formulaire de **déclaration de douane** vous est remis à bord de l'avion ; il est destiné, une fois rempli, aux inspecteurs de la douane des États-Unis qui vous attendent à l'arrivée. Des articles d'une valeur équivalente au total à 100 $ peuvent être introduits en franchise de douane et de taxes, à titre de cadeaux, y compris 1 litre de boisson alcoolisée (pour un voyageur âgé de plus de 21 ans) et 200 cigarettes (soit 50 cigares, ou 2 kg de tabac manufacturé).

Quelques articles sont interdits à l'entrée (armes à feu, couteaux à cran d'arrêt, substances toxiques, certains produits pharmaceutiques). Si vous suivez un traitement, mieux vaut vous munir d'une ordonnance traduite en anglais. Vis-à-vis des **produits alimentaires**, les douaniers américains font preuve de beaucoup de zèle. Vous n'avez donc pas intérêt à promener dans vos bagages des produits périssables. Il n'y a pas de restriction à l'entrée de

Apprendre l'anglais en Floride

Séjours à l'université : quelques universités de Floride acceptent des étudiants étrangers pour des sessions d'été ou à l'année. Rens. : **Commission franco-américaine**, 9, rue Chardin, 75016 Paris ☎ 08.36.68.07.47, Minitel 3617 USAETUDES. *Ouv. de 14h30 à 16h30 du lun. au ven. sf mar.*
Séjours linguistiques : la recherche d'un organisme de séjour linguistique n'est pas toujours facile. Parmi la pléthore d'organismes, d'associations et d'écoles, comment s'y retrouver ? Deux organismes vous y aident. L'Union nationale des organismes de séjours linguistiques (**UNOSEL**) regroupe les professionnels confirmés du séjour linguistique. L'UNOSEL accorde un label à ses adhérents selon une charte de qualité stricte. Au choix : formations pour jeunes et adultes, accueil en famille, en individuel (meublé ou hôtel) ou en résidence universitaire. UNOSEL, 15-19, rue des Mathurins, 75009 Paris ☎ 01.49.24.03.61. Minitel : 3615 UNOSEL. L'autre organisme compétent pour vous renseigner est la Fédération française des organisations de séjours culturels et linguistiques (**FFOSC**), 108, bd Péreire, 75017 Paris ☎ 01.40.54.86.99. Demandez la liste des membres agréés par chacun de ces organismes.

devises aux États-Unis. Simplement, pour les transferts dans un sens ou dans l'autre d'une somme supérieure à 10 000 $, un rapport doit être établi auprès de la douane au moment de l'arrivée ou du départ. Un formulaire vous sera remis par les services de douane.
D'une façon générale, les services de douane et d'immigration sont très pointilleux, notamment à l'aéroport de Miami. Prenez votre mal en patience et gardez le sourire.

Santé

Aucun certificat de vaccin n'est nécessaire à l'entrée aux États-Unis. Certains vaccins peuvent cependant être exigés des voyageurs en provenance d'Afrique, du Moyen et Extrême-Orient ou de régions d'épidémie.
Vous n'avez aucune précaution particulière ni cachet à prendre. Si l'eau du robinet vous paraît avoir un goût douteux, c'est précisément en raison des désinfectants qu'on y a mis. Vous pouvez, par ailleurs, consommer tous les fruits et légumes frais, y compris dans les îles des Keys.

Assurance – Assistance

Avant de souscrire une quelconque assurance pour votre voyage, vérifiez les garanties offertes par vos contrats d'assurance : multirisque habitation, automobile, carte bancaire (voir p. 26 pour la Carte Bleue Visa) afin d'éviter de payer deux fois pour un même risque. Veillez plus particulièrement aux points suivants : responsabilité civile pour les dommages causés à des tiers par vos enfants ou vos animaux domestiques ; assistance et rapatriement en cas d'accident ou de panne ; assistance médicale en cas de maladie ; assurance annulation de voyage, perte ou vol de bagage. Si vous êtes insuffisamment couvert, des sociétés d'assurance proposent des contrats complémentaires pour la durée de vos vacances ou pour l'année entière. Pour les Etats-Unis, il est conseillé de prendre une assurance complémentaire pour les frais de santé et d'hospitalisation, particulièrement onéreux dans ce pays.
Voici quelques noms de compagnies d'assurance que vous pouvez contacter. Vous pouvez également souscrire ce type de contrat auprès de votre courtier habituel qui vous conseillera ou auprès de votre agence de voyages.

Mondial Assistance, 2, rue Fragonard, 75807 Paris Cédex 17 ☎ 01.40.25.52.04.
Europ-Assistance, 3, rue Scribe, 75009 Paris ☎ 01.41.85.85.85.
Elvia Assurances, 153, rue du Fg Saint-Honoré, 75008 Paris ☎ 01.42.99.02.99.
AVA, 24, rue Pierre Semard, 75009 Paris ☎ 01.48.78.11.88.
Les Automobile-Clubs de France. Les adhérents des Automobile-Clubs de France et du monde entier peuvent bénéficier d'une assistance sanitaire aux personnes. En échange d'un contrat d'adhésion deux ou trois étoiles (à partir de 650 F pour l'année), il vous sera remis une carte nominative avec un numéro de téléphone à contacter en cas de problème où que vous soyiez dans le monde. Attention : il est recommandé de souscrire un contrat d'adhésion dans le pays où vous résidez. Vous pourrez toujours prendre une assurance pour les soins à l'Automobile-Club américain (American Automobile-Club), mais il vous en coûtera plus cher pour des prestations moindres. Par ailleurs, vous ne pourrez bénéficier de l'assistance rapatriement pour laquelle il faut impérativement déclarer un domicile correspondant au domicile fiscal. Fédération Française des Automobile-Clubs et des Usagers de la route, 8, pl. de la Concorde, 75008 Paris ☎ 01.53.30.89.30.

Permis de conduire auto et moto

Le permis de conduire français auto et moto à un ou trois volets est valable en Floride et dans tous les États-Unis, à condition que votre séjour soit temporaire. Vous devez en être titulaire depuis au moins un an. (Voir p. 32)
Ayez toujours votre permis de conduire sur vous, même si vous n'avez pas prévu de conduire. D'abord, on ne sait jamais... et ensuite il peut souvent être utilisé comme pièce d'identité.

Animaux

Votre chat et votre chien ne doivent pas être porteurs de virus transmissibles à l'homme. En outre, on vous demandera un certificat attestant que votre chien a été vacciné contre la rage depuis plus de 30 jours et moins d'un an. De toutes façons, vos animaux seront examinés à l'arrivée. En général pour l'arrivée en Floride il n'y a pas de quarantaine.

MONNAIE

L'unité monétaire est le **dollar** des États-Unis ou US $, divisé en 100 cents. Un dollar US valait approximativement 6 FF en mars 1998. Dans le présent guide, nous nous référerons au dollar des États-Unis en utilisant le seul signe conventionnel : $. Il n'est pas recommandé de changer les francs français aux États-Unis, le taux de change y étant défavorable et le franc français souvent regardé comme un oiseau rare.
Les **chèques de voyage** en dollars US sont acceptés partout, quasiment au même titre que les billets de banque. Pour les mêmes raisons, ayez plutôt des petites coupures. N'hésitez pas à vous munir de ces *traveller's checks*. C'est un moyen de paiement sûr et pratique puisqu'ils peuvent être remboursés en cas de perte ou de vol.
N'oubliez pas non plus que les États-Unis sont le royaume des **cartes de paiement** ou de l'argent en plastique *(plastic money)*. Il existe peu d'achats de biens ou de services qui ne puissent être réglés avec une carte de paiement. Chaque citoyen américain en possède généralement plusieurs. Les plus courantes sont Carte Bleue Visa (VISA), American Express (AE), Mastercard (MC) et Diners'Club (DC). Dans le présent guide, nous indiquons sous forme d'abréviations et autant que faire se peut les cartes acceptées par les différents commerçants et sites mentionnés. Si vous n'êtes pas détenteur d'une carte de paiement, on vous regardera bizarrement et votre vie sera plus compliquée. Vous devrez souvent laisser des dépôts importants en espèces, par exemple pour votre location de voiture ou votre séjour dans un hôtel, même si vous

êtes munis d'un bon d'échange d'une agence de voyages ou d'un voyagiste. Elles pourront également vous servir pour effectuer une réservation d'hôtel par téléphone. Vous indiquerez alors son numéro et sa date d'échéance. C'est souvent en fait le seul moyen pour que votre réservation soit garantie.

Votre budget

Pour les tarifs aériens et le prix des voyages organisés, voir p.16.

L'évaluation de votre budget vacances en Floride dépend autant de vos goûts que de vos ambitions. À surveiller de plus près en raison de l'écart important qu'ils peuvent connaître avec les prix français : le restaurant, l'hébergement et les pourboires *(tips)*. Ce qui ne veut pas dire que la nourriture et l'hôtel soient plus chers qu'en France. Mais si l'on prend ses repas à la française et qu'on fréquente un hôtel de catégorie trois étoiles, on arrivera à un total infiniment supérieur à l'équivalent dans l'Hexagone.

Selon nous, il n'y a pas de budget type. Nous vous proposons donc, sous toutes réserves, d'analyser trois budgets différents d'une journée déterminés par la catégorie de l'hôtel de séjour : en motel, en hôtel 3/4 étoiles et en luxe. (Prix par personne.)

Une journée catégorie motel. Petit déjeuner américain dans une chaîne de restauration rapide : 4 $; une petite « attraction » : 15 $; un en-cas dans une chaîne de restauration rapide : 8 $; un musée : 5 $; un « dîner » pizza-salade-Coca-café américain dans une chaîne de restauration rapide : 12 $; un parc aquatique en nocturne : 20 $; la nuitée en motel : 60 $; essence pour une petite voiture : 10 $. Total : 134 $, soit approximativement 804 FF.

Une journée catégorie 3/4 étoiles. Petit déjeuner à l'américaine à l'hôtel au bord de la piscine : 15 $; une grande « attraction » : 25 $; un déjeuner simple dans un restaurant : 20 $; une autre grande « attraction » : 25 $; un dîner-spectacle : 50 $; une *piña colada* au bar de l'hôtel avant d'aller dormir : 7 $; la nuitée dans un hôtel 3/4 étoiles : 120 $; essence pour une voiture moyenne : 20 $. Total : 282 $, soit env. 1 692 FF.

Une journée catégorie luxe. Petit déjeuner à l'américaine à l'hôtel au bord de la piscine : 15 $; une grande « attraction » : 25 $; un bon déjeuner avec vin dans un grand restaurant : 50 $ + 5 $ pour le voiturier ; une autre grande « attraction » : 25 $; un dîner dansant avec vin dans un restaurant avec chandelles et orchestre : 70 $ + 5 $ pour le voiturier ; soirée discothèque : 10 $ de droit d'entrée + 12 $ la consommation ; une dernière *piña colada* au bar de l'hôtel avant d'aller dormir : 8 $; la nuitée dans un hôtel de luxe moyen : 200 $ + 5 $ pour le voiturier ; essence pour une bonne voiture : 20 $. Total : 450 $, soit quelque 2 700 FF.

QUE FAUT-IL EMPORTER ?

Vêtements. À la plage : maillots de bain, y compris mini (pas de naturisme sur les plages fréquentées). **Toute la journée :** shorts, jeans, tenues « sport », couleurs claires, robes légères. **Le soir :** selon la catégorie de l'hôtel où vous descendrez ou du restaurant que vous fréquenterez, la tenue « sport » peut toujours convenir mais parfois une veste et/ou une cravate sont exigées. Pensez à la climatisation omniprésente. Il ne faut pas oublier que nous sommes dans le « Midi » des États-Unis et que, le climat aidant, les comportements sont nettement plus décontractés qu'ailleurs. **En cas d'excursion :** chaussures de marche, espadrilles. **Partout et toujours :** crème solaire et chapeau de soleil. Nous sommes aux tropiques : le soleil n'a rien à voir avec celui de la Côte d'Azur… Attention aux peaux sensibles.

Cartes routières. Vous en trouverez désormais en quantité, ce qui n'était pas le cas il y a quelques années. La carte « officielle » et gratuite de la Florida Department of Commerce Division of Tourism, de Tallahassee, distribuée dans les stations-service, par les loueurs de voitures, dans les grandes librai-

Gringo's
CANTINA
CANTINA

Sunlion Jewelry
Sunlion Jewelry

ries, etc., rend bien des services. Cherchez celle de l'année en cours. Pour Orlando et les environs, vous pouvez acquérir la carte *Hallwag*. Enfin, nombreux sont les parcs d'attraction qui offrent une carte routière de la zone géographique où ils sont installés.
Médicaments. Si les moustiques vous aiment, munissez-vous éventuellement d'une crème qu'ils n'aiment pas, surtout dans les Everglades et dans les environs très verts d'Orlando.

ADRESSES UTILES

Ambassades et consulats

Pour les séjours touristiques inférieurs à 90 jours, il n'y a plus besoin de visa pour se rendre aux États-Unis à condition d'être muni d'un billet aller et retour. Pour les étudiants ou les travailleurs, il leur faut demander un visa temporaire (coût : 270 F en 1998).
En France. Ambassade des États-Unis, 2, av. Gabriel, 75008 Paris ☎ 01.43.12.22.22. Consulat des États-Unis, 2, rue Saint-Florentin, 75001 Paris ☎ 08.36.70.14.88 ou 01.43.12.48.66. *Ouv. de 8h45 à 11h, du lun. ou ven.*
En Belgique. Ambassade des Etats-Unis, bd du Régent, 25-27, 1000 Bruxelles ☎ (2) 508.21.11. **En Suisse.** Ambassade des États-Unis, 93, Jubilaumstrasse, 3005 Bern ☎ (31) 357.70.11.

Informations touristiques

Vous pouvez obtenir des renseignements par le serveur vocal ☎ 01.42.60.57.15 ou par le minitel 3615 USA.
Centre de documentation Benjamin Franklin, rens. uniquement sur minitel en composant le 3617 code USADOC.
American Library, 10, rue du Général-Camou, 75007 Paris ☎ 01.45.51.46.82. Bibliothèque ouverte du mar. au sam., de 10h à 19h.

Associations d'amitié

Deux associations agissent en faveur d'une meilleure connaissance entre la France et les États-Unis, par l'intermédiaire de voyages, de colloques, de compilations de documentation, etc. : **France-Amérique :** 9, av. Franklin-Roosevelt, 75008 Paris ☎ 01.43.59.51.00. ; **France-États-Unis :** 6, bd de Grenelle, 75015 Paris ☎ 01.45.77.48.92.

Librairies de voyage

➤ À PARIS. **L'Astrolabe**, 46, rue de Provence, 75009 ☎ 01.42.85.42.95 et **L'Astrolabe Rive Gauche**, 14, rue Serpente, 75006 ☎ 01.46.33.80.06. Minitel 3616 ASTROLABE. Nombreuses cartes dont certaines plus spécifiques pour les randonneurs. **Librairie Centrale L'Harmattan**, 16, rue des Écoles, 75005 Paris ☎ 01.40.46.79.10. *E-Mail : Harma@worldnet.fr.* Littérature, histoire, voyage, art, ethnologie, économie sur tous les pays du monde. **Itinéraires**, 60, rue Saint-Honoré, 75001 ☎ 01.42.36.12.63. Minitel 3615 ITINÉRAIRES. *Web : http://www.itinéraires.com.* Un important catalogue informatisé répertorie tous les ouvrages disponibles sur chaque destination. **Ulysse**, 26, rue Saint-Louis-en-l'Ile, 75004 ☎ 01.43.25.17.35. *Web : http://www.calvacomm.fr/calvaweb/comm/ulysse – E-Mail : Ulysse@calva.net. Ouv. mar.-sam. 14h-20h.* Un grand choix d'ouvrages anciens et récents. Conseil personnalisé. **IGN** (Institut Géographique National), 107, rue La Boétie, 75008 Paris ☎ 01.42.56.06.68. Minitel 08.36.29.01.29. *Web : http ://www. ign fr. Ouv. du lun. ou ven. 8h30-16h30.* Pour ses cartes très détaillées. **IGN**, 2, av. Pasteur, 94165 Saint-Mandé ☎ 01.43.98.80.00. Centre de consultation de cartes anciennes.

➤ En Suisse. **Librairie du Voyageur Artou**, 8, rue de Rive, 1204 Genève ☎ 022.818.02.40. **Travel Bookshop**, Rindermarkte, 20, 8000 Zurich ☎ 01.252.38.83.

➤ En Belgique. **La Route de Jade**, rue de Stassart 116, 1050 Bruxelles ☎ 02.512.96.54. Très vaste choix de guides, de cartes et de plans. **Peuples et Continents**, rue Ravenstein 11, 1000 Bruxelles ☎ 02.511.27.75. Le spécialiste bruxellois des beaux livres sur le voyage.
Livre-Sterling, 49 bis, av. Franklin-Roosevelt, 75008 ☎ 01.45.63.61.08. Littérature, beaux-livres en langue française sur les États-Unis.

Librairies parisiennes en langue anglaise

WH Smith, 248, rue de Rivoli, 75001 ☎ 01.44.77.88.99. Journaux et magazines, littérature, méthodes de langue, dictionnaires, livres pour la jeunesse.
Brentano's, 37, av. de l'Opéra, 75002 ☎ 01.42.61.52.50.
Galignani, 224, rue de Rivoli, 75001 ☎ 01.42.60.76.07. Beaux-livres, littérature.
Village Bookshop, 6, rue Princesse, 75006 ☎ 01.46.33.36.47.
Nouveau Quartier Latin, 78, bd Saint-Michel, 75006 ☎ 01.43.26.42.70. Littérature en langue anglaise.

Un petit air américain à Paris

Chicago Pizza Pie Factory, 5, rue de Berri, 75008 ☎ 01.45.62.50.23. *Ouv. t.l.j. de 11h45 à 1h du matin.* Cuisine américaine, ambiance Rock'n roll. **Harry's Bar**, 5, rue Daunou, 75002 ☎ 01.42.61.71.14. Le lieu de rendez-vous de prédilection des Américains de Paris. Pour fêter les élections et les autres événements de la vie des États-Unis. **Hollywood Savoy**, 44, rue Notre-Dame-des-Victoires, 75002 ☎ 01.42.36.16.73. Un restaurant à l'ambiance délirante pour fêter Halloween, Independence Day et Thanksgiving. **Planet Hollywood,** 76, av. des Champs-Elysées, 75008 ☎ 01.45 63 02 86.
Le dernier-né des restaurants américains à Paris, 26e de la chaîne, appartient aux acteurs Sylvester Stallone, Arnold Schwarzenegger et Bruce Willis. Installé dans la galerie commerçante des Arcades du Lido, il propose une carte à dominante californienne dans un décor d'objets-cultes américains baptisé « memorabilia ». **Joe Allen**, 30, rue Pierre-Lescot, 75001 ☎ 01.42.36.70.13. L'Amérique en plein cœur des Halles.
Et bien entendu **Disneyland Paris,** le parc d'attraction de Marne-la-Vallée, pour découvrir en avant-première et aux portes de Paris, le royaume enchanté de Walt Disney...

T SHIRTS AND TOWELS
FLORIDA

VIVRE AU QUOTIDIEN

ARRIVÉE

Par avion. Depuis l'Europe, on arrive généralement à Miami, desservie désormais en vols directs par plusieurs compagnies. On peut arriver aussi à Orlando. Les autres aéroports tels que Tampa n'ont pas ou peu de dessertes directes régulières ou de charters transatlantiques. En revanche, si vous transitez par une autre ville des États-Unis, vous avez le choix entre les mêmes aéroports et quasiment tous ceux des villes floridiennes. À l'aéroport international de Miami, le circuit du débarquant, bien qu'assez long et intégralement non-fumeurs, est assez bien indiqué, en espagnol et en français. Suivez les flèches : *Immigration* puis *Foreign Citizens* ou *Aliens* (citoyens étrangers). Faites la queue patiemment derrière une bande jaune. Lorsqu'on vous y invitera, présentez votre passeport et les différents documents d'immigration à l'employé et répondez à ses (éventuelles multiples) questions. Gardez toujours le sourire, malgré la fatigue de votre vol transatlantique, et pensez qu'il fait seulement son travail consciencieusement : il cherche simplement à percevoir si vous comptez émigrer. Rappelez-vous qu'ils sont des milliers par an à le vouloir… Ensuite, c'est la douane *(Customs)*. Vous devez alors remettre le formulaire de douane que vous aurez rempli au préalable. Puis, cherchez la zone de retrait des bagages ou *Baggage Claim*, d'où vous ne pourrez sortir qu'en remettant vos tickets de bagages.

Sous l'influence du soleil, les Floridiens développent un goût prononcé pour les couleurs vives.

Par bateau. Le *Queen Elizabeth II,* de la compagnie maritime **Cunard**, vous laissera à New York. De là, 2h30 d'avion pour Miami, 1 350 mi/2 100 km de route (la même distance que Paris-Helsinki) ou 27h de train.
Par train. Le réseau ferroviaire **AMTRAK** n'est pas très développé en Floride. Mais les grands centres, comme Jacksonville, Orlando, Tampa, Saint Petersburg, West Palm Beach et Miami sont desservis par le train.
Par autocar. Les mêmes grands centres floridiens disposent d'une gare routière de **Greyhound**, généralement située Downtown.

CHANGE

Le change sur place des billets de banque français est loin d'être pratique courante. Vous aurez donc intérêt, pour ne pas vous trouver en difficulté, à vous munir de dollars US en billets ou mieux encore de chèques de voyage, de préférence en petites coupures car il est fréquent que les commerçants rechignent à vous changer un billet de 50 $. Le change est assuré dans les aéroports, dans certaines banques des grandes villes, dans des bureaux de change et dans la plupart des hôtels (le cours y est proche de celui appliqué dans les banques). Il existe aussi des distributeurs automatiques qui fonctionnent avec les plus importantes cartes de paiement internationales.
Il existe des pièces de 1 cent *(penny)*, 5 cents *(nickel)*, 10 cents *(dime)*, 25 cents *(quarter)*, la plus fréquemment utilisée, notamment pour toutes sortes de distributeurs, et 50 cents *(half a dollar)*. Quant aux billets, ils ont comme valeur 1, 2, 5, 10, 50, 100, 500 et 1 000 dollars. Mais, attention, ils ont tous la même couleur et la même taille. N'acceptez pas un billet raturé, recollé ou endommagé. Il pourrait vous être refusé, même par les banques.

CONDUIRE

La circulation routière

Aux États-Unis, on conduit à droite et on double à gauche. Il n'est pas interdit de doubler à droite : il faut simplement signaler tout changement de direction. La vitesse maximale autorisée est de 25 mi/h (40 km/h) en ville et de 55 mi/h (88 km/h) sur la plupart des routes. Elle est très sévèrement contrôlée et en conséquence assez bien respectée. Comme ces données sont variables, suivez simplement les instructions. Soyez très prudents avec les bus de ramassage scolaire dont les arrêts sont fréquents… Attachez toujours soigneusement votre ceinture aux sièges avant. Un virage à gauche à un croisement se fait au plus court, c'est-à-dire en coupant la voie à l'automobiliste qui vient en face, sans chercher à contourner l'obstacle ou la borne qui peut se trouver sur la droite. Les bandes blanches médianes (continues ou discontinues) peuvent être franchies dans la mesure où la circulation le permet, au contraire des bandes jaunes, simples ou doubles.
Il est interdit de **stationner** sur les trottoirs, près des bouches à incendie, aux feux de circulation, sur le bord des chaussées hors des agglomérations ou dans les zones qualifiées de *Tow Away Zones*. Votre voiture risquerait d'être conduite à la fourrière à vos frais. À éviter : c'est cher.
L'état des routes en Floride est généralement bon, mais les autoroutes y sont très monotones, d'autant plus qu'on n'y roule pas très vite. Prévoyez des **pauses-café**.

La signalisation

Vous aurez probablement quelques difficultés avec le repérage des routes et des axes urbains. Les principes de signalisation sont radicalement différents de ceux de France et en général de ceux d'Europe.
Certaines **voies urbaines** portent des numéros. C'est bien connu : 5e Avenue à New York ou encore la 8e Rue (très latine) à Miami. Parfois, des noms cé-

Comment se repérer sur les routes et les autoroutes

Aux États-Unis, il faut connaître le nom mais surtout le numéro de la route et votre destination (pour l'orientation nord, sud, est ou ouest). On trouve plusieurs types d'infrastructure routière.
Les Interstates Highways, correspondant à nos autoroutes, sont signalées par des panneaux bleu-blanc-rouge sur lesquels se trouve un (I) pour Interstate. Elles portent des numéros – pairs pour les liaisons E-O, impairs pour les liaisons N-S – suivis de N pour indiquer que la route va en direction du nord *(North)*, S pour le sud *(South)*, E pour l'est *(East)* et W pour l'ouest *(West)*.
Les US Federal Highways sont une autre catégorie d'autoroutes. Elles portent des numéros précédés de la mention US, comme la US 1 qui traverse la Floride du nord au sud.
Les routes principales portent des numéros composés d'un ou deux chiffres, trois chiffres pour les routes secondaires. Mais un même axe routier peut changer de caractéristiques : une route nationale I-1 peut devenir « départementale » avec un numéro à deux chiffres (ici 10) et très « secondaire » avec un numéro à trois chiffres (ici 100).

lèbres se superposent aux numéros ou s'intercalent entre deux rues à numéros, ce qui rend l'orientation peu aisée. Sans compter des appellations particulières pour des voies urbaines secondaires comme *Place (PL)* ou *Court (CT)*. Dans les **zones non urbaines**, l'importance des routes est signalée par la couleur et la numérotation des panneaux indicateurs.
Les **feux de croisement** sont suspendus au-dessus de la voie. Feux rouges clignotants = stop. Feux orange clignotants = cédez le passage. À une intersection sans signalisation, c'est la loi du « premier arrivé, premier parti » qui s'applique. Si deux automobilistes arrivent en même temps à ce carrefour, c'est la priorité à droite qui joue. Si le croisement comporte quatre stops, il faut d'abord marquer un temps d'arrêt puis négocier avec les autres pour redémarrer. Le panneau marqué XING pour *Crossing* (croisement) implique un ralentissement en raison d'un danger imminent : PED XING *(pedestrians crossing)* pour traversée de piétons ; CATTLE XING *(cattle crossing)* pour traversée de bétail, etc.

En cas de panne

Vous pouvez toujours laisser votre capot ouvert en signe de détresse, mais l'attente de la police et/ou du dépanneur peut être longue, surtout sur les routes secondaires. Et attention à votre sécurité (voir p. 32). En cas de blessé(s), appeler le 911. Sinon, téléphonez à l'association Triple A (**American Automobile Association – AAA**) si vous pouvez bénéficier de leurs services. L'adhésion auprès de l'un de ses 150 clubs se fait uniquement une fois arrivé aux États-Unis ou via votre automobile club en Europe. AAA, 1000 Drive, Heathrow, FL 32746-5063, États-Unis ☎ (407) 444.70.00, fax (407) 444.73.80.
Si vous êtes à même de constater que votre panne est grave, il est préférable de contacter votre société d'assistance (voir p. 23).
Sur les grandes autoroutes, la police arrivera rapidement et vous prêtera une aide efficace et courtoise. Les autres automobilistes aussi. Il y a, en outre, assez fréquemment un téléphone le long des grands axes routiers.

Les voitures américaines

La plupart des voitures sont équipées de boîte automatique avec direction et freins assistés et d'autres gadgets de confort pour bien moins cher qu'en Europe. Soyez prudent si vous êtes habitué aux boîtes de vitesses.

CUISINE

Les repas

Le petit déjeuner, ou *breakfast*, a acquis outre-Atlantique une importance certaine. Si vous voulez commencer votre journée « à l'américaine » et rompre ainsi avec vos habitudes, vous dégusterez un jus de fruits, des céréales servies croquantes avec du lait froid, des œufs brouillés ou sur le plat avec du bacon ou des petites saucisses et des *pancakes* (sorte de crêpes épaisses arrosées de sirop d'érable), voire des fruits frais et du fromage. Le tout servi avec du café léger *(American coffee)* à volonté ou du thé.
Le déjeuner, ou *lunch*, est à la fois léger et rapide. Des salades composées, où les crudités les plus variées se mêlent au fromage et aux assaisonnements savoureux et inventifs. Vous pourrez composer et consommer à volonté votre « salade » – en réalité des hors-d'œuvre variés – au buffet spécialisé *(salad bar)*, en choisissant votre sauce *(salad dressing) : Blue Cheese* (au bleu d'Auvergne), *French* (à l'huile et au vinaigre), *Italian* (mélange rose), *1 000 Islands* (à dominante exotique) ou encore en provenance de la Vallée Perdue *(Hidden Valley), Ranch, Cabernet, Caesar, Honey Mustard, Thai, Cherry Vinaigrette*, etc. La sauce *Esperanza* est un peu plus piquante. La viande, sous forme de grillades, occupe une grande place aux États-Unis, lesquels, ne l'oublions pas, ont donné à l'Europe la recette du barbecue, accompagné de ses diverses sauces. La viande de bœuf y est de grande qualité. Qu'elle soit consommée sous forme de *T-bone steak* (double entrecôte avec l'os) ou bien sous forme de *hamburger*, elle est le plus souvent savoureuse et bien préparée. Attention : les portions sont toujours copieuses. Tout plat de viande est généralement servi avec un ou deux légumes. Vous aurez bien du mal à vous faire servir la viande saignante *(rare* ou *extra rare)*. Bien cuite se dit *well done*, ce qui est déjà trop cuit pour un Français. Demandez donc *medium* (moyen), ce qui sera déjà beaucoup. Jamais de cheval ni de triperie. Il n'est pas rare de pouvoir déjeuner dès 11h.
Le dîner est souvent plus élaboré. S'il est pris à l'extérieur, en dehors du réseau des cafétérias, *luncheons*, drugstores et autres chaînes de restauration rapide, il obéit au service plus sophistiqué du restaurant, nettement plus cher. Le service peut commencer vers 17h.
Voilà la belle et bonne théorie. En fait, vous remarquerez que les Américains sont toujours en train de manger ou plutôt de grignoter, de picorer, un peu à la manière des enfants mal élevés de chez nous que les parents punissent « parce qu'ils ne vont plus pouvoir manger à table ». Ils sautent ainsi souvent des repas et se nourrissent de façon complètement informelle, voire anarchique aux yeux d'un Français. Est-ce l'une des raisons de l'obésité qui affecte plus de 30 % des Américains ?...
Précisons aussi que les ***drive-in*** que l'Europe commence à connaître sont fréquents. Ils portent des enseignes connues dans le monde entier. Vous pouvez y acheter des « repas » simples et rapides pour les emporter ou les consommer dans votre voiture, les jours de pluies tropicales ou de fortes chaleurs. Votre véhicule, lui, est bien climatisé...
Mentionnons enfin une habitude alimentaire, paraît-il « typiquement américaine », qui a désormais droit de cité en Europe : le ***brunch***. Il s'agit du repas de milieu de journée du dimanche, intermédiaire entre un *breakfast* tardif et un *lunch*, d'où son nom. Il se prend à partir de 10h30/11h et souvent jusqu'à 14h/15h, le plus souvent hors de chez soi, toute la famille étant réunie. Comme pour dégager la maîtresse de maison des soucis de la cuisine. Salade, jambon, fruits, céréales, jus de fruits, « pâté » et gâteaux sont généralement au menu du brunch. Si l'on veut faire un gros extra, on commandera du champagne... californien car le français est vraiment hors de prix.
Sachez encore que la dimension des plats et de leurs composants est parfois nettement plus importante qu'en Europe. Il paraît que le sculpteur Bartholdi

Le sandwich ou l'imagination au pouvoir

Le sandwich « à l'américaine » est une vraie composition dont le responsable n'est pas un chef extraordinaire mais un magicien imaginatif. Dans un morceau de pain long genre baguette *(submarine* ou *sub)* ou encore entre deux tranches de pain de mie blanc ou complet *(white* ou *black)*, autour d'un hamburger tout simple ou accompagnant du thon, de la dinde, du roast beef, etc., on reçoit à vrai dire une nourriture équilibrée, puisqu'elle comprend aussi tomate, concombre, salade verte, fromage, beurre (ou margarine ou mayonnaise), etc.
Si vous êtes pressé ou fauché, la nouvelle et dynamique chaîne *SubWay* ou *Subs*, qui déplace aussi son fonds de commerce dans des petites voitures dans tous les endroits où il y a la foule, s'est spécialisée dans l'élaboration des sandwiches à la carte. Ce type de sandwich est parfois plus séduisant qu'un banal plat garni.

(La Statue de la Liberté) disait : « Tout est plus grand en Amérique, y compris les petits pois que j'aimerais pourtant consommer petits »...
Pour un prix infiniment plus abordable, le **sandwich** « à l'américaine » permet (presque) un vrai repas dans un morceau de pain.
Dans l'ensemble, les **fromages** sont sans grande personnalité. Ce sont des pâtes cuites dérivées des *chesters, goudas* et autres *emmenthals*. Leur utilisation est, le plus souvent, réservée à l'élaboration des sandwiches et des salades et se consomment plutôt au petit déjeuner. Ils ne constituent un plat à eux seuls que dans les (très) grands restaurants.
Enfin, on se souviendra que les Américains sont de grands consommateurs de **crèmes glacées** *(ice creams)* et qu'ils ont apporté à la présentation ainsi qu'à la composition des coupes glacées une imagination et une virtuosité qui peuvent séduire les amateurs de sucreries et du gigantisme. Ne pas oublier de goûter une spécialité délicieuse : le *cheese cake* (gâteau à base de fromage blanc). Les **fruits** frais à midi ou le soir ne sont servis que dans les établissements raffinés.

Les boissons

Vous aurez tout loisir d'accompagner votre repas à l'**eau** sans encourir les foudres du restaurateur. Elle vous sera servie glacée, avec un léger goût d'eau de Javel, dès que vous prenez place.
À moins que vous ne préfériez un **café** léger *(American coffee)*, qu'on vous resservira à volonté *(refill)* – tellement léger parfois qu'on voit le fond de la tasse... – un **thé glacé** non sucré ou un verre de **lait** froid nature ou parfumé.
Si vous n'aimez pas l'eau plate floridienne, et comme il y a peu d'eaux minérales (Evian après Perrier commence à se répandre, en concurrence avec d'autres eaux importées), vous aurez le choix entre les **sodas** en bouteille ou à la pression dont quelques-uns n'ont plus de secrets pour un Européen (genre Coca-Cola, Pepsi-Cola, *classic* ou *diet*, Seven Up...) et les **bières**, bonnes et légères, avec ou sans alcool. Elles possèdent logiquement de subtiles différences. Entraînez-vous à prononcer quelques noms, parmi les plus célèbres : Schlitz, Busch, Budweiser, Miller, qui s'ajoutent aux autres grandes marques plus souvent distribuées en Europe : Heineken, Michelob ou Lowenbraü.
Au restaurant, vous aurez la possibilité de déguster de très bons **vins** provenant de France ou de Californie. Les premiers ne se trouvent que dans les établissements de luxe, les seconds dans les établissements relevant de la catégorie « restaurant ». Cinquante ans après la Prohibition, le vin est devenu

la grande préoccupation des Américains. Il existe en Californie quelques propriétés dont les crus peuvent concurrencer certains vins de renommée internationale. Il faut aussi mentionner une production californienne de masse concernant des vins courants bon marché dont la qualité évolue de l'acceptable au médiocre. Parmi les vins californiens très honorables, en blanc ou en rouge, citons le pinot noir (type bourgogne), le cabernet-sauvignon (type bordeaux), le chardonnay, le sonoma-cutrer, le grenache rosé, le zinfandel, le chablis, le sutter, tous produits à Inglenook, Californie. Vous paierez aux environs de 20 $ une bouteille de vin californien courant et facilement 40 à 50 $ une bouteille française. Précisons enfin que vous pourrez demander, sans honte, du vin au verre. Le tout nouveau vin floridien de Lakeridge n'est pas encore largement distribué.

Des spécialités floridiennes

Elles sont fondées, le plus souvent, sur les produits récoltés, cultivés ou pêchés localement. Le **poisson** constitue l'un des éléments de base des menus, avec le mulet *(mullet)* comme support d'innombrables recettes. L'espèce la plus courante est le mulet rayé ou encore mulet gris. Sur les 17 000 tonnes de mulet pêchées le long des côtes des États-Unis, 15 000 proviennent, selon les experts, des zones maritimes proches de la Floride. On les sert fumés ou grillés, accompagnés de macaronis, de riz nature ou relevés d'un filet de citron, etc. Vous pourrez également goûter d'autres poissons, plus ou moins riches, plus ou moins déconcertants pour le palais d'un gourmet français, tels *avalone, croaker, Spanish mackerei, snapper, pompano, grouper, sword fish, mahi mahi, wahoo*, etc.

Le **bœuf** est particulièrement bon. Il vous sera servi le plus souvent grillé, accompagné d'un cortège de sauces, de la plus épicée à la plus sucrée. N'hésitez pas, si vous souhaitez avoir recours à la formule « plat unique » pour consommer un bon plat de viande, à fréquenter les établissements appartenant à des chaînes spécialisées dans la grillade de bœuf. Citons : **Angus Steak House** ou encore **Black Angus**. On vous y servira un steak énorme, dans le filet, une grosse pomme de terre rôtie et une salade composée.

Mais l'une des attractions gastronomiques de la Floride est certainement sa gamme de ***sea food*** (fruits de mer et crustacés). Les homards, les crabes et les langoustes sont frais et abondants, de qualité remarquable et restent à un prix raisonnable. Ils figurent au menu de la quasi-totalité des restaurants. Des établissements de chaînes spécialisées en *sea food* servent de bons produits à des prix défiant la concurrence. Bien sûr, en fonction des périodes de l'année, le surgelé fait ou non son apparition. Et le fait de déclarer ne pas servir de surgelé est un fort argument commercial. Lorsque les produits de la mer ne sont pas servis avec une traditionnelle simplicité, la variété imaginative des accommodements peut surprendre un gastronome fidèle à l'orthodoxie française. Certains sont exquis, d'autres simplement curieux, mais n'oubliez pas que la découverte d'un pays s'accompagne toujours d'une expérience culinaire qui se révélera profitable si on l'aborde sans préjugés.

Vous trouverez à vrai dire à peu près partout un trio à succès dans la plupart des restaurants : fruits de mer, pâtes et viande de bœuf.

Enfin, il existe un **gâteau national floridien**, si l'on peut dire, dont l'origine se situerait à Key West. C'est le gâteau ou la tarte au citron *(Key lime pie)*, dont la recette originale comporte une infinité de variantes.

Les cuisines non floridiennes

La Floride est un carrefour culturel et une terre d'immigration, à la fois intérieure et extérieure d'où des traditions culinaires variées. Faire l'expérience de la **cuisine cubaine** constitue pour le visiteur une attraction et un dépaysement qui ajoutent au charme du voyage. Dans les établissements spécialisés on sert, par exemple, des grillades de porc ou de poulet accompagnées de manioc *(yuca)*, de riz *(congri)*, de haricots noirs *(moros)*. On conclut généralement le repas par un café express, à l'italienne ou à la cubaine *(Italian coffee* ou *Cuban coffee)*, choses rares hors de ces lieux.

On trouve également des restaurants **français, italiens, espagnols, mexicains, chinois, japonais, vietnamiens, libanais**, etc., qu'il ne faut pas hésiter à fréquenter. Par exemple, dans le seul guide 1994 des restaurants du sud de la Floride consacré au Comté de Broward *(1994 South Florida Restaurant Guide)*, on distingue pas moins de vingt types de cuisines. Et encore, ne figurent pas la « Cuisine du Nouveau Monde » *(New World Cuisine)*, ni la « cuisine florantillaise » *(Floribbean Cuisine)*. Les établissements français sont parmi les plus chers. À Miami, en outre, il existe un bon choix d'établissements spécialisés dans la **cuisine juive.**

Vous aurez généralement le droit, sans choquer personne, d'emporter le surplus de nourriture que vous n'aurez pu consommer sur place. Le paquet est (ironiquement) appelé *doggy bag* (sac pour le chien)...

Où se restaurer ?

Il y a lieu de bien distinguer le vrai « restaurant » des autres lieux de restauration qui ont pour nom **McDonald, Burger King, Kentucky Fried Chicken/KFC, Wendy's, Denny's, Pizza Hut**, etc. Aller au restaurant est une fête, quelque chose d'exceptionnel, car coûteux. Un Américain se « nourrit » dans une *cafeteria*, un *drugstore*, un *luncheon*, une *luncheonette*, etc. Il « sort » au restaurant.

Dans les grands et même les moyens restaurants, les dîners dansants sont (toujours) à la mode, favorisés par l'ambiance tropicale et balnéaire.

FÊTES ET JOURS FÉRIÉS

Festivals et fêtes

La Floride propose, tout au long de l'année, une grande diversité de festivals, fêtes et autres manifestations sportives ou culturelles. Chacun de ces événements, selon vos intérêts, est suceptible de déterminer la date de votre voyage. Dans la liste qui suit, nous avons sélectionné les plus importants d'entre eux. Les autres sont mentionnés par étape à l'intérieur du guide.

La Floride, carrefour de peuples et zone d'immigration, célèbre tour à tour les différentes cultures qui y prennent ou reprennent racine. N'oublions pas non plus les départs de fusées de Cap Canaveral, dont les dates ne sont pas communiquées très longtemps à l'avance.

Les services de tourisme de l'État de Floride diffusent un document appelé *Top Festivals and Events in Florida* (Les Grands Festivals et Événements de Floride), qui est mis à jour tous les ans. On vous l'enverra sur simple demande à Tallahassee si vous ne pouvez vous le procurer auprès de l'Office national du tourisme des États-Unis *(USTTA)* en Europe : State of Florida Department of Commerce Division of Tourism, 107 West Gaines Street, Tallahassee, FL 32399-2000 ☎ (904) 488.91.85, fax (904) 487.32.18.

Vous trouverez de toute façon facilement ce genre d'informations dans les différents offices de tourisme locaux des grandes villes de Floride et dans la plupart des chambres de commerce.

Mars. Le 15 mars, c'est la **Saint-Patrick**, la fête des Irlandais en Floride, célébrée notamment par des défilés de majorettes.

Juillet. Le **4-Juillet** est la fête nationale des États-Unis. À chaque ville selon ses moyens et ses traditions. Où que vous soyez, il y aura toujours un feu d'artifice, des pétards, une fête à vivre ou à regarder. Vous aurez peut-être l'occasion de partager le sacro-saint pique-nique du 4-Juillet avec une famille. En Floride, les « attractions », ce jour-là, restent ouvertes plus tard et tout dans le pays est plus coloré et plus convivial. À Sea World, près d'Orlando, les dauphins Shamu et Baby Shamu s'associent aux célébrations.

Halloween, d'où viens-tu ?

La citrouille *(pumpkin)* est le symbole de Halloween, la fête préférée des enfants américains. On la vide, on y découpe un nez, deux yeux, une bouche rieuse et on allume une bougie à l'intérieur.
Halloween, qui est célébré dans toutes les villes et villages la veille de la Toussaint, devrait son origine aux Celtes. L'année pour eux se terminait le 31 octobre, et cet événement était marqué par des cérémonies religieuses et champêtres ; les mauvais esprits revenaient alors sur terre pour tourmenter la population jusqu'à ce qu'ils en obtiennent un peu de chaleur et de nourriture. Vers 1840, des immigrés venus d'Irlande implantèrent cette tradition aux États-Unis.
En souvenir des esprits frileux qui venaient tarabuster les Celtes, on allume de grands feux de joie. Les enfants masqués, grimés, déguisés en lutins, sorcières, fantômes et portant haut la fameuse citrouille, viennent en farandole frapper aux portes des maisons et jouer toutes sortes de farces aux habitants ravis et complices. C'est au prix de sucreries et de gâteaux que la joyeuse troupe s'éloignera pour aller faire d'autres niches dans les maisons voisines. Cette tradition a désormais tendance à s'exporter.
(d'après l'Office national du tourisme des États-Unis/USTTA, Paris).

Octobre. Le deuxième lundi du mois d'octobre, c'est **Columbus Day**, en commémoration de la « découverte » de l'Amérique par Christophe Colomb. Défilés et autres attractions dans les plus grandes villes. Le 31 octobre, aux États-Unis, on fête **Halloween** (voir encadré). Il ne faut pas rater les gays, à Key West, qui, dans le cadre de Fantasy Fest, envahissent bruyamment les rues de la vieille ville dans les accoutrements les plus extravagants… Par ailleurs, comme à Miami et à Tampa, le dernier samedi d'octobre, avec l'**Oktoberfest**, on célèbre la bière et l'Allemagne dans tous leurs états.
Novembre. Le dernier jeudi de novembre, c'est le **Thanksgiving Day**. Ce jour-là, toute l'Amérique rend hommage aux colons qui la fondèrent. On organise partout un grand repas convivial où se resserrent à cette occasion les liens de la famille. La dinde est obligatoirement au menu, cuite selon une recette immuable comprenant notamment de la gelée d'airelle, en souvenir des présents offerts par les Indiens aux premiers émigrants après leur centième jour de présence dans le Massachussets. Tout est fermé ce jour-là et le week-end qui suit est parmi les plus chargés de l'année sur les routes.
Décembre. La nuit du 24 au 25 décembre, il ne se passe à vrai dire pas grand-chose. C'est le 25 que **Noël** se célèbre en famille avec offrandes des cadeaux le matin et le *Christmas dinner* vers 15h l'après-midi. Quant au 31 décembre, les Américains se réunissent pour faire la fête dans les maisons ou au restaurant.

Jours fériés

New Year (Nouvel An) : 1er janvier ; **Martin Luther King's Day :** 15 janvier ; **Washington's Birthday ou Presidents'Birthday :** le troisième lundi de février ; **Easter Sunday :** Pâques ; **Memorial Day :** dernier lundi de mai ; **Independence Day :** 4 juillet ; **Labor Day :** premier lundi de septembre ; **Colombus Day :** deuxième lundi d'octobre ; **Veteran's Day :** 11 novembre ; **Thanksgiving Day :** quatrième jeudi de novembre ; **Christmas Day :** 25 décembre.
Dans certaines villes ou comtés s'ajoutent les fêtes hispaniques ou juives.

FUMER OU NE PAS FUMER

Fumer ou ne pas fumer dans un lieu public n'est pas du ressort de la politesse ou de la courtoisie mais de la loi. Les détails de celle-ci varient cependant souvent d'un comté *(county)* à l'autre.

Il est interdit de fumer dans tous les lieux publics officiels ou privés (ministères, bureaux, aéroports, usines, etc.). Dans les hôtels, on vous propose désormais des chambres non-fumeurs, de même que dans tous les restaurants et même ceux de chaîne. Dans les bars, il y a aussi une zone non-fumeurs, généralement plutôt mal située dans l'établissement. Vous êtes formellement invité à respecter la loi. Sinon, au pire une amende de 100 $ la première fois pour votre hôte ou au moins la réprobation générale. D'ailleurs, on vous demandera systématiquement avant de vous placer si vous souhaitez fumer. Chez Mickey, il est interdit de fumer dans tous les espaces fermés, les restaurants et même dans les files d'attente…

Il n'existe pas de véritables marchands de tabac. Vous vous procurerez vos cigarettes dans les stations-service, les *drugstores*, les supermarchés ou dans un distributeur.

HANDICAPÉS

Les États-Unis figurent certainement parmi les pays du monde où les attentions pour les personnes handicapées sont les plus fréquentes, pour ne pas dire impératives. La Floride ne fait pas exception.

Les hôtels, les restaurants, les musées, les « attractions », les moyens de transport, les trottoirs, etc., tout ou presque tout est adapté ou équipé pour eux, facilitant ainsi leur intégration et participation à toutes les activités.

HÉBERGEMENT

L'hôtel et le motel

Localisation et réservation. On trouve en Floride la plupart des grandes chaînes de motels et d'hôtels des États-Unis. Les motels sont souvent situés en périphérie des villes, près des aéroports et sur les routes et autoroutes. Les chaînes possèdent parfois plusieurs établissements dans chaque grande ville ou station balnéaire. Ils sont alors désignés par leur nom suivi de leur position géographique : Hilton Inn East ou Hilton Inn West, etc. La Floride compte 800 hôtels et 4 000 motels pour un total de 335 000 chambres… Vous n'aurez donc pas de problèmes de choix. Assurez-vous toujours d'une **réservation**, au moins au cours des mois chargés (de décembre à février). Dans les périodes réputées moins encombrées, il vaut toujours mieux retenir la veille, en utilisant le système d'appel gratuit ou numéro vert, en anglais *toll free* (indicatif : 800), ou, pour une même chaîne, en faisant téléphoner du premier établissement où l'on séjourne. Dans les grands aéroports, les hôtels de plus haute catégorie et/ou de chaîne disposent d'un téléphone à cet effet. Sur place, vous trouverez des organisations vous proposant des tarifs réduits pour l'hébergement et la visite des attractions. Ces agences centralisatrices bradant les prix peuvent vous rendre service en cas de réservation de dernière minute.

Certaines formules de **voyages à forfait** vendus au départ de la France et de l'Europe comprennent, outre le billet d'avion et le titre de location de voiture, une série de bons d'échange sans date pour des services hôteliers *(Hotel Vouchers)*, valables dans des établissements de chaîne. À vous, et selon votre libre itinéraire, d'effectuer les réservations. Des suppléments pourront vous être demandés sur place selon la saison et les services. Les taxes sont toujours payables directement à l'hôtel.

Équipement. Aux États-Unis, il n'y a pas de classement des hôtels et des autres formes d'hébergement par le Gouvernement des États-Unis. Mais, à chacune de nos grandes étapes floridiennes, nous avons publié une liste sélective (non exhaustive) de quelques hôtels et motels qui présentent, à nos yeux, un attrait particulier qui peut tenir à leur situation, à leur confort, à leur histoire, à leur architecture, à leur rapport qualité/prix, etc. Nous n'avons pas mentionné sauf exception justifiée les établissements de chaîne courants dont les caractéristiques et coordonnées sont facilement connues.
En règle générale, tous les hôtels ont un **confort** minimal, c'est-à-dire douche, w.-c, télévision et ventilateur ou machine à air conditionné dans la chambre. Même dans les établissements de catégorie économique, il y a une piscine. Selon la saison, les tarifs varient de manière importante. De mai à septembre, les prix sont souvent bradés, même dans (et surtout) les plus grands établissements. Dans les catégories les plus élevées, il y a désormais un centre de bien-être et de remise en forme (appelé *spa, fitness, exercise room* ou encore *health club*).
Notez encore que les établissements disposant d'**installations luxueuses** n'arrivent pas toujours pour autant à offrir un service hors pair comme en Europe ou en Asie. Les exceptions sont rares. Ce sont, par exemple, les affiliés des groupements « Preferred Hotels & Resorts Worldwide », « The Leading Hotels Of The World » ou encore « Relais & Châteaux ». Quelques établissements sont, en outre, des monuments historiques à la mode des États-Unis. On les retrouve alors parmi les « Historic Hotels of America ».
Étant donné leur dimension et leur extravagance, les hôtels sont toujours en pleine effervescence. Il faut, en effet, bien se rendre compte qu'aux États-Unis, plus souvent qu'en Europe, ils constituent, à Miami notamment, de hauts lieux de la vie nocturne. Discothèques avec les plus grands orchestres, discothèques sans orchestre mais avec une bonne sono, concerts et autres représentations des grandes vedettes du show-business, concours divers, remises de trophées, etc. Certains sont, en outre, le cadre de grands spectacles de cabaret, comme le Fontainebleau Hilton à Miami Beach.
Facturation. Le **stationnement** de votre voiture peut être payant. Comptez de 4 à 8 $ par jour à payer à l'hôtel. Pour 1 à 2 $ à chaque fois, un éventuel voiturier prendra soin de votre véhicule, le garera et le tiendra prêt à l'heure de votre choix. Le pourcentage dû pour le **service** est de 10 à 16 %. Dans certains établissements, vous ne paierez que les **communications téléphoniques** *long distance* (interurbaines). Parfois, on vous comptera une somme forfaitaire obligatoire pour couvrir le montant de vos appels téléphoniques urbains. Nous avons constaté que, cependant, de plus en plus chaque communication téléphonique urbaine est désormais payante (de l'ordre de 75 cents à 1 $).
Caractéristiques des chambres. *Single :* une seule personne. *Double :* un grand lit pour deux personnes. *Twin :* deux lits pour deux personnes. *Twin double :* deux grands lits pour deux à quatre personnes. *Studio :* pièce se transformant, la nuit, en chambre pour une ou deux personnes. *Efficiency :* studio comprenant une kitchenette. *Suite :* petit appartement formé d'un salon communiquant avec une ou plusieurs chambres.
« Plans » hôteliers. Les tarifs portant les mentions ci-dessous comprennent respectivement : *AP (American Plan)*, trois repas et la chambre, soit la pension complète ; *MAP (Modified American Plan)*, petit déjeuner, déjeuner ou dîner et chambre, soit la demi-pension ; *EP (European Plan)*, aucun repas, chambre seulement, la formule la plus courante ; *Continental Breakfast :* jus de fruits, toasts, petit pain, café, thé ou lait. Lorsque le petit déjeuner est inclus dans le prix de la chambre, c'est d'un petit déjeuner continental qu'il s'agit ; *American Breakfast :* petit déjeuner américain comprenant au moins œufs, jambon, bacon ou saucisses, jus de fruits, petits pains divers, céréales, café, thé ou lait.
En complément à ce guide, vous pourrez utiliser le guide de l'*American Automobile Association* ou *Triple A (AAA)* ou encore le *Mobil Guide.*

Les hôtels d'aéroport. Les hôtels d'aéroport peuvent rendre service lorsqu'on est en transit, ou lorsqu'on ne veut pas prendre la route immédiatement après un vol transatlantique et que le point de livraison du véhicule loué est précisément l'aéroport. Il leur reste souvent des chambres lorsque les autres sont pleins. En plus un service de navettes gratuites est toujours assuré avec l'aéroport. Les services de restauration et de bar fonctionnent suivant des horaires plus larges, bien souvent 24h sur 24. Certains sont de très bon confort et à l'architecture recherchée, comme le Hyatt Regency de l'aéroport international d'Orlando.

Le *lodge*. Il est implanté en zone rurale ou dans une station balnéaire, et les équipements et les options de loisirs qu'il propose sont multiples.

Le *motor hotel*. Quant au *motor hotel*, on pourrait le définir comme un subtil combiné entre l'hôtel et le motel. À vrai dire, les différences sont tout à fait mineures.

Le *resort*. Vocable qui envahit la langue française, le *resort* correspond à un hôtel ou à un motel, plutôt de bon niveau, et offrant de nombreux éléments d'animation, de sports et diverses autres activités de loisirs.

Les *guest houses*, les *inns* et les *bed & breakfast*

Il existe aussi des petits hôtels, genre pensions de famille, appelés *guest houses* ou *bed & breakfast (B & B)* ou encore *inns*. Ce sont généralement de grandes maisons transformées en hôtels. Le propriétaire est souvent l'exploitant et assure personnellement tous les services de l'établissement qui a, bien évidemment, une petite capacité. On y accepte difficilement les réservations longtemps à l'avance et sans arrhes. Les sanitaires sont souvent communs à une ou plusieurs chambres et le petit déjeuner n'y est pas toujours servi.

Ces formules simplifiées d'hébergement sont cependant pleines de charme, en raison notamment de l'accueil personnalisé et familial qu'y reçoit l'hôte, qui n'est plus seulement un client, et du cadre soigné, original, familial de la maison. À Saint Augustine, par exemple, ces demeures sont en outre des lieux historiques. En général, ce mode d'hébergement n'est pas à considérer comme bon marché. Les guest houses, les inns et les B & B sont relativement nombreux en Floride, notamment dans les régions de Fort Lauderdale, de Saint Augustine et de Key West, lesquelles ont édité un annuaire spécifique qu'on peut se procurer dans les chambres de commerce locales et régionales ou par correspondance.

Il existe maintenant plus de 300 organisations aux États-Unis qui centralisent les offres et recueillent les demandes pour des séjours en principe de 2/3 nuits. La gamme des prix est infiniment large (de 250 $ en chambre individuelle à 300 $ en double, par personne). Voici quelques adresses :

En France. Tourisme chez l'habitant/TCH, 15, rue des Pas-Perdus, 95804 Cergy-Saint-Christophe Cedex ☎ 01.34.25.44.44, fax 01.34.25.44.45, minitel 3615 TCH. Ch. chez l'habitant à Miami, Orlando, Key West et dans les principales villes de Floride.

Aux États-Unis. The Bed & Breakfast National Network, P.O. Box 4616, Springfield, MA 01101, États-Unis. Cette association regroupant de nombreux services de réservations de B & B vous enverra la liste de ses membres moyennant trois coupons-réponses internationaux. **Bed & Breakfast Southern Comfort & Reservation Service**, 8211 Goodwood Boulevard, Baton Rouge, LA 70806, États-Unis ☎ (504) 923.23.37. **Bed & Breakfast USA Ltd**, P.O. Box 606, Croton-on-Hudson, NY 10520, États-Unis ☎ (914) 271.62.28. **Bed & Breakfast Co. Tropical Florida**, P.O. Box 262, South Miami, FL 33243, États-Unis ☎ (305) 661.32.70. **Bed & Breakfast Suncoast Accommodations**, 8690 Gulf Boulevard, Saint Petersburg Beach, FL 33706, États-Unis ☎ (813) 360.17.53. **Florida Suncoast Bed & Breakfast**, 119 Rosewood Drive, Palm Harbor, FL 34685, États-Unis ☎ (813) 787.35.00. **RSVP**, P.O. Box 3603, Saint Augustine, FL 32085-3603, États-Unis ☎ (904) 826.42.66 ou (800) 669.66.38.

Le camping et le caravaning

Si l'on ne peut véritablement faire de « camping sauvage » en Floride, les terrains et autres installations de camping et de caravaning sont bien organisés, parfaitement équipés, relativement peu onéreux, mais toujours loin des villes. On dénombre 700 terrains offrant plus de 100 000 emplacements. Certains exigent une réservation préalable. La plupart des terrains, en Floride, sont bien situés : dans les parcs nationaux (durée de séjour limitée), dans les parcs d'État, dans les parcs de loisirs *(Recreation Areas)* ou encore près des lieux d'intérêt touristique. Il est possible de louer un véhicule habitable (motor home se dit *recreational vehicle* ou *RV* aux États-Unis...) qui présentera, cependant, des restrictions de stationnement et de circulation. Attention : c'est un gros consommateur d'essence (au moins 20 litres aux 100 km).

Alors que vous paierez, pour votre tente, de 5 à 12 $ dans les *campgrounds*, vous devrez acquitter pour votre motor home de 16 à 25 $ dans les *trailer parks*. En cas d'installations « luxueuses », le prix peut monter jusqu'à 40 $. Certaines formules de voyages proposent des vacances sous la tente ou en motor home. Il vaut mieux faire ses arrangements depuis l'étranger. Ces véhicules sont parfois difficiles à trouver sur place. Locations possibles chez VALEM ☎ 01.48.73.08.39. Sur place ou dans les librairies spécialisées, vous pouvez acquérir le guide Rand MacNally's Campground and Park Guide.

Adresses utiles. Florida Campground Association, 1340 Vickers Rd, Tallahassee, FL 32303-3041, États-Unis ☎ (904) 562.71.51. Plus de 200 terrains affiliés. **Kampgrounds of America**, 550N 31 St., Billings MT59101-1123 États-Unis ☎ (406) 248.74.44.

Les auberges de jeunesse

Il existe finalement relativement peu d'auberges de jeunesse *(youth hostels)* aux États-Unis. On en dénombre 300. Comptez au moins 15 $ la nuit si vous n'êtes pas affilié à un groupement d'auberges de jeunesse. La carte internationale des auberges de jeunesse n'est pas indispensable pour y dormir, mais elle vous permettra de payer moins cher. Pour vous la procurer, si vous habitez en province, rendez-vous à la **Fédération Unie des Auberges de Jeunesse (F.U.A.J.)**, 27 rue Pajol, 75018 Paris ☎ 01.44.89.87.27. Si vous habitez Paris, vous pouvez obtenir la carte à l'**Association Interdépartementale des A.J. de la Région parisienne**, 10, rue Notre-Dame-de-Lorette, 75009 Paris ☎ 01.42.85.55.40 ou à la **Ligue Française pour les Auberges de Jeunesse (L.F.A.J.)**, 67 rue Vergniaud, 75013 Paris. C'est de loin la solution la plus économique, mais qui comporte un inconvénient majeur : elles sont pratiquement toujours situées en dehors des villes et, de plus, difficilement accessibles par les transports publics. Leur entretien laisse parfois à désirer.

Voici quelques adresses en Floride : **Daytona Beach**, 140 S Atlantic Avenue, Daytona Beach, FL 32118 ☎ (904) 258.69.37 ; **Fort Lauderdale**, 2839 Vistamar, Fort Lauderdale, FL 33304 ☎ (95) 566.10.23 ; **Key West**, 718 South Street, Key West, FL 33040 ☎ (305) 296.57.19, fax (305) 296.06.72 ; **Miami Beach**, 236 9th Street, Miami Beach, FL 33139 ☎ (305) 534.02.68 ; **Orlando**, 227 N Eola Drive, Orlando, FL 32801 ☎ (407) 843.88.88, fax (407) 841.88.67 ; **Saint Augustine**, 32 Treasury Street, Saint Augustine, FL 32084 ☎ (904) 808.19.99.

Demandez leur liste à : **Fédération Unie des Auberges de Jeunesse (FUAJ)**, 27, rue Pajol, 75018 Paris ☎ 01.44.89.87.27 ; **Ligue Française pour les Auberges de Jeunesse (LFAJ)**, 67 rue Vergniaud, 75013 Paris ☎ 01.44.16.78.78, minitel : 3615 code LFAJ ; **American Youth Hostels**

National Office, 733 15th St. NW, Washington, 20005-6098, États-Unis ☎ (202) 783.61.61.

Les foyers

Des « foyers » qui, en fin de compte, prennent souvent la forme d'hôtels ou de motels, sont gérés par des associations chrétiennes, spécifiques au monde anglo-saxon, les *Young Men's Christian Associations*, d'où les fameuses initiales *YMCA*, réservés aux hommes, et les *Young Women's Christian Associations (YWCA)*, réservés aux femmes. Certains sont mixtes. Il n'y a pas de limite d'âge. Les foyers YMCA/YWCA se trouvent souvent au centre des villes et leurs tarifs sont évidemment inférieurs aux hôtels et aux motels. Vous pouvez vous procurer l'adresse de ces foyers et effectuer vos réservations auprès de : l'**Union Chrétienne de Jeunes Gens/UCJG/Rencontre et Voyage**, 14, rue Trévise, 75009 Paris ☎ 01.47.70.90.94, fax 01.44.79.09.29 ; **Council Travel**, plusieurs agences en France ☎ 01.44.41.89.80. Minitel : 3615 code COUNCIL.
Les prix varient selon les foyers et le nombre de personnes. Comptez par exemple de 20 à 40 $ pour une chambre individuelle avec bains, de 30 à 60 $ pour une chambre double.

Échanges, locations d'appartements et de maisons

Depuis quelques années, on voit se développer aux États-Unis et notamment en Floride une formule d'hébergement basée sur les échanges d'appartements, de villas ou de maisons. Voici quelques organisations qui se chargent d'organiser les contacts :
Affordable Florida, 14436 Tamborine Drive, Orlando, FL 32837-6978, États-Unis ☎ (813) 857.76.54, (800) 999.01.88, fax (407) 857.78.86 ; **Contacts Intervac**, 3, rue du Maréchal Foch, 37000 Tours ☎ 02.47.20.20.57 ; **Hideaways International**, P.O. Box 03801, Portsmouth, NH 03802,États-Unis ☎ (603) 430.44.33, fax (603) 430.44.44. Locations seulement ; **Homelink International/Séjours**, Le Bel Ormeau, 409, avenue Jean-Paul-Coste, 13100 Aix-en-Provence ☎ 04.42.27.14.14; **World Wide Home Exchange Club**, 50 Mans Crescent, London 5W1X 0NA, Royaume-Uni ☎ (71) 823.99.37.
Les mêmes organisations peuvent se charger de locations de maisons ou d'appartements aux États-Unis et en Floride. Vous pouvez aussi, une fois sur place, avec l'aide des petites annonces des quotidiens floridiens ou des chambres de commerce locales, trouver des locations de villas, maisons et appartements.

Vacances à la ferme ou dans un ranch

Il s'agit de partager la vie de famille de fermiers ou de ranchers qui accueillent quelques hôtes payants. Compter au moins 200 $ en pension complète par semaine. Des tarifs à la journée et des forfaits week-ends existent aussi dans certaines fermes. Demandez leur liste d'adhérents à l'organisme suivant; **Dude Ranchers'Association**, La Porte, CO 80353, États-Unis ☎ (970) 223.84.40.

HEURE LOCALE

Les États-Unis changent d'heure, eux aussi, au fil de l'année, mais pas en même temps que la France : changement dans la nuit du dernier samedi au dimanche de mars et dans la nuit du dernier samedi au dimanche d'octobre. Selon les périodes de l'année, il faut ainsi déduire de 5h à 7h par rapport à notre heure. À noter que grosso modo toute la Floride vit à l'heure standard de l'Est *(Eastern Standard Time)*. Cependant, lorsqu'on passe le fleuve Apalachicola, près de Quincy, vers Pensacola, l'heure légale devient l'heure standard du Centre *(Central Standard Time)*.

HORAIRES

Les **banques** sont ouvertes du lundi au vendredi de 9h à 14h ou 15h. Les **musées**, étant donné la variété de leurs statuts, sont plus flexibles. Les horaires les plus fréquents sont de 9h à 17h, sans interruption pour le déjeuner. Souvent ouverts le samedi et le dimanche suivant des heures différentes. Les « **attractions** », elles, disposent d'horaires variables selon la saison, les congés scolaires, les jours fériés et leurs propres événements spéciaux. En général, elles ne ferment que très peu de jours dans l'année. Il n'y a pas de repos hebdomadaire. Les **magasins** sont, en général, ouverts tous les jours de la semaine, sf le dimanche, de 9h30 à 17h30 ou 18h. Une ou deux fois par semaine, il y a des « nocturnes » ; les boutiques ferment alors vers 21h. Les horaires sont plus tardifs dans la zone latine de Miami. Les **bureaux de poste**, ouverts en semaine de 8h à 17h, sont accessibles au public le samedi matin.

INFORMATIONS TOURISTIQUES

Les **Services de tourisme** de l'État de Floride de Tallahassee diffusent différents documents d'information sur les possibilités qu'offre l'État du Soleil. On les trouve dans les offices nationaux du tourisme des États-Unis *(USTTA)* en Europe, et vous pouvez aussi formuler vos questions directement à Tallahassee. Chaque grande ville de Floride dispose d'un **office du tourisme** *(Tourist Office, Tourism Bureau* ou *Convention & Visitors Bureau* ou *CVB)* avec matériel d'information et de promotion à disposition gratuite. S'ils couvrent plusieurs agglomérations ou stations, ils s'appellent alors, par exemple, *Naples Area Tourism Bureau*. Parfois, c'est la *Tourism Development Corporation* ou *Council (TDC)* qui s'en charge. Dans des localités moins importantes, ce sont les **chambres de commerce** *(Chambers of Commerce)* qui assurent l'information touristique aux visiteurs. Il en existe plus de 200… Il n'existe pas de sigle unique des points d'information touristique. On trouve ici un grand I pour *Information*, là un TIC pour *Tourist Information Center*.

De nombreux petits **magazines** d'information et de promotion, en anglais et en espagnol, circulent dans toute la Floride. Proches, mais en plus léger, de *Pariscope* ou encore de *L'Officiel des Spectacles* de la capitale française, ils s'appellent : *This Week Key, Where, Welcome, See, Bienvenidos, Arts,* etc. Ils sont gratuits et vous les trouverez dans les halls des hôtels, dans les restaurants, dans les « attractions », dans les aéroports, etc. Il existe aussi des magazines ou albums plus luxueux, par exemple ceux de la collection *Guestinformant,* que vous pourrez consulter dans plusieurs hôtels de luxe. Malheureusement, peu de documents sont publiés en langue française. Mais ces dernières années, nous avons cru déceler des progrès dans l'accueil et l'information, dans leur langue, des touristes étrangers en Floride, comme c'est le cas à Orlando et au niveau de l'État de Floride.

Adresse utile : State of Florida Department of Commerce Division of Tourism, 107 West Gaines Street, International Tourism, Tallahassee, FL 32399-2000 ☎ (904) 488.75.98, fax (904) 487.01.34.

Nous nous sommes efforcés, à chaque étape de notre visite de la Floride, de mentionner les adresses et les numéros de téléphone et de fax des offices de tourisme des localités présentées.

JEUX DE HASARD

En juill. 1994, le Parlement de l'État du Soleil a, une nouvelle fois, voté contre l'autorisation des casinos en Floride. Il n'y a, en effet, officiellement ni casinos ni salles de jeux de hasard dans cet État...
Cependant vous serez fréquemment sollicités pour participer aux bingos (y compris le bingo de la tribu indienne des Miccosukees), paris mutuels (notamment sur les courses de lévriers), loteries, poker (dont l'immense salle style Las Vegas de la tribu indienne des Séminoles), etc.

LANGUE

Bien entendu, la langue officielle, et la plus parlée, reste l'anglais ou plutôt l'anglo-américain (voir encadré).
L'espagnol, cependant, notamment à Miami et dans la région, est vraiment la seconde langue et fut même un temps officialisé comme tel dans le comté de Dade (Miami). La majorité du personnel auxiliaire est hispanophone. Et les services officiels sont contraints, eux aussi, de faire des annonces bilingues.
Quant au français, il est peu parlé, sauf par quelques Haïtiens émigrés qui ne l'ont pas oublié et qui sont heureux de le pratiquer quand l'occasion se présente. À Miami, en raison de la présence juive importante, on peut entendre du yiddish et de l'hébreu.

MÉDIAS

La presse écrite floridienne est très largement dominée par le *Miami Herald*, de loin le plus grand **quotidien** régional. Son concurrent est le *Miami News*. Fondé sous le nom de *Miami Metropolis*, il est le pionnier de la presse quotidienne en Floride. Mais chaque autre grande ville de l'État a aussi son journal, comme *The Orlando Sentinel*, *The Tampa Tribune*, *Saint Petersburg Times*, *The Tallahassee Democrat*, etc. Ensuite, quasiment comté par comté, paraissent quotidiennement ou deux fois par semaine de fort nombreuses publications. Citons : *The Palm Beach Daily News*, *The Boca Raton News*, *The Hollywood Sun Tattler*, etc. À Key West, le seul quotidien local est le *Key West Citizen*, complété par un hebdomadaire, *Island Life*, et un mensuel, *Solares*

L'anglo-américain

La langue anglaise parlée aux États-Unis présente de nombreux accents. Une oreille même peu experte distingue aisément le citoyen du Texas, de New York ou de la Californie. Il ne semble pas vraiment exister d'accent floridien. Seules quelques expressions pourraient être taxées de locales. Comme les premières salutations du jour : *How are you doing ?* qui, donne par oral quelque chose comme : *Hayou doing ?*
D'une façon générale, on sait que l'American English (l'anglo-américain) écrit par rapport au British English (l'anglais britannique) tend à simplifier l'orthographe, même si ce n'est pas encore admis par l'Université et les autres protecteurs de la langue. Le but étant de rapprocher la chose parlée de la chose écrite. Exemples : *harbour/harbor ; night/nite ; theatre/theater ; programme/program ; through/thru ; etc.*

Hill. Le seul grand quotidien en espagnol est à Miami : *El Nuevo Heraldo,* filiale du Miami Herald. Parmi les **magazines**, figure *South Florida.* Deux sont consacrés à la maison et aux loisirs : *Southern Homes* et *Southern Living.* Quant à se procurer des **publications françaises**, *forget it !* Sauf *Le Monde* au pavillon français d'EPCOT…

Pour connaître les **fêtes et manifestations**, consultez d'abord les guides de promotion touristique dans les grandes villes. Gratuits, le plus souvent, ils sont disponibles dans les kiosques, les halls d'hôtels, les restaurants, etc.

Radios. C'est surtout sur les ondes que la langue espagnole est présente, avec plusieurs radios en modulation de fréquence, dans tout l'État, avec une densité logiquement plus forte sur la zone de Miami. Ces radios diffusent musiques latines et débats sur l'immigration, parfois des pamphlets contre les politiciens en place dans les pays d'origine. Exemples : Radio Marti (lancée en 1985 par le gouvernement des États-Unis à destination des Cubains dans l'île), Exitosa (107.5), Radio Ritmo (98.3), Radio Sol, Radio Hit, 92 (Noventa y Dos), WQBA/La Cubanísima, CMQ/Cadena Nacional, Radio Mambí, l'une des plus importantes. Si vous cultivez le paradoxe, vous pouvez aussi facilement capter les radios cubaines de l'autre côté de l'eau, comme Radio Rebelde, Radio Reloj et Radio Taino… Incroyables Florides. Il existe aussi une station en français de Haïti appelée Express 132. On a pu dénombrer pas moins de 35 stations en modulation de fréquence en anglais ou en bilingue partiel. À chacune plus ou moins sa spécialité : religion, rock, jazz, blues, nouvelles, etc. Les plus puissantes émettent 24h sur 24, d'autres de 6h à minuit.

Télévision. Un cartel de trois chaînes de télévision en anglais *(channels)* domine : Channel 10 (WPLG), Channel 7 (WSVN) et Channel 4 (WTVJ). Des jeux, des nouvelles présentées de façon très sensationnelle, des films, des feuilletons. Beaucoup de publicité. Une chaîne en espagnol : Canal 51.

POIDS ET MESURES

Le passage au système métrique figure régulièrement dans les intentions des Gouvernements des États-Unis, mais la décision en est souvent reportée pour différents motifs. Après le rejet de l'Administration Clinton de 1994, prochain rendez-vous : 1996.

Correspondances des mesures françaises et américaines

Hommes								
Complets	USA Eur.	36 46	38 48	40 50	42 52	44 54	46 56	48 58
Chemises	USA Eur.	14 36	14.5 37	15 38	15.5 39	16 41	16.5 42	17 43
Chaussures	USA Eur.	6,5 39	7 40	8 41	9 42	10 43	10,5 44	11 45
Femmes								
Chemisiers et cardigans	USA Eur.	32 40	34 42	36 44	38 46	40 48	42 50	44 52
Tailleurs et robes	USA Eur.		10 38	12 40	14 42	16 44	18 46	20 48
Bas ou chaussettes	USA Eur.		8 0	8,5 1	9 2	9,5 3	10 4	10,5 5
Chaussures	USA Eur.	 36	5,5 37	6 38	7 39	7,5 40	8,5 41	9

Longueurs
1 *mile* = 1,609 km
1 *yard* = 3 *feet* = 36 *inches* = 91,4 cm
1 *foot* (pied) = 12 *inches* = 30,48 cm
1 *inch* (pouce) = 2,54 cm
1 km = 0,62 *mile*
1 m = 1,09 *yard*
1 m = 3,28 *feet*
1 cm = 0,39 *inch*

Poids
1 *pound* (lb, livre) = 0,4536 kg = 453,6 g
1 *ounce* (oz, once) = 28,35 g

Capacités
1 *gallon* = 3,785 l
1 *quart* = 0,946 l
1 *pint* = 0,473 l
1 l = 2,1 *pints* ou 1,06 *quart* ou 0,26 *gallon*

Distances

Miles	1	5	50	100	1 000
Km	1,609	8,045	80,450	160,900	1 609

1 km = 0,62 *mile*

Surfaces
1 *acre* = 0,4 ha
1 *square mile* = 2,5 km^2
1 km^2 = 0,3 *square mile*
1 m^2 = 1,19 *square yard*
1 ha = 2,47 *acres*

Températures : voir p. 16

POLITESSE
Les Américains sont, d'une manière générale, affables et cordiaux. Et encore plus sans doute dans les États du Sud. En panne sur la route ? Une voiture s'arrêtera immédiatement : « *May I help you ?* » (Puis-je vous aider ?). On en attend autant de vous.
En revanche, pas de naturisme ni de seins nus, ou à peine. Une tenue correcte est exigée partout : vous devez porter chemise et chaussures où que vous alliez. Cependant, les shorts et les bermudas sont souvent autorisés. Considérez aussi que le protocole vestimentaire est moins formel en Floride en raison du climat et de l'ambiance générale : l'État du Soleil possède une image excessivement forte de terre des vacances et du bien-vivre, même si l'on y travaille aussi dur qu'ailleurs.
La ponctualité n'est ni à l'allemande ni à la suédoise, mais rappelle la pratique française. L'heure, c'est l'heure. À cinq ou dix minutes près… On appelle facilement les gens par leur prénom *(first name)* dès la première rencontre. Le patronyme est le deuxième nom *(last name)*. Entre les deux, une initiale ou un nom *(middle name)*, correspondant au nom de la mère ou à un deuxième, voire à un troisième prénom.

POSTE ET TÉLÉPHONE
L'administration des Postes est fédérale aux États-Unis, mais celles des Téléphones et des Télégraphes sont privées.

Terre d'immigration, la Floride mêlant notamment « Afro-Américains », Latino-Américains et Indiens d'origine séminole, illustre à sa manière le melting-pot à l'américaine.

Courrier

Ne cherchez pas à acheter des timbres chez les marchands de tabac : ils sont en vente dans les bureaux de poste (voir horaires p. 44). Le concierge de votre hôtel (s'il existe) en vend parfois. Vous devrez, la plupart du temps, utiliser les petits distributeurs automatiques qui sont installés un peu partout. Mais cela vous coûtera souvent plus cher et vous rencontrerez des problèmes pour obtenir un affranchissement exact. Dans la rue, les boîtes à lettres sont bleu nuit et assez volumineuses. Ne les confondez pas avec les poubelles.

Libeller l'adresse. Après le nom de la ville figure le nom de l'État en code – pour la Floride, c'est FL, ainsi en majuscule – puis un numéro à cinq chiffres, parfois complété après un tiret de quatre autres chiffres. Exemple : Votre destinataire – Numéro de la rue, avenue, etc. – Kissimmee, FL 34742-2385.

Poste restante. Faire libeller le courrier comme suit : Nom du destinataire – C/O General Delivery – Main Post Office – Ville, État, code postal.

Téléphone

Vous trouverez des cabines publiques de téléphone un peu partout, même en pleine campagne. Munissez-vous de nombreuses pièces de 5, 10 et 25 cents. Vous paierez en fonction du temps et de la distance, selon les instructions du téléphoniste *(operator)*, qui interrompra votre conversation à intervalles réguliers pour vous indiquer combien de pièces vous devez rajouter dans la machine. Dans d'autres cas, c'est seulement lorsque votre communication est terminée que l'opérateur vous indiquera le montant à acquitter en vous rappelant. Si vous ne vous exécutez pas, une sonnerie stridente se déclenchera et vous devrez subir l'opprobre des passants dans la rue. Vous pouvez éventuellement marchander. Ruse à ne pas révéler…

Pour appeler la France, composez le 011 (pour l'international) et le 33, puis le numéro de votre correspondant sans le 0 par lequel débute votre numéro à 10 chiffres.

En cas de doute, composez le 0 et l'on vous viendra (gratuitement) en aide. Les trois premiers chiffres des numéros de téléphone, lorsqu'ils en ont 10, constituent l'indicatif de la ville ou de la région *(area code)*. Il faut toujours les composer avant les 7 chiffres de votre interlocuteur, lorsque vous n'êtes pas dans la zone considérée. Renseignements téléphoniques : le 411 si vous cherchez un abonné dans la même zone ou bien le 1, puis l'indicatif de la zone, puis le 555.12.12.
Les téléphones cellulaires portatifs peuvent être loués notamment dans une agence de location de voitures.
Quelques indicatifs téléphoniques de Floride (en mars 1998). Daytona Beach : 904 ; Fort Lauderdale : 954 ; Fort Myers : 941 ; Jacksonville : 904 ; Key West : 305 ; Miami : 305 ; Orlando : 813 ; Palm Beach : 561 ; Pensacola : 904 ; Saint Augustine : 904 ; Saint Petersburg : 813 ; Sarasota : 941 ; Tallahassee : 904 ; Tampa : 813.
Toll free. C'est l'équivalent du numéro vert ou du libre appel. Indicatif : 800.
Les cartes et le téléphone. Depuis la Floride, vous pouvez appeler la France à des tarifs compétitifs grâce à la Carte France Télécom.
La Carte France Télécom permet d'utiliser n'importe quel téléphone et vos appels sont débités directement sur votre facture téléphonique en France. Pour plus de renseignements et pour l'obtenir avant votre départ, appelez le ☎ 0 800 202 202. Il existe un autre moyen de téléphoner en France (si vous ne souhaitez pas payer la communication sur place), en utilisant le PCV de France Télécom. Vous composez le ☎ 1 800 4 737 862 depuis la Floride (également accessible depuis tous le États-Unis).

POURBOIRE

En Floride, le service n'est généralement pas compris. Lorsqu'il l'est, c'est clairement signalé. Il est important de ne pas oublier le pourboire en établissant votre budget, car ces multiples petits dollars finissent par peser… Les informations qui suivent vous aideront à être dans les normes.
Il est d'usage de donner un pourboire au chasseur d'un hôtel *(bell boy)* : de 50 cents à 1 $ par bagage ou un minimum de 1 $. Au moins 1 $ à celui qui range votre voiture *(parking valet)* s'il n'y a pas de tarif affiché. Pour les additions, que vous réglez le plus souvent en sortant à la caisse, il est d'usage de laisser sur la table en espèces pour le serveur *(waiter* ou *server)* de 15 à 20 % de la note hors taxes. On paie, semble-t-il, de plus en plus souvent à table. Pour un petit déjeuner, prévoyez 1 $. Le sommelier devrait recevoir 2 $ par bouteille, quel que soit le prix de la bouteille. Les taxis s'attendent à 15 % du montant de la course. Si celui-ci n'atteint pas 5 $, donnez un dollar. Au vestiaire, de 50 à 75 cents ; dans les établissements de luxe, 1 $. Chez le coiffeur : de 10 à 15 %.
D'une façon générale, dès que vous demandez un service particulier, on s'attend à un pourboire. Dans les hôtels du système Walt Disney, il est affiché que « de coutume un service de qualité est reconnu par un pourboire de 15 à 20 % »… Dans d'autres cas, il y a une petite corbeille bien en vue qui dit *Tips*.
En revanche, il n'est pas nécessaire de donner un *tip* aux ouvreuses dans les théâtres, aux garçons d'ascenseur et aux réceptionnistes.

SANTÉ

Le **numéro d'appel** en cas d'urgence est le 911 : police, pompiers, ambulances sont au bout de la ligne.
En raison des **coûts** très élevés des soins et services hospitaliers, vous avez tout intérêt à souscrire une police d'assurance et d'assistance complémentaires (voir p. 23). Le prix moyen d'une consultation chez un dentiste ou un médecin généraliste *(physician)* est de l'ordre de 30 à 50 $. Sachez encore que

le niveau des soins médicaux en Floride est parmi les plus élevés de la nation, notamment en ophtalmologie, pédiatrie et laryngologie.
Dans un *drugstore,* en cas de fièvre ou état grippal, vous pouvez acquérir des **médicaments** simples tels que Bayer, Bufferin, Contact, Dristan ou encore Tylenol.
Pensez que, malgré la brise ou les nuages éventuels, le soleil des tropiques est puissant. Si votre peau est sensible, ne croyez pas vous rendre ridicule en vous baignant avec un tee-shirt ou beaucoup de crème solaire : la réverbération renforce l'impact des rayons.

SÉCURITÉ

Le cœur de toutes les grandes villes n'est jamais vraiment sûr, et les mêmes précautions élémentaires sont valables pour la Floride et notamment Downtown Miami. Bien sûr, il faut bien fermer sa porte de chambre à l'hôtel. D'ailleurs, elle est souvent équipée d'une chaîne supplémentaire qui sert aussi à protéger son intimité. Tard dans la nuit, aucun jardin public, aucune plage, aucune rue déserte n'est à conseiller. Comme partout, l'auto-stop est fortement déconseillé, en particulier aux jeunes filles voyageant seules.
À la suite des incidents criminels rares mais violents et largement relatés par la presse étrangère qui ont eu lieu en 1993, les autorités touristiques de Miami, d'Orlando et de Floride, en coopération étroite avec le secteur privé, ont mis au point de nombreuses mesures de sécurité, dont certaines reposent surtout sur la diffusion massive d'informations de pur bon sens et dans de nombreuses langues. Exemples : disposer d'une carte routière détaillée et à jour ; bien l'étudier avant de prendre la route ; si l'on est perdu, ne jamais s'arrêter sur la route mais dans un lieu fréquenté, comme une station-service, un hôtel, un restaurant, un lieu éclairé ; circuler avec les vitres fermées et les portières verrouillées ; ne jamais s'arrêter si l'on vous fait des appels de phares ; suppression des identifications spécifiques aux voitures de location, etc. Parallèlement, des brigades de policiers ont été spécialement formées à l'encadrement des touristes et des bureaux mobiles d'accueil qui fonctionnent 24h/24 ont été mis en place aux points touristiques cruciaux de l'État.

SHOPPING

Il y a lieu de bien comprendre le « système américain » du commerce de détail, pour lequel l'opulente Floride vous offre un terrain privilégié d'observation.
La mode est aux grandes **galeries commerciales ou galeries marchandes** *(malls* ou *shopping arcades)* qui regroupent, dans un environnement plus ou moins sophistiqué, un ensemble de boutiques détaillantes, de grands magasins, de restaurants, de pizzerias ou de *fast foods.* Chaque galerie a son style, qui attire une clientèle spécifique. On y trouve surtout des boutiques de mode, de cadeaux, de livres et magazines, d'accessoires, un peu de hi-fi, de cassettes, de disques compacts, etc. Par ailleurs, les **grands magasins** (les *department stores*), souvent plus grands que les nôtres, distribuent de tout, comptoir par comptoir, unité par unité. On dirait parfois des boutiques dans un grand hall. Les principaux sont *Bloomingdale's, Burdines, Jordan Marsh, Macy's* ou encore *Sears.* Enfin, il y a les **supermarchés**, pour les produits alimentaires et la maison.
Parallèlement, certaines artères, dans quelques grandes villes, ont l'aspect de rues européennes avec un combiné du tout.
Que rapporter de Floride ? Artisanat indien : panoplies, vêtements en cuir, ceintures, objets en argent, à base de coquillages, poteries. Beaucoup de **gadgets** qu'on achète pour l'innovation, l'inventivité ou l'originalité qu'ils représentent en matière de *design* ou d'utilité. Les *tee-shirts* et autres types de chemises offrent une variété étonnante.
Video. Attention ! Aux États-Unis, le standard vidéo est le NSTC ou le PAL. En France, il s'agit du procédé SECAM.

SPORTS ET LOISIRS

La Floride est un paradis des vacances actives. Vous pourrez pratiquer de nombreux sports : toutes les disciplines, ou presque, y sont en plein essor. Au premier rang, viennent les sports balnéaires et nautiques, qui peuvent être exercés sur toutes les plages et conviennent aux initiés comme aux débutants.

Baseball. Même s'il n'a pas (encore) conquis le vieux continent, le sport n°1 des États-Unis, le baseball, est praticable partout. Et dire qu'il a été inventé dans l'incrédulité générale en 1879…

Chasse. Le climat et les grandes forêts permettent la chasse au grand et au petit gibier. Des permis de chasse sont attribués pour 25 $ pour 10 jours aux non-résidents. D'autres détails peuvent vous être fournis à la **Game and Fresh Water Fish Commission**, 620 S Meridian Street, Tallahassee, FL 32399-1600, États-Unis ☎ (904) 488.46.76.

Croquet. Le croquet constitue le dernier sport à la mode. On peut s'y adonner de plus en plus souvent dans les plus grands hôtels.

Golf et tennis. Amateurs de golf, 1 100 parcours de différentes catégories, publics et privés, sont à votre disposition à travers tout l'État ! Et une vingtaine de tournois professionnels s'y tiennent par an. Le premier *green* date de 1885. Demandez son annuaire-guide *Fairways in the Sunshine* à la **Florida Sports Foundation**, 107 West Gaines Street, Suite n°342, Tallahassee, FL 32399-2000 ☎ 488.83.47. Quant au tennis, il s'est tellement démocratisé que vous pourrez y jouer, même de nuit, dans un court jouxtant votre hôtel, quelle qu'en soit la catégorie.

Pêche. La pêche est (presque) miraculeuse, toute l'année, sur toutes les côtes mais spécialement à Pensacola et dans les Keys : et 600 variétés de poissons de mer vous attendent. Et 7 500 lacs pour les poissons d'eau douce. Sans compter les cours d'eau ! Il existe une centaine de tournois de pêche au gros par an entre Palm Beach et Key West ! Avant de pratiquer ce sport, vous devrez obtenir un permis de pêche auprès des chambres de commerce ou dans les boutiques d'articles de pêche (15 $ pour 7 jours dans chaque catégorie).

Pelote basque ou jaï alaï. Ce jeu se pratique assez couramment en Floride. Jaï alaï est l'expression basque qui doit se prononcer comme tel avec une touche d'accent américain. Entraînez-vous. Cela donne quelque chose comme « haï-alaï », le « h » étant très aspiré à la manière du « r » allemand…

Randonnée. De nombreux sentiers de grande randonnée sont correctement balisés à l'intérieur des 105 parcs naturels de l'État. Depuis peu, sous l'impulsion des mouvements écologistes, la marche rencontre un succès certain et certains hôtels vous proposent des parcours de *jogging*.

Sports nautiques. Il existe des concours et des festivals consacrés au **ski nautique**. Les plus connus sont ceux de Miami (dans le cadre de l'*Orange Bowl Festival*) et de Cypress Gardens. Les concours de **surf** ont lieu à Daytona Beach ou à Cocoa Beach et vous avez 1 600 km de côtes à votre disposition. Pour la **voile**, rendez-vous à Jacksonville, Sarasota et Marco Island. La **plongée sous-marine** se pratique essentiellement dans les Keys, en raison de la beauté des reliefs coralliens, mais c'est à Fort Lauderdale, au cours de la dernière semaine d'avril, que se tient une grande rencontre internationale de plongée. 1 711 cours d'eau, longs de 2 à 500 km, 30 000 lacs vous permettront de faire du **canoë**, du **kayak** ou de l'**aviron**.

TOILETTES

Il existe des toilettes *(rest rooms)* publiques gratuites au cœur des villes. Vous pouvez, par ailleurs, sans aucun complexe entrer dans un restaurant de chaîne ou dans un grand hôtel pour les utiliser. Les *rest areas* sur la route sont largement signalées et offre également le confort à votre chien !

TRANSPORTS

Par avion

Il y a un aéroport dans chaque grande ville, mais souvent aussi dans les villes moyennes ou petites. Même si votre budget est limité, n'hésitez pas à considérer ce moyen de transport intérieur comme une solution tout à fait abordable. L'usage des lignes intérieures est non seulement plus courant mais aussi moins coûteux aux États-Unis qu'en France (30 à 40 % moins cher).
Aux prix publics s'appliquent des réductions touristiques, lorsque le billet a été acheté depuis le pays d'origine du passager. Si vous avez fait vos réservations depuis la France, vous avez la possibilité de les faire modifier sur place. Certaines compagnies aériennes intérieures, au départ de New York, par exemple, offrent un tarif forfaitaire *(pass)* permettant un certain nombre d'escales, quel que soit leur éloignement, à travers les États-Unis, donc à travers la Floride, avec un supplément par escale supplémentaire. À toutes ces conditions avantageuses, il faut ajouter les tarifs « jeunes ». Renseignements auprès des transporteurs aériens.

Par la route

En voiture de location

Conditions. Il faut, en général, avoir 25 ans pour louer une voiture aux États-Unis, mais en Floride, ce seuil est abaissé à 21 ans. Le permis de conduire français à trois volets est suffisant, mais il faut en être titulaire depuis au moins un an. Lisez attentivement le contrat de location de votre voiture : il peut très bien vous interdire de quitter l'État de Floride. Une assurance obligatoire de responsabilité civile est incluse dans le prix de location. Vous pouvez, en outre, souscrire une assurance collision ou *CDW* pour *Collision Damage Waiver* ou encore une assurance tous risques ou *FCW* pour *Full Collision Waiver*. La voiture qui vous sera fournie en location devra être en bon état de marche et en règle sur le plan administratif. N'hésitez pas à bien inspecter le véhicule qu'on vous confie : pneus, huile, essence, accessoires, roue de secours et état de la carrosserie.

Spécificités. Les véhicules sont en principe dotés d'une boîte automatique, de la climatisation et d'un autoradio. L'habitacle possède de nombreux gadgets que l'on ne trouve pas habituellement sur les marques de série européennes. Dans le vocabulaire des loueurs de voitures, les deux-places s'appellent des *Economy ;* les quatre-places, des *Compact ;* les cinq-places, des *Mid-Size* et les six-places, des *Full-Size.*
Autre précision : si votre voiture n'a pas de plaque minéralogique à l'avant, ne vous inquiétez pas : elle est seulement obligatoire à l'arrière… pour relever le numéro après la faute.

Comment louer une voiture ? Votre agent de voyages peut vous renseigner sur les tarifs particuliers ou sur les forfaits qui sont offerts aux touristes. Sinon, les bureaux des **grandes marques de location** de voitures résoudront pour vous ce problème (Avis, signalée par des panneaux rouges, Hertz, par des jaunes, ou National-Europcar, par des verts). À ces firmes internationales s'ajoutent les **loueurs locaux**, par exemple : Ajax, Airways Rent-A-Car, Alamo Rent-A-Car, Alpha American International, Econo Car, Demo Rent-A-Car, Dollar Rent-A-Car, Greyhound Rent-A-Car, Pass Rent-A-Car, Payless, Snappy Car Rental, Thrifty, etc. Généralement, les loueurs locaux ont un parc de véhicules plus restreint et, de ce fait, leurs contrats stipulent que toute voiture doit être rendue là où s'est effectuée la location (en *round trip*). Si vous la laissez à un endroit différent du point de location initiale, cela s'appelle louer en *one way*. Sachez qu'en cas de panne les loueurs locaux peuvent avoir une rapidité et une efficacité d'intervention moindre. Par contre, le service est plus amical, moins anonyme. Les **réservations** peuvent se faire en télépho-

nant gratuitement *(toll free)* à un numéro vert commençant par l'indicatif 800 depuis n'importe quel endroit de Floride ou des États-Unis : la compagnie prend à sa charge la communication.
En outre, les grands loueurs ont généralement des bureaux dans les aéroports, à l'endroit même où vous pouvez prendre livraison de votre voiture. Ce qui n'est pas toujours le cas des loueurs locaux. Quoi qu'il en soit, on vous conduira gratuitement en voiture ou en camionnette à l'endroit où vous prendrez votre véhicule et on vous ramènera à l'endroit de votre choix lorsque vous aurez rendu la voiture.
Coût. En général, les compagnies locales sont plus avantageuses pour une location à la journée, alors que les compagnies nationales ou internationales le sont, elles, pour les locations à la semaine en formule kilométrage illimité, à condition d'effectuer au moins 150 miles (240 km) par jour.
Les cartes de paiement servent de caution (le versement en espèces n'est pas exigé). Les loueurs internationaux vous offriront, en outre, des tarifs en combinaison avec certains transporteurs aériens et certains hôtels ainsi que des carnets de bons de réductions diverses à travers la Floride. Comptez dans tous les cas un minimum de 150 $ pour 7 jours en kilométrage illimité. Et comparez les prix : la rude concurrence est favorable aux consommateurs.
Essence. Elle coûte bien moins cher qu'en France et qu'en Europe, et est officiellement sans plomb *(unleaded)*. Il en existe trois catégories : *regular unleaded* ou *regular*, *super* et *special*. Les prix varient selon les villes et les chaînes de distribution. En juillet 1994, le *regular unleaded* coûtait moins de 3 FF le litre. Les mesures sont exprimées en *gallon*, qui équivaut à 3,785 litres. Il n'est pas d'usage de donner un pourboire au pompiste (sauf en cas de service particulier). Aux stations, dites « *self serve* », par opposition aux « *full serve* », vous devrez remplir vous-même votre réservoir, mais si une aide vous est nécessaire, vous l'obtiendrez facilement. On aura toujours l'élégance de nettoyer votre pare-brise.

En voiture avec chauffeur

Les *limousines* ou *limos* sont généralement ce que l'on appelle des voitures de « grande remise » (avec chauffeur, louées à forfait). On paie à la course, à l'heure ou à la journée. Le prix est toujours à débattre au préalable. Attention : certains services de limousines fonctionnent comme des taxis collectifs mais avec un itinéraire fixe. On emmène plusieurs personnes au même endroit ou dans la même zone. On partage alors le prix.
Adresses utiles : Carey Limousine, C/O Executive Car, en France ☎ 01.42.65.54.20. **Cars Of The Rich And Famous**, en Floride ☎ (800) 343.05.13 ; (305) 945.27.37, (305) 456.47.05, fax (305) 456.64.45.

En moto

La location de moto est au menu de plusieurs voyagistes français. Le permis moto international A3 est requis pour une cylindrée supérieure à 400 cm^3.

En autocar

Les déplacements en autocar sont très confortables. La plupart des grandes villes sont desservies par la compagnie Greyhound. Les véhicules ont la ponctualité des trains français et, sur les lignes à longue distance, l'équipement assure un confort moderne : air conditionné (se munir d'un pull over), fauteuils réglables, toilettes à bord, zone non-fumeurs, etc. Il est recommandé de bien étiqueter ses bagages et de bien surveiller leur enregistrement ; ils ne sont pas disponibles au cours du trajet. La charge maximale à laquelle vous avez droit est de 60 kg (120 livres). Les agences de voyages sont habilitées à vous donner des informations sur les lignes régulières ou sur les voyages organisés par la compagnie, mais vous pouvez toujours contacter directement Greyhound en Europe (voir p. 22). Aux États-Unis et en Floride, appel gratuit ☎ (800) 231.22.22 (en anglais) et (800) 531.53.32 (en espagnol).

Voici les principales gares Greyhound de Floride : à **Miami Downtown**, 950 NE 2nd Avenue, Miami, FL 33132 ; à **Orlando Downtown**, 300 W Amelia Street, Orlando, FL 32801 ; à **Tampa**, 610 Polk Street, Tampa, FL 33602 ; à **Key West**, 615 Duval Street, Key West, FL 33040 ; à **Jacksonville**, 10 North Pearl Street, Jacksonville, FL 32202 ; à **Pensacola**, 505 W Burgess Rd, Pensacola, FL 32503 ; à **Tallahassee**, 112 W Tennessee Street, Tallahassee, FL 32301.

Par le train

On ne peut pas dire que le train aux États-Unis soit à la pointe du modernisme. La **société fédérale AMTRAK** a été constituée en 1970 pour regrouper sept sociétés privées de chemin de fer. Il y a plus d'une vingtaine de gares AMTRAK dans tout l'État, dont les grands centres, Jacksonville, Orlando, Tampa, Saint Petersburg, West Palm Beach et Miami. À titre d'exemple, le parcours Jacksonville – Miami, soit 408 mi/657 km, s'effectue en 7h20. Deux lignes principales traversent la Floride : Jacksonville – Orlando – Tampa – Saint Petersburg, via Palatka, Kissimmee et Lakeland, d'une part, et Jacksonville – West Palm Beach – Miami, via Ocala, Wildwood et Winter Haven, d'autre part. De même, quatre grands trains, avec réservation obligatoire, relient la Floride à New York et à Chicago. Ce sont le *Silver Meteor* (New York-Miami ou Saint Petersburg), le *Silver Star* (même itinéraire), le *Palmetto* (New York – Savannah à *149 mi/240 km* au N de Jacksonville, en Géorgie) et enfin le *Floridian* (Chicago – Saint Petersburg ou Miami).
Gares des principales escales AMTRAK de Floride : à **Jacksonville**, Clifford Lane Station, 3570 Clifford Lane ; à **Tampa**, Nebraska Avenue ; à **Saint Petersburg**, 3601 31st Street North ; à **West Palm Beach**, Tamarind Avenue ; à **Miami**, 8303 NW 37th Avenue.
Il existe des **tarifs forfaitaires** qui permettent l'utilisation illimitée du réseau AMTRAK pour une durée déterminée. Cette formule, qui s'appelle *USA Rail Pass*, oblige à acheter le *pass* en dehors des États-Unis et du Canada (voir notre chapitre « Partir », p. 21). AMTRAK a mis au point deux *passes* régionaux qui couvrent la Floride. L'un est valable dans tous les États de l'est du Mississippi. L'autre ne concerne que la Floride.
Toutes les agences de voyages sont généralement en mesure de vous renseigner et de vous vendre les titres de transport comme les abonnements. Seules les réservations s'effectuent sur place, en utilisant, par exemple, le système gratuit d'appel *toll free*. Une fois sur place, pour tout renseignement sur les tarifs et les horaires, appelez le ☎ (800) USARAIL ou 1-800.872.72.45, 24 h/24.

URGENCES

Un seul numéro, le 911, vous permettra de joindre la police, les pompiers, ambulances, etc. Urgence se dit *emergency*.

VOLTAGE

110/115 volts ; 60 Hz.
Les prises de courant ne sont pas les mêmes qu'en France. Se munir d'un adaptateur pour prise américaine.

TERRE DE PLANTEURS, DE PROMOTEURS ET DE VISIONNAIRES

Peuplée d'Indiens dès la préhistoire, la Floride a vécu les traumatismes successifs de la formation de l'Amérique et des États-Unis. Dans les années 50, ce « jardin hivernal » est passé à l'ère de la conquête spatiale. Depuis, l'État du Soleil est devenu une terre d'accueil, notamment pour les réfugiés latino-américains.

Il y a 12 000 ans, les premiers habitants de la Floride s'installent au bord du fleuve Saint Johns, au nord de l'actuel État du soleil. Initiés à l'art de la poterie, ils fabriquent leurs ustensiles de cuisine à partir de l'argile rouge, abondante dans le pays. Délaissant la chasse pour l'agriculture, ils mettent au point un système ingénieux d'irrigation pour faire pousser le maïs.

Leur civilisation brillante s'apparente à celle de leurs voisins mayas et aztèques. Comme eux, ils vénèrent le soleil. Comme eux, ils édifient des monuments funéraires dont on peut admirer quelque 14 000 vestiges ou simples traces dans le territoire de la Floride actuelle.

Avant l'arrivée des Blancs en 1513, les différentes tribus indiennes ont essaimé dans toute la Floride : les Tocobegas vivent dans la baie de Tampa, les Timicuans plutôt dans le nord, les Calusas au bord du lac Okeechobee...

Au nom du roi d'Espagne

« Partez explorer et coloniser Bimini ! » ordonne le roi Ferdinand IV d'Espagne à Don Juan Ponce de León, en mars 1513. Six jours après la fête des Fleurs de Pâques, le 27 mars 1513, le capitaine fidèle à son roi et les marins de trois galions partis de Cadix accostent sur une plage de sable blanc, près de l'actuelle Saint Augustine. Devant eux, ils ne voient qu'une forêt infestée de moustiques et des Indiens hostiles. Ponce de León rembarque. Il baptise cette nouvelle terre espagnole Pascua Florida (« Pâques fleuries ») ou Florida.
Ce noble conquistador ne revient qu'en 1521, mais cette fois les indigènes attaquent sa petite troupe. Blessé, il meurt à La Havane. Mais la colonisation espagnole se poursuit. Parti à la recherche d'or, Panfilo de Narvaez aborde près de Tampa, sur la côte ouest, en 1528. Il s'enfonce jusqu'au Texas, mais sa quête de l'Eldorado est vaine. En 1559, Don Tristan de Luna fonde à Pensacola la première colonie espagnole, la plus ancienne des États-Unis.

L'éphémère Caroline française

Encouragés par Gaspard de Coligny, l'un des chefs du parti protestant en France, des huguenots emmenés par Jean Ribaud débarquent en Floride en avril 1562. La Popelinière, compagnon d'aventure et poète, écrit alors : « Toute la terre voisine de ces pays-là est tellement chargée d'arbres et de fleurs, et la mer semblablement, que quelque profonde qu'elle soit, se dirait-on que c'est un pré, le plus beau et verdoyant que l'on voye durant le printemps. Et l'ayant vue entre telle, tant les nôtres qu'autres d'Europe, l'appelèrent Floride. » Du même coup, il s'attribue le baptême de cette terre lointaine.
Ces soldats du bout du monde construisent alors un fort, baptisé Caroline française deux ans plus tard par René de Laudennière, ami de Coligny, en hommage au roi Charles IX. Les Indiens se montrent accueillants, tout en conservant une certaine réserve vis-à-vis de la petite communauté des hommes blancs. Cependant, la situation se dégrade : les Français sont brutaux, entreprenants auprès des femmes et exigent toujours plus de vivres. Les caciques, les chefs indiens, appellent alors les villageois à la résistance passive, les incitent au refus d'obéissance, à travailler au ralenti, etc. Les incidents sont nombreux.
Durant ce temps, Philippe II d'Espagne s'impatiente. Il veut détruire ce réduit calviniste et asseoir définitivement sa puissance de souverain catholique sur ces espaces lointains. Pedro Menendez de Aviles est désigné pour en découdre avec les Français. Cet homme fier a la brutalité d'un Hernán Cortez – le conquistador du Mexique – et l'obstination d'un Francisco Pizarro – celui du Pérou. Le 3 septembre 1565, il envoie par le fond la maigre flotte de Jean Ribaud. Tout espoir de retour est anéanti ; Ribaud et ses compagnons d'aventure sont poursuivis, puis massacrés. État éphémère, la Caroline française disparaît aussitôt : la Couronne espagnole vient de remporter une victoire qui assure, pour quelque temps, son hégémonie.
Pedro Menendez de Aviles débarque dans un port naturel de Floride le 28 août 1565, jour de la Saint-Augustin, et y fonde Saint Augustine,

Cette carte du début du XIXe s. montre l'Est américain, à une époque où Anglais et Espagnols s'affrontent pour la possession de la Floride.

avec l'aide de missionnaires jésuites puis franciscains. Au fil des ans, leur influence s'étend vers la Géorgie et les Appalaches. Les Espagnols développent une forme de colonisation originale par la collaboration entre l'armée et l'Église catholique et multiplient les missions pour surveiller le pays. Leur volonté d'extension les conduit à rencontrer les Français sur le Mississippi, et les Anglais en Caroline.
À la fin du XVIe s., ces derniers sont décidés à rattraper leur retard ; bientôt, ils sont si menaçants que les Espagnols doivent édifier le castillo San Marcos pour protéger Saint Augustine.

Où l'on retrouve Sir Francis Drake

Bien qu'ils soient les derniers à s'intéresser à l'Amérique du Nord, les Anglais, desservis d'abord par la malchance, multiplient les escarmouches. Sir Francis Drake pille Saint Augustine en 1586 et des pirates anglais mettent à sac les postes isolés. En 1702, James Moore, gouverneur de Caroline, la colonie britannique, détruit les missions des Appalaches et la ville de Menendez. Les Français, de leur côté, occupent brièvement Pensacola au nord-ouest. Ce sont les derniers feux de leur puissance car l'Angleterre triomphe. En dépit de la présence espagnole, son expansion se poursuit avec régularité. Au milieu du XVIIIe s., treize colonies occupent la façade atlantique. Les Anglais sont parvenus à instaurer leur hégémonie depuis le Saint-Laurent jusqu'au Golfe du Mexique.

Depuis 1618, les planteurs de Géorgie et d'Alabama font venir d'Afrique des milliers d'esclaves noirs pour cultiver leurs champs de coton, de riz, de maïs. Avec l'attrait toujours plus grand des Européens pour les produits coloniaux, la traite des Noirs se développe considérablement. Les colonies du sud prospèrent.

Mais les échanges créent de nouveaux besoins et les colons, désirant acquérir des terres vierges, sont attirés alors par la Floride voisine. À l'issue de la guerre de Sept-Ans, en 1763, l'Espagne affaiblie cède à contrecœur sa colonie floridienne en échange de La Havane à la Couronne anglaise, devenue première puissance navale du monde. L'ouest, avec Pensacola, devient la quatorzième colonie américaine de Sa Gracieuse Majesté et l'est, avec Saint Augustine, la quinzième. Venant de toute part, des émigrants débarquent en nombre de leurs bateaux à Tampa. D'autres arrivent par voie de terre du nord de la Floride avec leurs chariots chargés d'espoirs.

Le premier éveil floridien

Soudain, la Floride, belle endormie, s'active, comme fouettée par l'apport de sang neuf. Apparaissent les premiers champs d'agrumes ; les chantiers de constructions navales prospèrent enfin. L'État devient le principal fournisseur d'indigo pour les textiles britanniques.

Mais, installés à Cuba et en Alabama, les Espagnols ne désespèrent pas de récupérer leur bien. La Guerre d'Indépendance favorise leur dessein. En janvier 1781, Bernardo de Galváez s'empare de Pensacola : l'heure de la victoire est proche.

En 1783, éclate la révolte des treize colonies contre l'Angleterre. La Floride, tard venue dans le giron anglais, reste cependant loyale. Pourtant, les colonisateurs subissent une inévitable défaite contre l'armée franco-américaine. En effet, depuis 1776, les Français soutiennent la jeune République américaine, autant par sympathie pour les idées qu'elle représente que pour tenter d'effacer l'humiliante défaite de 1763. La Floride tombe comme un fruit mûr entre les mains du conquérant espagnol. La Fayette reçoit pour récompense un titre de propriété ; plus tard, il encourage la venue de paysans normands. Des Anglais loyalistes s'installent dans le pays, et leur dynamisme agace les nouveaux maîtres. Ces derniers soulèvent contre eux tous les fermiers américains et les réfugiés anglais. En 1812, la révolte est générale et une république de Floride est proclamée sur la côte ouest.

Profitant du désarroi espagnol, le général Andrew Jackson, soutenu par le président Madison, poursuit un lent grignotage des terres du nord. En 1818, sous prétexte de représailles contre les coups de main des Indiens séminoles, il envahit la Floride, extermine les indigènes et exprime même son regret de ne pas avoir pendu le gouverneur espagnol. L'Espagne, acculée à la négociation à Pensacola, cède la Floride le 17 juillet 1821 aux États-Unis. Tallahassee, cinq ans plus tard, est proclamée capitale de l'État floridien unifié.

La révolte indienne

La paix engendre une nouvelle prospérité. Les fermiers amassent des fortunes avec le coton, le tabac et les agrumes. Pensacola devient un grand chantier naval ; c'est l'époque de la conquête des terres de l'intérieur où vivent les Séminoles.

Ces Indiens se sont séparés du peuple creek, originaire de Géorgie, pour venir en Floride au XVIIIe s. Leurs prédécesseurs sur ces territoires, les Timucuas, ont été décimés par les famines et les guerres contre les colons. Approximativement 4 000 Séminoles habitent la Floride en 1819 ; leurs campements sont sans cesse harcelés par les Creeks et les Cherokees, soutenus aux frontières par les Américains. Quand l'Espagne vend sa possession, un article du contrat précise : « l'acheteur s'engage à respecter les droits des Indiens et à les traiter avec justice ». Mais dès ce moment, leur sort devient peu enviable. Ils sont vendus en Géorgie et en Alabama ; certains d'entre eux s'arment et fuient dans les marécages. Dans cette chasse à l'Indien, le général Jackson se distingue par sa cruauté ; il utilise des chiens et des troupes d'élite pour les poursuivre dans leurs derniers retranchements ; l'Histoire a donné un nom à cette traque : la « Piste des larmes ».

Cette première guerre contre les Séminoles s'achève avec la signature du traité de Camp Moustrie en 1823. Les Américains les autorisent à rester vingt ans sur leur territoire. Malgré cela, ils continuent d'être pillés, volés et méprisés. Ils s'attirent la haine des planteurs blancs, car ils recueillent les esclaves en fuite. Pourtant, à force d'intimidation et de séduction, les vieux chefs séminoles acceptent de céder leurs terres contre quelques arpents situés à l'ouest du Mississippi, là où habitent les Creeks, leurs ennemis de toujours.

Le 9 mai 1832, Osceola, un jeune chef indien, âgé d'une trentaine d'années, refuse ce marché et se rebelle. Depuis l'âge de quinze ans, il participe à de multiples escarmouches contre les troupes de Jackson. Et le temps lui semble venu d'en découdre et de faire payer aux Blancs toutes les humiliations subies. Habile, il flatte le peuple séminole, hostile à l'émigration, pour le rallier à sa cause et le dresser contre les grands chefs prêts au compromis. Dénoncé comme agitateur, Osceola est emprisonné au fort de San Marcos. Mais il feint le repentir pour mieux vaincre ses adversaires. Libéré sur parole, il ne songe désormais qu'à la vengeance. Ses amis disent de ce bel Indien : « Osceola a un langage pour les Blancs, un autre pour les Peaux-Rouges ». Le 9 novembre 1835, Osceola passe à l'action : il massacre un chef qui refusait de céder à ses pressions d'appel à la révolte. Mais la seconde guerre indienne, particulièrement féroce, commence véritablement le 28 décembre par un guet-apens. Le général Thompson, négociateur auprès des chefs locaux, est assassiné avec ses hommes par une cinquantaine de guerriers conduits par Osceola. Les Séminoles, peu nombreux, sont courageux et violents. Les embuscades se succèdent ; d'un côté comme de l'autre, il n'y a pas de quartier, donc pas de prisonniers. L'un après l'autre, sept généraux tentent, sans succès, de s'emparer d'Osceola.

Le Gouvernement a alors recours à un sournois stratagème. Invité à une conférence de la paix, l'Indien vient en vainqueur et se présente sans protection. Victime de son orgueil et de sa foi qui trouvent leur origine dans une tradition guerrière codifiée, il est capturé. Transféré à Charleston en Caroline, Osceola est l'objet de toutes les curiosités.

LES OISEAUX D'AUDUBON

Étrange destin que celui de Jean-Jacques Audubon, citoyen français d'outre-mer né en 1785 à Haïti, alors colonie française. Inconnu du grand public dans son propre pays, ce naturaliste est pourtant devenu le symbole, aux États-Unis et dans de nombreux pays, de la protection de la nature. Il s'est particulièrement intéressé aux oiseaux qu'il a merveilleusement peints et, ainsi, contribué à mieux faire connaître.

La maison d'Audubon, construite en 1830 par John H. Geiger, est représentative de l'architecture du XIXe s. Conservée dans son décor original, elle est entourée de magnifiques jardins, terrains d'observation privilégiés du naturaliste. (Jardins et maison peuvent se visiter, voir p. 117.)

Premiers dessins et croquis

Son père, capitaine de la Marine, ayant choisi le parti de la Révolution, le ramène à Nantes en 1789. Souvent livré à lui-même, il vit une enfance sauvage, sur les bords de la Loire, au milieu des oiseaux qu'il commence alors à dessiner. Il étudie pendant quelques mois auprès du grand David, mais préfère sa propre méthode de travail. Naturaliste autodidacte,il observe et peint la nature, ses beautés et ses oiseaux en contact direct, notamment dans les Everglades. Envoyé à 18 ans gérer une propriété nouvellement acquise à Philadelphie, en Pennsylvanie, il est rapidement séduit par les nouveaux horizons qu'il découvre… et par sa voisine Lucy, qu'il épouse. Il demande la nationalité américaine et devient John James Audubon. Il multiplie alors les déplacements dans ce pays neuf, toujours accompagné d'un carnet de croquis, se transformant petit à petit en peintre animalier accompli.

Des *Oiseaux*…

En 1826, ayant réuni assez d'argent et de dessins, il effectue un voyage en Europe en quête d'un éditeur, qu'il n'a aucun mal à convaincre. Il fait alors lentement

Les publications d'Audubon

Outre sa biographie *L'Épervier d'Amérique* (Claude Chebel, Lattès, 1985) et la réédition de ses 435 planches *Le Grand Livre des Oiseaux* (Mazenod, 1987), on trouve à La Table Ronde son *Journal du Missouri* (1990). On y découvre l'Amérique des pionniers d'avant la guerre de Sécession, des Indiens décimés par la variole et la personnalité exceptionnelle de cet homme romantique, savant, mais aussi remarquable prosateur. Il a également laissé une abondante correspondance avec sa femme et une nouvelle, *The Pirate (Le Pirate)*, « aussi bonne qu'un conte laconique de Jorge Luis Borges », disent les critiques. La plus puissante organisation de défense de la nature, d'origine américaine, porte son nom, de même qu'une luxueuse revue sur la nature et les oiseaux.

Quelques planches représentatives du travail d'Audubon : en ht, à g., des perruches mâles et femelles et, à dr., une grue blanche d'Amérique, d'après *Les oiseaux d'Amérique*; en bas, une gravure de bisons issue des *Quadripèdes de l'Amérique du Nord*.

graver 435 planches de ces oiseaux, tout à la fois œuvres d'artiste et de scientifique, faites d'élégantes et douces formes et couleurs saisies dans un style immédiatement reconnaissable, même par un œil non averti. Le fameux déhanchement de son flamant rose d'Amérique *(American Flamingo)* en est peut-être l'exemple le plus caractéristique. Le premier souscripteur de ses *Oiseaux d'Amérique (Birds of America)* n'est autre que le roi d'Angleterre George IV. Les quatre volumes géants sont terminés cinq ans plus tard, en 1831. Entre-temps, Audubon retrouve Paris, où Cuvier et Geoffroy Saint-Hilaire lui font les honneurs du Museum national d'histoire naturelle.

… aux *Quadrupèdes*

Ayant regagné son foyer outre-Atlantique, il fait paraître une édition commentée et plus maniable des *Oiseaux*, avant de s'attaquer aux *Quadrupèdes*. Il bénéficie du soutien du président des États-Unis, Andrew Jackson, qui l'autorise à utiliser des bâtiments de la Marine pour explorer la Floride et le Texas. Il réalise aussi la première étude scientifique du Labrador, voyage dans le Mississippi où, écologiste avant l'heure, il s'émeut du massacre des bisons.
Mais il n'a pas le temps de terminer la publication de toutes ses notes et croquis animaliers : il meurt en 1851, à New York, cinq ans après être devenu aveugle. Ses fils et ses collaborateurs achèvent les volumes en cours.

N'est-il pas le chef de ces Indiens qui ne se rendent jamais ? Ce héros meurt dans son cachot d'une crise cardiaque en janvier 1838.
La guerre s'arrête, faute de combattants et d'énergie. De nombreux Séminoles quittent la Floride, déportés ou de leur plein gré, pour l'Oklahoma ; d'autres s'enfuient dans les marais, qu'ils ne quittent plus. Pendant quelque temps encore, dans un ultime sursaut, Halpatter-Miico, guerrier séminole, reprend la lutte. Mais les Américains en viennent rapidement à bout à l'aide d'alcool et d'argent. La seconde guerre indienne cesse définitivement le 14 août 1842. Halpatter part en Arkansas avec 33 guerriers survivants, 80 femmes et enfants. Il meurt alcoolique, à l'âge de cinquante ans.
3 000 Séminoles vivent aujourd'hui dans les Everglades, où leurs ancêtres se sont réfugiés et 10 000 autres en Oklahoma. Le dernier épisode de ce conflit a eu lieu en janvier 1977 : 300 délégués du peuple séminole acceptent les 16 millions $ offerts à titre de dédommagement par le gouvernement fédéral pour les 13 millions d'hectares dont ils ont été dépossédés. La hache de guerre semble bien enterrée.

La République des planteurs

Le 3 mars 1845, la Floride devient officiellement le 27e État de la Confédération. Les immigrants arrivent toujours plus nombreux d'Europe. Ainsi, Achille Murat, fils du roi de Naples fusillé à la chute de Napoléon, s'est installé à Belleview où il se fait planteur. Il est aussi juge à Saint Augustine et à Tallahassee, où il est enterré. Solidaires de par leurs intérêts communs, les planteurs dominent la vie politique et créent une caste bien séparée de la classe intermédiaire des petits Blancs. Les Noirs et les Indiens alimentent une main-d'œuvre bon marché qui n'a d'autres choix que ceux de la servilité et de la docilité. Une famille sur trois possède des esclaves.
Le rêve des pères fondateurs de la République américaine que sont Washington et Jefferson, de voir disparaître l'esclavage n'a pu se matérialiser. Grands et petits propriétaires ne peuvent envisager la disparition d'une institution aussi rentable. Les cultures s'étendent.
Abraham Lincoln est élu président en 1860. Son arrivée au pouvoir est considérée par les États du sud comme une provocation délibérée : membre d'un nouveau parti politique, celui des républicains, il se proclame ouvertement anti-esclavagiste. Tout en désirant le maintien dans l'Union, Lincoln, dès son arrivée au pouvoir, demande l'abolition de l'esclavage. La Caroline est le premier État du sud à faire sécession. Et, le 10 janvier 1861, une convention réunie à Tallahassee vote également la sécession de la Floride par 62 voix contre 7.
La guerre civile qui commence en 1861 dure quatre ans. La Floride devient le grenier à blé des insurgés et ses nombreuses côtes lui évitent le blocus des Confédérés. Ces derniers parviennent cependant à occuper les ports les plus isolés, comme Key West et Tampa. Durant toute la durée du conflit, deux grandes batailles se déroulent en Floride ; à Olustee puis à Natural Bridge, dans le nord de l'État, les sudistes battent les nordistes. Mais ces succès n'empêchent pas la victoire définitive des nordistes en mai 1865. La capitale est occupée et une nouvelle Constitution est votée. Harrison Reed, un républicain, est élu gouverneur. La reconstruction commence et elle est rapide.

Les promoteurs du « jardin hivernal »

Le démocrate Bourbon est élu gouverneur en 1877. La Floride est encore pour beaucoup une contrée sauvage, un territoire du bout du monde. Aucune de ses agglomérations ne dépasse les 10 000 hab. L'essor de la région ne commence réellement qu'à partir de 1880, avec l'arrivée des premiers promoteurs, dont les plus célèbres sont Henry M. Flagler et Henry B. Plant (voir p. 180). Attiré par le soleil et l'admirable paysage, mais choqué par la vétusté de l'hôtellerie, Flagler donne à ce secteur de l'activité commerciale une dimension moderne et raffinée. Il construit donc, en 1885, un luxueux hôtel à Saint Augustine, le Ponce de Leon. Mais il n'arrête pas là son entreprise de transformation et de développement, puisque, le 15 avril 1896, il prolonge la ligne de chemin de fer de l'East Coast Railroad jusqu'à Miami, où il ouvre en 1897 le Royal Palm Hotel.

Miami, jusque-là isolée, n'était qu'un village avec quelques cabanes en bois et un fort. Mais l'hiver très rude de 1894-1895 a fait sa fortune. En effet, toutes les plantations d'agrumes de l'intérieur ayant été détruites par le gel, une jeune femme d'affaires, Julia Tuttle, envoie à Flagler une orange de Miami, preuve que sa région se situe au-dessous de la ligne de gel. Le train est donc prolongé vers le Flagler Hotel, le premier d'une longue suite de palaces.

Henry B. Plant, autre promoteur ambitieux, commence à s'intéresser à la côte ouest en 1884. Il y crée et développe un réseau de chemin de fer qui favorise l'essor économique de la région. Certain du résultat financier de son entreprise, il investit en 1889 trois millions $ dans la construction du Tampa Bay Hotel. La Floride commence à se faire une réputation ; un guide touristique de la fin du XIXe s. la présente comme « un jardin hivernal ».

Flagler et Plant ont, certes, parfaitement tiré parti des avantages climatiques du pays, mais ils ont compris que la condition fondamentale pour mettre en valeur le continent était de vaincre les distances, en établissant des voies de communication efficaces. Conforté par le succès de ses expériences passées, Flagler décide de relier Key West au continent ; des dizaines de milliers d'hommes travaillent au chantier, en dépit des moustiques et des ouragans.

Il faut attendre 1922 pour que le chemin de fer le plus méridional des États-Unis soit réalisé, après huit longues années. À 82 ans, quatre mois avant sa mort, Flagler voit son rêve aboutir. Il prend le train à Jacksonville jusqu'à Key West ; 15 000 personnes, qui n'ont encore jamais vu de train, assistent à l'arrivée du promoteur, accompagné du gouverneur de Floride et d'une nombreuse suite.

En 1938, la route US n°1 remplace le ballast, détruit par un terrible ouragan, en 1926 ; des milliers de pêcheurs empruntent aujourd'hui cette voie qui passe sur un grand nombre de ponts.

La Floride ne s'enferme cependant pas dans les limites du tourisme et de la villégiature. Le réseau de chemin de fer aidant, des industriels s'établissent dans le sud, où la main-d'œuvre est bon marché. La découverte du phosphate, en 1880, assure à la Floride le rôle envié de principal exportateur. Depuis l'abolition de l'esclavage, le système social très hiérarchisé et oligarchique des plantations a fait place à un système où fermage, métayage et petite propriété confèrent une dimension dynamique à la vie agricole. Les fermiers se lancent dans la culture intensive de légumes et de fruits, d'oranges en particulier, dont la fleur est le symbole de l'État. L'élevage d'une race spéciale de bovins qui résiste aux six mois de sécheresse assure également aux exploitations agricoles une rentabilité appréciable.

LES REPÈRES

En Floride		En Amérique et dans le monde
27 mars 1513 : Juan Ponce de Leon « découvre » la Floride, près de l'actuelle Saint Augustine.	**1500 1600**	1495 : Traité de Tordesilla : Espagne et Portugal se partagent le Nouveau Monde.
1559 : Tristan de Luna fonde Pensacola.		1519 : débuts de la conquête de l'Empire aztèque par Cortez.
1562 : le huguenot français Jean Ribaud débarque au nord de la Floride, qui sera baptisée Caroline en hommage au roi de France Charles IX.		1562-1598 : guerres de religion en France.
28 août 1565 : Pedro Menendez de Aviles fonde Saint Augustine.		
1586 : Sir Francis Drake détruit Saint Augustine.		1588 : l'*Invincible Armada* est anéantie par les canons de Francis Drake. Déclin de la puissance espagnole en Europe.
1702 : le Gouverneur de Caroline oblige Espagnols et Indiens christianisés à abandonner les missions des Appalaches.	**1700 1800**	
1763 : l'Espagne cède la Floride aux Anglais en échange de La Havane.		1759-1760 : la Nouvelle France passe aux mains des Britanniques.
1783 : les Anglais rendent la Floride aux Espagnols.		1789 : George Washington, premier président des États-Unis.
1812 : une République de Floride est déclarée.	**1800 1850**	1810 : mouvements indépendantistes en Amérique portugaise et espagnole.
1818 : le général Andrew Jackson envahit la Floride et extermine les Indiens.		
17 juillet 1821 : l'Espagne cède la Floride aux Américains.		
1823 : traité du camp Moustries, fin de la 1ère guerre contre les Séminoles.		1824 : indépendance de l'Amérique espagnole avec Simon Bolivar.
1842 : fin de la seconde guerre contre les Séminoles.		
3 mars 1845 : la Floride, 27e État de la Confédération.		1846 : les Etats-Unis conquièrent la Californie et le Nouveau Mexique.
1861 : la Floride fait sécession. Quatre ans de guerre civile.	**1850 1900**	1861-1865 : guerre de sécession.
Mai 1865 : les Nordistes occupent Tallahassee.		
1880 : début des gigantesques travaux de Flagler et Plant.		
1888 : épidémie de fièvre jaune.		

DE L'HISTOIRE

En Floride		En Amérique et dans le monde
1922 : Flagler inaugure la ligne de chemin de fer Jacksonville-Key West.	**1900 1950**	1921 : première loi de contrôle de l'émigration aux États-Unis.
28 octobre 1927 : 1ère liaison aérienne Key West-La Havane		1929 : Krach de Wall Street à New York.
1938 : la route US 1 relie Miami à Key West, après la destruction de la voie ferrée par un terrible ouragan en 1926.		1941 : entrée des États-Unis dans la seconde guerre mondiale.
Années 60 : émigration cubaine massive.	**1950 1980**	1961 : engagement des États-Unis dans la guerre du Viêt-nam.
1967 : Sunshine Law.		1963 : assassinat du Président John F. Kennedy.
1969 : *Apollo XI* décolle de Cap Kennedy ; 1er alunissage.		
1971 : ouverture de Walt Disney World près d'Orlando.		1974 : scandale du Watergate aux États-Unis.
1977 : indemnisation des Séminoles pour la spoliation historique de leurs terres.		1977 : Jimmy Carter élu Président des États-Unis.
1980 : émigration cubaine *(Marielitos)*. Émeutes raciales à Miami (novembre).	**depuis 1980**	1981 : Ronald Reagan, président des États-Unis, réélu en 1985.
1987 : le président Reagan reçoit le Pape Jean-Paul II qui séjourne à Villa Vizcaya, Miami.		
avril 1990 : rencontre Mitterrand-Bush à Key West. Élection du gouverneur (démocrate) Lawton Chiles.		1989 : George Bush succède à Ronald Reagan à la présidence des États-Unis.
1992 : passage de l'ouragan Andrew.		1992 : Sommet de la Terre à Rio de Janeiro.
1993 : à la suite de quelques crimes et d'incidents à l'encontre de touristes, le Gouvernement de l'État de Floride prend des mesures de sécurité.		1993 : Bill Clinton, président des États-Unis.
1994 : indemnisations par l'État fédéral du coût de « l'accueil » des réfugiés, à l'initiative du gouverneur de Floride Lawton Chiles. Nouvelle vague d'émigration cubaine *(Balseros)*. Réélection de Lawton Chiles. Le Parlement de Floride prononce un non « définitif » aux casinos. « La Cumbre » (sommet continental) s'est tenu à Miami les 9 et 10 décembre.		1994 : signature des accords du GATT par les Européens. Le tunnel sous la Manche est ouvert au trafic commercial.
Octobre 1996 : émeutes raciale à St. Pete.		1996 : réélection de Bill Clinton à la présidence des États-Unis.

Le boom du début des années 20

En 1920, toute la Floride est habitée. « *To Get Rich In Florida Land* » (Devenir riche en Floride) devient un slogan à succès. L'explosion de vitalité qui marque, aux États-Unis, les années 20, s'applique aussi à cette terre de soleil où les spéculations sur les terrains vont bon train, notamment à Miami et à Miami Beach qui connaissent leurs premières heures de gloire à l'époque de l'Art Déco.

Même si la prospérité de quelques-uns ne doit pas cacher la dureté de vie des autres (manœuvres, ouvriers agricoles, Noirs soumis à la ségrégation raciale), les progrès de la consommation transforment peu à peu le mode de vie des classes moyennes. Le Krach de Wall Street, le 24 octobre 1929, et la terrible crise économique qui s'ensuit, portent un coup à l'évolution de cette prospérité. Il faut attendre 1932, et le programme du président Roosevelt, le *New Deal,* pour que l'économie, modestement, reprenne un peu de son activité.

À la veille du débarquement en Normandie du 6 juin 1944, les plages de la Floride servent de terrain de manœuvres ; de nombreuses bases aéronautiques et navales s'installent, en particulier à Key West et à Pensacola.

Terre de visionnaires… et d'émigrants

La conquête spatiale enrichit d'une façon décisive l'histoire de l'État. Depuis 1949, un centre d'expérimentation et une base de lancement des fusées ont été installés sur la côte orientale près de la Banana River. En 1958, c'est ce site qui sert de base de départ pour les vols spatiaux. Il couvre 65 km^2 et abrite les laboratoires prestigieux de la NASA. L'apothéose de cette aventure scientifique a lieu le 20 juillet 1969 avec l'alunissage d'*Apollo XI,* lancé depuis cap Kennedy, avec, à son bord, Neil Armstrong, Michael Collins et Edwin « Buzz » Aldrin. Le monde, ce jour-là, se demande si une nouvelle ère, cosmique celle-là, n'est pas en train de s'ouvrir pour l'humanité. La Floride, née avec le XVIe s., se forgeait déjà une histoire pour demain.

Dans les années soixante, l'émigration cubaine par dizaines de milliers, suivie d'autres populations latines, change également son destin en l'accrochant bien au sud du continent, ou mieux en la transformant en pont culturel et économique entre le nord et le sud.

Enfin, c'est encore un autre visionnaire, Walt Disney, qui consolide l'image positive et ludique de cette terre. En 1971, un immense chantier s'active pour donner naissance au Walt Disney World de l'est américain. Plus tard, au Japon et à Paris, il conquiert le monde avec sa petite souris malicieuse…

LE JOUR OÙ LA FLORIDE S'EST ÉVEILLÉE

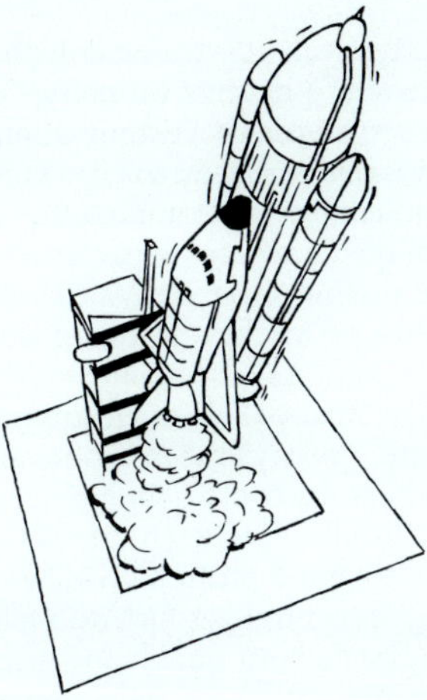

L'éveil économique de la Floride est postérieur aux années 50. L'État vit donc encore ses problèmes de jeunesse. Malgré sa vocation de tourisme et de loisirs, la Floride cherche de nouvelles opportunités pour assurer une meilleure qualité de vie à sa population, toujours plus nombreuse, qui vient d'ailleurs.

La Floride, vous connaissez ? Il n'y a guère plus d'une vingtaine d'années, une telle question n'aurait obtenu qu'une réponse évasive, voire négative. C'est que les touristes européens en partance vers le Nouveau Monde amarraient en priorité leurs rêves américains sur les rives de l'Hudson à l'est, éventuellement vers l'ouest. La Statue de la Liberté leur montrait la voie et Broadway brillait de mille feux. Hollywood de l'autre côté, de même. Ils ignoraient la Floride, *mezzogiorno* de cette Amérique-là. D'ailleurs, que pouvait-il bien s'y passer ?

L'éveil au XXe siècle

Après les années 50, les pâles reflets qui parvenaient jusqu'à nous de la littérature américaine arrivaient à peine à donner une âme à cette péninsule tropicale lointaine. Et pourtant, Ernest Hemingway, John Dos

Passos, Tennessee Williams ou d'autres aimèrent, vécurent et travaillèrent en Floride et spécialement à Key West.
Bien sûr, les fusées du centre spatial Kennedy s'arrachaient périodiquement du sol floridien. Le monde était témoin en juillet 1969 d'une grande aventure, mais seuls les termes d'épopée spatiale et d'astronautes héroïques nourrissaient l'imaginaire collectif, laissant la Floride à contre-jour.
Cependant, dans la communauté des États-Unis, la jeune et encore fragile Floride commençait à devenir un nouvel éden, attirant moult émigrants de l'intérieur comme de l'extérieur, en quête d'espaces de liberté économique et individuelle, de soleil, à la recherche d'un équilibre entre la vie quotidienne et la vie tout court.
Depuis 1967, les rumeurs de travaux gigantesques autour d'Orlando circulent. En 1971, le premier parc de Walt Disney World ouvre ses portes, sous la houlette de Mickey, la petite souris qui partait à la conquête du monde.
À l'ombre de l'industrie aérospatiale et électronique et de Mickey, la croissance économique du pays est exceptionnelle, guidée par les grands industriels du pays. La construction d'hébergements multiples et variés convertit la Floride centrale en une deuxième zone de villégiature et de tourisme, au grand profit d'un secteur tertiaire de plus en plus florissant. La région centrale et Orlando talonnent alors le sud avec Miami et Miami Beach, pour qui l'heure de la nécessaire rénovation a sonné au milieu des années 80. Bien des choses, en effet, reposaient sur les acquis des années 20 et de l'Art Déco.

Soleil, sable et agrumes

La réussite économique de la Floride tient en grande partie en deux mots : soleil et sable résument l'essentiel de l'industrie touristique qui attire toutes les clientèles, les enfants, les jeunes, le troisième âge, les sportifs, les congrès, les amateurs de grande nature, etc.
13 % des touristes français, qui devraient être un million en 1995 à se rendre aux États-Unis, choisissent la Floride. Sans compter ceux qui visitent plusieurs États. On peut estimer que la seule Miami Beach, qui compte moins de 100 000 habitants permanents, atteint 1,5 million de résidents l'hiver, en pleine saison touristique. La tenue, à Miami Beach en novembre 1994, du congrès international et de l'exposition de l'Association internationale des parcs d'attractions *(International Association of Amusement Parks and Attractions/IAAPA)* qui regroupe 3 500 membres dans 61 pays a encore glorifié l'État du Soleil. Au niveau de tous les États-Unis, en 1992, selon le magazine *Business Week*, l'activité de loisirs a créé plus de 200 000 emplois et les Américains ont dépensé 330 milliards $ seulement pour ce secteur.
Mais la Floride n'a pas qu'une vocation touristique. Favorisée par un climat humide et une terre fertile, minutieusement travaillée depuis quelques générations, elle arrive tout juste derrière la Californie pour la production de légumes et de fruits. Elle est le premier producteur mondial de pamplemousses et d'oranges, avec 80 % de la récolte nationale et se classe première nationale pour la canne à sucre. Elle cultive également avec abondance citrons verts, pastèques et fraises. L'hiver, les New-Yorkais se nourrissent de tomates, de concombres, de melons,

« To get rich in Florida Land », slogan à succès des années 20, pourrait être repris en cœur par les professionnels du tourisme : ce secteur de l'économie a rapporté 2 milliards de dollars en 1993.

NPN 11G
DADE

venus directement des bords du lac Okeechobee. Dans le nord et le sud du pays, on cultive du maïs, des pommes de terre, des cacahuètes et du tabac. Sur les vastes pâturages du centre paissent 2 millions de bovins, ce qui la classe parmi les dix premiers États producteurs de viande de bœuf. Certains ranches ont une superficie supérieure à 120 000 hectares et sont constamment surveillés par des patrouilles de cow-boys à cheval ou en avion. Huîtres, crevettes, langoustes, homards, mulets, tortues et 600 variétés de poissons et crustacés vivent près de la côte, caressée par le Gulf Stream.

L'industrie et la recherche médicale

L'industrie, seconde activité économique, emploie 500 000 personnes, et ce chiffre progresse toujours d'année en année. Le phosphate est la principale et la plus ancienne production minière du pays. Autre source importante de revenus : la fabrication de jus de fruits concentrés à base d'agrumes qui sont si répandus dans le pays et dans le monde. État forestier par excellence, surtout dans le nord, la Floride possède aussi de nombreuses entreprises qui alimentent en pâte à papier le reste des États-Unis. Le secteur de l'électronique poursuit son expansion : le centre spatial de Cap Kennedy attire encore bon nombre d'industriels. Les services se trouvent parmi les premiers postes dans la liste des recettes de l'État. De nombreux sièges sociaux viennent s'y installer dans des immeubles témoins des recherches architecturales du plus bel art contemporain. Rien qu'à Miami, on compte 272 sièges sociaux de banques. Et les cadres comme les employés sont sensibles à la qualité de la vie floridienne.
La Floride dispose de plusieurs universités, centres de recherche et hôpitaux dont les travaux sont reconnus et appréciés, notamment en matière d'ophtalmologie, de soins contre le sida, de gériatrie, d'orthopédie et de pédiatrie.

Jusqu'à 1 000 émigrants par jour

La Floride demeure ainsi un État doté d'une démographie dynamique. De 8,5 millions en 1978, la population a dépassé le cap des 10 millions en 1983, pour atteindre les 13 millions au recensement de 1990, devenant ainsi le quatrième État des États-Unis, après la Californie, New York et le Texas. L'estimation de 1993 est de 13,7 millions. Prochain recensement en l'an 2000…
Des lois sont édictées pour freiner cette expansion démographique due à l'immigration extérieure à l'instar de tous les États-Unis, ainsi que la spéculation immobilière qui l'accompagne. On a pu calculer qu'à une époque le nombre d'immigrants intérieurs et extérieurs atteignait 1 000 par jour… Les nouveaux « événements cubains » de l'été 1994 ont assez démontré au monde la volonté de freiner cette « invasion », lorsque les immigrants *balseros* arrivaient en masse par la mer à bord d'embarcations légères. À l'initiative du gouverneur de Floride Lawton Chiles, l'État fédéral a même accepté le nouveau principe de rembourser à la Floride (et à d'autres États) le coût du traitement des immigrés illégaux, qui seraient au nombre de 345 000 en 1994.
Plus de 80 % de la population floridienne est urbaine et 33 % habitent entre Daytona Beach et Miami Beach, sur la « Gold Coast ». Miami compte 360 000 hab., Jacksonville, plus au nord, 635 000 hab., la ville la plus peuplée de l'État, et Tampa, sur la côte ouest, 280 000 hab. ; enfin, Tallahassee, la capitale administrative de l'État, a la taille d'une ville de province avec ses 125 000 hab.

Le tourisme floridien

Le tourisme et les loisirs ont rapporté 2 milliards $ de recettes fiscales à l'Etat de Floride en 1993, soit 20 % du total de ses recettes, avec plus de 37 millions de touristes nationaux et 4 millions d'étrangers. La France, à titre de comparaison, a reçu la même année un total de 61 millions de touristes uniquement étrangers. Plus de 670 000 personnes travaillaient dans le tourisme en 1992.

Patrimoine naturel : 1 600 km de plages, 13 500 km de côtes, 30 000 lacs, 1 711 cours d'eau, dont 166 fleuves et rivières, 300 sources thermales, 600 variétés de poissons, 326 espèces d'oiseaux, 300 variétés de coquillages, 40 espèces de coraux, 105 parcs d'État *(State Parks)*, 7 parcs nationaux, 3 forêts nationales, etc.

Infrastructures pour le tourisme et les loisirs : 1 050 terrains de golf, soit plus qu'aucun autre État des Etats-Unis, plus de 7 700 courts de tennis, 73 « attractions » affiliées à l'Association des attractions de Floride *(Florida Attractions Association)*, 335 000 chambres, 100 000 emplacements de camping, 530 terrains d'aviation, dont 120 publics et 7 aéroports internationaux, 18 parcours pour lévriers avec paris, 12 frontons de pelote basque (jai alai), etc.

Une société multiculturelle

La Floride est un État que plusieurs groupes d'immigrants de l'intérieur et de l'extérieur en quête de liberté, de richesse ou de soleil ont profondément marqué de leur empreinte.

Les Séminoles, les derniers Indiens floridiens qui vivent dans les Everglades, ont très bien réussi dans l'ensemble dans le commerce du bétail. Ils vendent leurs bêtes jusqu'au Texas et en Arizona. Ils sont aussi des entrepreneurs touristiques. Américanisés, ils n'oublient pourtant pas que les États-Unis les ont expulsés de leurs terres. En 1977, ils ont obtenu et accepté 16 millions $ à titre de compensation « définitive » du Gouvernement fédéral.

Les Noirs seraient de l'ordre de 3,5 millions. Émigrés plus récents des Bahamas, de la Jamaïque ou de Haïti (sans doute 100 000) ou descendants des esclaves africains, les « Afro-Américains » *(African Americans)* subissent encore le paternalisme des Blancs à la campagne, où prévaut toujours l'esprit plantation. Mais la majorité vit dans les grandes métropoles. Une bourgeoisie d'affaires noire se développe et accède à des fonctions importantes, aux conseils d'universités par exemple, et à des postes de chefs d'entreprises. Certains se sont lancés dans la politique pour faire avancer leurs droits. Un groupe de promoteurs afro-américains a remporté en juillet 1994 l'appel d'offre en vue de la construction d'un hôtel Sheraton de 265 suites à Miami Beach. Mais il s'agirait du seul cas d'une telle ampleur.

Cependant, nombre de Noirs habitent dans ce qui constitue comme un ghetto au nord de Miami, *Little Haiti* (la petite Haïti). Cela ne manque pas de créer un malaise certain, en fait plus d'ordre économique que racial. En effet, les Noirs ne supportent guère les immigrés cubains ; ils leur reprochent d'accepter des salaires trop bas, dévalorisant leur travail. Le climat tend toutefois à se détendre depuis les émeutes raciales de novembre 1980. Ils habitent dans des maisons délabrées antérieurement occupées par les Juifs émigrants. Et ils disposent aussi d'une radio en français haïtien, Express 132.

LE PLAT PAYS TROPICAL

La Floride est une vaste presqu'île qui plonge dans l'océan Atlantique, à l'extrémité sud-est des États-Unis.

Le long des Everglades et des Keys, les mangroves, où s'emmêlent les racines géantes des palétuviers, offrent un milieu privilégié pour les reptiles.

Située dans l'hémisphère nord, la Floride se trouve à 144 km (90 mi) de Cuba. Le point le plus méridional de l'État est à plus de 960 km (600 mi) du sud de la Californie et à près de 600 km (380 mi) plus au sud que Le Caire. Elle est dotée de 13 500 km de côtes, dont 1 600 km de plages, que baignent tout en douceur, en chaleur et en couleurs l'Atlantique et le golfe du Mexique. Le Gulf Stream semble y corriger tous les excès.

Le nord, entre collines et golfe du Mexique

À la frontière au nord avec la Géorgie, les collines argileuses forment comme des vagues dans le paysage. Le plus haut sommet de l'État se situe en effet à Lakewood (345 feet/105 m), au nord de DeFuniak Springs, aux confins avec l'Alabama…
Jusqu'à la rivière Suwannee, c'est le pays des magnolias mais aussi des chênes et des pins. Les plages de sable blanc ourlées par le golfe du Mexique, qui se succèdent entre Pensacola et Panama City, forment la *Miracle Strip* (la ceinture miraculeuse).

Lacs, cours d'eau et canaux du centre

Le caractère tropical du climat s'affirme en progressant vers le sud. Les feuillus cèdent la place aux palmiers et les cultures d'agrumes envahissent l'horizon. Un paysage très légèrement vallonné et truffé de lacs se dessine : la Floride en compte 30 000.

Le plus grand, le lac Okeechobee, au centre de l'État, avec 18 000 km^2, est le deuxième des États-Unis après le lac Michigan. Il est encaissé entre des levées érigées pour maîtriser ses éventuelles humeurs. Le deuxième sommet floridien, l'Iron Mountain à Lakes Wales (325 feet/99 m) domine cette région irriguée par 1 711 cours d'eau. Des canaux de drainage veinent cette vaste plaine centrale pour irriguer les cultures intensives. Ils évitent également les inondations catastrophiques toujours possibles en cas d'ouragan.

Crystal River, sur la côte ouest au N de Tampa, est un paradis pour la pêche et abrite un important site archéologique indien.

Les plages du golfe du Mexique, toutes plus bellesles unes que les autres (ici Clearwater Beach, près de Saint-Petersburg), sont un véritable éden balnéaire offrant, au choix du touriste, farniente ou sports nautiques.

Au sud : les « marais éternels » et les Keys

À mesure que l'on progresse vers le sud, les palmiers deviennent plus nombreux ; la presqu'île se termine en terres d'eaux, d'herbes et de mangroves, cette végétation caractéristique des littoraux tropicaux. Couvrant une étendue de 5 600 km^2, le marais des Everglades est en superficie le troisième parc national des États-Unis. Il abriterait notamment 300 à 400 alligators, des milliers d'échasses blanches et les derniers pumas de Floride.

Tout au sud, un chapelet d'îles prolonge le continent. Ce sont les Keys, fantastique archipel de corail, sans doute unique au monde. Ces îles sont reliées entre elles par une route de 180 km – la route US 1 – et par une impressionnante succession d'ouvrages d'art, paradis des pêcheurs.

Un État qui ne connaît pas l'hiver

Le climat de la Floride est subtropical, c'est-à-dire qu'il fait chaud toute l'année et que d'assez fortes pluies tombent l'été. Ainsi, il fait presque toujours beau et les quatre saisons ne sont pas très marquées. Les statistiques montrent que la moyenne des températures est de 21°C en «hiver» et de 31°C en été. Cela veut dire, par exemple, que dans le nord de la Floride, à Noël, vers Ocala, vous aurez tout juste besoin, tôt le matin et en soirée, d'une « petite laine ». Néanmoins, les températures peuvent dépasser ces hauteurs puisqu'il ne s'agit là que de moyennes. Le plus gênant serait plutôt, surtout au cours des mois d'été, l'excès d'humidité contre lequel il n'est pas si facile de se prémunir, malgré la bonne climatisation des voitures, des chambres d'hôtel et des locaux publics. Comme aucun point n'est très éloigné de la mer et que l'altitude est en permanence quasiment nulle, la Floride ne souffre pas de période d'extrême sécheresse.

Mais c'est de loin l'émigration latine qui domine, surtout dans la partie sud de l'État. **Les « Hispaniques »** – en majorité des Cubains – constituent 43 % de la population du seul comté de Dade, bilingue *de facto* anglais et espagnol, après l'avoir été *de jure*. On estime à au moins 300 000 les autres Latino-Américains (Colombiens, Guatémaltèques, Honduriens, Salvadoriens, Nicaraguayens, etc.). La poétesse et chanteuse cubaine réfugiée à Puerto Rico, Marisela Verena, ne chante-t-elle pas en 1989 dans *Trois cent soixante mois avec une langue étrangère* (allusion au premier exode des Cubains à l'arrivée de Fidel Castro en 1959) : « Nous sommes partis des centaines de milliers, dénudés, dénudés de justice et de liberté » ? La seconde vague d'émigration cubaine remonte à 1980. Ils s'échappèrent par milliers par le port de Mariel, d'où leur surnom de *Marielitos*. Au cours de l'été 1994, les *Balseros* firent de même au péril de leur vie.
Beaucoup parmi les plus anciennement arrivés ont repris leurs petits métiers en Floride dans les fabriques de cigares ou possèdent des petits commerces, restaurants, stations d'essence. D'autres, à la force du poignet et par une immense solidarité, ont fait fortune. Ils entretiennent les meilleures relations avec les banques et les partis politiques. Miami a même eu un maire cubain émigré de première génération, Javier Suárez. On estime souvent que le décollage de la Floride leur est dû. Pour toutes ces raisons, Miami et la Floride sont devenues des hauts lieux de la latinité. En décembre 1994, « La Cumbre », qui a réuni à Miami le Président Clinton et ses collègues de l'ensemble du continent, a sanctionné une fois de plus cette position stratégique et géo-politique.
L'État du Soleil est également la terre promise des retraités. Aujourd'hui, 600 000 d'entre eux vivent des jours paisibles en Floride, heureux d'être sous un soleil sans faiblesse, soit 14,5 % des résidents de Floride qui ont plus de 65 ans contre 9,9 % dans la moyenne nationale. Miami Beach est la métropole du 3e âge ; les retraités constituent la moitié de la population et 60 000 d'entre eux vivraient en permanence dans des hôtels avec piscine.

Environnement et transparence politique

L'expansion et l'urbanisation provoquent comme partout de graves impacts sur l'environnement. Les Keys souffrent d'une floraison intensive d'algues flottantes, depuis l'hiver 1992/1993. Parmi les conséquences : l'atténuation de la lumière, vitale à d'autres espèces sous-marines, dont les éponges, les coraux, les langoustes et les poissons.
Par ailleurs, les Everglades ont moins d'eau douce et pure, ce qui perturbe l'écologie traditionnelle de ces marais si particuliers. Parmi les raisons détectées (et avouées) : les travaux de canalisation effectués notamment par l'Armée il y a une bonne trentaine d'années ainsi que l'utilisation intensive de fertilisants. Il semblerait qu'une prise de conscience se soit fait jour. Les remèdes viendront ensuite…
Dans ce pays ensoleillé, il fallait que la lumière inonde tout à profusion, y compris les affaires publiques. Aussi, en 1967, les députés locaux ont voté la « Sunshine Law » ; désormais, toute décision politique est prise publiquement. La presse doit avoir accès à tous les dossiers. Aucun texte ne peut être arrêté dans l'ombre d'un cabinet ministériel ou dans le huis clos d'un bureau.

MIAMI**

Prototype de la ville nord-américaine, Miami est pourtant devenue l'une des capitales de la latinité, havre pour les émigrants de cette culture, mais aussi pont culturel et économique entre les trois Amériques. À quelques kilomètres de là, les Everglades, « marécages éternels », véritable laboratoire d'observation de la nature, constituent encore un refuge pour les Indiens séminoles.

Miami apparaît comme le prototype de la ville américaine : autoroutes urbaines, ligne de hauts gratte-ciel à l'horizon, grands espaces, grosses voitures et costumes colorés portés par des habitants obèses. Mais Miami, en plus, constitue la porte ensoleillée des États-Unis, avec tous les bleus de la mer, de la lagune, de l'eau douce. Ce mélange, qu'on pourrait qualifier d'harmonieux entre luxe insolent, activité fébrile et paysages balnéaires à la beauté paisible, matérialise le cliché des États-Unis, revus en taille douce. Si l'on observe la population, là où elle est la plus dense, dans les rues du centre commercial de la ville, c'est-à-dire Downtown, un type physique latin s'impose à l'évidence.

C'est que Miami est devenue comme une capitale latino-américaine, et son maire, de 1985 à 1991, Javier Suarez, en a été le premier d'origine cubaine. Plus de 400 000 personnes résidant à Miami sont d'anciens citoyens cubains, auxquels s'ajoutent un nombre respectable de Mexicains et d'immigrants d'Amérique du Centre et d'Amérique du Sud. À cette population se mêlent des immigrants de fraîche date, venus d'Europe et d'Afrique du Nord, qui ont le plus souvent placé des capitaux dans l'hôtellerie, les services ou l'import export.

Mais la Floride, et spécialement Miami, ainsi que la zone balnéaire de Miami Beach, sont aussi des terres d'émigration interne aux États-Unis. On vient s'y installer pour y travailler et y vivre. Il n'y a qu'à voir l'activité des agences et des promoteurs immobiliers ou encore le succès de magazines destinés aux nouveaux résidents, comme *Relocation Guide*. Certaines sociétés de services ont comme clientèle exclusive les nouveaux Floridiens. Par un magnétisme certain, des cadres, plutôt intellectuels, à haut niveau de revenus, déménagent de tous les États vers celui du Soleil. Sans oublier les personnes âgées *(senior citizens)*, qui subissent, elles aussi, cette attraction irrésistible vers le soleil et le sud, même si ce phénomène s'est atténué.

Le pays des Calusas et des Séminoles

Bien avant que Christophe Colomb ne découvre l'Amérique, la tribu indienne calusa s'était établie de chaque côté de l'embouchure d'une grande rivière sinueuse qu'on appelait Mayami (grande eau ou lac intérieur). En 1565, le terme « jardin » est seul mentionné pour la zone correspondant aujourd'hui approximativement au comté de Dade sur une carte signée Le Moyne. Ce n'est qu'en 1836 que la guerre des États-Unis avec les Indiens séminoles entraîne l'implantation d'une place forte militaire à l'embouchure de la Miami River : Fort Dallas. En 1870, un bureau postal et un comptoir commercial s'y installent à leur tour. En 1890, Miami ne comptait que 1 500 habitants.

Terre des promoteurs

Grâce aux ambitions d'Henry M. Flagler (voir p. 180), l'essor de la région se réalise véritablement aux environs de 1896. La prolongation de la ligne de chemin de fer East Coast Railroad de Palm Beach jusqu'à Miami, la construction d'un palace, le Royal Palm Hotel, ouvrent en quelque sorte la voie à l'ère du tourisme. La création d'un journal, le *Miami Metropolis* (le futur *Miami News*), dote, à cette époque, la région d'un statut dynamique évident. Les deux incendies qui ravagent la ville en 1899, et l'épidémie de fièvre jaune qui fait de nombreuses victimes, auraient pu compromettre gravement sa croissance. Mais la guerre hispano-américaine de 1898 ayant amplement développé les échanges commerciaux, le développement de la Floride reprend avec ardeur.

Terre d'émigrations

Lors du premier conflit mondial, l'école d'aviation Glenn Curtiss est la seule base d'entraînement utilisée. Alors qu'en 1915, la population n'est que de 5 000 âmes, le nombre d'habitants atteint en 1920 les 30 000 et, en 1925, les 84 000. L'année suivante, un ouragan d'une grande violence fait un grand nombre de morts et cause d'immenses dégâts. En 1928, la compagnie aérienne Pan American Airways qui assure déjà la liaison internationale Key West-La Havane crée un petit terrain d'aviation, ancêtre de l'actuel aéroport de Miami. La Seconde Guerre mondiale relance paradoxalement l'économie de Miami. Devenue l'un des premiers centres hospitaliers des forces armées, elle bénéficie d'une immense « publicité » qui attire, la guerre finie, les touristes nationaux en grand nombre ainsi que les vétérans en quête d'une retraite ensoleillée. Une nouvelle période commence.

Entre les 5th et 16th streets, les immeubles art déco de Miami-Beach ont subi un lifting flamboyant et l'ensemble du quartier est désormais classé monument historique.

600

CARLYLE

Une grande capitale économique et culturelle

Miami est divisée en 26 comtés et municipalités. L'ensemble forme ce qu'on appelle le Greater Miami. De par sa situation géographique et sa population émigrée, elle entretient d'importantes relations commerciales et culturelles avec le Mexique, l'Amérique du Centre et l'Amérique du Sud, les Antilles, les Bahamas et la Jamaïque. Dotée de mesures fiscales avantageuses, elle accueille de nombreux sièges sociaux de banques et de compagnies multinationales. À l'arrière-plan du décor exotique, fourni par les palmiers et les plages de sable fin, régulièrement enrichies, il y a une industrie florissante, comptabilisant 3 500 usines dans des secteurs diversifiés et 272 banques.

Avec **Coconut Grove****, on pourrait dire qu'un nouveau quartier de Miami est né. Une nouvelle bohème. Vers la fin des années 1970, il s'agit seulement d'un lieu de rencontre de marginaux et autres hippies de tout poil, occupant illégalement les maisons, cours et hangars abandonnés par leurs anciens propriétaires. En 1985, c'est l'explosion bourgeoise où la mode, le luxe, éventuellement l'élégance, et une certaine bohème dorée envahissent tout. Ce sont les fameux *Yuppies* ou *Young Urban Professionals*. Coconut Grove – le *Grove* – tient tout à la fois de Saint-Germain-des-Prés, de Greenwich Village à New York ou encore du carré Saint-Louis de Montréal. Le rapprochement avec Key West au sud de la Floride s'impose également : les gens marchent, roulent à bicyclette, s'attablent aux terrasses de café, flânent loin des voitures dans des rues ou ruelles animées de micro-boutiques de mode, de galeries d'art, de *sportswear* et de *beachwear*, de mobilier *high tech*. Le complexe rose de Mayfair, en décalage avec son style dit méditerranéen, déclaré inspiré par Gaudí, et un hôtel de super luxe constitué uniquement de suites complète le « chef-d'œuvre ».

Sur ***Brickell***, la construction bat toujours son plein : bureaux paysagers, tours de marbre, d'acier, de verre multicolore, appartements en *condominium* ou *condos* (achat en temps partagé et multi-propriété), concept relativement nouveau sur ce continent. Le fameux **Bayfront Park**, en plein centre-ville (Downtown Miami) a été rénové pour faire place à la maestria du maître paysager japonais Noguchi, qui y aménagea un monde de verdure, de petits chemins, de rocaille, un théâtre de verdure, des terrains d'aventures pour les enfants, etc.

Le **Quartier Art Déco**** de Miami Beach a maintenant retrouvé son âme. Et des projets hôteliers sont annoncés : un hôtel de congrès de 830 chambres géré par Loews, une unité de 265 chambres sous l'enseigne de Sheraton Suites Resort construite par un groupe afro-américain, etc.

MODE D'EMPLOI

Arrivée

Par avion. Miami International Airport A2. ☎ 876.70.00. Le tout moderne aéroport international de Miami est situé à 8 mi/12,4 km de Downtown Miami. Il est relié au centre-ville par l'Airport Expressway (SR 112) ou West Flagler Street, puis East Flagler Street. Plus de 70 compagnies régulières desservent cet aéroport classé 2e aux États-Unis pour le trafic international des passagers.

De l'aéroport à la ville. Pour quitter l'aéroport, vous avez, au choix, des taxis, des voitures de location sans chauffeur et des voitures de location avec chauffeur. Certains grands hôtels ont leurs propres navettes. Un service de navettes privé : **Supershuttle** ☎ 871.20.00. VISA, AE, DC, MC.

A B

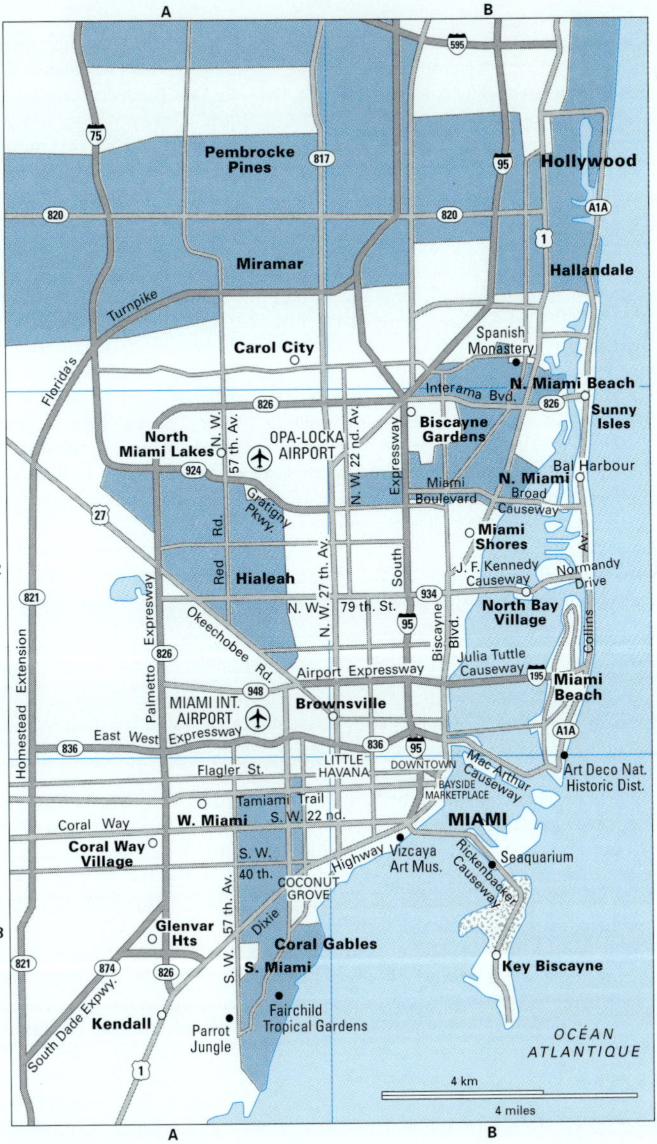

A B

Plan général de Miami

En autocar. Greyhound : 950 NE 2nd Avenue ☎ (800) 231.22.22 (en anglais) et (800) 531.53.32 (en espagnol). 5 gares dans le Grand Miami : North Miami Beach B1, Homestead, Miami Beach B2, Downtown et Miami International Airport A2.

En train. AMTRAK, 2206 NW 7th Avenue ☎ (800) 872.72.45 ou (800) USA-RAIL.

Par la route. Sur l'US 1 et la I-95. À 228 mi/353 km d'Orlando, à 155 mi/241 km de Key West, à 338 mi/524 km de Jacksonville et à 245 mi/380 km de Saint Petersburg.

S'orienter

Si vous commencez votre découverte des États-Unis par Miami, vous trouverez peut-être cette agglomération un peu compliquée, avec ses grands axes qui la traversent dans tous les sens. En fait, elle l'est peut-être moins que d'autres. Ce sera simplement le choc de l'Amérique.

Depuis le S et la côte, le même grand axe vous amène directement à Downtown : c'est l'**US 1**, qui prend les noms successifs des zones urbaines de Ponce de Leon, Dixie Highway et Brickell, avec ses beaux immeubles prototypes de recherche architecturale et ses élégants sièges sociaux de banques et autres sociétés.

La pénétration O-E dans Miami se fait selon six axes majeurs qui se prolongent par des gigantesques ponts-autoroutes pour relier Miami Beach : **Coral Way** A3 (22nd Street), puis Rickenbacker Causeway ; l'**East West Expressway** A2, qui longe l'aéroport international, devient la 836, puis MacArthur Causeway pour gagner les îles ; la **948** A2 se transforme successivement en Robert Frost Highway, Airport Expressway, puis se termine par Julia Tuttle Causeway ; la **934** A2 devient la 79th Street, puis John Kennedy Causeway et Normandy Drive ; plus au N encore, le **Miami Boulevard** B2 (ou 125th Street) se transforme en Broad Causeway ; enfin la **826** A3-2 (Palmetto Expressway), puis la 163rd Street qui devient Interama Boulevard pour toucher les Sunny Isles, à la pointe septentrionale des îles.

L'axe essentiel et le symbole de Miami Beach, c'est **Collins Avenue** B2, à l'E, bordée d'hôtels et orientée N-S. C'est en fait la route A1A, embranchement secondaire et insulaire de l'US 1. En arrière, à l'O, elle est comme dédoublée par Alton Road.

Circuler

À pied. Il est toujours bien difficile de marcher dans une ville américaine. Les trottoirs sont rares. Les intempéries peuvent être violentes. Les distances sont souvent énormes. L'insécurité réelle ou prétendue ne doit pas être négligée. Miami n'échappe pas à la règle.

Il existe cependant des quartiers, ou plutôt des zones dans des quartiers, où l'on peut circuler agréablement à pied. De jour. C'est le cas de **Downtown Miami** B2-3, le quartier des affaires et des banques, des services municipaux et des commerces de détail. C'est encore le cas de **Little Havana** B3, le long de la SW 8th Street (appelée encore la Calle Ocho en espagnol) et la 17th Avenue. Grande densité d'habitants en provenance de Cuba, des autres Antilles et d'Amérique latine. Leurs modes de vie et de travail se reflètent dans les rues. Dans **Miami Beach** B2, ajoutons encore Lincoln Road Mall, concentration piétonnière de boutiques et de grandes surfaces pour faire toutes ses emplettes et le quartier Art Deco, si l'on ne se fatigue pas rapidement.

En taxi. C'est le plus facile, même si le montant de la course reste élevé pour un porte-monnaie français, plus en raison des distances que du coût réel de ce moyen de transport. On ne peut pas dire que les chauffeurs soient plus aimables qu'en France ni leurs voitures plus confortables, malgré les efforts permanents de la municipalité dans le cadre du programme « Miami Nice » qui a débuté en 1986. Chaque année, 2 000 chauffeurs reçoivent ainsi une formation complémentaire à l'accueil.

En autobus. Miami et toute son agglomération disposent d'un bon réseau d'autobus urbains, confortables et climatisés, appelé ***Metrobus***. On y trouve aussi des autocars et des minibus. Malgré leurs 63 itinéraires, ils sont plus conçus pour desservir des zones d'habitation que des zones touristiques. Les arrêts ne portent pas l'itinéraire des bus. Prix : 1,25 $ l'aller simple ; 60 cents sur présentation d'une carte spéciale pour les personnes âgées, les handicapés et les étudiants. Toujours présenter l'appoint. *(Du lun. au ven. de 4h30 du matin à 2h13 du matin. Horaires spéciaux en week-end.)*

En métro. Miami a maintenant trois systèmes de métro, tous aériens. Les trois réseaux sont interconnectés. **Le Metrorail** *(de 6h à minuit t.l.j.)*, le plus ancien, inauguré en mai 1985, dessert Downtown, Hialeah à l'O et Kendall au S, soit 21 mi/33 km et 20 stations. Prix : 1,25 $ l'aller simple ; 60 cents sur présentation d'une carte spéciale pour les personnes âgées, les handicapés et les étudiants. Ce premier métro a été hautement controversé en raison de son financement coûteux et des pollutions créées, notamment le bruit, pourtant tout relatif. **Le Metromover** *(de 6h à minuit t.l.j.)*, ou encore le *People Mover*, circule seulement dans Downtown jusqu'à Government Center et dessert 9 stations. Prix : 25 cents l'aller simple et 10 cents sur présentation d'une carte spéciale pour les personnes âgées, les handicapés et les étudiants. Lancé en avril 1986, il a connu de grands travaux d'extension en 1994. Il y a toujours un changeur (de billets en pièces) à proximité de l'entrée du quai. Un train toutes les 90 secondes. **Le Tri-Rail**, le dernier-né (1989), possède le plus long réseau (67 mi/104,4 km) et dessert les comtés de Dade, Broward et West Palm Beach en 15 stations. Prix : 2,50 $ l'aller simple. Demi-tarif pour les personnes âgées, les étudiants et les handicapés. Abonnements possibles.

En bateau-taxi ***(water taxi).*** À partir de 10h du matin tous les jours, un moyen de transport charmant et reposant pour aller d'un point à un autre ou visiter Miami, ses environs et sa baie majestueuse.

En voiture attelée. Eh oui ! Et avec de vrais chevaux ! Point de départ : Bayside. La « longue » promenade de 20 à 25 mn coûte 10 $ par personne adulte et 6 $ pour un enfant de moins de 11 ans. Les Cubains qui gèrent les attelages sont ouverts à toutes propositions pour des parcours sur mesure.

En voiture avec chauffeur. Plusieurs limousines sont en stationnement à l'aéroport international de Miami et leur tarif, pour se rendre par exemple à un hôtel déterminé, est à peu près celui d'un taxi.

En voiture de location. La voiture particulière est à Miami, comme ailleurs aux États-Unis, la meilleure solution à vos problèmes de transport. Pas moins de 11 sociétés de location de voitures figurent dans la liste officielle de l'Office de tourisme du Greater Miami. Elles ont toutes un bureau dans ou à proximité de l'aéroport international. Mais attention : des travaux gigantesques de voirie dans Downtown Miami ont débuté en 1993 et vont durer plusieurs années. Les déviations sont nombreuses et au sens propre déroutantes…

Programme

Une journée à Miami ? Alors, visitez la villa Vizcaya B3, avalez un hamburger au Seaquarium B3 avant d'assister aux pitreries de Flipper le Dauphin et, de retour sur le continent, offrez-vous un dîner à Coconut Grove A3. **Deux jours** vous permettront d'ajouter le Metrozoo, à une petite heure du centre. De retour à Downtown, vous laissez la voiture dans un parc de stationnement, et vous allez vous promener au bord de la Miami River dans Bayfront Park et faire un brin de « shopping » dans les boutiques multiples de Bayside Marketplace B3. Si vous avez **trois jours**, gardez le même schéma que pour la première journée. Le deuxième jour, vous allez jusqu'à Metrozoo, mais, en revenant, vous visitez Fairchild Tropical Garden A3. Et vous terminez l'après-midi à Main Street, à Coconut Grove A3, en vous y rendant en bateau-taxi. Le troisième jour, dans la matinée : Downtown Miami B2-3. Un peu de promenade, vers Bayfront Park, l'Intercontinental et le début de Brickell Avenue, du « shopping » et un déjeuner à la cubaine dans l'un des multiples cafés ou bistros latins de ce quartier. L'après-midi sera consacré à l'Art Deco District à Miami Beach B2-3. Ce n'est qu'en cas de séjour d'au moins **quatre jours** que vous aurez le temps de profiter de la mer…

En raison de l'éparpillement des centres d'intérêt, et des grandes distances à parcourir, nous vous proposons d'organiser votre visite de Miami selon les points cardinaux. Nous présenterons donc les sites intéressants en partant des plus proches du centre pour aller vers les plus éloignés.

Fêtes et manifestations : petite sélection

Janvier. Federal Express. Une très grande rencontre de football le 1er janvier au stade Orange Bowl. ☎ (305) 371.46.00, fax (305) 371.43.18. Fin de l'Orange Bowl Festival avec ses nombreuses animations autour de la grande fête du football américain. ☎ (305) 642.15.15.

Février. Coconut Grove Arts Festival. D'importance nationale. Festival de tous les arts pendant 10 jours. **Miami Film Festival.** Dure 10 jours. **South Florida Shakespeare Festival.**

Mars. Italian Renaissance Festival at Vizcaya. Du théâtre, de la gastronomie, des arts et de l'artisanat italiens pendant trois jours, à la fin du mois, au Musée Vizcaya. ☎ (305) 759.66.51. **Tournoi international de tennis de Key Biscayne. Jewish Film Festival.** Festival du film juif. ☎ (305) 534.32.06. **Doral-Ryder Golf Tournament.** ☎ (305) 477.GOLF.

Mai. Metropolitan South Florida Fishing Tournament. Concours de pêche au gros, d'importance nationale. **Miami International Festival.** Tout le folklore du monde.

Juin. Bahamas Goombay Festival. L'orchestre de la police des Bahamas et des parades costumées multiples transforment Coconut Grove en village des Antilles. ☎ (305) 372.99.66. **Black Music Festival.** Tout le mois, depuis 1977, selon la volonté du Président Carter. **Celebración de San Juan.** Les fêtes de la Saint-Jean, vues par les Portoricains, à Newport Beach Resort, Sunny Isles.

Juillet. Miami Jazz Festival. Né en 1989. Il y a de la concurrence.

Octobre. Hispanic Heritage Festival. Bayfront Park. ☎ (305) 541.50.23. Magasins et monuments se parent de drapeaux et de couleurs ; dans les restaurants, on met les petits plats dans les grands.

Décembre. Miccosukkee Tribes Annual Indian Arts Festival. La rencontre annuelle des derniers Indiens miccosukkees. **Orange Bowl Festival.** Nombreuses animations autour de la grande fête du football américain au stade Orange Bowl. Dure jusqu'au 1er janvier ☎ (305) 642.15.15.

Vers le sud-ouest

♥ *Villa et Jardins Vizcaya**** B3

➤3251 South Miami Avenue, Miami, FL 33129, à Coconut Grove ☎ 579.27.08 ou 250.91.33, fax 285.20.04. Ouv. de 9h30 à 17h t.l.j., f. le jour de Noël. Droits d'entrée : 8 $, demi-tarif pour enfants de 6 à 12 ans, gratuit pour enfants de moins de 6 ans. Stationnement gratuit. Visite guidée en anglais possible, en français sur rendez-vous.

Sur la mer, à Biscayne Bay, dans une propriété de 12 ha, l'industriel James Deering, vice-président fondateur de la société International Harvester, fit construire entre 1912 et 1916 une villa de 70 pièces de style Renaissance italienne entourée de superbes jardins. Après l'avoir richement décorée, il y passa tous les hivers jusqu'à sa mort en 1925. Ses héritiers ont vendu le domaine au Dade County en 1952. La villa Vizcaya, ou simplement Vizcaya, abrite aujourd'hui un exceptionnel musée des arts décoratifs européens. En dépit de ce que l'on peut connaître des palais de la Renaissance italienne, la découverte d'un tel édifice en Floride est proprement insolite. Dès l'entrée, les visiteurs reçoivent un petit guide en anglais ou en espagnol qui donne la description de chacune des pièces et des parties du musée ouvertes au public. Une imposante collection d'art européen du XVe au XIXe s. regroupe des peintures, des sculptures, des meubles et des tapis, dans des salles classiques ou baroques. Les jardins sont ici sans équivalent. Leur originalité tient à l'intelligence avec laquelle ont été associés jardins à l'italienne et jardins à la française. À cela s'ajoutent, en arrière-plan, la présence de la mer et la luxuriance de la végétation tropicale. La sélection des souvenirs en vente à la boutique est d'un rare bon goût. Le petit café attenant est ouvert aux réceptions privées.

♥ Miami Seaquarium*** B3

➤ *4400 Rickenbacker Causeway, Miami, FL 33149, à Key Biscayne ☎ 361.57.05, fax 361.60.77. VISA, AE, MC. Droits d'entrée hors taxes : 18,95 $ pour les adultes, 13,95 $ pour les enfants de 3 à 9 ans, gratuit en dessous de 3 ans. Ouv. de 9h30 à 18h t.l.j. Stationnement gratuit.*
C'est la plus grande attraction de Floride organisée autour d'un aquarium gigantesque. Dans cet impressionnant complexe, vivent plus de 12 000 espèces de poissons et d'animaux marins pour le spectacle, mais aussi pour leur réhabilitation et leur protection. Les stars telles le dauphin Flipper, l'otarie Salty et la baleine Lolita charment les spectateurs de tous âges par leurs mimiques et leurs exubérantes évolutions. Peut-être apprendrez-vous qu'en réalité ces dauphins ont été « licenciés » par la Marine des États-Unis qui n'a plus besoin de tant de « personnel » pour retirer les mines du fond des mers depuis la fin de la Guerre Froide… Les premiers rangs de l'amphithéâtre ne sont pas à l'abri de quelques douches. Le spectacle est permanent entre 9h30 et 17h30 tous les jours de l'année. Parmi les nouveautés, la présentation des lamantins, espèce menacée de disparition. Possibilités de fêtes privées, notamment la célébration des anniversaires des enfants. Camps éducatifs d'été pour les petits de 3 à 12 ans.

Fairchild Tropical Gardens* A3

➤ *10901 Old Cutler Road, Miami, FL 33156, à Coral Gables ☎ 667.16.51. Droits d'entrée : 7 $ pour les adultes, gratuit pour les enfants de moins de 13 ans. Ouv. de 9h30 à 16h30, t.l.j., sf Noël.*
Sans doute le plus grand jardin botanique tropical des États-Unis. Inauguré en 1938 selon trois objectifs : exposition, pédagogie et recherche. On peut le visiter en petit train avec commentaires. Un paradis pour les photographes.

Parrot Jungle & Gardens** A3

➤ *11000 SW 57th Avenue, Miami, FL 33156, au S de Miami ☎ 666.78.34. Ouv. t.l.j. de 9h30 à 18h. Droits d'entrée : 10,50 $ pour les adultes ; 7 $ pour les enfants de 3 à 12 ans.*
Luxuriant et vaste parc tropical, à 17 km du centre de Miami sur Red Road. D'innombrables espèces de perroquets, de pélicans et de flamants roses font du théâtre, défilent ou vous parlent (en anglais). Un enchantement qui se répète plusieurs fois par jour. Comptez au moins 2 heures de promenade.

Miami Metrozoo* (voir carte p.104-105)

➤ *12400 SW 152nd Street, au S de Miami ☎ 252.04.00. Ouv. de 9h30 à 17h30 toute l'année. Les guichets ferment à 16h. Droits d'entrée : 5 $ pour adultes ; 2,50 $ pour enfants de 3 à 12 ans.*
Depuis décembre 1981, Miami possède son zoo, gigantesque comme il se doit, classé par les amateurs parmi les dix premiers des États-Unis, donc l'un des premiers au monde. Première caractéristique, fréquemment adoptée dans la nouvelle génération des zoos : pas de cage ! Les animaux sont isolés des hommes par de grands fossés, confortablement installés dans des îlots. La seconde, comme souvent aux États-Unis, associe amusement et pédagogie, en coopération avec

la Société zoologique de Floride qui compte 17 000 membres *(Zoological Society of Florida)*. Des recherches variées sont en cours, notamment en matière d'acclimatation des animaux aux changements de climats, et d'adoption par l'homme. Plus de 1 000 animaux de 240 espèces sont présentés. Vous pouvez, pour commencer votre « safari » dans l'univers du zoo de Miami, faire le tour de ses 120 ha paysagers à bord d'un monorail. Des spectacles ont lieu trois fois par jour et vous pouvez aussi prendre vos repas dans un des trois restaurants du lieu. À noter encore, la reconstitution d'un village indonésien et celle d'un ensemble africain.

Monkey Jungle (voir carte p. 105)

➤ *14805 SW 216th Street, Miami, FL 33170* ☎ *235.16.11. Ouv. de 9h30 à 17h t.l.j. Droits d'entrée : 10,50 $ pour les adultes ; 5,35 $ pour les enfants de 4 à 12 ans ; gratuit pour les moins de 4 ans ; 9,50 $ pour les personnes âgées. Cafétéria.*
À 33 km au sud de Miami en prenant l'US 1. Intéressant spectacle qui a bientôt 60 ans d'âge où se produisent toutes les espèces de singes savants qu'on nourrit ou qu'on fait travailler pour vous dans une grande forêt presque sauvage.

Coral Castle* (voir carte p. 105)

➤ *28665 S Dixie Highway (US 1), Homestead, FL* ☎ *248.63.44. Ouv. t.l.j. de 9h à 18h. Visite guidée.*
Ce château sculpté au fil de 28 longues années dans le corail a été créé par un homme seul, à 37 km de Miami, pour l'amour de sa bien-aimée, une toute jeune femme. Œuvre romantique qui ne manque pas de mystère. Ouvert au public en 1923, ce monument est inscrit depuis 1984 sur le répertoire national des sites historiques.

Downtown Miami*

➤ ***Carte p.86.*** *On pourrait délimiter Downtown Miami par la NE 2nd Street au nord, la SE 3rd Street au sud, la 1st Avenue (NE et SE) à l'ouest et Bayfront Park à l'est.*
Au sens strict, Downtown Miami constitue le centre de la ville de Miami. On y trouve les immeubles administratifs municipaux, les sièges sociaux de multiples sociétés et banques, le nouveau et fonctionnel World Trade Center. Downtown présente donc d'abord plutôt un aspect sévère et bien rangé, surtout après les rénovations de ces dernières années et celles en cours depuis 1993.
Bayfront Park D2, une élégante promenade, un peu désertique cependant, a été aménagée le long de la Miami River et prolongée au nord par le Bicentennial Park. L'ambiance générale a ainsi été un peu changée et on peut désormais s'asseoir sur des bancs, prendre un café à une terrasse (phénomène « à la française » qui se répand) au milieu des tours aux mille reflets et en compagnie des cols blancs qui descendent de leurs bureaux fumer une cigarette.
L'autre tonalité de Downtown, radicalement différente, tient à la présence, notamment dans **E Flagler Street** D2, **SE 1st Street** et **SE 2nd Street**, d'une multitude de petites boutiques, presque à l'européenne. C'est la zone des commerces de détail, avec ses petits airs de quartier latin, en raison non de ses habitants mais de ses boutiques, cafés et autres établissements tenus par des immigrants venus d'Amérique latine et des Caraïbes. Disques, cassettes, disques compacts, alimenta-

Miami/Miami Beach n'est pas seulement le prototype de la ville américaine où les autoroutes tracent leurs sillons au milieu des gratte-ciel : porte ensoleillée des États-unis, la ville baigne dans les eaux translucides.

tion, livres, électroménager, vêtements, cafés appelés ici en espagnol *Kioscos* ou *Quioscos*, etc. Un petit air de rue de Rivoli de Paris...
C'est également à Downtown que se trouve le **Gusman Center for the Performing Arts 14-D2**, l'un des théâtres les plus actifs du Grand Miami, et **Bayside Marketplace** (voir 79, **B1** et p.98). Si vous avez des démarches à faire pour votre transport aérien, c'est dans cette partie-là de Downtown que vous trouverez la majorité des bureaux des compagnies et des agences de voyages. Malheureusement, si l'on peut dire, en soirée tout se vide très vite et la nuit, tout reste désert.
Center for the Fine Arts* 17-**D1** *(101 W Flagler Street, Miami, FL 33130, dans Downtown Miami ☎ 375.30.00 ou 375.17.00, fax 375.17.25, F. le lun., ouv. en nocturne jusqu'à 21h le jeu.).* Installé dans un complexe architectural original de style méditerranéen, œuvre de Philip Johnson, il comprend aussi le **Metro-Dade Cultural Center** et la **Main Library**. C'est le centre d'expositions d'art le plus dynamique et le plus éclectique du Grand Miami. Exemples de la programmation de 1994 : de Elizabeth I à Elizabeth II (œuvres de la National Portrait Gallery de Londres), New York vu par Eugenio Dittborn, Degas, Martin Johnson Heade et ses études de fleurs et d'oiseaux de Saint Augustine, etc.

Miami Beach**

Carte p.87. C'est à Miami Beach, avec ses 26 îles, que commença la gloire mondaine et touristique internationale de Miami. Malgré l'importance prise récemment par Coconut Grove, ce quartier a gardé sa réputation et fait tout pour la maintenir, même au prix de quelques rectifications d'image. La période noire de la fin des années 70, lorsque *Le Monde* titrait : « Miami Beach à l'agonie », est bien passée. Les grands et très grands hôtels sont toujours là, le long des 10 km de

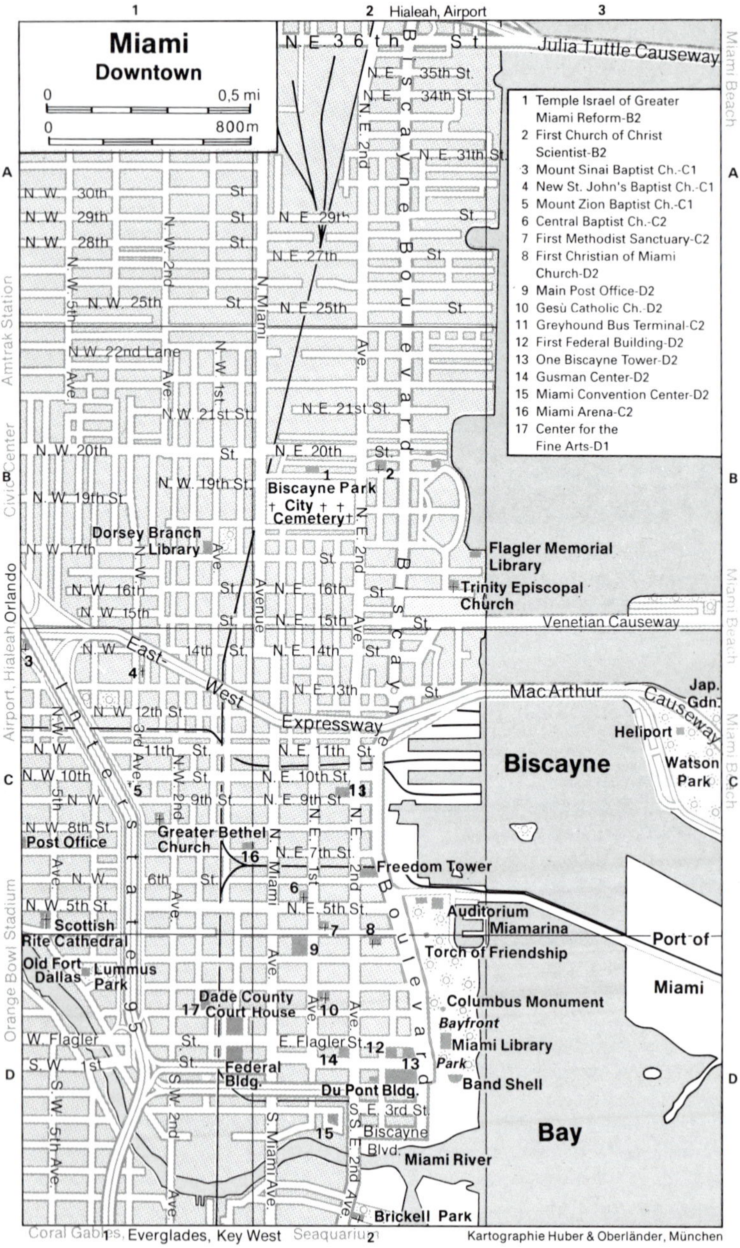

plage, comme le monstrueux Fontainebleau, rajeuni et redynamisé sous la bannière Hilton. Et le Miami Beach Convention Center, l'un des dix plus grands des États-Unis, y a trouvé sa clientèle. Les plages publiques et privées sont régénérées par l'apport périodique de sable blanc. Et l'effort porte maintenant sur le culturel.

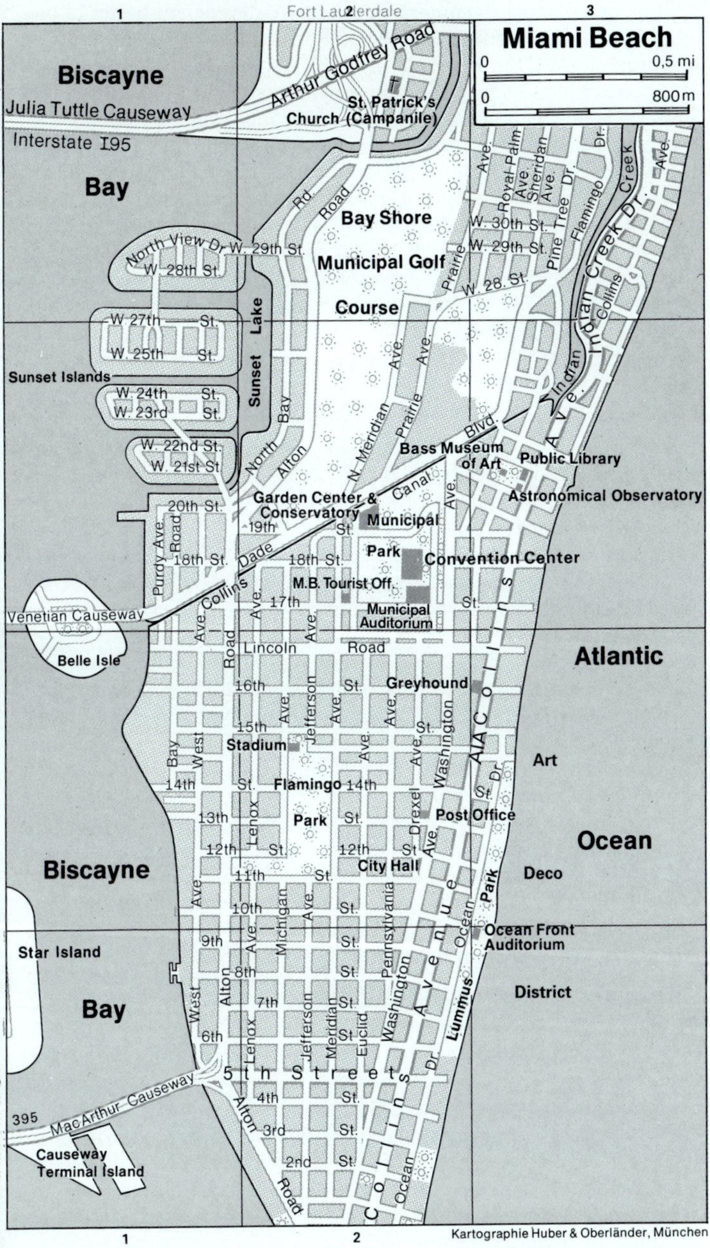

Kartographie Huber & Oberländer, München

L'Art Deco District** C-D2 participe à la renaissance de ce quartier. Il y avait là tout un ensemble d'hôtels, de maisons, d'immeubles construits entre le début du siècle et les années 1930-35. Vieillissant mal, un peu à l'abandon, le sud de Miami Beach perdait de sa vigueur et de son attrait touristique, donc économique, au même rythme que Collins Avenue et Ocean Drive devenaient tristes et peu sûrs. La réaction commença vers la fin des années 1970 et au début des années 1980. On récupéra progressivement les charmantes couleurs pastel bleu et rose d'un ensemble atteignant aujourd'hui 800 unités – allant de la maison simple à la grande demeure bourgeoise, en passant par la tour-hôtel ou la tour d'appartements –, essentiellement entre les 5th et 16th Streets. On y développa une nouvelle vie culturelle avec, par exemple, le **Miami City Ballet**. L'ensemble est désormais préservé par l'État fédéral et classé monument historique.

Bass Museum of Art B2-3 *(2121 Park Avenue, Miami Beach, FL 33139, à la hauteur du 2100, Collins Avenue ☎ 673.75.33. Ouv. du mar. au sam. de 10h à 17h ; le dim. de 13h à 17h ; f. le lun.)*. Le seul musée de Miami Beach. Le fonds présenté comprend une belle collection de peintures européennes du XVe au XXe s., ainsi que des tapisseries flamandes.

Vers l'ouest

L'ouest immédiat de Miami s'est surtout développé ces trente dernières années, comme **Little Havana*** (la Petite Havane), prenant une tonalité plus brune, plus excentrique, plus bruyante. On peut même parler d'une certaine enclave latine, et plus spécialement cubaine. D'où son nom. Tout est concentré autour de la SW 8th Street, ou encore **Calle Ocho** en espagnol, et de Flagler Street et 17th Avenue. On y travaille, on y vit et on y mange comme dans les Antilles hispaniques, vêtu de la chemise traditionnelle cubaine, appelée *guayabera*. Le spectacle, si l'on ose dire, est dans la rue, à la différence de l'Amérique anglo-saxonne. Amateur de cigares cubains fait à la main comme à La Havane ? Rendez-vous à **El Crédito**. Angoisses pour l'avenir ? Tarots, boules de cristal et cartes chez l'**Indien des Amazones**. Voulez-vous jouer aux dominos comme à La Havane ? Frappez à la porte du **Domino Club Máximo Gómez**. Mais il faut être du sexe masculin et être parrainé. Vous cherchez des antiquités et d'autres souvenirs de toute nature de Cuba avant Castro ou juste à son arrivée ? Voyez **Coral Way Antiques**. C'est encore dans la 8e Rue que se déroule en mars le **Calle Ocho Festival** *(☎ 644.88.88)*, sans doute la fête latine la plus fréquentée des États-Unis. Des artistes résidents aux États-Unis mais aussi venant de nombreux autres pays s'y produisent.

Cuban Museum of Arts & Culture*

➤ *1300 S 12th Avenue ☎ 858.80.06. Ouv. de 10h à 17h en semaine et de 13h à 17h le week-end. Entrée payante. Demi-tarif pour les étudiants et les personnes âgées.*

On y a regroupé, depuis sa création en 1976, une émouvante collection d'œuvres d'art (notamment peintures), de souvenirs et de documents, tentant ainsi de préserver l'héritage cubain et plus généralement hispanique sur le continent nord-américain. Voir notamment les œuvres peintes de René Portocarrero, Carlos Enríquez et Agustín Fernández.

Miccosukee Indian Village*
(Village indien de la tribu miccosukee)

➤ *Sur l'US 41 (Tamiami Trail) à 35 mi/54 km de Miami ☎ 223.83.88 ou 223.83.80.*

Voilà un village ou un musée, qui est en fait un centre de promotion et d'information sur la branche miccosukee des Séminoles qui a décidé de rester en Floride alors que la plupart de ses frères sont partis pour l'Oklahoma (voir Everglades, p. 103). On y trouve des boutiques qui offrent à la vente le travail traditionnel des artisans, un espace pour des projections documentaires sur la culture miccosukee et un restaurant où sont servis des plats miccosukkee et anglo-américains. Vous pourrez voir aussi un jeune lutteur aux prises avec un alligator, et surtout rencontrer ceux et celles qui accompagnent les touristes et qui sont en mesure de répondre à toutes leurs questions. Vous y apprendrez notamment que pour les Indiens « la Terre fait partie de votre corps. Elle saura toujours prendre soin de vous si vous vivez en harmonie avec elle »...

Vers le nord

The American Police Hall of Fame & Museum

➤ *3801 Biscayne Boulevard, près du Julia Tuttle Causeway pl.p.79,* A2 ☎ *573.00.70. Ouv. t.l.j. de 10h à 17h30. Stationnement gratuit. Entrée payante.*

Un énorme monument de marbre dédié aux policiers morts en service. Plus de 10 000 objets installés dans l'ancien bâtiment du Federal Bureau of Investigation (FBI). Y compris chaise électrique, guillotine et chambre à gaz...

Spanish Monastery***

➤ *16711 West Dixie Highway pl. p.79,* B1 ☎ *945.14.61. Ouv. t.l.j. et le dim. après-midi. Entrée payante. Visite guidée en anglais.*

« Le plus ancien bâtiment de l'hémisphère occidental », comme le souligne le guide qui vous accompagne lors de votre visite, provient de Ségovie, en Espagne, où il a été construit en 1141. Le fameux magnat de la presse William Randolph Hearst l'a acheté et fait transporter aux États-Unis, où il est resté en morceaux pendant 25 ans. En 1954, il a été reconstruit et la découverte, en terre floridienne, de ce superbe édifice roman authentique est à la fois émouvante et étrange pour un Européen. Le monastère et ses beaux jardins appartiennent aujourd'hui à l'Église épiscopale.

Bonnes adresses

☎ **Indicatif : 305**

Informations touristiques. Miami Council For International Visitors : Plaza Venetia Hotel, 555 NE 15th Street, Suite G-7, dans Downtown Miami p.86, B1 ☎ 379.46.10, fax 379.46.15. **Greater Miami Convention & Visitors Bureau**, 701 Brickell Avenue, Suite 2700, Miami, FL 33131 (immeuble Barnett), dans Downtown Miami p.86, 15-D2 ☎ 539.30.63, (800) 283.27.07. **Greater Miami Chamber of Commerce**, Omni International Complex, 1601 Biscayne Boulevard ☎ 350.77.00, fax 374.69.02.

Hôtels

Il y a plus de 600 hôtels et motels, 60 000 chambres de toutes catégories dans le Dade County, dont 275 unités et 26 000 chambres uniquement à Miami Beach...

À Miami Beach (pl. p.87)

▲▲▲▲ **The Alexander** ♥, 5225 Collins Avenue, Miami Beach, FL 33140 ☎ (800) 327.61.21 ou 865.65.00, fax 864.85.25. VISA, AE, DC, MC. Il possède sa propre plage, un grand jardin tropical, uniquement des

LITTLE HAÏTI OU LA SAGA DES HAÏTIENS DE MIAMI

Assis sur les marches du bâtiment, Natilien Jeanty serre sur ses genoux ses mains calleuses, qui, malgré tout, échappent souvent à son contrôle. Il les agite alors autour de lui pour exprimer ce que ses mots créoles et son mauvais anglais ne lui permettent pas de formuler.

Plus de 200 000 Haïtiens vivraient actuellement en Floride, dont la moitié à Miami et ses alentours.

Élément statistique indésirable

Ces mains qui avaient l'habitude de scier du bois et de construire des maisons à Haïti, ces mains qui saluaient le probable retour du président Jean-Bertrand Aristide se sont retrouvées un jour à monter les voiles d'une embarcation de fortune. C'était en 1991. Aujourd'hui, elles font la plonge dans un restaurant pour 227 $ par semaine. À Haïti, Natilien était charpentier, père de famille, grand-père et bon voisin. À Miami, il est un élément statistique indésirable, un Noir, pauvre et fatigué. « Aussi longtemps que j'aurai du travail, je pourrai manger et envoyer de l'argent à ma famille à Haïti. C'est tout ce que je souhaite », explique-t-il à 54 ans, assis dans le bureau de l'emploi d'une église catholique.

Cap sur Miami

Boat people recueillis en juillet 1994 par des gardes-côtes américains.

Au début des années 90, l'agitation politico-militaire et la faim ont poussé des milliers d'Haïtiens sur de frêles embarcations qui ont mis le cap sur la Floride. Nombreux sont ceux qui ont fini par jeter l'ancre à Little Haïti, une enclave dans Northern Miami où pourrissent maisons et entrepôts délabrés.

Cette dernière vague de *boat people* a pourtant été précédée de deux autres dans les années 60 et 70. Immanquablement, ces réfugiés se retrouvent à faire le taxi, la plonge, le ménage, ou, pour les plus âgés d'entre eux, à vendre des plats de riz épicé ou de vieux vêtements dans leur camionnette transformée en boutique. Tous sont considérés comme une horde d'envahisseurs porteurs du virus du sida

Haïtiens et Cubains, après une étape dans les camps de réfugiés (ici Guantanamo), viennent gonfler le contingent des ouvriers.

(les statistiques ne prouvent bien sûr rien à ce propos) et adeptes du vaudou (ils vont aussi fidèlement à l'Église catholique).

Une promotion possible

Parmi eux, cependant, des docteurs, des hommes d'affaires, des cadres se sont mélangés en douceur à la population des banlieues remplies de citoyens afro-américains de classe moyenne, souvent réduits à taire leur nationalité : « Ils arrivent, travaillent dur, gagnent de l'argent, achètent une maison dans une banlieue et poursuivent ce que l'on appelle le rêve américain », explique un officier municipal chargé de l'ordre. « Ceux qui n'y sont pas arrivés restent à Little Haïti. »

Quelques chiffres

Malgré ces exemples de réussite et d'intégration, les Haïtiens sont globalement mal considérés aux États-Unis.
Sur plus de 60 000 personnes ayant tenté de fuir Haïti depuis le début des années 90, seules 1 200 d'entre elles ont pu être admises légalement.

Docteur en Sciences politiques

Directeur du Centre catholique haïtien de Miami, Roger Biamby, 47 ans, a lui aussi fait la plonge entre autres petits boulots… Des petits boulots qui lui ont permis de payer ses études et de devenir docteur en Sciences politiques. Arrivés comme réfugiés après que le père, colonel, eut fui Haïti en raison d'un attentat manqué contre Duvalier en 1964, les Biamby exercèrent tous les métiers pour permettre à leurs six enfants de faire des études secondaires. « Les Haïtiens y arriveront toujours, où qu'ils soient dans le monde. C'est dans notre culture de travailler dur et nous avons développé l'art de la survivance à un niveau qu'aucun autre peuple de la planète n'a atteint », justifie Roger Biamby.

D'après le St. Petersburg Times

chambres-appartements, dont certaines avec 2 salles de bains, 2 piscines, 4 jacuzzis, un centre de remise en forme, des courts de tennis, etc. Décoration d'ensemble romantique et tropicale. Peut-être l'un des hôtels les plus élégants de Miami Beach.

▲▲▲▲ **Westin Resort Miami Beach** ♥, 4833 Collins Avenue, Miami Beach, FL 33140 ☎ 532.36.00, fax 532.23.34, telex : 51.89.28 MIAMIAB. VISA, AE, DC, MC. Sans doute l'un des établissements les plus authentiquement luxueux de Miami Beach. Jumelé avec un somptueux country club qui possède 5 parcours de golf 18 trous et 19 courts de tennis, ainsi qu'avec le centre de remise en forme Saturnia. Piscine olympique. Plage privée de 100 m de long.

▲▲▲▲ **The Fontainebleau Hilton Resort and Spa**, 4441 Collins Avenue, Miami Beach, FL 33140 ☎ 538.20.00 ou (800) 548.88.86 ou (800) HILTONS, fax 673.53.51. *1 206 ch. et 60 suites.* VISA, AE, MC. Inauguré en déc. 1954 et devenu Hilton en 1978, cet hôtel est l'un des plus grands et des plus connus des États-Unis. Il a même servi de cadre au tournage de plusieurs films, dont *The Bodyguard*, avec Kevin Costner et Whitney Houston. Des travaux d'une ampleur considérable ont été entrepris pour le rénover. La plage s'étend sur plus de 300 m. La grande salle de bal peut accueillir 5 000 personnes, et les 20 autres salons, de 60 à 1 000 personnes. Ses 5 bars et ses 6 restaurants comptent parmi les plus à la mode dans toute l'agglomération de Miami. Prendre son *brunch* aux *Dining Galleries* (l'un des restaurants) est du dernier cri pour les Floridiens et les touristes. L'établissement a reçu la visite de nombreuses vedettes, dont Frank Sinatra, Sammy Davis Junior, Judy Garland, Jerry Lewis. La piscine prend des allures de cascade tropicale descendant tranquillement vers la plage. L'hôtel comprend aussi de grands jardins maintenant rendus sauvages (ils étaient auparavant « à la française »). On peut y faire du tennis, du bowling, du billard, de la gymnastique, et utiliser diverses prestations telles que solarium, sauna, soins de la peau et du corps, etc. À la « Spa Eatery », vous consommerez des aliments naturels et calibrés en protéines et calories. Galerie commerciale en sous-sol. En raison peut-être de la dimension du complexe, le service ne nous paraît pas à la hauteur de la qualité des équipements et services offerts.

▲▲▲ **Eden Roc**, 4525 Collins Avenue, Miami Beach, FL 33140 ☎ 531.00.00 ou (800) 327.83.37, fax 531.69.55, telex : 80-7120. *395 ch. dont 45 suites.* VISA, AE, DC, MC. Face à l'Océan. Complètement rénové en 1994, appelé à sa construction en 1954 la « Grand Belle », l'hôtel a retrouvé bien de ses charmes d'antan. Deux piscines. Salles de réunions. Plage et marina privées.

▲▲ **Quality Shawnee Barceló Beach Resort**, 4343 Collins Avenue, Miami Beach, FL 33140 ☎ 532.33.11, (800) 228.51.51 (Quality), (800) 44-UTELL, (800) 858.06.06 (Barceló), fax 531.52.96 ou 532.08.95. *475 ch.* VISA, AE, DC, MC. Jouxtant le Fontainebleau, au centre de Collins Avenue, cet établissement a été repris fin 1993 par le groupe espagnol Barceló. Le principe d'une importante campagne de travaux et de restructuration a été décidé en juillet 1994. Un grand édifice blanc comprenant piscine, plage privée, discothèque, salon de beauté, masseur, restaurants, bars, salles de réunions, 3 tennis éclairés, terrain de volley-ball, cabines, cafétéria et bar au bord de la piscine, etc.

▲▲ **Ocean Front Hotel**, 1230 Ocean Drive, Miami Beach. Carcasse néoclassique d'une soixantaine d'années, cet hôtel a réouvert ses portes en juil. 1994, après 13 mois de travaux gérés par des Français et grâce à des investisseurs français. Décor d'inspiration méditerranéenne disposant de nombreuses touches romantiques.

▲▲ **Ritz Plaza Hotel**, 1701 Collins Avenue ☎ 534.35.00 ou (800) 678.89.46, fax 531.69.28. VISA. Au cœur du Quartier Art Déco, un bâtiment élancé aux tons pastels des années 40 entièrement rénové. Affilié aux « Historic Hotels of America ».

▲ **DiLido**, 155, Lincoln Road, Miami Beach, FL 33139 ☎ 538.08.11 ou (800) 327.61.05, libre appel depuis le Canada : (800) 524.18.36, fax 672.51.48, telex : 51-2382. *351 ch.* Adresse historique de la splendeur antérieure du quartier Art Déco, l'hôtel a été rénové et comprend restaurants, bar, piscines, salles de réunion, salle de gymnastique, etc. À quelques minutes à pied du Miami Beach Convention Center.

▲ **Park Central Hotel**, 640 Ocean Boulevard, ☎ 538.16.11, (800) 678.89.46, fax 534.75.20. VISA. Édifice de 1937 entièrement rénové à partir de 1986 avec ses tons pastels et ses grands ventilateurs de plafond, comme dans les années 30. Affilié aux « Historic Hotels of America ».

▲ **Riu Pan American Ocean Resort, ex Radisson Pan American**, 17875 Collins Avenue, Miami Beach, FL 33160, à Sunny Isles, ☎ 932.11.00 ; fax 935.27.69. VISA, MC. Motel de très bon confort. Gestion espagnole par la chaîne Riu.

▲ **Sol Miami Beach**, 3925 Collin Avenue, Miami Beach, FL 33140, ☎ 531.35.34 ou 538.19.52 – (800) 531.35.34 ; libre appel depuis le Canada : (800) 336.35.42 ; fax 531.17.65. *271 ch.* VISA, AE, DC, MC. Intégralement rénové en 1992 à la reprise par la chaîne espagnole Sol Meliá, ses chambres ont vue sur l'océan. Salle de gymnastique. Plage privée de 100 m de long.

Dans Downtown Miami pl. p.86

▲▲▲▲ **Hotel Intercontinental Miami**, 100 Chopin Plaza, Miami, FL 33131 ☎ 577.10.00, (800) 327.30.05, fax 577.03.84. *644 ch.* VISA, MC. Une immense tour de marbre, un peu solennelle, surtout s'il y a peu de clients. Le hall est décoré d'une sculpture de Henry Moore. Les chambres sont spacieuses, les restaurants et salles de réception parmi les plus élégants de la ville. Vue sur Bayfront et sur le port de Miami. Prix 1993 de l'environnement décerné par l'Association Internationale de l'Hôtellerie (AIH) « pour son engagement absolu à réduire et à recycler les déchets ».

▲▲▲ **Crowne Plaza Miami (ex Omni International Hotel)**, 1601 Biscayne Boulevard, Miami, FL 33132 ☎ 374.00.00, fax 374.00.20. VISA, MC. Installé dans un gigantesque complexe de boutiques (165), de cinémas et de restaurants (21), cet hôtel est peut-être plus conseillé pour vos affaires que pour vos loisirs. Tout y est propre, net, fonctionnel. La reprise par un nouveau groupe en 1994 peut changer les choses.

▲▲ **Marina Park Hotel (Best Western)**, 340 Biscayne Boulevard, Miami, FL 33132 ☎ 371.44.00, (800) 526.56.55, fax 372.28.62. VISA, AE, DC, MC. Nouvelle décoration sympathique dans les tons pastels.

▲ **Hampton Inn Miami Downtown**, 2500 Brickell Avenue, Miami, FL 33129 ☎ 854.20.70 ; (800) HAMPTON, fax 854.20.70. VISA, AE, DC, MC.

À Coconut Grove pl. p.79, A3

▲▲▲▲ **Grand Bay Hotel** ♥, 2969 South Bayshore Drive, Miami, FL 33133 ☎ 858.96.00, (800) 327.27.88, fax 858.15.32. *181 ch. et 49 suites.* VISA, MC. Parmi les meilleurs hôtels de Floride. Une impressionnante sculpture d'Alexander Liberman veille sur ce charmant établissement de petites dimensions selon les critères américains. Une réception comme un bureau où le client est assis et reçoit un jus de fruit d'accueil alors qu'il accomplit ses formalités d'enregistrement. Des matériaux nobles partout. Piscine, centre de remise en forme complet et masseur. Le souci du moindre détail est flagrant notamment dans la vaste s.d.b.

▲▲▲▲ **Mayfair House**, 3000 Florida Avenue, Miami, FL 33133 ☎ 441.00.00, (800) 341.08.09, fax 447.91.73. VISA, AE, DC, MC. Un très agréable hôtel de taille moyenne comprenant uniquement des suites, des appartements en duplex avec rampe d'accès privative pour la voiture. Certaines chambres ont un sauna. Un décor inspiré de la Renaissance, de l'Andalousie et de Gaudí. Tout de même beaucoup de rose bonbon et de mosaïques. Édifié dans le World of Mayfair Mall, le complexe de boutiques de luxe en plein centre de l'agglomération de Coconut Grove.

▲▲▲ **Doubletree Hotel**, 2649 South Bayshore Drive, Miami, FL 33133 ☎ 858.25.00, (800) 528.04.44, fax 858.57.76. *152 ch. et 38 vastes suites.* VISA, MC. Bel hôtel où les chambres disposent de balcons sur la baie. Piscine. Courts de tennis éclairés.

À l'aéroport international de Miami pl.p.79, A2

▲▲▲ **Crown Sterling Suites**, 3974 NW South River Drive, Miami, FL 33142 ☎ 634.50.00, libre appel depuis les USA et le Canada : (800) 433.46.00, fax 635.94.99. *314 suites.* VISA, AE, DC, MC. Un superbe *atrium* avec plantes et fontaines sur lequel donnent les chambres conçues d'abord pour les hommes d'affaires.

▲▲▲ **Sofitel**, 5800 Blue Lagoon Drive, Miami 33126 ☎ 264.48.88, fax 262.90.49. VISA, MC. Piscine, centre de remise en forme, salles de réunions. Concierge, comme il se doit dans un hôtel français. Tennis éclairés.

▲▲ **Mia**, dans l'aéroport même, Concourse E, P.O. Box, 592077, Miami, FL 33159, ☎ 871.41.00, (800) 327.12.76, fax 871.08.00. Visa, MC. Grand confort et excellent accueil. Salles de réunion jusqu'à 425 personnes. Centre de remise en forme.

À Coral Gables pl.p.79, A3

▲▲▲▲ **The Biltmore** ♥, 1200 Anastasia Avenue, Coral Gables, FL 33134 ☎ 445.19.26, (800) 228.30.00 (Westin), (800) 727.19.26, (800) 678.89.46, fax 448.99.76. *275 ch. et 36 suites.* VISA, AE, DC, MC. Un exceptionnel « monument historique » de 1926 au style architectural rappelant les charmes de la Méditerranée et spécialement de l'Espagne avec sa Giralda comme à Séville. « La plus grande piscine de tous les États-Unis ». 3 restaurants, 10 tennis éclairés, 1 golf 18 trous, etc. Al Capone y serait décédé. A servi un temps d'hôpital après la dernière guerre. Affilié aux « Historic Hotels of America ».

▲▲▲ **The Colonnade**, 180 Aragon Avenue, Coral Gables, FL 33134 ☎ 441.26.00, (800) 533.13.37, fax 445.39.29. *140 ch. et 17 suites.* VISA, AE, DC, MC. Sévère structure à l'allure européenne d'une soixantaine d'années entièrement rénovée à fin 1988 dans un ensemble « historique » de Coral Gables. Depuis juil. 1994, affilié à Omni International Hotels. 2 restaurants, piscine, jacuzzi, 2 saunas, centre de remise en forme. Champagne à l'accueil.

Camping et caravaning

Gator Park, 24050 SW 8th Street, Miami, FL 33187 ☎ 559.22.55. Accès facile aux Everglades.

Kobe Trailer Park, 11900 NE 16th Avenue, Miami, FL 33161-6553 ☎ 893.51.21. Le plus proche de Miami Beach.

Restaurants

À Miami Beach pl.p.87

♦♦♦♦ **Chef Allen's** ♥, près d'Aventura, 19088 NE 29th Avenue, North Miami Beach, FL 33180 ☎ 935.29.00. VISA, AE, MC. Allen Susser, cet Américain roumano-germanique, est un des papes – ou même le pape – de la « cuisine floribéenne », encore appelée *New World Cuisine.* A travaillé avec Bocuse. Une cuisine faite au jour le jour selon les produits du marché (le menu change tous les jours en fonction des achats). Une cuisine élaborée avec des ingrédients cultivés localement et appelés par leurs noms d'origine, dans différentes langues (espagnol de Cuba, français des Antilles, anglais des Caraïbes, etc.). Grand spectacle, grand accueil, grande cuisine.

♦♦♦♦ **The Forge**, 432 Arthur Godfrey Road ☎ 538.85.33. VISA, MC. Le dernier endroit à la mode pour dîner (pas de service pour le déjeuner) et pour danser en plein cœur de Miami Beach. Le service se fait de 18h à 1h du matin. Les réservations sont recommandées à toute époque de l'année et impératives entre déc. et fév. La décoration est du plus pur style rococo victorien. Bonne cave. Prix élevés, mais en rapport avec la qualité des prestations et de la compagnie.

♦♦ **San Remo** ♥, attenant à l'Hôtel Quality Shawnee Barceló, 4343 Collins Avenue ☎ 531.41.59. VISA, AE, MC. Grande cuisine et grand service. Menu simplifié. Piano. On parle français.

♦ **Cassis Bistro**, 764 Washington Avenue, Quartier Art Déco ☎ 531.77.00. VISA, AE, DC, MC. Cadre élégant. Cuisine euro-américaine.

♦ **A Fish Called Avalon**, 700 Ocean Drive, dans l'Hôtel Avalon, Quartier Art Déco ☎ 532.17.27. VISA, MC. Tous les poissons de la Création. Direction française.

♦ **Joe's Stone Crab**, 227 Biscayne Street ☎ 673.03.65. VISA, AE, DC, MC. L'un des meilleurs restaurants pour le crabe et plus généralement les fruits de mer. Même si l'on a réservé, il faudra attendre au bar que la table se libère. Ambiance très détendue et bon enfant.

♦ **Tarleton Hotel Dining Room**, dans l'Hôtel Tarleton, 2469 Collins Avenue ☎ 538.57.21. Pas de cartes de paiement. Cuisine casher. Petits déjeuners et dîners seulement. Réservation obligatoire.

Dans Downtown Miami

♦♦♦ **The Pavillon Grill**, dans l'Hôtel Intercontinental Miami, 100 Chopin Plaza ☎ 577.10.00. VISA, AE, DC, MC. Cuisine française et internationale. Ambiance intime et élégante, voire un peu raide. Tenue de ville de rigueur.

♦♦ **Las Tapas**, dans Bayside Marketplace, 401 Biscayne Boulevard ☎ 372.27.37, fax 372.27.86. VISA, AE, DC, MC. Toutes les cuisines d'Espagne. On peut manger dehors. Prix modérés.

♦ **Hard Rock Café**, dans Bayside Marketplace ☎ 377.31.10. VISA, AE, DC, MC. L'ambiance rock et la cuisine américaine. Relativement bon marché.

♦ **Kampai**, dans le Four Ambassadors Hotel, 801 S Bayshore Drive ☎ 358.05.11. VISA, AE, DC, MC. Bonne cuisine japonaise à prix relativement modérés. On danse le sam. soir à partir de 22h.

Dans Little Havana – Calle Ocho pl.p.79, AB3

♦♦ **Casa Juancho**, 2456 SW 8th Street ☎ 642.24.52. VISA, AE, DC, MC. Bonne cuisine espagnole dans un décor espagnol. Distinction du Ministère du Tourisme d'Espagne.

♦ **El Pub – El Portal Habanero**, 1548 SW 8th Street ☎ 643.26.51. VISA, AE. Un typique restaurant des familles… cubaines et autres latines. La nostalgie et la joie bruyante au rendez-vous avec la cuisine strictement cubaine.

À Coconut Grove pl.p.79, A3

♦♦♦♦ **Grand Café** ♥, dans Grand Bay Hotel, 2669 South Bayshore Drive ☎ 858.96.00, 858.00.09. VISA, AE, DC, MC. Le jeune chef Suki est classé parmi les dix plus grands des États-Unis. Inventeur de la cuisine « transculturelle », après 20 ans de voyages, il sert bien sûr de la cuisine chinoise adaptée, mais aussi une grande cuisine internationale et des fruits de mer. Service de haute qualité et cadre rafraîchissant. Tenue de ville le soir.

♦♦ **Café Sci Sci**, 3043 Grand Avenue, au carrefour avec Main Highway ☎ 446.51.04, fax 446.48.64. Un grand entrepôt aux structures métalliques extérieures transformé en restaurant italien luxueux servant une vraie cuisine italienne, plutôt milanaise. Bonne sélection de vins. Affilié aux « Leading Italian Restaurants in the US » (association des plus grands restaurants italiens des États-Unis).

♦ **Monty's Stonecrab, Seafood House & Raw Bar**, 2550 S Bayshore Drive ☎ 858.14.31. VISA, AE, DC, MC. « Branché ». En plein air, au bord de la marina de Coconut Grove. Fruits de mer, sandwiches, bonnes bières. On peut y venir seulement pour danser au son d'un orchestre particulièrement endiablé le sam. soir. Relativement bon marché.

Ailleurs pl.p.79

♦♦ **Shula's Steakhouse**, dans le Don Shula's Hotel & Golf Club, 7601 Miami Lakes Drive, Miami Lakes ☎ 822.23.24. VISA, AE, DC, MC. Vue sur le terrain de golf. Primé en 1993 comme l'un des dix premiers steakhouses des États-Unis.

♦ **Place Saint Michel**, dans l'Hôtel Place Saint Michel, 162 Alcazar Avenue, angle Ponce de Leon Boulevard, à Coral Gables ☎ 444.16.66. VISA, AE, DC, MC. Cuisine française, revue et corrigée par un chef américain. Décoration à l'européenne. Relativement bon marché.

♦ **Tiger Tiger Teahouse**, 1624 79th Street Causeway, à North Bay Village ☎ 861.21.41. VISA, AE, MC. Gestion d'une famille chinoise depuis 1969. Authentique, sympathique et relativement bon marché.

Sports et loisirs

Miami propose sans doute tout ce qu'offre la Floride en matière de sports et de loisirs. Du côté des sports nautiques, mentionnons : plongée sous-marine (en apnée ou avec équipement), voile, planche à voile, ski nautique, parapente, pêche en mer, pêche en eau douce, jet ski, surf, etc. Sans oublier tous les autres sports collectifs ou individuels, ni les courses de chevaux ou de lévriers, avec ou sans pari.

Billard. Jillians, 12070 N Kendall Drive, Miami ☎ 595.00.70.

Bowling. The Cloverleaf, 17601 NW 2nd Avenue, à North Miami ☎ 652.41.97. 50 pistes.

Courses de chevaux. Calder Race Course, 21001 North West 27th Avenue, au N de Miami, P.O. Box 1808, Miami FL 33055-0808 ☎ 625.13.11, 523.43.24. **Gulfstream Park**, US 1 & Hallandale Beach Boulevard, à Hallandale ☎ 944. 12.42. VISA, AE, MC. **Hialeah Park**, 2200 East 4th Avenue, à Hialeah ☎ 885.80.00.

Courses de lévriers. Flagler Greyhound Track, North West 37th Avenue & 7th Street, près de l'aéroport international de Miami ☎ 649.30.00. VISA, MC. **Biscayne Greyhound Track**, 320 North West 115th Street, à Miami Shores ☎ 754.34.84, 524.07.47, (800) 432.02.32. VISA, MC.

Dominos. Domino Club Máximo Gómez, 8th Street. Pour jouer aux dominos comme à La Havane.

Football américain. Si vous vous trouvez à Miami entre sept. et déc. allez voir l'équipe des Miami Dolphins disputer un match au **Joe Robbie Stadium** (JRS), 2269 NW 199th street. Ambiance assurée.

Golf. Il y a 21 terrains de golf publics et privés de 9 ou 18 trous dans le Greater Miami, qui viennent compléter les innombrables terrains des hôtels et autres zones résidentielles. Il est conseillé de faire ses réservations en période chargée (déc.-mars). Voici les principaux : **Bayshore Golf Course**, 2301 Alton Road, à Miami Beach ☎ 532.33.50, fax 382.39.96. VISA, MC ; **Bayshore Par Three Golf Course**, 2795 Prairie Avenue, à Miami Beach ☎ 674.03.05, fax 382.39.96 ; **Biltmore Golf Course**, 1210 Anastasia Avenue, à Coral Gables ☎ 460.53.64, fax 460.53.15. VISA, AE, MC ; **Briar Bay Golf Course**, 9373 SW 124th Street, à South Miami

(Kendall) ☎ 235.66.67. VISA, AE, MC ; **Doral Hotel & Country Club**, 4400 NW 87th Avenue, à Miami Beach ☎ 592.20.00 ; **Fontainebleau Golf Club**, 9603 Fontainebleau Boulevard, à l'O de l'aéroport international de Miami ☎ 221.51.81. VISA, MC ; **Greynolds Park**, 17530 W Dixie Highway, à North Miami Beach ☎ 949.17.41. VISA, AE, MC ; **Haulover Park,** 10800 Collins Avenue, South of Sunny Isles, à Miami Beach ☎ 940.67.19 ; **Kendale Lakes Golf & Country Club**, 6401 Kendale Lakes Drive, à Kendale ☎ 382.39.30, fax 382.39.96. VISA, MC ; **The Links At Key Biscayne**, 6700 Crandon Boulevard, à Key Biscayne ☎ 361.91.29. VISA, AE, MC ; **Melreese Golf Course**, 1802 NW 37th Avenue, près de l'aéroport international de Miami ☎ 635.67.70 ; **Miami Springs Country Club**, 650 Curtiss Parkway, à Miami Springs ☎ 888.23.77 ; **Normandy Shores Golf Course**, 2401 Biarritz Drive, à Miami Beach ☎ 868.65.02, fax 382.39.96. VISA, MC ; **Palmetto Golf Course**, 9300 SW 152nd Street, à South Miami ☎ 238.29.22.

Pour plus de détails : **Metro-Dade County Parks and Recreation Department** ☎ 857.68.68 ; **The City of Miami Beach Parks and Recreation Department** ☎ 993.20.23 ; **The City of Miami Parks & Recreation Department** ☎ 575.52.56 ; **Tee Time Services** ☎ 669.95.00.

Jaï Alaï (pelote basque). Miami Jaï Alaï Fronton, 3500 North West 36th Street & 37th Avenue, Miami ☎ 633.96.61.

Kayak. Urban Trails Kayak Co, Haulover Beach Park, 10800 Collins Avenue, Miami Beach, FL 33154 ☎ 947.13.02.

Parties de pêche en mer. Blue Waters Fishing Charters, 16300 Collins Avenue, à Sunny Isles Beach, Miami Beach ☎ 944.45.31, fax 947.22.36. VISA, AE, DC, MC. **Captain Bill Curtis** ☎ 279.66.99. **Captain Ken Spaulding**, Watson Island ☎ 379.22.74. **Kelley Fishing Fleet**, Haulover Marine Center, 10800 Collins Avenue, à Miami Beach ☎ 945.38.01. VISA, MC. **Therapy IV**, Haulover dock, 10800 Collins Avenue, ☎ 945.15.78. Vous pouvez acquérir votre permis de pêche en eau douce, en mer et de chasse dans les boutiques de matériel de pêche ou auprès du **Tax Collector's Office**, 140 West Flagler Street, Room n°101, dans Miami Downtown ☎ 375.58.20.

Planche à voile et jet ski. Fun Watersports, Miami Airport Hilton & Marina, 5101 Blue Lagoon Drive ☎ 261.76.87. VISA, AE, DC, MC. **Tony's Jet Ski Rentals**, près du Marine Stadium de Miami, à Key Biscayne, ☎ 361.82.80. **Windsurfing Place**, 3501 Rickenbacker Causeway, à Key Biscayne ☎ 361.12.25.

Plongée sous-marine. Tropic Divers, Inc., 1052 Ocean Drive, House N°5, Miami Beach FL 33139 ☎ 673.37.55.

Surf. ☎ 661.50.65.

Tarots, boules de cristal, cartes. Indien des Amazones *(El Indio Amazónico)*, 1122 SW 8th Street ☎ 854.40.86. Cartes de paiement VISA et MC acceptées !

Tennis. On calcule officiellement qu'il y a dans le Greater Miami approximativement 500 courts de tennis privés et publics… **Key Biscayne**, Calusa Park, Crandon Boulevard ☎ 361.22.15. **Haulover Beach**, 10800 Collins Avenue ☎ 940.67.19. **North Miami Beach**, 16851 W Dixie Highway ☎ 948.29.47. **Sans Souci**, 1795 Sans Souci Boulevard ☎ 893.71.30. **Morningside Park**, 750 NE 55th Terrace ☎ 754.12.42. **Palmetto Tennis Center**, 9300 Coral Reef Drive ☎ 232.19.20.

Pour en savoir plus. Metro-Dade Park & Recreation Department, 50 SW 32nd Road, Building n° 9, à Coconut Grove ☎ 857.66.80, fax 857.66.80 ; **City Of Miami Parks & Recreation Department**, 1390 NW 7th Street, à Little Havana ☎ 575.52.40 ; **City Of Miami Beach Recreation, Culture & Parks Department**, 1700 Convention Center Drive, à Miami Beach ☎ 673.77.30.

Shopping

Galeries marchandes, centres commerciaux. Aventura Mall, Biscayne Boulevard, 197th Street, North Miami Beach ☎ 935.42.22. Un immense complexe qui attire comme une ville nouvelle, très en vogue, de 200 boutiques plutôt cossues, parmi lesquelles Macy's, Lord & Taylor, Sears, JCPenney. **Bal Harbour Shops**, 9700 Collins Avenue, à Bal Harbour (North Miami Beach) ☎ 866.03.11. Élégant. Présence de Neiman Marcus et Saks Fifth Avenue. **Bayside Marketplace**, résultat d'une grande opération d'aménagement des rives de Biscayne Bay, ouv. en avr. 1987. Un ensemble dynamique de 160 boutiques, 8 restaurants et 21 kiosques de restauration rapide. Animations permanentes et en nocturne. Un « Bayside Passport » donne droit à des réductions et avantages. ☎ 577.33.44, fax 577.03.06. **CocoWalk**, au cœur de Coconut Grove ☎ 444.07.77. AE. Investissement institutionnel français de 38 millions $ pour 38 boutiques… **The Falls**, sur l'US 1, SW 136th Street, à Kendall ☎ 255.45.70. Décor tropical. Présence du seul Bloomingdale's de Floride. **The Mall of The Americas**, 7795 W Flagler Street, près de l'aéroport international de Miami, ☎ 261.87.72. **Mayfair Shops in the Grove**, à Coconut Grove. Absolument dingue. **Miami International Mall**, près de l'aéroport. **Miracle Center**, sur Coral Way. **Sawgrass Mills**, 12801 W Sunrise Boulevard. 240 boutiques. Stationnement pour 11 000 voitures. **The Mall At 163rd Street**, N Miami Beach ☎ 947.98.45. Un ensemble de 140 boutiques, en compagnie de Burdines, Mervyn's et Marshalls.

Grands magasins. Burdines, 22 E Flagler Street, dans Downtown Miami ☎ 577.21.16. **Jordan Marsh of Florida**, 1501 Biscayne Boulevard, dans Downtown Miami, ☎ 377.19.11. **Sears Ruebuck & Company**, 7500 NW 25th Street, près de l'aéroport international, ☎ 591.47.67.

Rues commerçantes. Miami Beach. Washington Avenue : boutiques très éclectiques d'objets d'art contemporain, d'artisanat, de brocante et de souvenirs exotiques. Lincoln Road Mall : boutiques plus utilitaires (les arts de la maison) ; réductions (vraies ou fausses) pour touristes. **Downtown Miami.** Flagler Street, South East 2nd Avenue, South East 2nd Street. Boutiques pour hi-fi, disques compacts, cassettes, alimentation. Bien souvent tenues par des « Latinos ».

Souvenirs cubains. El Crédito, 1106 SW 8th Street ☎ 858.41.62, fax 858.38.10. Pour vos cigares faits main. **Coral Way Antiques**, 3131 Coral Way ☎ 567.31.31 ou 364.15.15. Antiquités et souvenirs cubains de toute nature.

Spectacles et vie nocturne

Consultez d'abord les guides de promotion touristique de Miami, notamment *Welcome to Miami & The Beaches* (en anglais) et *Bienvenidos a Miami* (en espagnol). Vous connaîtrez ainsi les derniers événements.

Discothèques. On peut danser dans les discothèques des grands hôtels et pendant le dîner dans de nombreux restaurants. **Amnesia International**, 136 Collins Avenue, à South Miami Beach ☎ 531.55.35. VISA, AE, MC. Architecture méditerranéenne. **Coco Loco's**, au Sheraton Biscayne Bay, 495 Brickell Avenue ☎ 373.60.00. VISA, AE, DC, MC. Musique latine jeu. et sam. Jazz le dim. **Monty Trainer's**, 2650 South Bayshore Drive, Coconut Grove ☎ 858.14.31. Orchestre jouant toutes les musiques du monde.

Cabarets, dîners-spectacles, shows. Seven Seas Showroom, au Holiday Inn Newport Pier Resort, 16701 Collins Avenue, à Sunny Isles ☎ 949.13.00. VISA, AE, DC, MC. Spectacle comme à Las Vegas. **Tropigala**, Hôtel Fontainebleau Hilton, 4441 Collins Avenue, à Miami Beach ☎ 672.74.69 (SHOW). VISA, AE, DC, MC. Un grand spectacle de variétés internationales avec 30 artistes.

Théâtres, concerts, comédies. Pour tous vos billets : **Ticketmaster** ☎ 358.58.85. **Actors' Playhouse**, 8851 SW 107th Avenue, à Kendall ☎ 595.00.10. Comédies à la Broadway et une salle de concerts pour enfants. **Coconut Grove Playhouse**, 3500 Main Highway, à Coconut Grove ☎ 442.40.00. Du théâtre en tout genre. **Gusman Center for the Performing Arts**, 174 East Flagler Street, dans Downtown Miami ☎ 945.51.80. Concerts classiques et pop ; ballets. Lieu de prédilection du Florida Philarmonic Orchestra. **Jackie Glason Theater**, 1700 Washington Avenue, à Miami Beach, Quartier Art Déco ☎ 673.73.00. **Lincoln Theater**, 555 Lincoln Road, à Miami Beach, Quartier Art Déco ☎ 673.33.31. La New World Symphony s'y produit notamment.

Adresses et téléphones utiles

AAA. 4770 Biscayne Boulevard, Suite 850, Miami, FL 33137 ☎ 571.03.60 ; 7000 SW 62nd Avenue, Miami, FL 33147 ☎ 661.61.31 ; 20801 Biscayne Boulevard, Suite 101, Aventura, Miami Beach, FL 33180 ☎ 682.21.00 ; 7404 SW 117th Avenue, Miami, FL 33183 ☎ 270.64.50.

Aéroport international de Miami. (voir p. 78)

Autobus. ☎ 638.67.00.

Banques. American Express : 330 Biscayne Boulevard, Downtown ☎ 358.73.50 ; 32 Miracle Mile, Coral Gables ☎ 446.33.81 ; 9700 Collins Avenue, Bal Harbour ☎ 865.59.59 ; 12231 South Dixie Highway, Kendall ☎ 251.74.54. **Barnett Bank of South Florida**, 701 Brickell Avenue, à Downtown Miami ☎ 827.72.07. **Citibank International**, One SE 3rd Avenue ☎ 373.92.93, fax 377.43.29. **First Union National Bank**, First Union Financial Center, 200 S Biscayne Boulevard ☎ 789.50.00, (800) 669.38.82. **Jefferson National Bank**, 301 Arthur Godfrey Road, Miami Beach ☎ 532.64.51. **People's National Bank of Commerce**, 3275 NW 79h Street, dans Downtown Miami ☎ 696.07.00. **Sun Bank of Miami**, 777 Brickell Avenue ☎ 591.60.00, fax 577.52.10. **United National Bank**, 1399 SW 1st Avenue, dans Downtown Miami ☎ 358.43.34, fax 381.63.20.

Compagnies aériennes. Aeromexico, 999 Ponce de Leon Boulevard, Suite 100, à Coral Gables ☎ 441.00.90, (800) 237.66.39. VISA, AE, DC, MC. **Air Canada**, à l'aéroport international de Miami, Concourse G ☎ (800) 776.30.00. VISA, AE, DC, MC. **Air France**, 1001 S Bayshore Drive, Suite 1706, dans Downtown Miami ☎ (800) 237.27.47. VISA, AE, MC. **American Airlines**, cinq bureaux dans le Grand Miami, dont 150 Alhambra Plaza, Suite 100, à Coral Gables ☎ (800) 433.73.00 (en anglais), (800) 633.37.11 (en espagnol). VISA, AE, DC, MC. **British Airways**, 354 SE 1st Street, dans Downtown Miami ☎ (800) AIR-WAYS. VISA, AE, DC, MC. **Continental Airlines**, à l'aéroport international de Miami, Concourse C ☎ 871.14.00, (800) 525.02.80. VISA, AE, DC, MC. **Delta Airlines**, 201 Alhambra Circle, à Coral Gables ☎ 448.70.00, (800) 221.12.12. VISA, AE, DC, MC. **Iberia**, 150 SE 2nd Avenue, dans Downtown Miami ☎ (800) 772.46.42. VISA, AE, DC, MC. **Northwest Airlines**, 150 Alhambra Plaza, Suite 100, à Coral Gables ☎ 441.10.96, (800) 225.25.25. VISA, AE, DC, MC. **Sabena** ☎ (800) 955.20.00 **Swissair** ☎ (800) 221.47.80 **TWA**, à l'aéroport international de Miami, Concourse G ☎ (800) 371.74.71. VISA, AE, DC, MC. **United Airlines**, 178 Giralda Avenue, à Coral Gables ☎ (800) 241.65.22 (vols intérieurs), (800) 538.29.29 (vols internationaux). VISA, AE, DC, MC. **US Air**, 150 Alhambra Plaza, Suite 100, à Coral Gables ☎ 358.33.96, (800) 428.43.22. VISA, AE, DC, MC. **Virgin Atlantic Airways**, 255 Alhambra Circle, Suite 620, à Coral Gables ☎ 445.99.40, (800) 862.86.21, (800) VS-SALES. VISA, AE, DC, MC.

Consulats, etc. Consulat général de France et Conseiller commercial, One Biscayne Tower, Suite 1710, 17th floor, Two S Biscayne Boulevard ☎ 372.97.96, 372.95.41, fax 372.95.49. **French Trade Commission**, même adresse, Suite 1750 ☎ 579.47.83, fax 372.18.63. **Alliance Française**, 1414

Coral Way, Miami, FL 33145 ☎ 859.87.60, fax 856.93.98. **Consulat de Belgique**, 4100 N Miami Avenue, Miami, FL 33127 ☎ 932.42.63. **Consul honoraire de Suisse**, 1319 SW 97th Avenue, Miami, FL 33173 ☎ 274.42.10, fax 595.63.42. **Consulat du Canada**, First Union Financial Center, 200 S Biscayne Boulevard, 16th Floor, Miami, FL 33131 ☎ 372.23.52, fax 374.67.74. **Canadian Government Trade Office**, First Union Financial Center, 200 S Biscayne Boulevard, 16th floor, dans Downtown Miami ☎ 372.23.52, fax 374.67.74.

Croisières et promenades en mer. Le port de Miami est le plus grand du monde avec plus de 3 millions de passagers en 1993. Il est le siège de 10 compagnies de croisières qui assurent avec leurs 20 navires près de 75 % du trafic croisières du monde occidental. Pourquoi ne pas effectuer, au départ de Miami, une croisière dans les îles des Caraïbes, vers les côtes mexicaines, ou encore vers les nouvelles destinations touristiques de l'Amérique Centrale ? Vous pourrez parfois jouer au casino à bord. **Carnival Cruise Lines**, 3655 NW 87th Avenue, près de l'aéroport international de Miami ☎ 599.26.00, (800) 327.73.73. VISA, MC. **Costa Cruise Lines**, World Trade Center, 80 SW 8th Street, dans Downtown Miami ☎ 358.73.25, (800) 462.67.82. VISA, MC. **Dolphin Cruises Lines**, 901 South America Way, Downtown, dans Downtown Miami ☎ 358.51.22, (800) 992.42.99. VISA, MC. « **Island Lady** » **et** « **Island Princess** », 5 Street E Biscayne Boulevard, Bayside Marketplace ☎ 379.51.19. « **Lady Lucille** », Fontainebleau Hilton, 4441 Collins Avenue, à Miami Beach, FL 33140 ☎ 534.70.00. **Royal Caribbean Cruise Line**, 1050 Caribbean Way, dans Downtown Miami ☎ 539.60.00, (800) 432.65.59. VISA, AE, MC.

Location de bateaux à voile. Biscayne America Company, 1928 Purdy Avenue, à Miami Beach ☎ 532.87.83. VISA, MC. **Club Nautico of Biscayne Bay**, Biscayne Bay Marriott Hotel & Marina, Pier 3, 1633 N Bayshore Drive, dans Downtown Miami ☎ 371.42.52, depuis la Floride : (800) BOAT.RENT, depuis les États-Unis : (800) NAUTICO. VISA, AE, MC. **Club Nautico of Coconut Grove**, 2560 S Bayshore Drive, à Coconut Grove ☎ 858.62.58. VISA, AE, MC. **Florida Yacht Charters & Sales**, Miami Beach Marina, Pier B, 1290 5th Street, à Miami Beach ☎ 532.86.00, (800) 537.00.50, fax 535.31.79. VISA, AE, MC.

Location de vélos, motos, etc. Bicycle Rental, 713 5th Street, à Miami Beach ☎ 673.20.55. **Tour Wings of America, Inc.**, 220 Sunny Islands Boulevard, à North Miami Beach, FL 33160 ☎ 956.99.06, fax 956.98.86.

Location de voitures avec chauffeur. American VIP Limousines, 4030 NW 29th Street, près de l'aéroport international de Miami ☎ 666.54.66, (800) 847.84.63. VISA, AE, DC, MC. **Carey South Florida/Regal Limousine**, 2450 Hollywood Boulevard, Suite 101, à Hollywood ☎ 945.61.45, (800) 262.92.00. VISA, AE, MC. **Cars Of The Rich and Famous**, 510 North Federal Highway, à Hallandale ☎ 945.27.37, 456.47.05, (800) 343.05.13, fax 456.64.45. **Club Limousine Service**, 11055 Biscayne Boulevard, à North Miami ☎ 893.98.50, (800) 325.98.34, (800) 824.48.20.

Location de voitures sans chauffeur. Toutes les agences mentionnées sont près de l'aéroport international de Miami. **Airways Rent-A-Car**, 3930 NW 25th Street ☎ 871.39.30. **Ajax Rent-A-Car**, 4121 NW 25th Street ☎ 871.50.50. **Alamo Rent-A-Car**, 3355 NW 22nd Street Road ☎ 633.60.76, (800) 327.96.33. VISA, AE, DC, MC. **Avis Rent-A-Car**, 2330 NW 37th Avenue ☎ 637.49.00, (800) 331.12.12. VISA, AE, DC, MC. **Budget Rent-A-Car**, 3901 NW 28th Street ☎ 871.30.53, (800) 527.07.00. VISA, AE, DC, MC. **Dollar Rent-A-Car Florida**, 1770 NW Lejeune Road ☎ 887.60.00, (800) 822.11.81, (800) 800.40.00. VISA, AE, DC, MC. **Hertz Rent-A-Car**, 3795 NW 21st Street ☎ 871.03.00, (800) 654.31.31. VISA, AE,

DC, MC. **Interamerican Car Rental**, 1790 NW Lejeune Road ☎ (800) 327.12.78, fax 871.97.07. VISA, AE, DC, MC.
Poste. Bureau de poste principal : **General Mail Facility**, 2200 North West 72nd Avenue, près de l'aéroport international de Miami ☎ 470.02.22.
Survols en hélicoptère. Helicopters Services, 950 MacArthur Causeway, Miami, FL 33132 ☎ 374.37.37.
Taxis. Complétez avec les pages jaunes de l'annuaire du téléphone la liste des sociétés ou des artisans taxis : **Central Taxi** ☎ 532.55.55 ; **Diamond Taxi** ☎ 545.75.75 ; **Metro Taxi** ☎ 888.88.88 ; **Sunshine Taxi** ☎ 445.33.33 ; **Yellow Taxi** ☎ 444.44.44. Pour la course aéroport international de Miami/Downtown, comptez de 15 à 20 $; jusqu'à Miami Beach : 25 $.
Visites guidées. À pied (en anglais) d'une durée de 1h30 sont assurées par la Miami Design Preservation League, Ocean Front Auditorium, 1001 Ocean Drive, en plein dans le quartier Art Deco, ☎ 672.20.14, fax 672.43.19. *Uniquement le sam. à 10h30. Sur demande pour groupes.* **En bicyclette** (en anglais) le dim. à 10h30 sur réservation à Cycles On The Beach, ☎ 673.20.55.
Voiture attelée. Classic Carriage ☎ 227.17.85.
Water Taxi. ☎ 467.66.77.

AU SUD DE MIAMI

Non loin de Miami, les Everglades, « marécages éternels » et véritable laboratoire d'observation de la nature, sont encore le refuge de quelques tribus indiennes séminoles. Plus au sud, une quarantaine d'îles ou îlots se succèdent jusqu'à Key West, offrant d'admirables paysages naturels, où les massifs coralliens se mêlent aux dégradés des eaux du golfe du Mexique et de l'Atlantique.

♥ LE PARC NATIONAL DES EVERGLADES***

➤ *Depuis Miami, vers Homestead au S-O, après 22 mi/34 km, on atteint l'entrée principale du parc national des Everglades en quittant l'US 1 à Florida City. Il faut ensuite parcourir 9 mi/13 km sur la SR 27.*
***Fêtes et manifestations : Juillet. Tropical Agri Fiesta** à Homestead : grande fête agricole tropicale avec démonstration de recettes de plats à base de fruits et légumes tropicaux.*

À partir de l'entrée du parc, une route (Flamingo Road) en bon état conduit, après 38 mi/57 km, vers l'agglomération de **Flamingo** sur la baie de Floride (Florida Bay). Cette intéressante voie de pénétration traverse en diagonale la partie sud du parc, en croisant postes et che-

Première des îles de ce superbe chapelet qui mène jusqu'à Key-West, Key-Largo doit sa célébrité mondiale au film du même nom tourné en 1948 par John Huston, avec Lauren Bacall et Humphrey Bogart.

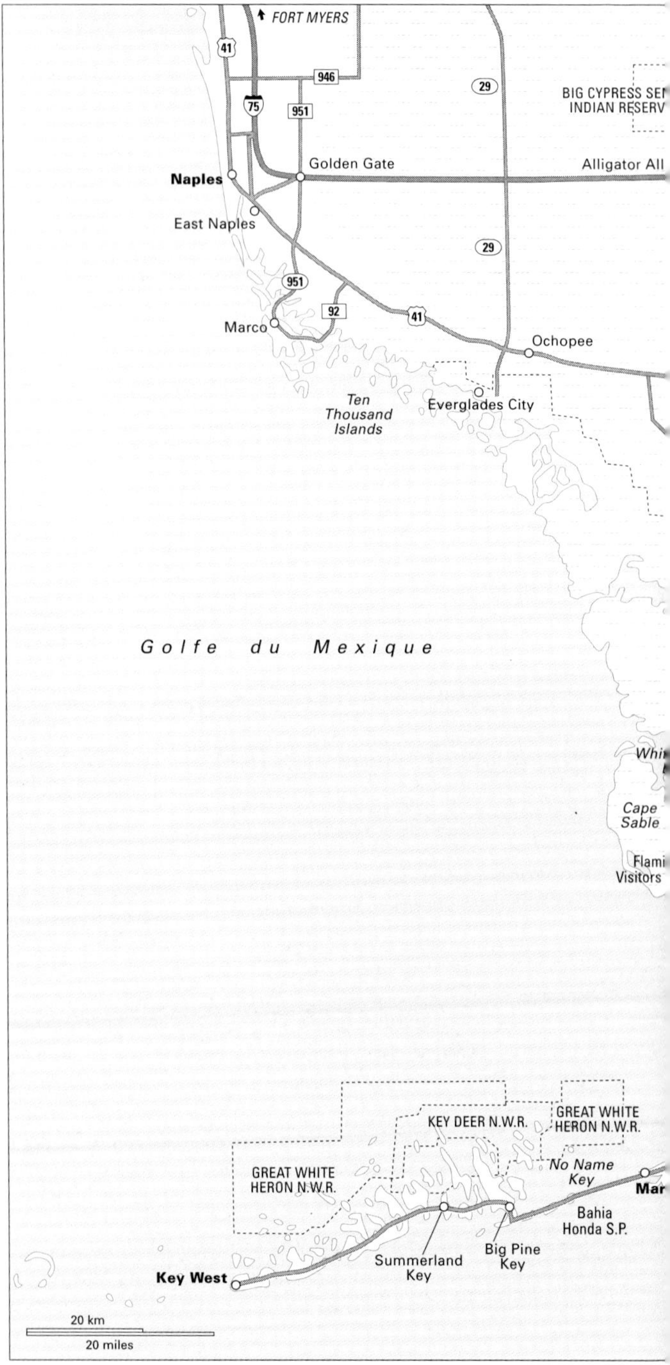
FORT MYERS
41
946
29
75
951
Golden Gate
Alligator All
Naples
East Naples
29
951
92
41
Marco
Ochopee
Ten Thousand Islands
Everglades City
Golfe du Mexique
Cape Sable
KEY DEER N.W.R.
GREAT WHITE HERON N.W.R.
No Name Key
GREAT WHITE HERON N.W.R.
Bahia Honda S.P.
Big Pine Key
Summerland Key
Key West
20 km
20 miles

WEST PALM BEACH
95
Florida Turnpike
Sawgrass Expwy.
27
75
84
Fort Lauderdale
John U. Lloyd Beach St. Rec. Area
Hollywood
North Miami Beach
MIAMI
MICCOSUKEE INDIAN RES.
Homestead Extension
Florida Stpk.
997
41
Kendall
Coral Gables
Seaquarium
Key Biscayne
Parrot Jungle
Metrozoo
Richmond Hts
Observation Tower
Monkey Jungle
Princeton
VERGLADES
TIONAL PARK
Orchid Jungle
Coral Castle
Homestead
-haye Okee Overlook
Visitors Center Park Hdqrs.
Florida City
gany
hock
9336
Long Pine Key
Royal Palm Visitors Center et Ahinga Trail
1
Nine Mile Pond
West Lake Trail
KEY LARGO NAT. MARINE SANCUARY
mingo
Key Largo
J. Pennekamp Coral Reef Park
orida
Bay
Tavernier
Plantation
Islamorada
Lignum Key St. Botanical Site
Theater of the Sea
Long Key
Long Key St. Rec. Area
Duck Key
ssy Key
Key
OCÉAN
ATLANTIQUE

mins secondaires conduisant à des forêts ou à des plates-formes d'observation des animaux sauvages.

Le parc national des Everglades est situé à l'extrémité sud de la péninsule floridienne. Il fait partie des **Ten Thousand Islands** (Dix Mille Îles), c'est-à-dire d'un groupement de milliers de marécages qui recouvraient à l'origine un tiers de la Floride. Il s'étend sur 560 000 ha de terre et d'eau et est situé à une moyenne de 1,50 m au-dessus du niveau de la mer. On peut y accéder toute l'année, mais les meilleures saisons touristiques sont le printemps et l'hiver. C'est une exceptionnelle zone de pêche, chasse, promenade à pied ou en bateau, camping. Pendant les mois d'été, chauds et humides, il faut se protéger contre les insectes, moustiques surtout. Les *Park Rangers* assurent la protection de l'ensemble de la zone pour la sécurité et l'assistance de tous les visiteurs. Les incendies de 1988, 1989 et 1993 l'ont partiellement endommagé et la visite s'en trouve réduite.

Il est interdit de fumer. Les animaux domestiques doivent rester dans les véhicules. Pas de feu de campagne. Ne pas nourrir les animaux. Rester éloigné des crocodiles.

Les premiers habitants des Everglades furent, semble-t-il, les Indiens séminoles de la tribu calusa, qui était la population dominante de cette partie de la Floride, bien avant que Christophe Colomb ne « découvrît » l'Amérique. C'est dans cette région qui leur appartenait depuis le milieu du XVIIIe s. que les Séminoles se réfugièrent devant l'avance irrémédiable de l'homme blanc. Après les batailles des années 1835 à 1842, la plupart d'entre eux furent transférés dans le territoire indien de l'Oklahoma. Aujourd'hui, quelques familles d'Indiens de la tribu miccosukee y vivent encore, répartis dans les marécages sauvages à l'extérieur du parc.

Jusqu'en 1915, ces étendues de hautes herbes étaient seulement connues des explorateurs, des chasseurs et des Indiens. Il fallut attendre la création du parc national de Royal Palm *(Royal Palm State Park)*, véritable sanctuaire de la vie sauvage et naturelle, pour que cette région devienne en partie accessible. La beauté exotique de cette steppe d'herbes, qualifiée de « mer d'herbes », contribua à la mise en place d'une politique de conservation de la nature de cette pointe sud de la Floride, qui déboucha, en 1947, sur l'ouverture officielle de l'actuel parc national des Everglades.

Selon la légende, des cartes primitives désignaient la région sous le nom de **River Glades**, c'est-à-dire « marécages de la rivière ». Plus tard, d'autres documents cartographiques enregistrèrent l'appellation d'*Ever Glades*, ou « marécages éternels »

Vous pourrez vous rendre tout d'abord au **Royal Palm Station Turnoff** (informations touristiques), puis prendre le chemin de jungle du **Gumbo Limbo Trail** et l'**Ahinga Trail** (crocodiles, oiseaux), vous diriger ensuite vers **Pa-Hay-Okee Overlook** (vue panoramique), et atteindre alors la voie d'accès pour **Mahogany Hammock** (acajous, orchidées). Avant de parvenir à la **Flamingo Area** (Visitor Center, motel, restaurant), vous pourrez emprunter le chemin conduisant au **Nine Mile Pond** qui, au printemps, est un excellent poste d'observation pour les animaux sauvages. Ou encore : **Pineland Trail** (figuiers), **Paurotis Pond** (transition entre l'eau douce et l'eau de mer), **West Lake** (chemin surélevé). Les itinéraires sont bien balisés, mais en cas de besoin, vous pourrez avoir recours à l'aide efficace des *Rangers*, répartis en différents points du parc. Des

Un laboratoire d'observation de la nature

Aujourd'hui, il y aurait plus de 300 variétés d'oiseaux de toutes espèces à l'intérieur du parc national des Everglades : aigles, vautours, faucons, aigrettes, spatules et milans, dont le fameux milan des Everglades, qui se nourrit de coquillages grâce à son bec recourbé.

Les mesures de protection, rigoureusement mises en place par les services des parcs nationaux, ont permis à certaines espèces en voie de disparition de trouver une nouvelle vigueur. Ainsi, en Floride, un miracle est intervenu : quelques spatules roses ont refait leur apparition et sont en train de faire souche dans la région. Leur nombre croît même régulièrement.

La grande curiosité du parc national des Everglades réside dans la présence de crocodiles sauvages, les seuls qu'on puisse trouver à l'intérieur des États-Unis. Il y a aussi, dans le parc, des alligators, des ours noirs, des panthères, des pumas (les derniers de Floride), des chats sauvages, des milliers d'échasses blanches, des loutres, des ratons laveurs et des cerfs à queue blanche. Sans oublier, disent les Floridiens, plus de 600 espèces de poissons qui vivent dans les eaux de ce parc.

chemins de randonnées, également bien balisés, permettent aux randonneurs d'approcher de plus près les animaux et la flore.

Des circuits de 2 heures en tramway sont organisés par **Shark Valley Tram Tours** *(☎221.84.55)*. Départ depuis la zone de stationnement sur la US 41. Il vous faudra choisir un mode de visite en accord avec vos possibilités. Si la traversée du parc peut se faire en grande partie en voiture, l'exploration des voies secondaires nécessite de s'aventurer à pied. Compte tenu de la chaleur, ces randonnées sont souvent fatigantes pour des personnes non entraînées. Il faut prévoir de solides chaussures. Au départ de Miami, il existe des excursions d'une journée au parc. Elles associent généralement le voyage en car et la promenade en bateau. Pour une excursion plus aventureuse, vous pourrez, au départ de Flamingo ou d'Everglades City, affréter un canoë ou un bateau à moteur, et prévoir, si vous le souhaitez, un camping dans des installations organisées à cet effet. Autre solution : prendre un bateau sur place qui vous promènera à travers les marais, durant quelques heures. Ces *air boats* (hydroglisseurs) sont cependant un peu bruyants et les animaux risquent de se cacher.

Le parc national des Everglades vous permettra de pique-niquer dans la nature, à proximité d'aires de repos, telles que celles de Long Pine Key et de Flamingo où vous pourrez même planter votre tente pour passer la nuit… Aux quartiers généraux du parc, à **Royal Palm** ou à **Flamingo**, on a aménagé des salles d'expositions pédagogiques où cartes, panneaux, diagrammes fournissent de nombreux renseignements sur l'interprétation de la vie du parc et son histoire. Des naturalistes, attachés à l'administration du parc, sont présents, de la mi-décembre à la mi-avril, et apportent volontiers toutes sortes d'explications aux touristes. Vous pourrez entrer dans le parc avec votre *trailer,* mais, attention ! aucun poste d'électricité, d'eau ou d'égout n'est installé. La durée du séjour y est limitée à 14 jours pendant la période dite « d'hiver », c'est-à-dire entre le 15 novembre et le 15 avril. Elle est portée à 30 jours pour le reste de l'année.

Bonnes adresses

Informations touristiques. The Everglades Park Superintendent, P.O. Box 279, Homestead, FL 33030 ☎ 242.77.00.

Hébergement. **Flamingo Inn**, réservation à Everglades Park Co., 184945 South Federal Highway, Miami, FL 33157 ☎ 253.22.41. *144 ch. et bungalows.* Le seul hôtel du parc. **Camping**, dans le parc, à Long Pine Key et Flamingo ☎ 253.22.41.

♥ LA ROUTE DES KEYS***

Entre Miami et le point ultime de la carte des États-Unis, Key West, il faut parcourir 145 mi/217 km sur l'US 1, appelée « Overseas Highway » dans son tronçon Miami-Key West. Devenue digue routière, elle enjambe 43 ponts et autres gigantesques ouvrages d'art sans péage, et relie une quarantaine d'îles ou d'îlots, habités ou non, qui portent tous le nom de « Keys ». On y croise, en compagnie de grillons chanteurs, des pêcheurs à la ligne, isolés ou en groupe, et des plongeurs. On dénombre environ 80 000 hab. dans toutes les Keys.

Jusqu'en 1912, les Keys restèrent dans un tranquille isolement, qu'interrompaient seulement quelques boucaniers aventureux et quelques Indiens vengeurs. Il fallut l'arrivée du chemin de fer de Henry M. Flagler (voir p. 180) pour qu'une activité, basée essentiellement sur le trafic de passagers vers La Havane, change le destin de cette chaîne d'îles. Malheureusement, la voie ferrée n'eut qu'une courte durée. En 1926, un ouragan particulièrement violent détruisit la plupart des installations. Le Gouvernement fédéral décida alors la construction de l'autoroute US 1, qui fut commencée en 1936.

Mode d'emploi

☎ **Indicatif : 305**

Informations touristiques sur l'ensemble des Keys. **Florida Keys & Key West Visitors Bureau**, P.O. Box 1147, Key West, FL 33041 ☎ (305) 296.15.52, libre appel depuis les États-Unis et le Canada : (800) FLA-KEYS.

De Miami à Key West

La route des Keys commence à proprement parler après Florida City et la trentaine de kilomètres aux confins du parc des Everglades.

Key Largo

➤ *À 49 mi/76 km au S de l'agglomération de Miami par la route US 1.*

C'est la première des îles – des *keys* – de ce long et superbe chapelet qui mène jusqu'à Key West. C'est aussi la plus longue avec ses 30 mi/47 km sur à peine 2 mi/3 km de large. Cette première étape vraiment tropicale de la Floride éprouve l'âme et le corps des Européens : les couleurs, la chaleur, les palmiers, le sable éblouissant par sa blancheur… Key Largo doit en partie sa célébrité au film du même nom de John Huston avec Lauren Bacall et Humphrey Bogart qui date de 1948. Mais il a été tourné à Hollywood, Californie…

John Pennekamp Coral Reef State Park*** (*☎ 451.12.02. Ouv. t.l.j. de 8h à la tombée de la nuit. Droit d'entrée modique. Les excursions en bateau à fond de verre se font t.l.j. si le temps le permet. Départ à 9h, midi et 15h. Elles durent 2h30. Réservations ☎ 451.16.21*). Les amateurs de plongée sous-marine pourront visiter ce parc corallien, le premier des États-Unis. Il couvre une surface totale de 22 000 ha et les reliefs coralliens dessinent une bande de 35 km de long sur plus de 10 km de large. Cet univers amphibie, à la beauté saisissante, possède la vie sous-marine la plus riche et la plus variée de toute la Floride. La palme en revient cependant aux coraux. C'est un paradis pour les plongeurs, qui peuvent utiliser des bouteilles d'oxygène ou simplement un masque et un tuba. On peut également y pratiquer la photographie sous-marine, pêcher (600 espèces de poissons vous attendent), nager, faire du bateau ou du camping.

Dolphins Plus *(☎ 451.19.93)*. Un centre de recherche et d'éducation sur ce que les dauphins peuvent apporter aux hommes et sur les jeux qui peuvent être organisés avec ces animaux. Prévoir entre trois et quatre heures pour chaque démonstration. La participation du public est parfois requise. Interdit aux moins de 10 ans. De 10 à 18 ans, présence d'un adulte obligatoire.

Bonnes adresses

Informations touristiques. Key Largo Chamber of Commerce, 105950 Overseas Highway ☎ 451.14.14, (800) 822.10.88.

▲▲▲ **Westin Beach Resort Key Largo**, 97000 Overseas Highway ☎ 852.55.53, (800) 826.10.06, fax 852.86.69. *200 ch. et 10 suites.* VISA, MC. L'une des plus grandes unités des Keys. Décor tropical. Tennis éclairés. Golf à proximité. Plage privée. Petit bois. Salles de réunion.

▲ **Howard Johnson**, P.O. Box 1024, à la borne kilométrique *Mile Marker 102* ☎ 451.14.00. VISA.

▲ **Best Western The Suites At Key Largo**, 201 Ocean Drive ☎ 451.50.81, fax 451.41.73. VISA.

♦♦ **Italian Fisherman**, 10400 Overseas Highway (US 1) ☎ 451.44.71. VISA. Bonne cuisine italienne simplifiée. Piscine. Prix modérés.

Tavernier

➤ *À 8 mi/12 km de Key Largo.*

Cette île porte le nom d'un compagnon du pirate Jean Lafitte. C'est une base célèbre pour l'observation des oiseaux migrateurs.

Islamorada

➤ *À 11 mi/17 km de Tavernier et à 19 mi/29 km de Key Largo.*

Son nom signifie en espagnol « île pourpre » en raison des couleurs des coraux qui ont frappé l'imagination des conquistadores... Prononcez à l'américaine « aïlamorada ». Vous y rendrez hommage aux 40 vétérans de la Première Guerre mondiale, morts en 1935 au cours des travaux de construction de la route US 1. Un ouragan les a, en effet, terrassés. Quelques-uns reposent dans une crypte du monument qui leur est dédié *(Hurricane Monument)*. De nombreux hôtels, plutôt modestes, sont maintenant construits sur cette « key » (le long de la route US 1), dont le développement, en tant que petit centre commercial voué au tourisme, est particulièrement fulgurant.

Theater Of The Sea* *(à la sortie d'Islamorada, sur l'US 1 ☎ 664.24.31. Ouv. t.l.j. Entrée payante)*. Les gentils dauphins envahissent les Keys. Un grand spectacle mais aussi une initiation à la protection des animaux marins. Possibilité de nager avec les dauphins. Promenades en bateau à fond plat.

Long Key State Recreation Area *(sur l'US 1, Mile Marker 67,5 ☎ 664.48.15)*. Pour la pêche, la natation, la plongée, les promenades en canoë, etc. Possibilité de pique-nique et de camping.

LES KEYS : UN PARADIS EN PÉRIL ?

Trente minutes d'avion seulement séparent Miami de Key West. Mais il serait vraiment dommage de se priver des 182 km (113 mi) le long de la fameuse « route des Keys » (l'US 1) qui se fraie un chemin entre tous les bleus de la Création.

Quatre heures de route sont nécessaires, entre ciel et mer, pour atteindre Key West, la dernière des îles de l'archipel, à seulement 145 km de Cuba.

Si la pêche est un sport très pratiqué par les touristes, elle n'est pas sans danger sur l'écosystème marin. Ainsi, avec l'arrivée du tourisme de masse, la langouste risque de se raréfier.

Une réserve pour la faune et la flore

La première étape est déjà tout un programme : Key Largo. C'est là que dans le film du même nom tourné en 1948 par John Huston à Hollywood, Humphrey Bogart et Lauren Bacall se battent contre Edward G. Robinson sous un terrible ouragan. Aujourd'hui, la star de Key Largo, c'est plutôt le parc corallien John Pennekamp, devenu le refuge d'une bonne douzaine de coraux et de 600 espèces différentes de poissons.

Puis vient la fameuse Overseas Highway, la route qui a remplacé la Flagler's Folly, le « chemin de fer qui va à la mer » (voir p. 180). Objet de gigantesques travaux de restauration en 1982, elle relie grâce à ses 42 ponts une série de minuscules îlots, aux noms pour la plupart d'origine espagnole, dont le plus petit, Tea Table Key (Table à Thé), a eu la chance d'être oublié des promoteurs et des agents immobiliers. Partout des lagunes au vert d'émeraude, une mer aux bleus intenses, des palmiers qui inclinent doucement leurs branches, des pins bruissant dans les dunes, des palétuviers vert olive. Dans ce tableau idyllique évoluent des hérons blancs, des spatules et des flamants roses, des pélicans, des mouettes, des orfraies, etc. Si vous avez de la chance, vous croiserez peut-être, au cours d'une partie de pêche au gros, l'ancien président George Bush : Islamorada est son coin préféré.

Des menaces pour l'écosystème

Deux problèmes majeurs se posent pour l'avenir de Key West : d'une part la réduction des forces navales et les mutations dans l'économie et les infrastructures locales qu'elle va nécessairement entraîner ; d'autre part la recherche pétrolière dont les projets vont bon train et partent dans toutes les directions. On a parlé de l'implantation de 73 points de recherche par 9 compagnies

L'archipel des Keys égrène un chapelet d'îles qui raviront les amoureux de la nature, de la pêche et de la plongée sous-marine.

pétrolières à 40 km des côtes. Un mouvement de protestation s'est organisé : *Reef Relief* (« Sauvez les coraux »). En attendant, Greenpeace, qui dispose d'un bureau à Key West, veille et agite très fort le spectre du naufrage de l'*Exxon Valdez* en avril 1989.

Une préoccupation plus récente : au cours de l'hiver 1992-1993, des algues flottantes ont décimé les poissons… et troublé la sérénité des baigneurs. Le problème serait dû à la dégénérescence d'une herbe utilisée à partir de 1987 pour la nourriture des crevettes, des jeunes langoustes et des poissons de petite taille. Sous l'effet de la chaleur de l'eau, l'herbe morte a pourri, libérant des ferments qui ont favorisé la naissance puis la croissance accélérée de cette algue malfaisante.

Key West, le paradis des écrivains

Pour beaucoup, le fin du fin de la Floride tropicale, c'est Key West, qui mêle délicatement les charmes du XIXe s. au modernisme du XXe s. Ernest Hemingway y acquit une maison (photo ci-contre) en 1931. Il y vécut une dizaine d'années et c'est là qu'il aurait écrit plusieurs de ses romans à succès. « Papa », comme on l'appelait familièrement, était un citoyen célèbre de la ville. Plusieurs des lieux qu'il a hantés s'en souviennent encore, comme les bars *Captain Tony* et *Sloppy Joe*, véritables institutions locales. À sa suite virent Tennessee Williams et d'autres écrivains célèbres ou anonymes. Tous y trouvèrent l'inspiration.

Lignumvitae Key State Botanical Site (☎ *664.48.15*). Parc consacré notamment à l'arbre endémique appelé Lignum Vitae ou encore guaiacum. Visite en bateau.

Bonnes adresses

Informations touristiques. Islamorada Chamber of Commerce, US 1, Mile Marker 82,5, P.O. Box 915 ☎ 664.45.03.

▲▲▲ **Cheeca Lodge**, P.O. Box 527, sur l'US 1, Mile Marker 83 ☎ 664.46.51, (800) 664.95.47, fax 664.28.93. *49 ch. et 154 villas.* VISA, MC. Charmante unité de chambres dans des *lodges* et des villas. Animations sportives. Tennis éclairés. Golf 9 trous. 2 piscines. Salles de réunion. Séjours forfétaires écologiques.

▲▲▲ **Chesapeake Resort**, P.O. Box 909, sur l'US 1, Mile Marker 83,5 ☎ 664.46.62, (800) 338.33.95, fax 664.85.95. VISA, MC. Sur l'océan.

▲▲▲ **Pelican Cove**, P.O. Box 633, sur l'US 1, Mile Marker 84,5 ☎ 664.44.35, (800) 445.46.90, fax 664.51.34. *63 ch.* VISA, MC. Piscine, tennis, sports aquatiques.

▲ **Kon-Tiki Resort**, P.O. Box 58, sur l'US 1, Mile Marker 81 ☎ 664.47.02. VISA.

♦ **Green Turtle Inn**, Mile Marker 81,5 ☎ 664.90.31. VISA, MC. Fruits de mer et viande de bœuf.

♦ **Whale Harbor Inn**, P.O. Box 1109, Mile Marker 83,5 ☎ 664.49.59. VISA, MC. Fruits de mer. Animation.

Marathon

➤ *Par l'US 1 : à 35 mi/55 km d'Islamorada et à 54 mi/84 km de Key Largo par l'US 1.* ***Par avion :*** *depuis Key West avec US Air Express. Réservations : (800) 428.43.22.*

Idéalement située à mi-parcours sur la route des Keys, Marathon est considérée comme le chef-lieu de la zone centrale de cette route, en raison de l'action des promoteurs immobiliers dans la région, et plus spécialement à **Key Vaca** et **Pigeon Key**. Signe de son développement, on y trouve un aéroport (liaisons avec Sarasota), un golf 18 trous, des boîtes de nuit et 2 centres de congrès. Cependant, la pêche reste le nerf économique de la région. C'est à Marathon qu'aboutit le fameux pont long de 7 miles *(Seven Mile Bridge)* ou 11 km.

Museum of Natural History of the Florida Keys, Musée d'histoire naturelle des Keys de Floride *(5550 Overseas Highway ou US 1, Mile Marker 50 ☎743.91.00. Ouv. t.l.j., sf j.f.)*. Tout sur les coraux, les navires naufragés, les Indiens, les pirates.

Bonnes adresses

Informations touristiques: Marathon Chamber of Commerce, 3330 Overseas Highway ☎ 743.54.17, (800) 842.95.80, (800) 262.72.84.

▲▲▲ **Hawk's Cay**, sur l'US 1, Mile Marker 61 ☎ 743.70.00, (800) 432.22.42, fax 743.52.15. *177 ch. et 17 villas.* VISA, MC. Sur l'océan. Activités surveillées pour les enfants. Animations diverses. Danse. Salles de réunions.

▲▲ **Sombrero Resort**, 19 Sombrero Boulevard ☎ 743.22.50, (800) 433.86.60, fax 743.29.98. Sauna. Tennis éclairés. Marina.

▲ **Days Inn Resort & Marina**, 13201 Overseas Highway (US 1), Mile Marker 54 ☎ 289.02.22, fax 743.54.60. VISA, MC.

♦♦ **Kelsey's**, 1996 Overseas Highway (US 1) ☎ 743.90.18. VISA, MC. Ambiance maritime. Fruits de mer, agneau.

♦ **Perry's**, 6900 Overseas Highway (US 1) ☎ 743.31.08. VISA, MC.

Grassey Key

➤ *À 1,3 mi/2 km de Marathon.*

Flipper's Sea School *(spectacles t.l.j. à 10h, 12h et 14h. ☎ 289.11.21)* est une sorte d'école où l'on éduque les dauphins, par exemple pour leurs jeux avec les hommes. Sur Sombrero Docks, le bateau ***Commodore II*** propose des excursions de 2h tout autour des Keys *(Départs à 10h et 14h. ☎743.47.21).*

Bonnes adresses

▲ **Grassey Key Beach Motel**, sur l'US 1, Mile Marker 58,5, P.O. Box 357 ☎ 743.05.33. Des bungalows sur la plage.

♦♦ **Rainbow Bend Fishing Club**, P.O. Box 2447, à Marathon Shores, *Mile Marker 58* ☎ 289.15.05.

En parcourant 17 mi/25 km, par **No Name Key**, **Bahia Honda**, **Spanish Harbor**, on arrive à **Big Pine Key**, entourée d'un écrin de palmiers argentés.

Big Pine Key

➤ *À 17 mi/25 km de Grassy Key.*

C'est sur Big Pine Key qu'on a le plus de chances d'observer les célèbres hérons blancs et aussi le daim des Keys *(Key Deer)*, dont l'espèce serait en voie d'extinction.

National Key Deer Refuge *(sur l'US 1, on Key Deer Boulevard, P.O. Box 430510 ☎ 872.22.39, (800) 872.22.39. Ouv. t.l.j. L'administration ferme les sam. et dim. Entrée gratuite).* Parc voué à la protection du daim des Keys, à la queue blanche, qu'on a longtemps cru disparu. Il ne faut pas lui donner à manger. Une ancienne carrière rocheuse, Blue Hole, abrite des crocodiles.

Bahia Honda State Park *(sur l'US 1 ☎872.23.53).* Parc naturel protégeant dunes, plages, mangroves, coraux, etc. Idéal pour la plongée, la natation, la pêche et les promenades en bateau.

La magnifique promenade continue entre deux bleus, entre deux mers, le golfe du Mexique et l'océan Atlantique. Un dernier grand pont mobile s'ouvre pour laisser passer un petit bateau de pêche, et voilà la capitale des Keys, dernier point sur la carte des États-Unis, **Key West**, plus près de Cuba que de Miami : La Havane est à 90 mi/144 km et Miami à 157 mi/220 km. Au Kilomètre Zéro *(Mile Zero)*, on est encore à 380 mi/600 km plus au sud que Le Caire...

♥ Key West* * *

À l'extrême pointe méridionale des États-Unis, Key West est une vraie ville mais de petites dimensions. C'est là que réside son charme. En effet, le centre de Key West n'obéit pas aux standards américains en vigueur habituellement : pas de rues portant uniquement des numéros, ni de hauts blocs de béton, mais au contraire des maisons individuelles souvent en bois, ou de petits immeubles. Il y a des bancs, des arbres et des promeneurs à pied ou à bicyclette. Les rues ne sont pas toutes tracées au cordeau. Si l'on affirme que ce lieu a quelque chose d'européen, on n'est peut-être pas loin d'avoir trouvé la clé des mystères de Key West. On oserait dire que Key West a les caractéristiques d'une petite ville ou d'une station balnéaire européenne qui aurait été touchée par la baguette magique d'une fée américaine.

La ville a fêté ses 150 ans en 1971-1972. Alors qu'une bonne partie de l'Amérique a perdu ou gâché son héritage historique au milieu du la-

byrinthe d'autoroutes, de rénovations urbaines et d'enseignes au néon, Key West peut encore s'appeler « la Vieille Île » – *the Old Key* – sans faire rire ni même sourire. Un peu comme un miracle, mais surtout grâce à la lutte entreprise par des « environnementalistes » qui ont devancé les préoccupations de notre époque. Depuis 1960, une fondation spécialisée de 700 membres, l'*Old Island Restoration Foundation*, assiste les propriétaires dans la rénovation et la restauration de leurs maisons et se préoccupe de l'animation des vieilles demeures dont l'ouverture au public est assurée par des bénévoles.
À noter cependant que, malheureusement, comme à Coconut Grove, près de Miami, le luxe commence à gagner la « vieille île ». Témoin : l'ouverture de plusieurs hôtels de chaîne de haute catégorie et de grande capacité… sans compter les *malls* et les *shopping arcades*.

L'île aux ossements

Les premiers habitants, venus du Piedmont et des Appalaches, étaient des Indiens de la tribu calusa. La dispersion et la faiblesse de leurs colonies les rendirent probablement vulnérables, au point qu'une tribu ennemie les massacra apparemment tous. Lorsque les conquistadores espagnols débarquèrent, venant sans doute des Bahamas, de Cuba ou d'ailleurs aux Antilles, ils ne trouvèrent que des os dans la végétation tropicale du lieu. Ils l'appelèrent *Cayo Hueso* (l'« Île aux Ossements »). On admet généralement que c'est un Anglais, au XVIIIe s., qui, demandant le nom de cette île, transforma Cayo Hueso en Key West. En 1821, l'île fut achetée pour 2 000 $ aux Espagnols par John W. Simonton de Mobile, Alabama, qui en fit une base pour un commerce particulier très fructueux : la récupération des bateaux échoués, voire leur abordage en vue de les échouer. La chasse aux trésors reste un « sport » actif et fructueux aujourd'hui. Peu de temps après, l'Espagne cédait toute la Floride aux États-Unis.
Dans les années qui suivirent, cette île devint, sous la houlette du commodore David Porter, une base navale antipirates pour la surveillance de la mer des Caraïbes. Depuis lors, l'activité maritime y fut toujours très importante puisqu'on dit qu'il y avait, à une époque récente, jusqu'à 16 000 marins répartis dans trois bases actives. Avec le transfert de la grande fabrique de cigares de Vicente Martinez Ybor de Cuba à Key West en 1869, cette activité florissante s'y développa.
Depuis qu'un certain Henry M. Flagler (voir p. 180) a achevé la construction en 1922 d'un chemin de fer reliant Miami à toutes les *Florida Keys*, Key West est sortie de son isolement pour devenir, du moins durant quelques années, le grand port de commerce des Antilles. Des liaisons maritimes et même ferroviaires étaient assurées avec La Havane, Cuba étant située à une distance de 90 mi/144 km. On mettait simplement le train sur le bateau… Malheureusement, en 1926, un terrible ouragan détruisit les voies ferrées et mit un point final à cette phase de prospérité. Key West était aux abois lorsqu'on décida la construction de la fameuse route, l'Overseas Highway, qui prolonge l'US 1, et dont l'inauguration en 1938 marqua sa renaissance comme grande station de villégiature nationale puis internationale. Dans les vieilles maisons rénovées s'installèrent de nombreux artistes et écrivains, dont Ernest Hemingway, John Dos Passos et Tennessee Williams. On en construisit d'autres rivalisant de luxe et de confort. Certaines parmi les plus grandes se transformèrent en pensions de famille et en petits hôtels *(guest houses)*.

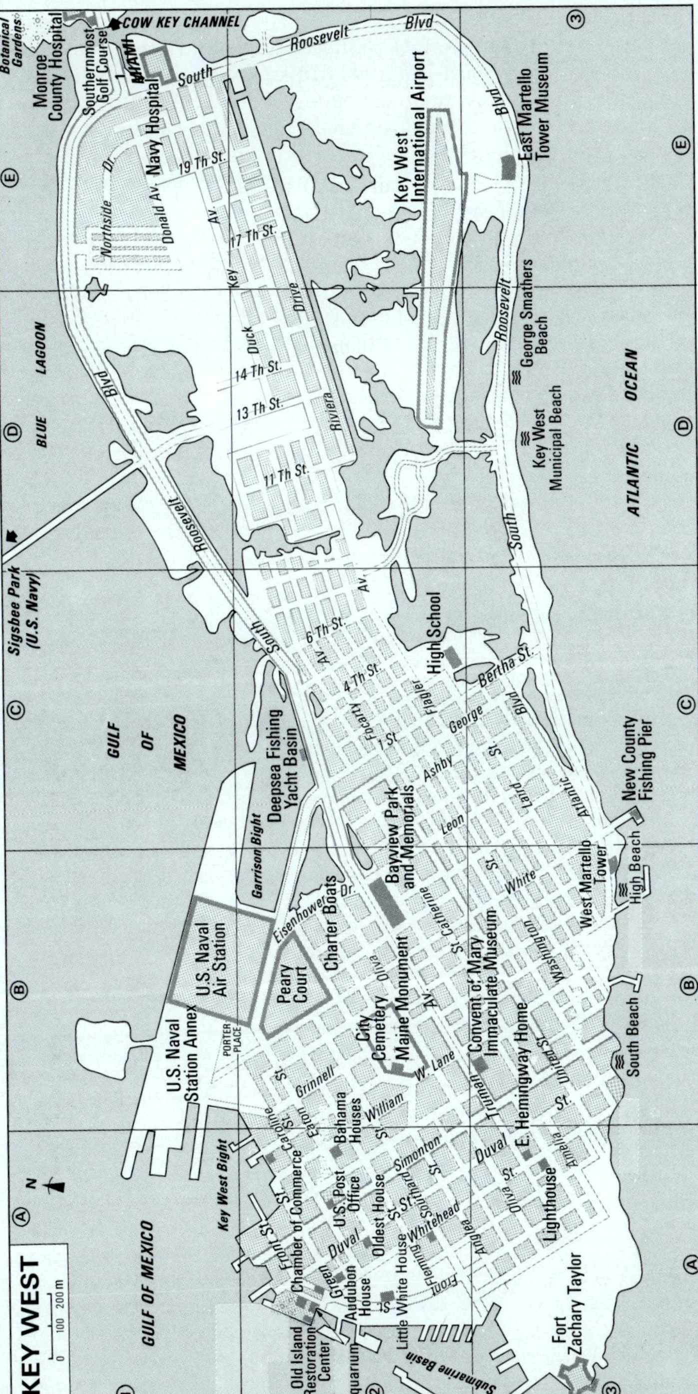
KEY WEST
0 100 200 m
N
GULF OF MEXICO
BLUE LAGOON
ATLANTIC OCEAN
COW KEY CHANNEL
Botanical Gardens
Monroe County Hospital
Southernmost Golf Course
MIAMI
Navy Hospital
Key West International Airport
East Martello Tower Museum
George Smathers Beach
Key West Municipal Beach
Sigsbee Park (U.S. Navy)
High School
Deepsea Fishing Yacht Basin
Garrison Bight
Bayview Park and Memorials
New County Fishing Pier
West Martello Tower
High Beach
U.S. Naval Air Station
Peary Court
Charter Boats
City Cemetery
Maine Monument
Convent of Mary Immaculate Museum
South Beach
U.S. Naval Station Annex
PORTER PLACE
Key West Bight
Bahama Houses
E. Hemingway Home
Chamber of Commerce
U.S. Post Office
Oldest House
Lighthouse
Audubon House
Little White House
Old Island Restoration Center
Aquarium
Fort Zachary Taylor
Submarine Basin
Roosevelt Blvd
South Roosevelt Blvd
Northside Dr.
Donald Av.
19 Th St.
17 Th St.
14 Th St.
13 Th St.
11 Th St.
6 Th St.
4 Th St.
1 St
Duck Av.
Key Drive
Riviera
Flagler
Bertha St.
Atlantic Blvd
George
Ashby
Leon
Laird
Eisenhower Dr.
Catherine St.
White St.
Washington
United St.
Grinnell St.
William St.
Eaton St.
Caroline St.
Simonton
Duval
Truman Av.
Olivia St.
Whitehead
Southard St.
Fleming
Front St.
Angela
Amelia St.
Green
W. Lane
A
B
C
D
E
1
2
3

Le tourisme : une manne

Key West s'est progressivement affirmée comme un grand centre de tourisme national et international. Ainsi, la population triple aujourd'hui en hiver, sans pour autant faire renoncer les autochtones à un art de vivre paisible, typiquement caraïbe, qu'ils s'attachent à préserver et éventuellement à faire revivre. Des industries légères, comme la pêche et la conserverie de crevettes, créent une animation économique complémentaire au tourisme.

Nombreux sont les peintres, écrivains et poètes qui y séjournent toujours, et défendent jalousement l'atmosphère particulière des lieux. Citons par exemple Thomas Sanchez, John Hearsey, Shel Silverstein, Alison Lurie. Cependant, le grand tourisme – autrement dit de masse – a atteint la « Vieille Île » et l'ambiance, aux dires des vétérans, n'est plus ce qu'elle était… Parmi ceux qui ont travaillé à Key West, mentionnons Mario Sanchez, peintre naïf et sculpteur sur bois, d'origine cubaine. Une galerie d'art haïtien a été constituée au début des années 1980. Depuis, on en trouve une dizaine dans cette ville de 25 000 habitants permanents.

Depuis le début des années 1970, les homosexuels en ont fait une de leurs Mecques et, de ce fait, l'ambiance est particulière. Cependant, à Key West, tout a toujours été discret. Pas de parade ni de défilé.

MODE D'EMPLOI

Accès

Par la route. En voiture : Key West est située à 145 mi/217 km de Miami. C'est la dernière île, la plus méridionale, de ce chapelet d'une quarantaine de *keys* qui s'égrènent le long de cette extraordinaire digue routière que forme l'Overseas Highway en prolongement de l'US 1. Cette voie vous permet de pénétrer tranquillement dans l'agglomération, puis dans le cœur même de la vieille ville. Elle change alors de nom pour s'appeler Roosevelt Boulevard E1, puis Truman Avenue B2-3 Peu après le musée installé dans le couvent de Marie l'Immaculée B3, tournez à dr. pour prendre Duval Street A2, artère vitale de Key West, qui n'est pas sans rappeler Bourbon Street de La Nouvelle-Orléans, et allez vous garer à l'extrémité de cette voie tout près de l'ancienne place du marché, Old Mallory Square. **En autocar :** la compagnie Greyhound assure trois voyages par jour entre Miami et Key West. Durée : cinq bonnes heures.

Par avion. Depuis Marathon avec US Air Express (réservations : ☎ (800) 428.43.22), depuis Naples avec Cape Air (réservations : ☎ (800) 352.07.14 ou (508) 771.69.44). Liaisons plusieurs fois par jour avec Miami, Tampa, Fort Lauderdale, Fort Myers, Sarasota et Tampa/Saint Pete. Desservent également Key West : American Airlines, US Air, Delta, Comair, Gulfstream, Airways International.

Circuler

À pied ou en bicyclette. Key West est une des rares villes de Floride que l'on peut visiter à pied, ou, du moins, dont les principaux centres d'intérêt sont à une distance suffisamment raisonnable pour ne pas nécessiter de véhicules automobiles. À la rigueur, une bicyclette. Il faut en profiter. En outre, en haute saison, il n'y a désormais plus vraiment d'autre solution raisonnable que d'abandonner son véhicule. Les loueurs de bicyclettes et de motos sont fort nombreux et les prix défient toute concurrence.

En trolley. Dans cette séduisante petite ville, le tour d'orientation s'effectue dans un train ou trolley doté de voitures en bois, le *Conch Train* ou son concurrent, l'*Old Town Trolley*. Tous deux sillonnent la ville en 1h30 et des commentaires fouillés sont donnés (en anglais) sur tous les sites et l'histoire de l'endroit, depuis Mallory Square jusqu'à la base navale et au tribunal maritime qui a retrouvé du service lors du débarquement de 125 000 Cubains ayant quitté leur île, du port de Mariel *(los marielos)* fin 1979 début 1980.

Fêtes et festivals

Février. Old Island Days. Jardins et maisons en fête, comme au bon vieux temps.
Juillet. Hemingway Days. Tout autour du prix Nobel de littérature, jusqu'à un concours de ressemblance avec « Papa » (☎ 294.44.40).
Octobre. Fantasy Fest. Une semaine folle. Rita Brown : ☎ 296.18.17.

Organiser son temps, comme un rituel

Le petit périple proposé ci-dessous s'effectue à pied à travers la vieille ville, où l'essentiel est concentré ; il présente aussi quelques sites intéressants où il faudra vous rendre à bicyclette ou en trolley. Si vous visitez tranquillement et attentivement chacun des sites mentionnés, vous avez besoin de trois jours.
Les touristes qui désirent mener à bien leur exploration de Key West ont intérêt à pratiquer un certain rituel pour diversifier leur vie quotidienne et balnéaire. En voici les grandes lignes, à modifier à votre convenance :
– d'abord (essayez de) vous lever tôt, vers 8h, lorsque la petite ville dort encore, et que le soleil est presque doux, pour aller prendre votre petit déjeuner au Harpoon's Harry, dans Caroline Street AB-2. Goûtez le café colombien ;
– ensuite, louez une bicyclette pour faire le tour de l'île, sous les odeurs de cuisine, de la végétation, du vieux bois, du port. Si le cœur vous en dit, grimpez jusqu'à Turtle Kraals, où, entouré par les 50 tortues, vous pourrez admirer, depuis le haut de la tour à 20 m du sol, le panorama ;
– ne manquez pas de vous arrêter pour déguster une mangue ou une banane au marché aux fruits de Truman Avenue A3 ;
– allez vous asseoir ensuite dans le jardin derrière la maison Audubon A2 (voir p. 60), avant de pratiquer la plongée, pêcher, naviguer ou, en fin de journée, ramer lorsque le soleil décline un peu ;
– en sortant de l'eau, reprenez des forces en prenant, comme « Papa » (Hemingway), un pot chez Sloppy Joe's avant de vivre – tous sens orientés à l'O – le coucher du soleil en communion avec l'Éternel, vous-même ou les autres à Pier House ou sur le quai Mallory A2. Lors de cette *Sunset Celebration,* comme on l'appelle à Key West, on regarde ceux qui se montrent, on chante, on danse, on compose, on mime, on fume, on joue de la trompette, on souffle dans un coquillage. La vie en ville en profite pour s'arrêter ;
– pour le dîner, vous avez le choix (voir p. 121) ;
– pour terminer la soirée, vous pourrez vous rendre au Red Barn Theater ou encore au Waterfront Playhouse, mais il faut vraiment bien connaître l'anglo-américain pour suivre les dialogues. Vers 2h du matin, le ciel des Tropiques veille sur quelque boîte de nuit très libérale, comme La Copa. Et les flonflons des bars coulent à flot sur la voie publique, comme la bière.

Un tour en ville

Audubon House*** A2 *(205 Whitehead, angle Greene Street ☎ 294.21.16. Ouv. t.l.j. de 9h30 à 17h. Entrée payante).* La maison Audubon, située à quelques mètres d'Old Mallory Square, présente une collection originale des *Oiseaux d'Amérique (Birds of America)* d'Audubon et du mobilier européen. Aux alentours de 1832, cette maison fut habitée par l'ornithologue français Audubon (voir p. 60), auquel elle doit son nom. Les restaurations – ce furent les premières à Key West – ont été très importantes. Mais elles n'enlèvent rien au charme de cette maison.

Ernest Hemingway Home*** A3 *(907 Whitehead Street ☎294.15.75. Ouv. t.l.j. de 9h à 17h. Entrée payante)*. La maison du grand écrivain, prix Nobel de littérature 1954, Ernest Hemingway (voir p. 119), a été transformée en musée. Il s'agit même d'un musée national *(A Registered National Historic Landmark)*, ce qui lui confère une dimension historique supplémentaire, tant pour les citoyens des États-Unis que pour les visiteurs européens. Cette maison a été construite dans le style colonial espagnol avec, au premier étage, un grand balcon qui fait le tour du bâtiment. Elle contient de nombreux souvenirs de l'écrivain, qui y vécut avec sa deuxième femme Pauline et ses deux enfants, durant de nombreuses années. L'auteur d'ouvrages mondialement célèbres (*Pour qui sonne le glas, Le vieil homme et la mer,* etc...) a largement contribué, avec d'autres, à donner une auréole littéraire à cette petite ville. Hemingway est mort en juillet 1961, et, trois ans après, sa demeure fut ouverte au public, qui a l'impression de rendre visite à l'homme de lettres : sa machine a écrire est toujours là. Le guide vous racontera la merveilleuse histoire de la première piscine de Key West que tout le monde venait visiter, ainsi que celle des chats aux pattes à six doigts qui hantent toujours le lieu.

The Oldest House** ou The Wrecker's Museum A2 *(322 Duval Street ☎ 294.95.02. Ouv. de 10h à 16h t.l.j. Entrée payante)*. C'est, dit-on, la plus vieille maison de Key West. En plein cœur de l'artère principale de la ville, il faut la dénicher derrière des arbres et sa haute palissade. Sans doute construite par Richard Cussans, qui venait des Bahamas, vers 1828, elle contient un petit musée de marine et du mobilier « colonial » en parfait état. Comme un coin d'Europe sous les Tropiques. Elle a été habitée jusqu'en 1974.

Harry S. Truman Little White House** A2 *(111 Front Street ☎ 294.99.11. Ouv. t.l.j. de 9h à 17h. Visite guidée en anglais. Vidéo)*. Une évocation sobre et touchante de la personnalité attachante de Harry S. Truman *(Truman The Human)* qui y a passé de nombreuses vacances studieuses alors qu'il était Président des États-Unis. Mobilier et objets d'origine. La Petite Maison Blanche a été ouverte au public en 1991. Elle fait partie d'un ensemble d'anciennes maisons « coloniales » restaurées, vendues par la Marine à des promoteurs lorsqu'elle s'est retirée, en 1984.

San Carlos Institute ou La Casa Cuba A2 *(Duval Street ☎ 294.38.87)*. Bâtiment élégant bien rénové qui comporte une pierre des murailles de La Havane encastrée dans ses murs. Consacré à la présence cubaine dans les Keys et aux États-Unis. Inauguré en janvier 1994 (expositions, films, conférences, etc.).

Mel Fisher Maritime Heritage Society Museum A2 *(200 Green Street ☎ 294.26.33. Ouv. t.l.j. de 9h30 à 17h. Entrée payante)*. Mel Fisher, le propriétaire, a connu ses heures de gloire au cours de l'été 1985, lorsque ses chercheurs de trésors ont trouvé de l'or et un mât de navire, que les experts considèrent être celui du fameux *Nuestra Señora de Atocha,* coulé au large de Key West en 1622. Le musée présente une intéressante collection tirée des fonds marins où les navires échouaient jadis avec une certaine fréquence.

Kelly's A2 *(301 Whitehead Street ☎ 293.84.84)*. Intéressant bâtiment avec son allure architecturale antillaise, encore appelée des Indes occidentales. C'est aujourd'hui le Kelly's Caribbean Bar, Grill & Brewery. On raconte que c'est là que la défunte Pan Am a été fondée le 28 octobre 1927 pour assurer la liaison internationale Key West/La Havane, à 90 mi/135 km en trimoteur Fokker F 7 en 1h30...

Un écrivain en Floride

Hemingway débarque en Floride en 1928. Il revient du Paris des années folles, où il a vécu pendant 6 ans, croisant le chemin de quelques-uns des plus grands écrivains américains du début du siècle (Ezra Pound, John Dos Passos). Le succès est arrivé, deux ans plus tôt, avec son premier roman, *Le Soleil se lève aussi*. Installé à Key West, « Papa », comme le surnomment ses familiers, partage son temps entre sa machine à écrire, la pêche, et le Midget Bar. L'Amérique peut bien être frappée par la crise, « Hem » s'est forgé son propre monde d'apparente insouciance, et tente de guérir les blessures morales que lui a infligées la guerre. Sa réflexion a mûri. Il écrit à Key-West ses trois plus grands chefs-d'œuvre : *Pour qui sonne le glas, L'Adieu aux armes* et *Les Neiges du Kilimandjaro*. À ne pas manquer : le « Hemingway days Festival » rassemble des centaines de fans au mois de juillet. Quand la fièvre Hemingway fond sur Key-West ! Vous assisterez à des séances de lecture, à des séminaires, vous participerez aux compétitions de pêche qui célèbrent la gloire d'un des grands noms de la littérature américaine.

Old City Hall A2 *(512 Greene Street)*. L'ancienne mairie de Key West. Beau bâtiment de briques.

East Martello Gallery & Museum E3 *(3501 S Roosevelt Boulevard* C2 *☎296.39.13. Ouv. t.l.j. de 9h30 à 17h. Entrée payante)*. Entre la route et la mer, la forteresse de Martello rappelle que Key West, pointe avancée dans la mer des Caraïbes, a été longtemps un centre stratégique important. C'est là qu'est exposée aujourd'hui l'œuvre du peintre et sculpteur autodidacte, cubain d'origine, Mario Sanchez. Il contient, en outre, une intéressante collection d'objets d'artisanat des Keys. Grimpez au sommet de la tour pour le panorama.

Key West Lighthouse A3 *(938 Whitehead Street ☎ 294.00.12. Ouv. t.l.j. de 9h30 à 17h)*. Construit en 1848, haut de 88 marches, le phare-musée est désormais consacré aux grandeurs et servitudes des gardiens de phares de jadis. Panorama.

Key West Aquarium A2 *(1 Whitehead Street, Mallory Square ☎ 296.20.51. Ouv. de 10h à 18h. Entrée payante)*. Quelques spécimens spectaculaires de la faune marine du golfe du Mexique et de l'Océan Atlantique.

Key West Shipwreck Historeum A2 *(1 Whitehead Street, Mallory Square ☎ 292.89.90)*. La dernière « attraction » de Key West, inaugurée en 1994. Un grand spectacle combinant le jeu d'acteurs en chair et en os, des films, la technologie du laser et les objets réels récupérés du navire *Isaac Allerton* échoué en 1856.

Ripley Believe It Or Not Odditorium A2 *(527 Duval Street, dans l'ancien théâtre The Strand ☎ 293.96.94 ; (800) 998.44.18. Ouv. t.l.j. de 10h à 23h. Entrée payante)*. Un ensemble hétéroclite d'objets et de saynètes du monde entier, selon le principe de cette chaîne de « musées » autour du nom de l'explorateur Ripley (voir p. 135).

Bonnes adresses

Informations touristiques. Greater Key West Chamber of Commerce, P.O. Box 984, 402 Wall Street A2 (Old Mallory Square) ☎ 294.59.88, (800) 648.62.69. **Florida Keys & Key West Visitors Bureau**, P.O. Box 1147, Key West, FL 33041 ☎ (305) 296.15.52 ; libre appel depuis les États-Unis et le Canada : (800) FLA-KEYS.

Hôtels

▲▲▲▲ **Hyatt**, 601 Front Street A2 ☎ 296.99.00, libre appel depuis les USA et le Canada : (800) 233.12.34, fax 292.10.38, telex : 52.96.67. *120 ch. dont 12 suites.* VISA, AE, MC. Une élégante construction moderne de style caraïbe, sur 4 niveaux et en plusieurs unités, astucieusement greffée au cœur de la vieille Key West. Balcons dans toutes les chambres. Golf, mini-plage, piscine, salle de gymnastique, salles de réunions équipées, boutique, 3 restaurants.

▲▲▲▲ **Marriott's Casa Marina Resort**, 1500 Reynolds Street (angle avec Seminole Street) ☎ 296.35.35, (800) 235.48.37, (800) 626.07.77, (800) 831.40.04, (800) 228.92.90, fax 296.46.33. *314 ch. et 63 suites.* VISA, MC. Le plus bel établissement de Key West, mais aussi le plus grand avec chambres de luxe et grandes suites. La Casa Marina est classée monument historique. C'est l'hôtel construit par Henry M. Flagler en 1921, terme de sa voie de chemin de fer (voir p. 180). Plusieurs restaurants et bars avec musique, grande piscine, tennis éclairés, plage privée, sports nautiques, jetée pour pratiquer la pêche, salles de réunions, centre de remise en forme. Navette gratuite depuis l'aéroport. Promotions spéciales pour les voyages de noces.

▲▲▲▲ **Little Palm Island**, à Little Torch Key (Route 4, P. O. Box 1036) ☎ 872.25.24, (800) 343.85.67, fax 872.48.43. *28 suites.* VISA, MC. Accessible uniquement par bateau ou hydravion. Navette depuis les aéroports de Key West et Marathon. 14 villas aux toits de chaume et une grande maison. Pas de téléphone dans les chambres. Les tropiques dont chaque Européen rêve. Prix élevés.

▲▲▲ **Marriott's Reach Resort**, 1435 Simonton Street ☎ 296.50.00, (800) 874.41.18, fax 296.28.30. *79 suites.* VISA, MC. Balcons et patios privés. Sur la plage. Architecture traditionnelle des Caraïbes. Sauna, plusieurs restaurants et bars avec animations, salles de réunions.

▲▲ **Holiday Inn La Concha**, 430 Duval Street ☎ 296.29.91, fax 294.32.83. VISA, MC. En plein centre de Key West dans un ensemble d'immeubles de caractère. Décor des années 20. Un peu bruyant. Animations, restaurant, bar, piscine, salle de réunions. Affilié aux « Historic Hotels of America ».

Motels

▲▲ **Santa Maria**, 1401 Simonton Street ☎ 296.56.78, (800) 821.53.97. *51 chambres, quelques suites.* VISA, MC. L'un des charmes de cet établissement tient à ses dimensions, plutôt petites, en regard des critères contemporains, ce qui permet aux propriétaires d'accueillir personnellement leurs hôtes. On parle un peu le français en plus de l'espagnol. Piscine, restaurant, parking devant chaque chambre.

▲▲ **Quality Inn**, 3850 N Roosevelt Boulevard ☎ 294.66.81, fax 294.56.18. VISA, MC. L'un des derniers-nés des chaînes.

Inns et B & B

▲▲ **Duval House**, 815 Duval Street ☎ 294.16.66, (800) 223.88.25. *30 ch.* VISA, MC. Une vraie maison coloniale de 1880 au cœur de la vieille ville. Piscine. Antiquités dans les chambres.

▲ **Key West Bed & Breakfast**, 415 Williams Street ☎ 296.72.74. *8 ch.* VISA, MC. Piscine, sauna.

Camping et caravaning

Boyd's, à l'entrée de Key West, sur Stock Island, 6401 Maloney Avenue ☎ 294.14.65. « Le camping le plus au sud de tous les États-Unis. »

Jabour's Trailer Court, 223 Elizabeth Street ☎ 294.57.23.

Restaurants

L'agrément du séjour à Key West va de pair avec la qualité de ses restaurants. Dans cette rubrique, sont mentionnés quelques établissements de toutes catégories, des plus simples aux plus sophistiqués, qui ont tous un certain caractère. Les plus « dans le vent » sont bien évidemment situés dans Duval Street A2-B3.

♦♦♦ **Flagler's**, dans le Marriott's Casa Marina ☎ 296.35.35, fax 296.46.33. VISA, MC. En souvenir de Henry M. Flagler, a conservé l'ambiance et le décor des années 20. Fruits de mer ; pâtisserie et boulangerie maison. Musique d'ambiance et pianiste. Grand jardin pour le déjeuner.

♦♦ **Antonia's**, 615 Duval Street ☎ 295.65.65. VISA, MC. Tonalité italienne du nord, notamment dans l'art d'accommoder le veau. Musique douce. L'ambiance est très agréable dans cette maison de 1883.

♦♦ **Bagatelle**, 115 Duval Street ☎ 296.66.09, fax 294.73.04. Tout près du centre névralgique de Key West, Mallory Square. Cuisine caraïbe en agréable harmonie avec le cadre de la maison qui date de 1884. On peut dîner sur la terrasse. Et avec des bougies.

♦♦ **La Trattoria Venezia**, 524 Duval Street ☎ 296.10.75. Cuisine italienne et française. Cave intéressante pour un établissement qui ne se veut pas de grand luxe. Bon service. Cadre remarquable.

♦ **The Rooftop Café**, 310 Front Street, Old Mallory Square ☎ 294.20.42. Ce « café sur le toit » domine, mieux que tous les autres, la place Old Mallory. Selon l'époque de l'année, prenez place à l'intérieur où la climatisation est très douce, ou bien installez-vous au soleil sur la terrasse dont le sol en bois fait irrésistiblement penser à un pont de navire. La maison raffine particulièrement les soupes, les tartes au citron, toutes sortes de fettucini et parfume le café à la cannelle. Prix réduit entre 18h et 20h pour le dîner.

♦ **Billie's Bar & Restaurant**, 407 Front Street ☎ 294.92.92. Le charme de ce restaurant réside dans son grand jardin où l'on essaye de trouver la fraîcheur en dînant jusqu'à minuit. La cuisine y est très floridienne, le service agréable et relativement efficace.

♦ **Louie's Backyard**, 700 Waddell Avenue ☎ 294.10.61. Face à la mer et sous les étoiles.

♦ **Café des Artistes**, 1007 Simonton Street ☎ 294.71.00. Bon restaurant français. On peut être servi en plein air.

♦ **Viva Zapata**, 903 Duval Street ☎ 296.31.38. Mexicain.

La Crêperie, Duval Street. Tenue par le chef français René Cagnat. Jardin.

Yo Sake, 722 Duval Street ☎ 294.22.88. Japonais. Salons privatifs avec tatamis.

Two Friends, Front Street. Langouste et jazz. Jardin.

The Cuban Coffee Café, angle Ann Street et Greene Street. Sans doute l'établissement le plus modeste de tout Key West, mais ambiance et cuisine cubaines pures. On parle tout de même anglais.

Sports

The Key West Resort Golf Course, Junior College Road ☎ 294.52.32 : 18 trous, dessiné par Rees Jones.

Plongée sous-marine. Les possibilités sont nombreuses depuis Key West pour pratiquer la pêche ou la plongée sous-marine soit en apnée *(snorkeling)*, c'est-à-dire avec un simple casque et sans bouteille, soit avec un équipement plus sophistiqué *(scuba diving)*. Les fonds sont splendides quelle que soit la profondeur. On peut y admirer les poissons mais surtout les coraux, parmi les plus beaux du monde. Le matériel de plongée est généralement prêté ou loué sur place.

Tennis. Notamment dans les Hôtels Marriott Casa Marina et The Reach.

Spectacles et vie nocturne

Les soirées et les nuits à Key West sont très « tropicales ». Tout le monde est dehors jusqu'aux petites heures et va de bar en bar, notamment sur Duval Street, déambulant dans les rues en écoutant la musique de quelque orchestre dixie ou latino. Les discothèques des hôtels sont aussi très animées.

Bars. **Captain Tony's Saloon**, 428 Greene Street. **Fat Tuesday**, 305 Duval Street ☎ 296.93.73. **Green Parrot Bar**, angle Southard Street et Whitehead Street. **Kelly's**, 301 Whitehead Street ☎ 293.84.84. **Sloppie Joe's Bar**, 201 Duval Street. Cet établissement existait aussi jadis à La Havane... Les deux derniers étaient, soi-disant, parmi les préférés de Hemingway.

Discothèque. La Copa, 623 Duval Street ☎ 296.85.21.

Théâtres. **Red Barn Theater** ☎ 296.91.11. **Tennessee Williams Fine Arts Center** ☎ 296.15.20. **Waterfront Playhouse** ☎ 294.50.15.

Shopping

À Key West, il y a maintenant des centres commerciaux et des galeries marchandes. Une nouvelle galerie, Sunset Plaza, doit ouvrir en 1995 à l'angle de Duval Street et de Front Street. Endroit stratégique s'il en est. Il y a quelques années, on n'y trouvait que des boutiques...

Centres commerciaux et galeries marchandes. Clinton Square Market, Front Street. **Malls**, Shopping Arcades. **Old Mallory Square.**

Boutiques spécialisées. **Antiques & Things**, 515 Fleming Street ☎ 292.13.33. VISA, AE, MC. Antiquités. **Chico's**, 604-A Duval Street. Vêtements. **Duval Books**, 817 Duval Street ☎ 296.35.08. Librairie. **Key West Aloe**, 524 Front Street et 540 Greene Street ☎ 294.55.92. VISA, AE, DC, MC. Création de parfums « tropicaux » originaux. **Key West Cigar Factory**, Pirates'Alley ☎ 294.34.70. Cigares faits main. **Key West Hand Print Fabrics**, 201 Simonton Street (angle Greene Street) ☎ 294.95.35. VISA, AE, MC. Tissus imprimés faits à la main dont on peut voir le processus complet d'élaboration. **Key West Island Book Store**, 513 Fleming Street ☎ 294.29.04. VISA, AE, MC. Librairie. **L. Valladares & Sons**, 1200 Duval Street ☎ 296.50.32. Librairie. **Spanish Colonial Coin Co.**, 108 1/2 Fitzpatrick Street ☎ 296.53.66. Antiquités.

Adresses utiles

Aéroport. ☎ 296.54.39.

Autocar. Greyhound, 615 1/2 Duval Street ☎ 296.90.72.

Croisières et location de bateaux. **Adventure Snorkeling**, 1 Front Street, Safe Harbour Marina ☎ 296.03.62 ; **Blue Water Sailing**, Lands End Marina ☎ 294.79.74 ; **Captain John's Greyhound V**, City Marina Charterboat Row ☎ 296.51.39, 296.59.23 ; **Dolphin Watch** (Captain Canning), P.O. Box 4821 ☎ 294.63.06 ; **El Gato***, Reef Raiders Dive Shop, 109 Duval Street ☎ 294.36.35, 294.06.60 ; **Fireball***, 2 Duval Street ☎ 296.62.93, 294.87.04 ; **Floridays***, Hyatt Hotel ☎ 296.99.00, fax 292.10.38 ; **Reef Raiders Diveshop**, 109 Duval Street ☎ 294.36.35 ; **Sebago** ☎ 294.56.87 ; **Serenity Charters***, Murray Marina ☎ 294.57.21, 862.30.68 ; **The Pride Of Key West***, 2 Duval Street ☎ 296.62.93 ; **Water Taxi** ☎ 294.56.87, 745.45.69.

Excursions à pied. Personalized Tours of Key West & The Keys, Anita et Bill ☎ 292.86.87 ou 292.TOUR. Minimum : deux personnes. Possibilité de visite en voiture.

Location de bicyclettes et de motos. **Bicycle Therapy**, 1019 White Street ☎ 293.84.79. **Moped Hospital**, 601 Truman Avenue ☎ 296.33.44. **Nature Bike Tours**, angle Truman Avenue et Simonton Avenue ☎ 294.18.82. **Sunset Bicycles**, près de Treasure Salvors.

Location de voitures. Alamo ☎ 294.66.75. Avis ☎ 296.87.44. Hertz ☎ 294.10.39. National ☎ 296.77.60. Thrifty ☎ 296.65.14.
Galeries. Haitian Art Co., 600 Frances Street ☎ 296.89.32. **Lewis Gallery**, 808 Whitehead Street ☎ 294.48.03. **Old Island Restoration Foundation**, Hospitality House, près du quai Mallory ☎ 294.95.01.
Poste. Front Street ; 300 Simonton Street.
Survols en avion, hydravion, hélicoptère. Chalks ☎ 292.36.37 (hydravions) ; **Conch Classic Air Tours**, Key West Airport ☎ 296.07.27 ; **Island Aeroplane Tours** ☎ 294.TOUR. **Key West Helicopter** ☎ 292.65.44.
Trolley. Conch Tour Train, 301 Front Street ☎ 294.51.61. **Old Town Trolley**, 3840 North Roosevelt Boulevard ☎ 296.66.88.

ORLANDO
ET LA FLORIDE CENTRALE

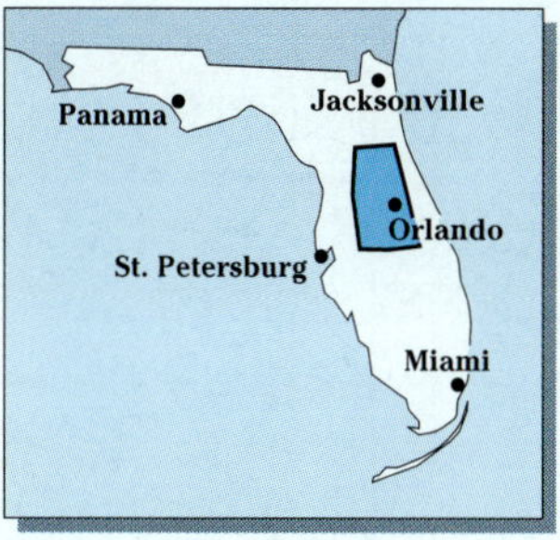

Avez-vous jamais rêvé d'une ville à la campagne ? Avec Orlando, c'est sans doute cette impression que vous ressentirez en premier lieu. Le réseau routier et autoroutier dense qui entoure et pénètre cette vaste agglomération de 165 000 âmes lui donne un petit air de ville inachevée, comme installée au hasard, au cœur d'une région vallonnée et verdoyante aux 54 lacs superbes.

L'aménagement urbain d'Orlando, quelque peu anarchique, voire anachronique, permet à la « vieille » église (de la fin du siècle dernier...) de jouxter des entrepôts abandonnés dominés par une magnifique tour de bureaux à l'élégance raffinée. Centre d'échanges économiques, Orlando est devenu un centre de tourisme régional, national et même international. Orlando et l'Orange County constituent ainsi une excellente base de séjour pour effectuer les multiples excursions qu'offre la Floride centrale, dont le centre d'intérêt quasi irrésistible est bien évidemment Walt Disney World (voir p. 145).

Orlando draine chaque année un grand nombre de touristes, attirés par les divers parcs d'attractions. Ici, EPCOT, dont l'immense géosphère rappelle la Géode de La Villette à Paris.

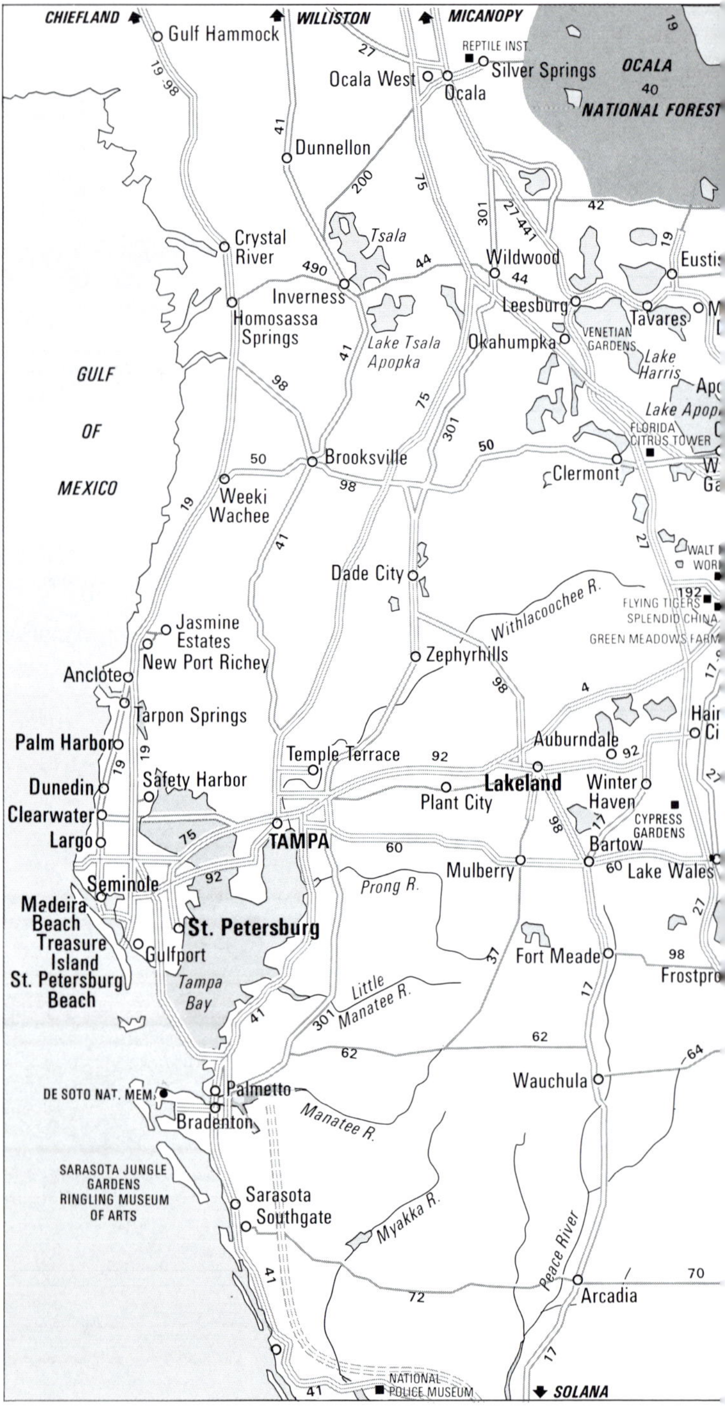
CHIEFLAND
WILLISTON
MICANOPY
Gulf Hammock
REPTILE INST.
Silver Springs
OCALA
NATIONAL FOREST
Ocala West
Ocala
Dunnellon
Crystal River
Tsala
Inverness
Wildwood
Leesburg
Tavares
Homosassa Springs
Lake Tsala Apopka
Okahumpka
VENETIAN GARDENS
Lake Harris
FLORIDA CITRUS TOWER
GULF OF MEXICO
Brooksville
Clermont
Weeki Wachee
Dade City
FLYING TIGERS
SPLENDID CHINA
GREEN MEADOWS FARM
Withlacoochee R.
Jasmine Estates
New Port Richey
Zephyrhills
Anclote
Tarpon Springs
Palm Harbor
Temple Terrace
Auburndale
Dunedin
Safety Harbor
Plant City
Lakeland
Winter Haven
Clearwater
CYPRESS GARDENS
Largo
TAMPA
Bartow
Mulberry
Lake Wales
Seminole
Prong R.
Madeira Beach
Treasure Island
St. Petersburg Beach
St. Petersburg
Gulfport
Tampa Bay
Fort Meade
Frostproof
Little Manatee R.
Wauchula
DE SOTO NAT. MEM.
Palmetto
Bradenton
Manatee R.
SARASOTA JUNGLE GARDENS
RINGLING MUSEUM OF ARTS
Sarasota
Southgate
Myakka R.
Peace River
Arcadia
NATIONAL POLICE MUSEUM
SOLANA

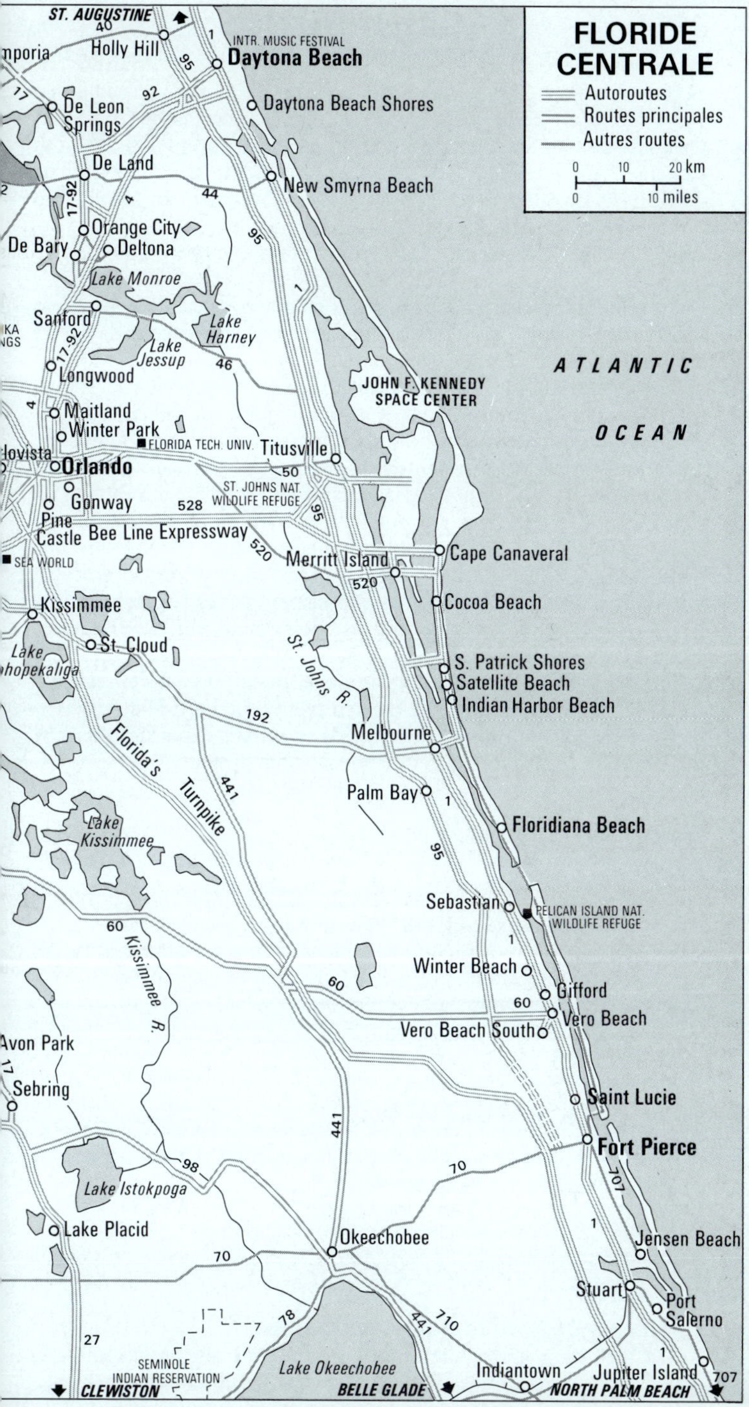
FLORIDE
CENTRALE
Autoroutes
Routes principales
Autres routes
0 10 20 km
0 10 miles
ST. AUGUSTINE
Holly Hill
INTR. MUSIC FESTIVAL
Daytona Beach
Daytona Beach Shores
De Leon Springs
De Land
New Smyrna Beach
Orange City
De Bary
Deltona
Lake Monroe
Sanford
Lake Harney
Lake Jessup
Longwood
ATLANTIC
OCEAN
JOHN F. KENNEDY SPACE CENTER
Maitland
Winter Park
FLORIDA TECH. UNIV.
Titusville
Orlando
Gonway
Pine Castle
Bee Line Expressway
ST. JOHNS NAT. WILDLIFE REFUGE
SEA WORLD
Merritt Island
Cape Canaveral
Cocoa Beach
Kissimmee
St. Cloud
St. Johns R.
S. Patrick Shores
Satellite Beach
Indian Harbor Beach
Melbourne
Florida's Turnpike
Palm Bay
Floridiana Beach
Lake Kissimmee
Sebastian
PELICAN ISLAND NAT. WILDLIFE REFUGE
Winter Beach
Gifford
Vero Beach
Vero Beach South
Kissimmee R.
Avon Park
Sebring
Saint Lucie
Fort Pierce
Lake Istokpoga
Lake Placid
Okeechobee
Jensen Beach
Stuart
Port Salerno
SEMINOLE INDIAN RESERVATION
Lake Okeechobee
Indiantown
Jupiter Island
CLEWISTON
BELLE GLADE
NORTH PALM BEACH

ORLANDO*

Les premiers habitants s'installèrent dans la région d'Orlando, anciennement Fort Gatlin, vers 1820. Le nom d'Orlando, officialisé en 1857, viendrait de la présence de la tombe d'une jeune sentinelle, Orlando Reeves, tuée en 1835 au cours d'affrontements avec des Indiens. C'est seulement en 1855 que Fort Gatlin devint la capitale du County. En 1880, date de la mise en service d'une ligne de chemin de fer au départ de Sanford destinée principalement à exporter les agrumes et les légumes de la Floride centrale vers les marchés du nord, elle ne comptait que 200 habitants...

Depuis que les États-Unis se sont lancés dans la course à l'aventure spatiale, en choisissant cap Kennedy comme lieu d'expérience et de départ des fusées, le sort tranquille d'Orlando a changé au profit d'un dynamisme industriel. Admirablement bien située pour accueillir les industries de matériels électroniques et aéronautiques, elle héberge, depuis quelques années, un grand nombre d'entreprises qui ont favorisé sa croissance et son développement économiques. Son aéroport, dont l'importance talonne celui de Miami, contribue largement à en faire un centre commercial important pour l'importation et l'exportation des marchandises les plus diverses. Elle est ainsi devenue, en vingt ans, une métropole régionale avec un secteur tertiaire en plein développement. C'est aussi l'une des trois bases d'entraînement des cadets de la marine US *(Naval Training Center)*, en passe de fermeture. L'ouverture, en 1971, du Magic Kingdom puis, en 1982, d'EPCOT explique l'exceptionnel afflux touristique dont bénéficie actuellement Orlando et ses environs. L'adjonction en 1989 du troisième parc de Disney (voir p. 145), l'installation des Studios MGM n'ont fait que renforcer cette tendance. Et les ouvertures d'attractions se poursuivent...

MODE D'EMPLOI

Accès

Par la route. À 228 mi/353 km de Miami, à 371 mi/574 km de Key West, à 134 mi/207 km de Jacksonville et à 105 mi/162 km de Saint Petersburg.

Par avion. Le futuriste **aéroport international** d'Orlando, très facile d'accès, est situé à 10 mi/16 km de Downtown Orlando par Semoran Boulevard et Colonial Drive. Immenses parcs de stationnement de voitures particulières ou de location. Une vingtaine de sociétés de taxis ordinaires *(cabs)* ou de luxe *(limousines)* sont à votre disposition sur le trottoir-même de l'aéroport. Sans compter les taxis privés des artisans et les services de navettes entre l'aéroport international et les plus grands hôtels d'Orlando. Il existe aussi à Orlando un aéroport pour des petits avions privés, de tourisme ou d'affaires, à Herndon, plus proche de Downtown que l'International, appelé **Orlando Executive Airport**. Il longe l'East West Expressway.

Par train. Les gares **AMTRAK** les plus proches sont à Orlando, DeLand, Winter Park, Sanford et Kissimmee. ☎ (800) 872.72.45.

Par autocar. **Greyhound**, 300 West Amelia Street, Downtown Orlando, FL 32801 ☎ 843.77.20.

Circuler à Orlando et dans ses environs

À pied. Éternelle question pour un Européen : les villes américaines sont-elles faites pour les piétons ? Ce n'est pas le cas à Orlando, où les distances à l'intérieur même de l'agglomération sont proprement déroutantes. Peut-être une exception : le cœur de Downtown.

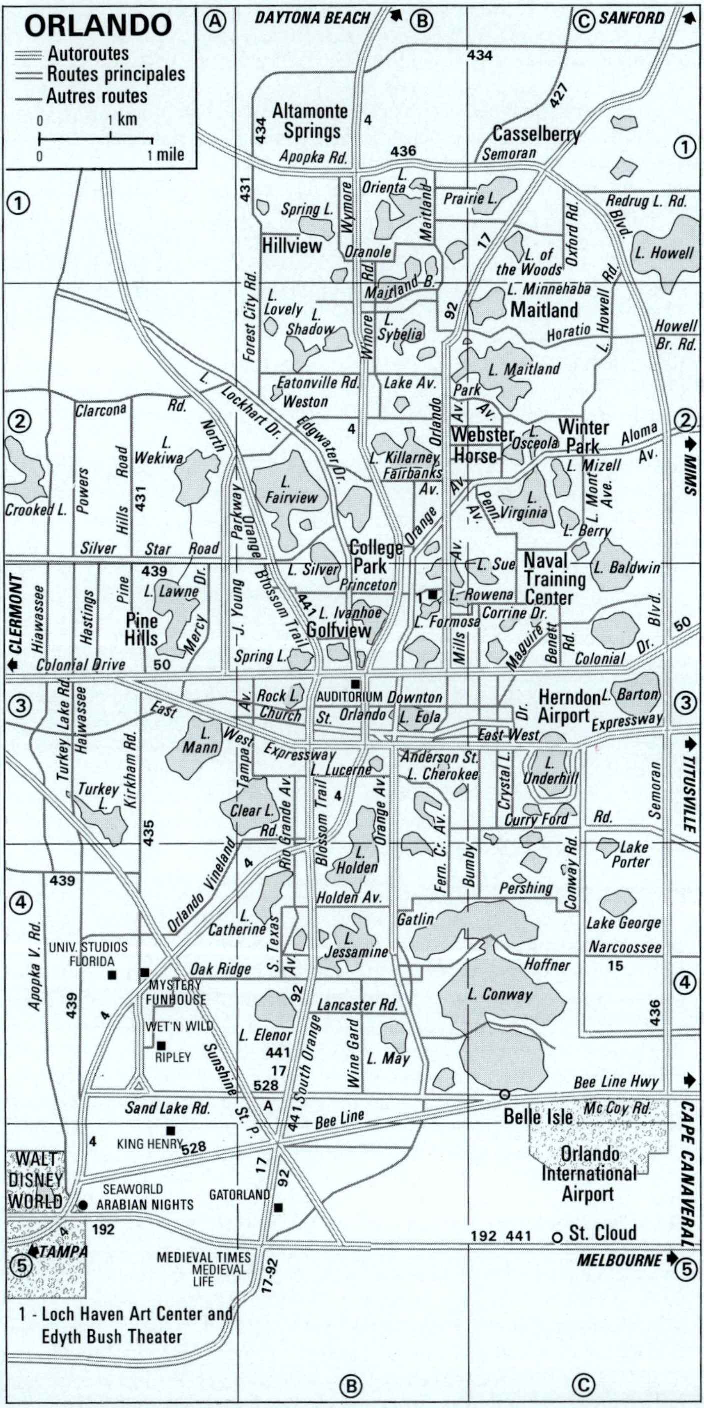
ORLANDO
Autoroutes
Routes principales
Autres routes
0 1 km
0 1 mile
DAYTONA BEACH
SANFORD
Altamonte Springs
Casselberry
Apopka Rd.
Semoran
Spring L.
L. Orienta
Prairie L.
Redrug L. Rd.
Hillview
Oranole
L. Howell
L. of the Woods
Oxford Rd.
Maitland B.
L. Minnehaba
Maitland
L. Lovely
L. Shadow
L. Sybelia
Horatio
L. Howell Rd.
Howell Br. Rd.
Forest City Rd.
Wymore Rd.
L. Maitland
Eatonville Rd.
Weston
Lake Av.
Park Av.
Clarcona Rd.
Lockhart Dr.
North
Edgwater Dr.
Webster
Horse
L. Osceola
Winter Park
Aloma Av.
MIMS
L. Wekiwa
L. Killarney
Fairbanks Av.
L. Mizell
L. Mont Ave.
Crooked L.
Powers
Hills Road
L. Fairview
Orange Av.
L. Virginia
Penn. Av.
L. Berry
Silver
Star Road
College Park
L. Silver
Princeton
L. Sue
Naval Training Center
L. Baldwin
CLERMONT
Hiawassee
Hastings
Pine
L. Lawne
Mercy Dr.
J. Young Parkway
Orange Blossom Trail
L. Ivanhoe
L. Rowena
Corrine Dr.
L. Formosa
Pine Hills
Golfview
Mills Av.
Maguire
Benett Rd.
Colonial Dr.
Blvd.
Colonial Drive
Spring L.
Rock L.
AUDITORIUM
Downton Orlando
Herndon Airport
L. Barton
Church St.
L. Eola
Expressway
East West Expressway
Turkey Lake Rd.
Kirkham Rd.
L. Mann
Tampa Av.
L. Lucerne
Anderson St.
L. Cherokee
Crystal L. Dr.
L. Underhill
TITUSVILLE
Semoran
Turkey L.
Clear L. Rd.
Rio Grande Av.
Blossom Trail
Orange Av.
Fern. C. Av.
Curry Ford Rd.
Orlando Vineland
L. Holden
Bumby
Conway Rd.
Lake Porter
Holden Av.
Pershing
Apopka V. Rd.
L. Catherine
S. Texas Av.
Gatlin
L. Jessamine
Lake George
Narcoossee
UNIV. STUDIOS FLORIDA
Oak Ridge
Hoffner
MYSTERY FUNHOUSE
Lancaster Rd.
L. Conway
WET'N WILD
RIPLEY
L. Elenor
Sunshine St. P.
South Orange
Wine Gard
L. May
Bee Line Hwy
Sand Lake Rd.
Bee Line
Belle Isle
Mc Coy Rd.
CAPE CANAVERAL
KING HENRY
WALT DISNEY WORLD
SEAWORLD
ARABIAN NIGHTS
GATORLAND
Orlando International Airport
St. Cloud
TAMPA
MEDIEVAL TIMES
MEDIEVAL LIFE
MELBOURNE
1 - Loch Haven Art Center and Edyth Bush Theater

En taxi. C'est à vrai dire une solution pratique, mais coûteuse, quoique la concurrence très forte ait tendance à faire baisser les prix.
En bus et autocar. Les autobus urbains, en raison des distances considérables, ne disposent que de peu d'arrêts.
En voiture particulière. C'est encore une fois la seule solution valable pour un touriste. Les grands axes sont simples et droits. Il faut simplement bien repérer sa destination avant de prendre le volant. L'idéal est d'avoir un copilote. En effet, il est malaisé et souvent interdit de s'arrêter sur une autoroute pour chercher son chemin. Nous vous l'avons déjà indiqué, si tel est le cas, vous verrez immédiatement un autre automobiliste ralentir et vous dire de sa portière avec un grand sourire : « *May I help you ?* ». Mais gardez à l'esprit les consignes de sécurité que nous avons rappelées au début du présent guide.
Location de voitures. La majorité des loueurs disposent d'un comptoir à l'aéroport international d'Orlando. Si ce n'est pas le cas, ils sont alors reliés par téléphone ou radio à leur garage voisin. Vous les appelez (parfois gratuitement) et l'on vient vous chercher pour vous conduire à l'endroit où vous prendrez livraison de votre véhicule.

S'orienter

Orlando constitue avec les nombreuses agglomérations avoisinantes de l'Orange County une gigantesque communauté urbaine à l'habitat plus ou moins dense. Le paysage est, en effet, agrémenté de plusieurs lacs et prairies. Mais cela rend les distances encore plus longues. Prenez donc soin de toujours compter large si vous avez à respecter un horaire précis.
Le Grand Orlando est encadré par quatre axes majeurs qui sont les suivants : **au N, Colonial Drive** A3, dont une partie constitue Downtown, et où se trouvent de nombreux hôtels, plusieurs « attractions » et galeries commerciales ; **à l'E, Semoran Boulevard** C3, qui conduit à l'aéroport international ; **au S, Bee Line Expressway** B5, voie à péage, qui rejoint la route Inter-État 14 (I-14) et permet de gagner Walt Disney World ; enfin, **à l'O, la SR 435** ou encore **Kirkman Road** A3 en zone urbaine.
À l'intérieur de ce grand carré de plus de 8 mi/13 km de côté, un réseau complexe d'autoroutes urbaines dont les sorties vous conduisent – en principe – où vous voulez aller, pour peu que vous l'ayez prévu.

Fêtes et manifestations

Janvier. Florida Wildlife Exposition. Exposition sur la vie sauvage de Floride. Orlando Centroplex Expo Center ☎ (407) 849.25.62.
Février. Kissimmee Valley Livestock Show and Osceola County Fair. Un genre de foire agricole régionale que nous pourrions juger digne de l'Amérique profonde. Des grillades, de la bière, des chevaux. **Silver Spurs Rodeo** (le rodéo des éperons d'argent). Un grand concours de démonstrations diverses à cheval, doté de prix élevés. Par les membres de la *Professional Rodeo Cowboys Association*. Grande fête populaire qui se répète en juillet. À Silver Spurs Rodeo Arena, East Irlo Bronson Memorial Highway, sur East Expressway 192 à Kissimmee. **Black Hills Passion Play**. La passion de Jésus se joue de février à avril à Lake Wales Amphitheater à 7h30 le jeudi et le samedi, plus des matinées. ☎ (813) 676.14.95 ou (800) 622.83.83, fax (813) 638.20.37.
Mars. Kissimmee Bluegrass Festival. Le premier week-end de mars est entièrement consacré à la musique bluegrass et gospel dans un environnement joyeux et bon enfant. Barbecues à gogo. À Silver Spurs Rodeo Arena, East Irlo Bronson Memorial Highway, sur East Expressway 192 à Kissimmee.
Juin. Kissimmee Boat-A-Cade. Une course-croisière de 9 jours à travers les multiples voies d'eau de la Floride. Ouverte à toutes les embarcations qui remplissent les conditions fixées.
Juillet. Silver Spurs Rodeo. Répétition de cette grande fête populaire de février (voir plus haut).

Septembre. **Osceola Art Festival.** Pendant le dernier week-end de septembre, 150 artistes peintres, sculpteurs, photographes et artisans exposent sur les rives du lac Tohopekaliga, proche de Downtown Kissimmee, en face de Monument Avenue. Près de 40 000 personnes participent à cette manifestation. ☎ 846.48.00.
Octobre. **Oktoberfest** ☎ 352.84.84. **Florida State Air Fair.** Exhibitions aériennes diverses. Kissimmee Municipal Airport, Highway 192 East, à Kissimmee.
Décembre. **The Nativity Play.** La Nativité reconstituée avec des acteurs professionnels et des animaux. Lake Wales Amphitheater ☎ (813) 676.14.95, (800) 622.83.83, fax (813) 638.20.37. **Saint Cloud Art Festival.** Plus de 120 artistes et artisans regroupés lors du premier week-end du mois. Dans Downtown Saint Cloud.

Programme

Si vous ne disposez que d'**une journée**, consacrez-la à Walt Disney World A5. Partez au plus tard vers 8h après le petit déjeuner à l'américaine, de façon à ne consommer qu'un en-cas avec Mickey. Rentrez vers 18h pour le dîner. Et, si le cœur vous en dit, « soirée aquatique » à Wet'n Wild A4. C'est moins cher en nocturne. En **deux jours**, vous pouvez garder le même schéma, mais dîner chez Walt Disney, dans l'un des bons restaurants d'EPCOT. Le lendemain matin, Sea World A5. Retour vers 16h pour Wet'n Wild. Soirée à Church Street Station B3. En **trois jours**, première et deuxième journées identiques. Le troisième jour, Mystery Fun House A4 juste après le petit déjeuner, puis une visite aux reptiles de Gatorland. Une partie de piscine à vagues puis dîner à l'ancienne dans le cadre du tournoi de Medieval Times B5. Ce n'est qu'à partir de **quatre jours** que vous pourrez aller deux fois chez Walt Disney. Suggestion : le premier et le quatrième jour pour éviter l'effet répétitif. À moins que vous ne préfériez profiter de cette quatrième journée pour aller jusqu'à Cap Kennedy (70 mi/108 km, voir carte p. 127). Terminez votre séjour à Orlando par un dîner à Arabian Nights.

Downtown, Colonial Drive et vers le sud-ouest de la ville A2, A5, B3, B5

Church Street Station*** B3 *(129 W Church Street, Downtown Orlando, FL 32801 ☎ 422.24.34, fax 425.43.12, telex : 79.83.82. VISA, AE, MC. Ouv. t.l.j. de 11h à 2h du matin. Tarifs réduits certains jours de la semaine. Coupe-file à l'année. Les moins de 21 ans doivent être accompagnés pour certaines salles. Tarifs réduits pour personnes âgées et enfants entre 4 et 12 ans. Cinq parcs de stationnement dans les parages).* Tentons d'établir la liste de ce qu'on peut trouver à Church Street Station : trois **restaurants** (Lili Marlene's Aviator's Pub & Restaurant, Crackers Oyster Bar et Cheyenne Saloon Restaurant), six **bars-salles de spectacles** (Rosie O'Grady's Goodtime Emporium, Cheyenne Saloon & Opera House, Orchid Garden Ballroom, Phileas Phogg's Balloon Works, Apple Annie's Courtyard et Commander Ragtime's), un **cellier** (Wine Cellar), riche de 4 500 bouteilles et où sont organisées, en outre, des séances de taste-vin californiens, trois points de vente de **restauration rapide** (Rosie O'Grady's Goodtime Emporium, Commander Ragtime's Midway Grill et The Exchange Food Pavilion), deux vastes ensembles de **boutiques** de toute nature (The Exchange Shopping Emporium et le Historic Railroad Depot), un **centre de congrès** de style victorien (The Private Parlour Rooms dans le Presidential Ballroom) ainsi qu'une **discothèque** (« Club It !») qui

LE PHÉNOMÈNE « CHURCH STREET STATION »

La rénovation du centre des villes américaines (Downtown) est une obsession des municipalités. Sans commerces corrects ouverts en soirée, sans activités nocturnes, ces quarters sont victimes de la désaffection et livrés à l'insécurité. Le réaménagement urbain de Downtown Orlando est, dans ce contexte, un exemple particulièrement réussi.

Rosie O'Grady's sauve Downtown Orlando

Au début des années 1970, la périphérie d'Orlando s'était largement modernisée, alors que le centre (Downtown Orlando) avait conservé l'aspect d'avant-poste de garnison qu'il était lors de la guerre contre les Séminoles : une petite bourgade commerciale vouée à l'emballage et à l'expédition des agrumes et des légumes depuis l'arrivée du chemin de fer. Le quartier était en voie de perdition, à la limite de l'insalubrité, notamment près de la gare ferroviaire désaffectée de Church Street.

Au Rosie O'Grady's une clientèle hétéroclite assiste à un spectacle de french cancan tout en dégustant sandwiches et hot dogs.

Tout a commencé à changer en 1974 avec l'aménagement d'un restaurant-bar, appelé Rosie O'Grady's, dans un banal entrepôt, qui invitait des groupes musicaux. La bière y était bonne, l'ambiance sympathique. Petit à petit, l'entreprise est devenue une grande société : elle a pris forme en acquérant des entrepôts et de modestes commerces de chaque côté de la rue, fermée à la circulation en fin d'après-midi. Un pont en fer forgé relie les deux trottoirs. Une quarantaine de millions de personnes ont fréquenté le lieu depuis 20 ans.

Un complexe au *look* Belle Époque

Church Street Station est aujourd'hui un florissant complexe de loisirs, de restaurants, de bars, de discothèques, de salles de spectacles, de boutiques, de salles de banquets et comporte un très élégant

Au cœur de Downtown, le Presidential Ballroom abrite des salles de réunions et de réceptions particulièrement élégantes.

centre de congrès, unique dans ces parages. Pour tous les âges, pour tous les goûts, pour tous les budgets, à toutes les heures du jour et de la nuit. On y vend même des abonnements à l'année… La décoration du complexe est d'un style Belle Époque et Art Nouveau très réussi, comme au « *good old times* ». La clientèle y est surtout autochtone et l'atmosphère ne sacrifie donc pas trop au tourisme international. On fraternise sous l'empire de la bière et de la musique dixie, country, western, rock, latine ou autre.

Un exemple à suivre

Les rues alentour, bénéficiaires de l'effet Church Street Station, ont été aménagées, interdites à la circulation automobile, agrémentées de bancs et de cafés avec terrasses.

Un Church Street Market a été construit, avec moult boutiques, restaurants, bars et cinémas. Une grande librairie (B. Dalton) s'y est même greffée. Le tout sous l'œil vigilant mais bon enfant de policiers circulant à bicyclette.

On pourrait dire, toutes proportions gardées, que Church Street Station est responsable de la rénovation et de l'explosion de tout Downtown Orlando, comme Walt Disney le fut et l'est encore pour la Floride centrale. Ce type d'entreprises pilotes fait rêver tous les maires américains. À l'exemple de Downtown Orlando, à Downtown Fort Lauderdale, voire à Miami, les choses se sont déjà bien améliorées.

L'ensemble des édifices de Church Street Station, relié par un pont en fer forgé qui traverse la rue, offre un bel exemple de style victorien hollywoodien.

attire la clientèle brésilienne jeune (voir p. 132).

Eola Park B3 *(Central Boulevard, Downtown. Entrée libre).* Voici un endroit idéal de promenade pour les visiteurs (et les citoyens) de tous les âges : arrangé autour du lac Eola, ce parc présente des fontaines lumineuses, des fleurs, des coquillages. En outre, il offre des possibilités de promenades en barque.

Mystery Fun House* A4 *(5767 Major Boulevard, Orlando, en face de l'Hôtel Sheraton Twin Towers ☎ 351.33.55. VISA, AE, MC. Entrée payante. Ouv. de 10h à 23h).* Une délicieuse promenade dans le pays de l'imaginaire au milieu des fées, des dragons, des nains et des géants. Sans oublier les miroirs grossissants ni les scènes d'épouvante.

Universal Studios Florida*** A4 *(1000 Universal Studios Plaza, Orlando, FL 32819-7610 ☎ 363.80.00. AE. Accès : sur la I-4, prendre les sorties 29 ou 30B, puis suivre les flèches. Ouv. t.l.j. Entrée payante. Réduction de 10 % pour les membres de AAA).* Cette attraction conjointe de MCA et Rank Organisation (évaluée à 650 millions $) a été élaborée avec les conseils et la supervision du grand cinéaste Steven Spielberg. Une quarantaine de manèges, spectacles ou autres attractions et six plateaux professionnels de cinéma, de télévision ou de théâtre très confortablement présentés sur 180 ha et parrainés par de grandes marques. Grâce à des effets spéciaux, le visiteur prend part à des scènes de films comme *ET, King Kong, Back to the future, Jaws, Jurassic Park,* etc. À ne pas recommander aux âmes sensibles : *Earthquake... The Big One* (Le grand tremblement de terre). Bien des trucs sont révélés au spectateur qui comprend peut-être ainsi un tout petit peu mieux les mille et un mystères du cinéma. Le tour commenté en tram *(Production Studio Tram Tour)* permet, en outre, de prendre la mesure gigantesque des moyens mis en œuvre pour monter un feuilleton télévisé ou un film. Les magasins d'accessoires et de décors sont proprement impressionnants. Une remarque : il faut être véritablement cinéphile éclairé pour profiter au mieux de la visite aux Studios Universal. Et, bien évidemment, le complexe compte boutiques, restaurants, glaciers et cafétérias en quantité.

D'importants travaux d'extension sont prévus sur une surface de 240 ha au sud des actuels studios. Ils doivent aboutir à la construction de Universal City Florida, qui comportera notamment un deuxième parc (Universal's Islands of Adventure, avec Popeye comme star, prévu pour 1999), un complexe de loisirs ouvert en soirée, cinq hôtels (4 300 chambres), des infrastructures de congrès, un terrain de golf et un centre pour championnats de tennis. Claire concurrence pour Walt Disney...

Wet'n Wild*** A4 *(6200 International Drive, Orlando, à deux pas de l'Hôtel Hilton Inn South ☎ 351.18.00, (800) 992-WILD, fax 363.11.47. VISA, AE, DC, MC. Ouv. de 10h à 17h, 19h ou 21h selon la saison).* Imaginez une immense piscine, à ciel ouvert, dans laquelle les rouleaux de vagues artificielles vous empêchent de jouir d'une stabilité parfaite, en nageant ou en dérivant sur un matelas pneumatique. Ajoutez, à cette première attraction, un autre bassin dans lequel vous plongez en vous laissant tomber sans filet depuis une corde située à cinq ou six mètres au-dessus de l'eau. Le domaine Wet'n Wild comprend aussi un toboggan aquatique aux nombreux virages. Les jeux concernent aussi bien les enfants de tous âges que leurs parents. Nouveauté 1994 : un immense toboggan à tubes, The Surge.

Ripley's Believe It Or Not ! A4 *(8201 International Drive, Orlando, FL 32819 ☎ 363.44.18. Ouv. t.l.j. de la semaine de 10h à 23h. Entrée payante).* Robert Leroy Ripley (1893-1949) est le plus hétéroclite et le plus extravagant des collectionneurs et des voyageurs. Une de ses collections est à Orlando, l'un des maillons de la nouvelle chaîne de ces musées Ripley.

Sea World of Florida*** A5 *(7007 Sea World Drive. À proximité du croisement de I-4 et de la SR 528 ☎ 351.36.00, (800) 227.80.48. VISA, DC, MC. Ouv. t.l.j. de 9h à 19h, ou plus tard, selon la saison. Prévoir au strict minimum une bonne demi-journée. Entrée payante. Tarifs combinés avec Busch Gardens et Adventure Island à Tampa et Cypress Gardens près d'Orlando).* L'ancêtre des « attractions » de Floride, inaugurée en décembre 1973. Sur un territoire de 50 ha règnent la baleine Shamu et ses descendants, principales étoiles des multiples attractions aquatiques. Dans un bassin gigantesque, des animaux de mer dressés (cétacés, otaries, éléphants de mer, lamantins, etc.) présentent un spectacle vivant et gai pour tous les publics. Des sketches commentés animent les ébats, mais la connaissance de l'anglais n'est pas nécessaire pour apprécier l'essentiel du spectacle, qui repose sur l'impressionnante perfection du dressage et la complicité des moniteurs avec leurs élèves marins. Plusieurs fois par jour, dans l'**amphithéâtre Atlantis**, un spectacle sur l'eau raconte la conquête de l'ouest. Avec le **Triangle des Bermudes**, on risque le mal de mer. Au **Théâtre Nautilus**, grande revue musicale sur l'eau. On peut également admirer un panorama exceptionnel sur le parc du haut d'une **tour giratoire** de 140 m d'altitude. Avec une bonne vue, on verra certes les dauphins et les baleines dans leur bassin d'élevage, mais aussi des cerfs et des oiseaux exotiques. À mentionner, une fontaine spectaculaire *(Fountain Fantasy)* dont les jets d'eau suivent les rythmes de grands airs de musique. Tout prend plus d'ampleur le 4-Juillet.

Medieval Life At Medieval Times B5 *(4510 W Irlo Bronson Memorial Highway, sur la Highway 192, juste avant Kissimmee ☎ 239.86.66, (800) 229.83.00. VISA, DC, MC).* Un charmant hameau médiéval reconstitué, avec ses artisans et ses seigneurs qui chassent au faucon.

Splendid China* B5 *(3 000 Splendid China Boulevard, Kissimmee, FL 34747 ☎ 396.71.11, 397.88.00, (800) 244.62.26, fax 396.73.92. À 3 mi/4,8 km de la sortie 25B de la I-4. Entrée payante).* Inaugurée en décembre 1993, pour un coût officiel de 100 millions $, cette nouvelle « attraction » floridienne présente les 5 000 ans de la culture et de l'histoire chinoises. Sur un total de 500 employés, plus d'une centaine proviennent du pays de la Grande Muraille, reconstituée ici, pour chanter, danser, cuisiner, mimer, travailler dans l'artisanat, etc. Il s'agit d'une quasi-reproduction de l'« attraction » chinoise Shenzhen Splendid China à Shenzhen près de Canton en Chine, ouverte au public en 1989. Un ensemble gracieux de 60 tableaux ou monuments. Ce sera encore mieux lorsque la végétation aura un peu poussé.

Vers le nord-est : Winter Park B2, C2

Leu Botanical Gardens C2 *(1730 N Forest Avenue, à Nebraska ☎ 246.26.20. VISA, MC. Ouv. t.l.j. de 9h à 17h, f. le 25 déc.).* Sur 22 ha, un magnifique parc où des massifs de fleurs (roses, camélias, orchidées, azalées) sont disposés parmi les arbres. Sans oublier une pendule à décoration florale.

« Kongfrontation », une des attractions majeures des Universal Studios Florida. Un King Kong rugissant plonge les amateurs d'émotions cinéphiliques fortes au cœur même de l'aventure.

Orange County Historical Museum ou Musée historique du comté d'Orange C2 *(812 E Rollins Street, dans le parc Loch Haven ☎ 897.63.50. Ouv. du lun. au sam. de 9h à 17h et le dim. de midi à 17h)*. Dans ce petit musée, des pièces de mobilier ancien, des vieux outils et des photographies anciennes sont exposés, ainsi que toutes sortes d'objets retraçant l'histoire de la région, de la Préhistoire à l'époque des pionniers. À mentionner aussi la superbe caserne de pompiers construite en briques en 1926, qui constitue un hommage aux soldats du feu (Fire Station N°3).
Orlando Museum of Art* C2 *(2416 N Mills Avenue, dans le parc Loch Haven ☎ 896.42.31. VISA, AE, MC. Ouv. du mar. au sam. de 9h à 17h et le dim. de midi à 17h)*. Ce musée, qui organise de nombreuses expositions, comporte aussi une intéressante collection d'œuvres américaines des XIXe et XXe s. et d'artisanats précolombien et africain.
Orlando Science Center C2 *(810 E Rollins Street, dans le parc Loch Haven ☎ 896.71.51. Ouv. t.l.j. sf Noël. Entrée payante)*. Démonstrations scientifiques astucieuses et notamment la vie des planètes au Planétarium.

Plein sud : Kissimmee-Saint Cloud et Lake Wales, B4, B5, C4, C5

Gatorland* B5 *(14501 S Orange Blossom Trail, Orlando, FL 32837, entre Orlando et Kissimmee, sur la route US 17-92-441 ☎ 855.54.96, (800) 393-JAWS. VISA, AE, MC. Ouv. de 8h au coucher du soleil)*. Ce parc, avec ses 5 000 bêtes, a la réputation d'être la plus grande ferme d'alligators du monde. Vous pourrez y voir vivre, vous nourrir et toucher des milliers de reptiles, de crocodiles, d'alligators, qui se laissent ou non approcher en fonction de leur âge. Un petit train à vapeur effectue le tour du domaine pour la plus grande joie des enfants. Vous verrez aussi des singes familiers et taquins, et de grands espaces pour pique-niquer. Ne pas confondre avec Gator Jungle, « attraction » similaire, également dans les environs d'Orlando.

Cypress Gardens*** B5 *(P.O. Box 1, à Cypress Gardens, FL 33884 ☎ 324.21.11, (800) 282.21.23, (800) 237.48.26. VISA, MC. Ouv. t.l.j. de 9h30 à 17h30. Tarifs combinés avec Busch Gardens et Adventure Island à Tampa et Sea World of Florida à Orlando).* Ces jardins exotiques et tropicaux présentent plus de 8 000 variétés de plantes et de fleurs sur une surface de 90 ha. Les visiteurs sont promenés sur des bateaux à moteurs électriques le long des canaux. Un spectacle de ski aquatique, exceptionnel en qualité et en couleurs, est présenté plusieurs fois par jour. Nouveauté 1994 : *Victorian Garden Party* (« Garden party à l'ère victorienne »), constituée d'arbres et de buissons taillés qui représentent 75 personnages et même un navire, tableau baptisé évidemment « Cypress ».

Bok Tower Gardens* B5 *(à Lake Wales, à 3 mi/5 km au nord de la route US 27A ☎ 676.14.08. Ouv. de 8h à 17h. Entrée payante).* Grand parc de 52 ha aménagé pour la promenade et la connaissance de la nature et des oiseaux, sur le deuxième plus haut sommet de la péninsule floridienne, Iron Mountain, fort de ses 325 feet/99 m. La tour, haute de 62 m, possède le carillon Taylor (57 cloches), en marbre de Géorgie et en coquina de Floride – une roche faite d'un agglomérat de sable et de coquillages broyés –, qui joue un joli concert plusieurs fois par jour. Restaurant et possibilités de pique-nique.

Lake Kissimmee State Park C5 *(à 15 mi/25 km à l'est de la route FL 50, sur Camp Mack Road ☎ 696.11.12).* Sympathique présentation de la vie telle qu'elle se déroulait en 1876 dans un camp de fermiers chasseurs de bovins. Tout autour du lac Kissimmee, abondantes possibilités pour la pêche, pour l'observation des oiseaux et pour faire du bateau. Sentiers de grande randonnée.

Green Meadows Petting Farm B5 *(P.O. Box 420787, Kissimmee, FL 34742-0787 ☎ 846.07.70. Ouv. de 9h30 à 17h30. Entrée payante).* Pour les enfants des villes qui ne savent plus ce qu'est une ferme.

A World Of Orchids B5 *(Old Lake Wilson Road ou route SR 545, 1 mi/1,6 km au sud de la US 192 ☎ 396.18.87, fax 396.41.77. Ouv. 360 jours par an, de 10h à 18h. Entrée payante. Gratuit au-dessous de 6 ans. Tarif réduit pour personnes âgées).* Des orchidées par milliers dans un décor tropical. Une belle promenade.

Flying Tigers Warbird Air Museum B5 *(231 Hoagland Boulevard, Kissimmee Municipal Airport, Kissimmee, FL 32741 ☎ 933.19.42. Entrée payante. Ouv. t.l.j. de 9h à 18h, 9h à 17h le dim. Visite guidée).* Armement et avions de guerre.

Plein ouest : Clermont

Voir carte p. 179. Le nom de la ville de Clermont viendrait de Clermont en France, lieu de naissance de son fondateur. Clermont dispose d'une centaine de lacs dans ses environs et dix-sept intramuros. Vive la pêche et les sports aquatiques !

Florida Citrus Tower* *(à Clermont, par la route US 27 et la route n°50 ☎ 394.85.85, (800) CITRUS 1. VISA, AE, MC. Ouv. de 8h à 18h.*

Entrée payante). La Florida Citrus Tower permet de mesurer l'importance de ce type de culture. Du haut d'un immense édifice, on aperçoit quelques-uns des 17 millions d'orangers et de citronniers répartis sur 3 500 km² autour d'Orlando. Tours en tram dans les plantations. Vous pourrez assister à l'emballage des agrumes dans la petite usine attenante (visites organisées). Il est possible de déjeuner dans la tour, en altitude. Des oranges et des citrons fraîchement cueillis sont en vente.
Lakeridge Winery & Vineyards* *(à Clermont, sur la US 27 ☎ 394.86.27. Ouv. t.l.j., sf le 1er janv., Thanksgiving et Noël. Entrée libre).* Une présentation avec dégustation des vins de Floride.

Vers le nord-est et Daytona

Voir carte p. 179. Cet itinéraire permet de gagner, par la route 4, la station balnéaire de Daytona Beach en traversant le Comté Séminole (54 mi/80 km).
Sanford. Cette ville doit son développement à l'arrivée du chemin de fer en 1880 pour le transport des agrumes et des légumes de la Floride centrale vers les marchés du nord. Située à l'embouchure de la Saint Johns River et du lac Monroe (pêche et promenades en bateau), cette agglomération abrite le **Central Florida Zoological Park**, le Parc zoologique de la Floride centrale *(☎ 323.44.50, 843.23.41. Ouv. t.l.j. de 9h à 17h. Entrée payante).* Sanford possède aussi le **Henry Shelton Sanford Museum** *(☎ 330.56.98, f. sam., dim., lun. et j.f. Entrée gratuite),* qui présente une intéressante collection d'objets d'art de la Nouvelle-Angleterre et d'Europe de 1820 à 1890.
Orange City *(à 6 mi/9 km, sur l'US 17-92, à g).* Elle abrite le **Blue Spring State Park**, le Parc des Sources bleues *(☎ 775.36.63),* la deuxième source de l'État et le lieu où les lamantins (*manatees* en anglais), charmants mammifères marins longs de 2 m, viennent boire en hiver.
DeLeon Springs *(sur l'US 17-92 qui devient, après DeLand, l'US 17 ☎ 985.42.12).* Les sources DeLeon, du nom du conquistador espagnol Ponce de Leon, sont surnommées aussi « la Fontaine de Jouvence ». Englobées dans le DeLeon Springs State Recreation Area, elles sont équipées d'établissements thermaux et de terrains de camping. On peut y pratiquer de nombreuses activités de plein air. Un moulin à sucre y fonctionnait, dès 1570, à partir de l'énergie hydraulique.
Rebroussez chemin pour retrouver la route 4 qui vous conduira à **Daytona** et **Daytona Beach**, que nous vous présentons dans notre itinéraire Miami-Jacksonville.

Vers le nord-ouest : Ocala

Voir carte p. 179. Depuis Orlando, la route US 441 rejoint d'abord **Apopka**. Ce vocable, d'origine indienne, signifie « le lieu où l'on mange des pommes de terre ». Il s'agirait plutôt, aujourd'hui, d'un site où l'on cultive des fleurs. Un peu plus au nord, par la FL 436, vous pourrez vous promener, pêcher, pique-niquer, etc., au **Wekiwa Springs State Park** *(☎ 884.20.09).* Dans Main Street, une loge maçonnique *(Masonic Lodge)* datant de 1859 constitue le plus ancien lieu de rassemblement des maçons de l'État de Floride. Il a été construit par des esclaves et est toujours utilisé aujourd'hui. Dépassant l'un des paradis pour pêcheurs, **Mount Dora**, nous poursuivons jusqu'à **Tavares**

au milieu des lacs (Eustis, Harris, Griffin). Toujours sur l'US 441, les **Venetian Gardens** (jardins vénitiens) sont constitués d'îles miniatures où l'on peut faire du patin à roulettes, du tennis et du bateau.
La ville d'**Ocala**, qui compte 42 000 hab., est placée sous le signe et l'odeur du cheval. Plus de 500 écuries y sont implantées. On visite notamment **Ocala Stud Inc.** *(SW 27th Avenue, sur la route FL 200 ☎ 237.21.71. Ouv. quelques heures t.l.j. ; entrée libre).* Elles ont vu naître plusieurs grands chevaux, dont Carry Back, qui a gagné en 1961 le derby du Kentucky, et Roman Brother, cheval de l'année en 1965.
À l'est, par la route FL 40, vous êtes presque au cœur de la **Ocala National Forest** (Forêt nationale d'Ocala), gigantesque réserve naturelle de 215 000 ha, riche en sources thermales, dont Silver Springs qui débite 2 milliards de litres par 24 heures *(pour les visites ☎ 625.25.20).* Toutes les émotions vous sont offertes à l'« attraction » **Silver Springs – Source of the Silver River** toujours sur la FL 40 (*☎ 236.12.12, (800) 234.74.58. Ouv. t.l.j. Entrée payante. Tarifs combinés avec Wild Waters).* Sources et eaux thermales, crocodiles, cavernes préhistoriques, ferme, etc., accessibles en tram, bateau et jeep.
Wild Waters jouxte l'« attraction » précédente *(☎ 236.20.43, (800) 234.74.58. Les enfants de moins de 11 ans doivent être accompagnés. Ouv. t.l.j. de mars à sept. Entrée payante. Tarifs combinés avec Silver Springs – Source of the Silver River).* Toutes les joies de l'eau.

BONNES ADRESSES

☎ Indicatifs : 813 et 407

Informations touristiques. **Orlando/Orange County Convention & Visitors Bureau**, 7208 Sand Lake Road, Suite 300, Orlando, FL 32819-5273 ☎ 363.58.00, fax 363.58.99. **Central Florida Convention & Visitors Bureau**, 600 N Broadway Avenue, Suite 300, Bartow, FL 33830-1839 ☎ 534.43.72, (800) 828.76.55, fax 533.12.47. **Kissimmee/Saint Cloud Convention and Visitors Bureau**, P.O. Box 422007, Kissimmee, FL 34742-2007 ☎ 847.50.00, libre appel depuis les USA et le Canada : (800) 327.91.59, fax 847.08.78. **Haines City Chamber of Commerce**, P.O. Box 986, Haines City, FL 33844 ☎ 422.37.51. **Lakeland Area Chamber of Commerce**, 35 Lake Morton Drive, Lakeland, FL 33802-3607 ☎ 688.85.51, fax 683.74.54. **Lake Wales Area Chamber of Commerce**, 340 West Central Avenue, Lake Wales, FL 33853 ☎ 676.34.45. **Greater Sanford Chamber of Commerce**, 400 East 1st Street, Sanford, FL 32771 ☎ 322.22.12, fax 322.81.60. **Winter Haven Area Chamber of Commerce**, 401 Avenue B, N W, Winter Haven, FL 33882-1420 ☎ 293.21.38. **Winter Park Chamber of Commerce**, P.O. Box 280, Winter Park, FL 32809 ☎ 644.82.81, fax 644.78.26.
Pour plus d'informations consultez les magazines de promotion touristique, souvent gratuits : *See Orlando, Best Read Guide of Orlando, Orlando Magazine* et *Central Florida Scene*, que vous vous procurerez dans les hôtels, les kiosques, les restaurants, etc.

Hôtels

Avec 86 000 chambres en 1997, la capacité hôtelière d'Orlando et ses environs est la deuxième aux États-Unis après Las Vegas et bien avant New York. Vous n'aurez donc que l'embarras du choix entre les établissements les plus sophistiqués, à l'architecture démentielle sur un thème, le motel tranquille, idéal pour les familles, le bon hôtel-tour banal mais fonctionnel, équipé pour les loisirs et bien situé par rapport aux « attractions ».

▲▲▲▲ **Hyatt Regency Orlando International Airport**, 9300 Airport Boulevard, Orlando, FL 32827 ☎ 825.12.34, (800) 233.12.34, fax 856.16.72. *446 ch. et suites.* VISA, AE, DC, MC. Greffé au-dessus du terminal principal de l'aéroport avec accès direct par ascenseur à bulles et escalier roulant, l'hôtel est très facile à trouver. Les chambres, très spacieuses, comportent les tout derniers raffinements de services pour hommes d'affaires : le Hyatt Business Plan leur assure un fax et des prises d'ordinateur dans chaque chambre des étages du **Regency Club** (desservis par ascenseur direct). Deux restaurants avec vue sur les avions : l'informel **McCoy's**, à l'allure bistro et, plus élégant, l'**Hemisphere**. Piscine, salle de remise en forme et grandes salles de réunions. Immense patio avec fontaines et plantes vertes. Promotions spéciales pour lunes de miel *(Honeymoon Packages)* et pour passagers en transit ou à la veille de leur départ *(Gateway Packages)*.

▲▲▲ **Radisson Plaza**, 60 S Ivanhoe Boulevard, Orlando, FL 32804 ☎ 425.44.55, fax 843.02.62. *337 ch.* VISA, AE, DC, MC. Chambres de luxe sur 15 étages. Piscine, boutiques, tennis éclairés et salle de gym. avec sauna. Deux étages réservés aux VIP, le Plaza Club, qui y disposent de 46 appartements.

▲▲▲ **Stouffer Orlando Resort**, 6677 Sea Harbor Drive, Orlando, FL 32821, en face de Sea World ☎ 351.55.55, fax 351.99.91. *780 ch. dont 64 suites.* VISA, AE, DC, MC. Les chambres donnent toutes sur une cour intérieure conçue « comme un village européen » avec des cafés avec terrasses, un marchand de fleurs installé dans une cage dorée de style victorien, des restaurants de spécialités, un pianiste, un bar tropical, etc. Sans oublier les salles de réunions ni l'équipement sportif : piscine en plein air, courts de tennis éclairés, centre de bien-être, sauna, masseur. 94 chambres et 8 suites pour les VIP au Club Floor.

▲▲ **Radisson Inn Barceló Aquatic Center**, 8444 International Drive, Orlando, FL 32819 ☎ 345.05.05, (800) 333.33.33, fax 352.58.94. *300 ch.* VISA, AE, DC, MC. Un grand ensemble bien équipé pour les sports aquatiques et l'entraînement. Salles de réunions.

▲▲ **Twin Towers Hotel**, 5780 Major Boulevard Orlando, FL 32819, idéalement situé entre I-4 et Turnpike, en face des Universal Studios Florida ☎ 351.10.00, (800) 327.21.10, fax 363.01.06. *760 ch. et suites.* VISA, AE, DC, MC. Deux tours, salles de congrès, piscine, restaurants et cafétérias, salle de gymnastique avec sauna.

▲▲ **Vistana Resort**, P.O. Box 22051, Lake Buena Vista, FL 32830-9982 ☎ 239.31.00, libre appel depuis les États-Unis et le Canada : (800) 877.87.87, fax 239.30.62. Prendre la sortie 27 sur la I-4. Pour les familles. Grandes chambres, grands lits. Animations, sports.

▲ **Best Western Mount Vernon Inn**, 110 S Orlando Avenue, à Winter Park, FL 32789 ☎ 647.11.66. Au bord de la US 17-92. Tenu par de charmantes mamies aux coiffures pyramidales. Motel à conseiller pour les familles. Piscine. Restaurant sans ingéniosité.

Locations de maisons

Affordable Florida, 14436 Tamborine Drive, Orlando, FL 32837-6978 ☎ 857.76.54, (800) 999.01.88, fax 857.78.86. **American Holiday Homes**, Inc., 1400 W Oak Street, Suite H, Kissimmee, FL 34741 ☎ 933.64.05, libre appel USA et Canada : (800) 621.78.88.

Camping et caravaning

Nombreux terrains de camping et de caravaning dans toute la région, dont plus de 6 000 emplacements uniquement dans la zone Kissimmee-Saint Cloud. Capacités variées allant de 20 à 500 places. **Orange Grove Camping**, 2425 Old Vineland Road, Kissimmee, FL 34746-5830

☎ 396.66.55, (800) 3CAMPIN. **Orlando Winter Garden Campground**, 13905 W Colonial Drive, Winter Garden, FL 34787-4209 ☎ 656.14.15, fax 656.52.05.

Restaurants

Sans oublier naturellement les restaurants des plus grands hôtels, qui présentent toujours une grande originalité de cuisines et de décors, vous avez le choix entre 3 500 unités…

Cuisine américaine

♦♦♦ **Jordan's Grove**, 1300 S Orlando Avenue, à Maitland, FL 32751 ☎ 628.00.20. Pas de menu imprimé. Renommé pour les fruits de mer. Décor agréable d'une vieille maison de la fin du siècle dernier.

♦♦♦ **Lili Marlene's Aviators Restaurant & Pub** ♥, 129 W Church Street, l'un des multiples éléments du complexe de Church Street Station, en plein Downtown Orlando, FL 32801 ☎ 422.24.34, fax 425.43.12, telex : 7983.82. VISA, AE, DC, MC. Restaurant typiquement américain au service soigné. La décoration sur le thème de l'aviation crée un environnement original. Ne partez pas sans goûter le veau cordon bleu *(veal cordon bleu)* ou les fruits de mer. Animations.

♦♦ **Chris's House of Beef**, 801 John Young Parkway, à l'O de Downtown ☎ 295.19.31. VISA, AE, DC, MC. Surtout, comme son nom l'indique, pour le bœuf. Propriété familiale. Brunch du dim. au champagne.

Cuisine française

♦♦♦ **Maison et Jardin Restaurant**, 430 W Wymore Road, Altamonte Springs, FL 32741 ☎ 862.44.10. L'élégance suisse s'ajoute à l'excellence des mets, surtout la côte de bœuf et les fruits de mer.

♦♦♦ **La Normandie**, 2021 E Colonial Drive, à l'E de Downtown Orlando ☎ 896.99.76. VISA, AE, DC, MC. Les deux chefs français, André Bilheux et Claude Melchiorri, se sont fait une solide réputation avec leurs préparations de veau nourri au lait, d'agneau et leurs crêpes aux fruits de mer. Fermé le dim.

♦♦ **Le Coq au Vin**, 4800 S Orange Avenue, au S de Downtown Orlando ☎ 851.69.80. VISA, AE, DC, MC. Service en terrasse. Points forts : grenouilles, veau, gibier, volaille. Fermé le lun. Excellent rapport qualité-prix. Des plats américains sont également servis.

Cuisine asiatique

♦♦♦ **Ming Court**, 9188 International Drive, au S de Downtown Orlando ☎ 363.03.38. VISA, AE, DC, MC. Spécialité : le canard à la pékinoise. Animations chinoises. La Grande Muraille reconstituée entoure les jardins et les canaux.

♦♦♦ **Siam Orchid**, 7575 Republic Drive, Orlando ☎ 351.08.21. VISA, AE, DC, MC. Menu thaïlandais. Vue sur le lac. Décor et artisanat thaïlandais.

♦ **China Garden**, 1303 S Semoran Boulevard, au S de Downtown Orlando ☎ 273.33.30. VISA, AE, MC. Cuisine chinoise. Ouv. t.l.j. Présentation d'artisanat chinois.

Cuisine italienne

♦♦♦ **Caruso's Palace**, 8986 International Drive, Orlando ☎ 363.71.10. VISA, AE, DC, MC. Décor d'opéra européen avec jardin, sculptures et fontaines. Prix élevés.

♦♦ **Christini's Restaurante Italiano**, 7600 Doctor Phillips Boulevard, dans le centre commercial Marketplace, Orlando, FL 32814 ☎ 345.87.70. Demandez ses fettuccini. Bonne cave. Dîner seulement. Le « champion du monde d'accordéon », Donald Hulme, pourra vous tenir compagnie. Fermé le dim.

♦ **Bergamo**, 8485 International Drive, Orlando, FL 32814, dans El Mercado Shopping Village ☎ 352.38.05.

Langouste et crabe

♦♦ **Charlie's Lobster House**, 8445 International Drive, Orlando, FL 32814, dans El Mercado Shopping Village ☎ 352.69.29. VISA, AE, DC, MC.

♦♦ **Lee's Lakeside**, 431 E Central Boulevard, Downtown Orlando ☎ 841.15.65. VISA, AE, DC, MC.

Cuisine indienne

♦ **Darbar**, 7600 Doctor Phillips Boulevard, dans le centre commercial Marketplace, Orlando, FL 32814 ☎ 345.81.28. VISA, AE, MC.

♦ **Passage to India**, 5532 International Drive, Orlando☎ 351.34.56. VISA, AE, DC, MC.

Cuisine cascher

♦ **Ronnie's**, 2702 E Colonial Drive, dans le centre commercial Colonial Plaza Shopping Center, à l'E de Downtown Orlando ☎ 894.29.43. Pas de cartes de paiement.

Dîners-spectacles

Souvent plus pour passer une bonne soirée que faire un bon repas…

♥ **Arabian Nights**** A5, 6225 W Irlo Bronson Memorial Highway, sur la US 192, Kissimmee, FL 34747 ☎ 239.92.21, 396.17.87, (800) 553.61.16, libre appel depuis le Canada : (800) 533.36.15, fax 239.96.22. VISA, AE, DC, MC. *(Le dîner est à 19h30 toute l'année et à 20h30 en été. Matinées sur demande pour événements spéciaux.)* Un très beau spectacle équestre, comportant une soixantaine de chevaux de dix races différentes reconstituant des tableaux populaires. Une note particulière pour Ben Hur.

Asian Adventure, dans International Station, sur International Drive ☎ 351.56.55, (800) 770-ASIA ou 770.27.42. Ambiance extrême-orientale.

King Henry's Feast A5, 8984 International Drive, Orlando, FL 32819 ☎ 351.51.51, (800) 883.81.81. Un grand banquet médiéval comme au temps d'Henry VIII d'Angleterre. Avec force animations.

Medieval Times** A5, 4510 W Irlo Bronson Memorial Highway, Kissimmee, FL 34742-2385, sur la Highway 192, juste avant d'arriver à Kissimmee ☎ 396.35.18, 239.02.14, (800) 239.86.66, fax 396.21.67. VISA, DC, MC. A fêté son dixième anniversaire en 1994. *(Visite libre du domaine dans la journée. En semaine dîner-spectacle à 19h. Le week-end : à 18h et à 20h30.)* Imaginez une ambiance médiévale : un château à mâchicoulis qui se détache au bord de la route, des ponts-levis, des douves, des gentes dames et des gentils damoiseaux qui vous accueillent en parlant du vieil anglais… Le décor est planté. Dans la cour (couverte et climatisée), un tournoi gigantesque va se dérouler. Chaque convive, servi à la médiévale, mange avec ses doigts (serviette parfumée comprise), et est appelé à prendre parti pour un duc, un prince, tous en grande tenue et chevauchant de superbes chevaux. Les cris et l'enthousiasme ambiant, savamment entretenus par un maître des cérémonies, digne frère de Falstaff, font un peu penser à un match de catch, mais c'est très sympathique.

Sleuths Mystery Dinner Show, 7508 Republic Drive, Orlando, FL 32819, dans Republic Square, derrière Wet'n Wild ☎ 363.19.85, (800) 393.19.85. Vous devrez résoudre une énigme pendant le dîner.

Wild West Dinner Show, 5260 US 192, dans le Western Village Shopping, Orlando, FL 34741 ☎ 351.51.51, (800) 883.81.81. Ambiance Far West et Western.

Sports et loisirs

Bowling. World Bowling Center At Dowdy Pavilion, 7540 Canada Avenue, Orlando, FL 32819 ☎ 352.26.95. *Ouv. t.l.j. à partir de 9h du matin.*

Courses de lévriers. Sanford-Orlando Kennel Club, à Longwood (avec paris). **Seminole Greyhound Park**, Casselberry (avec paris).
Golf. Congo River Golf, 6312 International Drive ☎ 352.00.42. Implantations similaires à Kissimmee et ailleurs en Floride. Un terrain de golf dans un environnement tropical. Toute une aventure...
Jaï alaï (pelote basque). Florida Jaï Alaï, à Fern Park (avec paris).
Pêche. Les nombreux lacs et rivières à Orlando et aux alentours l'autorisent souvent. Des espaces sont généralement pré-arrangés dans les terrains de camping et de caravaning.
Promenades en bateau. Scenic Boat Tour, East Morse Boulevard, après Interlachen, au bord du lac Osceola, à Winter Park, FL 32789 ☎ 644.40.56. *Ouv. t.l.j. sf Noël de 10h à 16h.* Départ toutes les heures à l'heure juste. L'une des plus vieilles « attractions » de Floride, fondée en 1938. Dans une atmosphère bon enfant, on vous promènera tranquillement pendant 1h de lac en lac et de canaux en canaux.
Taste-vin. **Lakery Winery and Vineyards**, 19239 US 27 North, à Clermont, FL 32711 ☎ 394.86.27, (800) 476.VINE. Nouvelle excursion d'une nature toute particulière : aller goûter le nouveau vin floridien de Lakeridge, à Clermont. Test encourageant.
Vie nocturne. Orlando et toute la région sont, d'une certaine façon, comme une gigantesque station balnéaire, sans la mer. Encore que la mer ne soit qu'à 40 mi/62 km (Orlando-Titusville). Comme dans toute terre de vacances, on peut donc passer ses soirées à la discothèque de son hôtel, dîner dans un bon restaurant, visiter de nuit les multiples « attractions » ouvertes en nocturne (le climat le permet et c'est parfois même à conseiller), rester jusqu'à la fermeture à Walt Disney World, aller à un dîner-spectacle, écouter de la musique au **Blazing Pianos**, 8445 International Drive, dans le centre commercial The Mercado, ☎ 363.51.04. Un grand bar avec trois grands pianos et dix grands pianistes interprétant du grand rock'n roll. Avec la participation du plus grand des publics.

Shopping

Du fait de l'urbanisme particulier d'Orlando, il n'y a pas à proprement parler, comme à Miami Beach ou à Key West, de quartiers ou de rues de boutiques. Ici, la mode est plutôt aux galeries commerciales, plus extravagantes les unes que les autres, et sans spécialisation véritable dans les articles présentés.
Centres commerciaux. **Altamonte Mall**, à 0,5 mi/0,8 km à l'E de I-4 sur la route SR 436 à Altamonte Springs ☎ 830.44.00. VISA, AE, DC, MC. 165 boutiques et magasins pour la femme, l'homme et la maison. Une certaine élégance. **Belz Factory Outlet Mall**, 5401 West Oakridge Road, à Orlando ☎ 352.96.00. En tout, 90 magasins en direct de l'usine. *Ouv. de 10h à 21h en semaine et de 10h à 18h le dim.* **Church Street Station Exchange**, 129 W Church Street Station, Orlando, FL 32801 ☎ 422.24.34, fax 425.43.12, telex : 79.83.82. VISA, AE, DC, MC. *Ouv. t.l.j. de 11h à 23h.* Une cinquantaine de boutiques et de restaurants dans un décor victorien raffiné. **Colonial Plaza Shopping Center**, à l'E de Downtown Orlando. **Crossroads** ☎ 827.73.00. VISA, AE, DC, MC. À la sortie 27 de la I-4 (sur la SR 535), à Lake Buena Vista, tout près de l'entrée du Monde de Walt Disney. Décontracté. **Flea World**, entre Orlando et Sanford, sur la Highway 17-92, à 1 mi/1,6 km à dr. de la sortie 50 de la route I-4 ☎ 647.39.76. Sorte de gigantesque marché aux puces couvert. **Marketplace**, 7600 Doctor Phillips Boulevard, Orlando, FL 32814, au S de Downtown. **Mercado Shopping Village**, 8445 International Drive, Orlando, FL 32819 ☎ 345.93.37. 60 boutiques animées. **Quality Outlet Centers**, International Drive, à l'E de Kirkman Road, sur la SR 435 ☎ 423.58.85. VISA, AE, MC. Directement du producteur au consommateur. Prix cassés pour tout. **The Florida Mall**,

angle Sand Lake Road et S Orange Blossom Trail, à Orlando ☎ 841.82.40, 851-MALL. *Ouv. t.l.j. de 10h à 21h30 et le dim. de 11h à 18h.* Quelque 200 boutiques et 20 restaurants.

Spécialités. Christmas World, International Drive, angle Oakridge Road, à Orlando. *Ouv. de 10h à 21h.* Un éventaire permanent pour les cadeaux de Noël. **Denim World**, 5315 W Colonial Drive, Pine Hills Center, Highway 50 ; 7623 International Drive ; 1411 Sandlake Road ; 2999A E Colonial Drive, Highway 50. Toutes quatre à Orlando. Tout en jeans. **Gold Jewelry Cheap**, 7637 International Drive, End Store, derrière Denim World, à Orlando. Tout l'or du monde. **Lenox Factory Outlet**, à International Station, 5247 International Drive, Orlando, FL 32819 ☎ 354.52.33. Toute la porcelaine. **Renninger's Antique Center**, sur le côté E de New Highway 441, au S-E de Mount Dora et au N-E de Lake County ☎ 383.83.93. *Ouv. les sam. et dim. de 8h à 17h.* Toutes les antiquités. **Shell World**, 6464 International Drive, à Orlando ; 7530 West Bronson Highway, sur l'US 192, à Kissimmee ; 4727 West Bronson Highway, sur l'US 192, à Kissimmee. Tout en coquillages.

Adresses et téléphones utiles

AAA. 590 North Primrose Drive, Orlando, FL 32803.

Aéroport international. À une petite heure de Downtown Orlando, par Semoran Boulevard et Colonial Drive. Il est délimité au N par la Bee Line Expressway (autoroute à péage), ☎ 826.20.01.

Bus et autocar. American Sightseeing Tours, P.O. Box 62 1266, Orlando, FL 32862-1266 ☎ 933.17.09, 859.22.50. **Florida Tour Lines**, 144 W Landstreet Road, Orlando, FL 32824 ☎ 856.64.00, (800) 356.78.91. VISA, AE, MC. **Gray Line of Orlando**, 4950 L. B. McLeod Road, Orlando, FL 32811 ☎ 422.04.44. VISA, AE, MC. **Greyhound**, 300 W Pamelia Street, Downtown Orlando ☎ 843.77.20. **Orlando Tour Lines**, 2301 S Division Avenue, Orlando, FL 32805 ☎ 422.22.42. **Orlando Transit Authority** ☎ 841.82.40.

Location de voitures. Alamo Rent-A-Car, 8200 McCoy Road, Orlando, FL 32822 ☎ 857.82.00, 856.48.97, fax 855.61.02. VISA, AE, DC, MC. **Avis Rent-A-Car**, 8445 Bear Road, Orlando, FL 32827 ☎ 851.76.00, (800) 331.16.00. VISA, AE, DC, MC. **Budget Rent-A-Car**, 8855 Rent A Car Road, Orlando, FL 32827-4345 ☎ 850.67.12, telex : 56.74.35. VISA, AE, DC, MC. **Dollar Rent-A-Car** ☎ (800) 822.11.81, (800) 800.40.00. VISA, AE, DC, MC. **Enterprise Rent-A-Car**, 35 E Colonial Drive, Orlando, FL 32801 ☎ 843.54.11, fax 841.67.40. VISA, AE, DC, MC. **Hertz Rent-A-Car**, 8425 Bear Road, Orlando, FL 32812 ☎ 859.84.00, (800) 824.96.10, (800) 351.88.88. VISA, AE, DC, MC.

National Car Rental, Orlando International Airport, Orlando, FL 32812 ☎ 855.41.70, (800) CAR.RENT, fax 851.44.22. VISA, AE, DC, MC. **Value Rent-A-Car**, 2510 McCoy Road, Orlando, FL 32809 ☎ 438.71.06, (800) 240.26.27, (800) 488.25.83, fax 438.71.19. VISA, AE, DC, MC.

Location de caravanes et de mobile homes.Holiday RV Motorhome Rentals, 5001 Sand Lake Road, Orlando, FL 32819 ☎ 351.30.96, (800) 351.51.40. VISA, AE, DC, MC.

TAXI. Admiral limousine, 7300 W Irlo Bronson Memorial Highway, Kissimee, FL 32741 ☎ 396.12.20. **Buster's Cab & Limousine**, 600 Thacker Avenue, Kissimee, FL 32741 ☎ 847.48.67. **Yellow Cab Company**, 324 W Gore Street, Orlando, FL 32806 ☎ 699.99.99.

WALT DISNEY WORLD ♥

Le Monde de Walt Disney illustre à lui seul plusieurs mondes : celui, magique, de tous les personnages qui nous sont si familiers et que le génial dessinateur a créés depuis près de 70 ans ; celui, par excellence, du capitalisme américain ; celui, enfin, des loisirs contemporains.

Le Monde de Walt Disney *(Walt Disney World)* constitue un univers à lui tout seul avec ses attractions, ses équipements de sports et de loisirs, ses capacités d'hébergement et ses moyens de transport. Sur un domaine foncier global de 12 000 ha – soit plus que la ville de Paris ou encore deux fois l'île de Manhattan –, seuls 2 800 sont aménagés à ce jour et une réserve naturelle de 3 280 ha est déjà constituée. C'est dire que, lorsqu'on est chez Walt Disney, on n'est plus vraiment à Orlando.

L'emplacement de Walt Disney World était jusqu'en 1967, date du début des premiers travaux, un territoire rempli de marécages. Il a donc fallu creuser, assainir, viabiliser, etc. Quatre ans et demi de travaux, uniquement pour le premier parc, le **Magic Kingdom** (le Royaume Magique), transformèrent totalement le site en y créant une topographie artificielle particulièrement harmonieuse. Ce fut l'un des plus grands chantiers de tout l'État de Floride : 8 000 ouvriers de toutes les disciplines travaillèrent de 8h à 24h, déplacèrent 15 000 m^3 de terre par jour, conduisirent 2 000 camions, creusèrent des canalisations sur plusieurs centaines de mètres, créèrent des collines là où il y avait une plaine et firent naître deux lacs là où il y avait des marécages indéfinis et malsains. C'est ainsi que sur ce territoire, totalement réinventé, on trouve, depuis 1971, des grands hôtels en pleine campagne, un village polynésien, des lacs artificiels, un terrain de camping et, bien sûr, le monde de la souris Mickey. À cela s'ajou-

tent des structures d'accueil pour congrès ou séminaires, des bureaux, des courts de tennis, cinq golfs de 18 trous, etc.
Investissements gigognes, bien à l'américaine. En 1982, ouvre la deuxième étape du Monde de Walt Disney, l'**Experimental Prototype Community of Tomorrow**, connu sous son sigle EPCOT, qui pourrait se traduire par Prototype expérimental de la ville de demain. Enfin, un troisième parc sur le thème du cinéma a été inauguré en 1989 : les **Studios Disney-MGM**. Sans oublier, en parallèle, les constructions d'hôtels de luxe, de piscines, de boutiques, de restaurants nouveaux.
Derrière ces multiples écrans de rêve, on découvre la réalité des chiffres, des investissements et de l'impact économique. Walt Disney World, c'est aujourd'hui 35 000 employés à temps complet, auxquels s'ajoutent les saisonniers. Un total de plus de 300 millions de visiteurs depuis la première ouverture, avec un nombre moyen d'entrées de l'ordre de 20 millions par an, la pointe historique annuelle ayant été réalisée au cours des douze mois qui ont suivi l'ouverture du deuxième parc (EPCOT), soit 22 714 942 entrées, et la pointe journalière ayant été atteinte le 29 décembre 1986 avec 146 050 entrées. Un ensemble de 354 sociétés. Plus de 10 000 chambres d'hôtels à l'intérieur du Monde de Walt Disney. Un investissement total évalué, pour les deux premiers parcs, à 1,7 milliard $, et à 100 millions $ pour Disney-MGM. On comprend peut-être mieux ainsi l'enjeu qui partageait les gouvernements français et espagnol lorsqu'il fallut décider où s'installerait le premier Monde de Walt Disney européen : la première phase de Disneyland Paris devrait se monter officiellement à 13,5 milliards de francs français... En mai 1985, Walt Disney World a connu son heure de gloire : Ronald Reagan était le premier président de l'Histoire à visiter le parc...
Et les projets d'expansion continuent : études et réalisations dans le secteur de l'éducation secondaire technique en Floride ; nouveau parc envisagé près de Washington, DC, sur le thème de l'histoire et de la culture des États-Unis ; compagnie de croisières pour les familles dans les Caraïbes ; extension de Walt Disney World d'Orlando avec la construction d'un zoo, d'un parc aquatique (Blizzard Beach), et de trois hôtels supplémentaires, une chaîne TV « Toon Disney » de dessins animés, un ensemble d'habitations à Osceola « Celebration », un théâtre à Broadway, etc.

MODE D'EMPLOI

Accès

En voiture. Au départ de Downtown Orlando, prendre la route US 17-92-441 (dénommée Orange Blossom Trail dans cette zone urbaine) à Colonial Drive en direction du S. À Kissimmee, tourner à dr. sur la 192 qui conduit directement à la voie d'accès privée de Walt Disney World. Distance approximative : 27 mi/41 km. Autre solution : suivre la I-4 qui conduit tout droit en direction du S-O vers le domaine. Distance approximative : 20 mi/31 km. **De Miami**, dont il est distant grosso modo de 230 mi/350 km, on atteint Walt Disney World par l'US 1, plein N, puis en bifurquant à Fort Pierce par le Florida's Turnpike à péage en direction du N-O. **Depuis Tampa**, le chemin est simple : l'US 14 y conduit tout droit après 85 mi/132 km.
Avec les navettes. Les hôtels officiels du Monde de Walt Disney et ceux situés à l'intérieur du domaine assurent gratuitement les navettes vers les trois parcs.

Droits d'entrée

Vous avez le choix entre quatre options : le « **passeport de 4 jours** » qui permet, pendant 4 jours consécutifs, l'entrée illimitée aux trois parcs (125 $) ; le « **passeport de 5 jours** » qui permet, pendant 5 jours consécutifs, l'entrée illimitée aux trois parcs, et l'accès gratuit, pendant 7 jours consécutifs, à Typhoon Lagoon, River Country, Discovery Island et Pleasure Island (175 $) ; le **billet à prix unique** valable une journée pour un seul parc (35 $) ; et le **passeport annuel**, recommandé par exemple comme cadeau. (Prix en juil. 1994). Tarif réduit pour les enfants de 3 à 9 ans. Gratuit pour les moins de 3 ans.

Avec ces billets, toutes les attractions, manèges et autres activités sont gratuits et accessibles sans aucune formalité. Vous pouvez acheter vos billets avec les cartes VISA, AE, MC. Et, bien sûr, la Disney Credit Card. Quel que soit le type de votre billet, n'oubliez pas de vous faire tamponner la main si vous souhaitez sortir en ayant l'intention de rentrer le même jour.

Stationnement

Vous devrez obligatoirement laisser votre voiture dans un parc de stationnement (payant), dont les dimensions américaines vous paraîtront hallucinantes. Chacun des deux parcs, le Royaume Magique et EPCOT, compte en effet 12 000 emplacements. Vous vous laisserez guider par les jeunes filles et les jeunes messieurs chargés de l'accueil et garerez votre véhicule à l'endroit qu'ils auront choisi pour vous. N'oubliez pas alors de noter le nom de l'emplacement où vous l'avez laissé. Vous serez, par exemple, à Pinocchio 2225. Ne laissez ni objet de valeur, ni de matières qui ne résisteraient pas à la chaleur... Un petit train automobile vous accompagnera alors aux portes d'entrée du domaine choisi.

Walt Disney a tout prévu. Si, par malheur, votre véhicule ne veut plus redémarrer, téléphonez au ☎ 824.48.13. Une estafette viendra à votre secours avec les premiers instruments de dépannage. La même équipe volante et serviable est présente en permanence près des parcs de stationnement.

Comment se repérer ?

Il est capital de prendre un moment pour bien regarder un plan de Walt Disney World et en saisir les différents éléments qui le constituent.

Il y a d'abord trois parcs sur des thèmes différents : le **Magic Kingdom**, celui de Mickey et des différents personnages de Disney ; puis celui d'**EPCOT**, présentant le monde d'aujourd'hui et celui de demain sous forme de pavillons nationaux et thématiques ; enfin, les **Studios Disney-MGM**, consacrés au cinéma et à la télévision. Ils sont reliés entre eux par monorail, train, bateau ou bus. Partout, dans les « rues », des animations sur le thème dominant de chaque parc, des boutiques où se procurer toutes sortes de souvenirs : affiches, articles, « gadgets » et accessoires ayant servi dans certains grands films, etc. On vous signale même les meilleures prises de vue par un petit écriteau... parrainé par Kodak.

Deuxième ensemble, très vaste, qui entoure les trois parcs : le **Royaume des Vacances** *(Vacation Kingdom)*. Des hôtels, des terrains de camping et de caravaning, des golfs, des lacs, des piscines, des plages, des bois. Également reliés entre eux par toutes sortes de moyens de transport.

Troisième unité : **Disney's Village Resort**, à l'O. Elle comprend des hôtels, un terrain de golf avec son club (le Lake Buena Vista Club), un ensemble de boutiques et de restaurants (le Disney Village Marketplace) et une île (Pleasure Island), réservée aux activités nocturnes (notamment sept discothèques). Enfin, le Typhoon Lagoon, parc aquatique de 22,5 ha.

Programme

Avant de commencer la visite, il faut savoir le temps dont on peut disposer. Il est difficile de faire une estimation du temps nécessaire à cette visite. Les Européens ne restent jamais indifférents à cette attraction exceptionnelle. Ils l'adorent ou ils la détestent. Les enthousiastes disent qu'au bout de huit jours

Walter Elias Disney

De son véritable nom José Luis Guirao Zamora, il serait né en 1901 à Chicago de parents espagnols mais adopté par un certain Elias Disney. Mort en 1966, Walt Disney a reçu 39 Oscars dans sa (courte) vie.
Quelques dates-repères du dessin animé :
18 novembre 1928 : *Willie Vapor* avec Mickey Mouse.
1932 : premier oscar du dessin animé attribué à *Flowers and Trees* avec Mickey Mouse.
1937 : *Blanche-Neige et les Sept Nains*, premier dessin animé de long métrage (400 000 dessins).
1950 : *Pinocchio, Fantasia, Dumbo, Bambi, les Trois Caballeros, Cendrillon.*
1963 : *Peter Pan, les 101 Dalmatiens, Merlin l'Enchanteur.*
1986 : *le Livre de la jungle, Basil Détective.*
1993 : *le Roi Lion (The Lion King).* Mickey Mouse fête ses 65 ans.

on n'a pas encore épuisé toutes les ressources du domaine. Les sceptiques déclarent qu'après une bonne demi-journée on a tout vu et tout compris. En tout cas, c'est un merveilleux laboratoire d'observation d'une certaine Amérique. La durée de votre visite dépendra, aussi, de votre résistance physique et psychique aux kilomètres à parcourir, à la chaleur humide fatigante, aux attentes parfois longues. Les horaires d'ouverture du Monde de Walt Disney sont très larges : de 9h du matin jusqu'en soirée, lorsque la chaleur est plus supportable et lorsque les queues pour les différentes attractions se font plus réduites. Un conseil : vérifiez au préalable les horaires de fermeture, variables selon les saisons et les manifestations organisées.
Si vous disposez d'une journée : impossible de visiter les trois parcs. Vous pouvez tout juste avoir une idée de deux ensembles. Par exemple, EPCOT et MGM. Arrivez à l'ouverture. Passez la matinée dans les innovations scientifiques et technologiques. Un coup de bateau à roues à aubes et vous pouvez aller manger quelques *tacos* au pavillon mexicain. Rendez-vous au pavillon français, tout de même, puis bus jusqu'aux Studios Disney-MGM, le temps de jouer une saynète et vous promener sur Hollywood Boulevard. **Vous avez deux jours :** passez alors une journée complète à EPCOT. Prenez le temps de déjeuner, par exemple, au pavillon marocain et terminez la soirée dans une des boîtes de Pleasure Island. Le lendemain sera partagé entre Magic Kingdom et les Studios Disney-MGM. **En trois jours :** un jour par parc.
Votre vie sera simplifiée si vous vous rendez à Walt Disney World dans le cadre d'une excursion ou d'un voyage organisé. Mais pensez alors que votre liberté de visite sera tout de même un peu réduite. Vous pourrez aussi demander à effectuer une visite guidée et vous inscrire à l'accueil.

♥ Magic Kingdom***

Le Royaume Magique est un ensemble de 40 ha présentant des « attractions » organisées autour de 7 « pays » *(lands) :* Adventureland ; Liberty Square ; Frontierland ; Main Street, USA ; Fantasyland ; Tomorrowland ; Mickey's Starland. Au total se succèdent 41 attractions toutes orchestrées autour d'un thème : les pirates dans la mer

Le plus illustre personnage du monde merveilleux de Walt Elias Disney, Mr Mickey Mouse, a fêté en 1993 ses 65 ans : il se porte comme un charme et son banquier aussi.

Scene
STUDIO TOUR

des Caraïbes, 20 000 lieues sous les mers, la Maison hantée *(Haunted Mansion)*, le panthéon des présidents des États-Unis, etc. Plus de 70 boutiques et restaurants. Tous les soirs, grand feu d'artifice.
C'est dans le Royaume Magique que prennent vie les célèbres personnages des productions de cinéma et de télévision de Walt Disney : Mickey Mouse, Blanche-Neige et les Sept Nains, Peter Pan, Dumbo, Cendrillon, Donald Duck, le Roi Lion, etc. Mickey est le le roi et le héros de ce royaume. Il vous accueille grandeur nature à sa mairie *(City Hall)* accompagné de son inséparable Minnie.
Une suggestion : faites d'abord le tour du Royaume Magique avec le monorail. Mais, si vous avez le temps, empruntez le petit train à vapeur qui part de Victoria Station et circule tout autour des attractions. Vous aurez ainsi une vue générale de la répartition impressionnante des installations.
Depuis la grand-place, en prenant **Main Street** (la grand-rue), bordée de maisons coloniales et/ou victoriennes, animée de carrioles, de diligences tirées par des chevaux et de parades quasi-permanentes, vous arriverez à **Fantasyland**, dominé par le château de Cendrillon *(Cinderella Castle)*, copie un peu éloignée de l'une des folies du roi Louis II de Bavière à Neuschwanstein. Vous continuerez sur **Tomorrowland** : voyage vers les étoiles ; Space Mountain, une des stars ; course automobile avec Grand Prix Raceway ; Alien Encounter, à ouvrir en 1995, etc. À **Mickey's Starland**, vous ferez connaissance avec la maison de Mickey et il vous signera des autographes. En face, **Frontierland** avec les stars Big Thunder Mountain Railroad (y compris Splash Mountain, à 65 km/h) et le spectacle western Diamond Horseshoe Jamboree (réservation gratuite). À **Liberty Square,** vous pourrez prendre un « authentique » bateau à aubes. À **Adventureland**, c'est naturellement la rencontre avec les pirates des Caraïbes et une « croisière » dans la jungle.
L'essentiel des attractions du Royaume Magique d'Orlando se retrouvent à Disneyland Paris. Avec une grande différence : les distances à parcourir sont infiniment plus petites en Ile-de-France.

EPCOT* * *

Walt Disney a développé là encore ses idées de pédagogie, de rêve et de fraternité humaine. Le parc s'étend sur un domaine de 104 ha, dominé par cette immense géosphère de 54 m de hauteur qui lui sert d'emblème, rappelant la Géode de la Cité des Sciences et de l'Industrie de Paris qui atteint 36 m de diamètre. Il est composé de deux parties très distinctes :
Future World tient à la fois du musée – à la dimension américaine –, du Palais de la Découverte de Paris qui aurait rajeuni de 50 ans et d'un parc d'attractions doublé d'un Salon de l'Enfance. On apprend, en touchant à tous les boutons, comment demain nous communiquerons, nous nous chaufferons, nous naviguerons dans l'espace, nous explorerons et sauvegarderons la planète, ses mers et ses océans, etc. Chaque « pavillon » – le mot n'est à vrai dire pas approprié en raison des dimensions – est parrainé par une grande firme. Citons **Spaceship Earth** (AT & T), **Universe of Energy** (Exxon), **World of Motion** (General Motors), **Journey into Imagination** (Kodak), **The Land** (Nestlé USA), **The Living Seas** (United Technologies Corp.) et **Wonders of Life** (MetLife). À **Innoventions East & West**, découvrez les dernières innovations pour la maison, le travail et le jeu.

World Showcase (la vitrine du monde), où on est accueilli en musique par la poupée Barbie, présente une succession de grands espaces montés par des États, gouvernements ou sociétés privées présentant aux Américains l'image nationale qu'ils veulent exporter. Il y a ainsi 11 nations exposantes autour du lac qu'on traverse en bateau à aubes : Canada, États-Unis, Royaume-Uni, France, Japon, Italie, Allemagne, Chine, Mexique, Norvège et Maroc. Le **pavillon de la France** rencontre, paraît-il, un succès particulier en raison de ses restaurants. Paul Bocuse, Gaston Lenôtre et Roger Vergé tiennent table commune **Aux Chefs de France**, même si le service n'arrive pas à être à la hauteur de leurs établissements respectifs de l'Hexagone. Il y a aussi un **Bistro de Paris** en étage. **Au Petit Café**, avec terrasse, on peut se nourrir pour moins cher. La France, c'est encore, à EPCOT, de l'orgue de barbarie, de l'accordéon, un audiovisuel *Impressions de France* superbe, ainsi que des boutiques, une boulangerie-pâtisserie, un théâtre de rue, des fleurs, de l'artisanat, etc. Ainsi que la presse française, chose rare aux États-Unis.

Studios Disney-MGM***

Le troisième et dernier parc du Monde de Walt Disney est dédié au cinéma et à la télévision. Il a ouvert ses portes aux visiteurs le 1er mai 1989, tandis que les professionnels du cinéma et de la télévision y travaillaient déjà au cours de l'été 1988.

C'est bien là l'une des originalités des Studios Disney-MGM adapté depuis lors par les Universal Studios Florida : le mélange des genres, le côtoiement entre les pros et les profanes, la possibilité de voir comment se confectionnent un film et une émission de télévision, l'accès à toutes les coulisses. Une forme de tourisme de la découverte économique.

Avec **SuperStar Television**, vous jouerez vous-même des scènes célèbres et pourrez emporter la cassette vidéo de votre enregistrement personnel. Au **Monster Sound Show**, on vous montrera comment sont réalisés les effets sonores et les doublages. Le moment le plus fort est certainement la visite *(durée : 30 mn)* d'un studio de production de films télé : **Backstage Studio Tour**. Toutes les étapes de la production sont passées en revue alors que des professionnels sont réellement en train de travailler devant vos yeux. Une des « attractions-stars » : le **Catastrophe Canyon** avec ses terribles effets spéciaux. Pour vous reposer ou vous rafraîchir, entrez au **Walt Disney Theater**, très agréablement climatisé, où les bandes-annonces des prochains films signés Disney vous seront projetées. À **Star Tours**, vous ferez un voyage particulièrement mouvementé dans la galaxie (interdit aux femmes enceintes). Vous croiserez encore Aladin, la Belle et la Bête, les tortues Ninja, la petite sirène, etc.

À noter que vous saurez encore mieux apprécier votre visite si votre culture cinématographique et télévisuelle est bonne.

Fort Wilderness Campground**

C'est la zone d'hébergement familial à prix modéré auquel tenait particulièrement Walter Elias Disney. Dans une nature réaménagée entre pins et cyprès sur 292 ha, Fort Wilderness Campground offre 785 emplacements pour tentes et caravanes et 407 pour mobile homes *(Wilderness Homes)*. À disposition : courts de tennis, piscines, canoë, boutiques de ravitaillement, marina, plages et plans d'eau. Animations nocturnes autour de feux de bois.

Dans le même domaine, **River Country** est un parc aquatique décoré comme au bon vieux temps (plage de sable blanc, piscine, rapides, toboggan, etc). Au milieu de Bay Lake, **Discovery Island** – une île de 4 ha – et son « paradis tropical », est une véritable réserve d'oiseaux des îles. Animaux, fleurs, sentiers de randonnée, etc. Accès possible en vedette.

Disney Village Marketplace

(Ouv. t.l.j.) À l'est d'EPCOT, à Lake Buena Vista, Disney Village Marketplace présente un ensemble de boutiques, de restaurants et de discothèques à proximité du **Disney's Village Resort Conference Center** (réunions pour des groupes de 10 à 2 509 personnes) et autour d'une lagune avec marina.

Pleasure Island*

(Un seul droit d'entrée pour tout. Ouv. t.l.j. Les moins de 18 ans doivent être accompagnés par un parent après 19h.) Vouée aux plaisirs de la nuit, Pleasure Island compte sur 2,4 ha un total de 7 discothèques présentant des groupes et orchestres de toutes les musiques du monde, ainsi que des boutiques, des restaurants, des salles de cinéma et des spectacles en salle. Elle est reliée à Disney Village Marketplace par un pont franchissable à pied.

Typhoon Lagoon**

(Ouv. t.l.j.) Un parc aquatique de 22,5 ha comportant quantité de jeux et jets d'eau pour petits et grands. On dit aux États-Unis de 4 à 84 ans... Possibilité de pratiquer la plongée sous-marine en apnée dans de l'eau salée ou encore de faire du rafting. Et, bien sûr, des boutiques et des restaurants.

BONNES ADRESSES

☎ **Indicatif : 407**

Hôtels

Vous avez le choix entre les hôtels construits près du Royaume Magique *(Magic Kingdom Resort Area)*, les hôtels d'EPCOT *(EPCOT Center Resorts)*, les hôtels du Disney Village *(Disney Village Resort Area)* ainsi que, depuis 1994, les hôtels Disney's All-Star *(Disney's All-Star Resort Area)* et les autres, présentés dans notre chapitre consacré à Orlando et qui sont parfois plus proches des trois parcs. Malheureusement, les réservations individuelles sont souvent difficiles à obtenir, même plusieurs mois à l'avance. Les programmes des voyagistes comportent parfois des étapes dans les hôtels Disney de Magic Kingdom ou d'EPCOT. À noter qu'ils sont plus extravagants les uns que les autres. Leur architecture comme leur décoration illustrent toujours un thème précis. Vous en retrouverez certaines touches à Marne-la-Vallée. Le plus grand possède 2 112 chambres. Parmi les avantages d'un séjour dans un hôtel Disney : billets en vente dans chaque hôtel (ce qui permet d'éviter d'éventuelles files d'attente), navettes gratuites, réservations prioritaires pour les restaurants et les spectacles qui le nécessitent, distances à parcourir réduites, privilèges dans les terrains de golf et à Pleasure Island, etc.

Pour réserver dans les hôtels et autres moyens d'hébergement du Monde de Walt Disney : W-DISNEY ou ☎ 934.76.39. **Pour payer**, vous pouvez utiliser les cartes VISA, AE, MC.

Près du Magic Kingdom. ▲▲▲ **Disney's Contemporary Resort** ☎ 824.10.00, fax 824.35.39. *1 053 ch. et suites.* Le monorail y fait une de ses haltes en pénétrant dans le bâtiment même. ▲▲▲ **Disney's Grand**

Floridian Beach Resort ☎ 824.30.00, fax 824.31.86. *901 ch. et suites.* ▲▲▲ Disney's Polynesian Village Resort ☎ 824.20.00, fax 824.31.74. Comme un village polynésien au bord de la Seven Seas Lagoon. *855 ch. et suites.* ▲▲ Wilderness Lodge ☎ 934.76.39. *728 ch. et suites.* Architecture et décor délirants. Ouv. en mai 1994.

Près d'EPCOT. ▲▲▲ Disney's Yacht & Beach Club Resort ☎ 934.70.00, fax 934.34.50. *1 215 ch. et suites.* ▲▲▲ **Walt Disney World Dolphin,** ☎ 934.40.00, fax 934.40.99. *1 514 ch.*, 14 étages. 4 piscines. Étages pour les VIP : Dolphin Towers. Gestion Sheraton. ▲▲▲ **Walt Disney World Swan** ☎ 934.30.00, fax 934.44.99. *758 ch. et 64 suites*, 12 étages, 2 piscines. Étages pour les VIP : Royal Beach Club. Gestion Westin. ▲ **Disney Caribbean Beach Resort** ☎ 934.34.00, fax 934.32.88. *2 112 ch.*

Dans Disney Village Resort Area. ▲▲▲ Buena Vista Palace, ☎ 827.27.27, fax 827.60.34. *1 028 ch. et suites.* 4 tours, dont la principale a 27 étages, ce qui permet d'admirer au loin et tout à son aise les feux d'artifice du Magic Kingdom. Complexe séparé pour les suites. Balcons. Le Crown Level est pour les VIP. 3 piscines. Salle de remise en forme. Sauna. Animations pour les enfants. 44 salles de réunion. 5 restaurants dont le fameux **Arthur's 27**, plusieurs fois primé. ▲▲▲ **Disney's Village Resort** ☎ 827.11.00. Des maisons et des suites dont la plupart sont tout équipées. ▲ **Disney's Dixie Landings Resort** ☎ 934.60.00, fax 934.50.24. *2 048 ch.* Ouv. en fév. 1992. Les charmes du Vieux Sud. ▲ **Disney's Port Orleans Resort** ☎ 934.50.00, fax 934.53.53. *1 008 ch.* Ouv. en fév. 1992. Et encore : ▲▲ **Disney Vacation Club Resort** ☎ 934.76.39. Des maisons de vacances tout équipées. Annoncé pour l'été 1996 : le ▲▲ **Coronado Springs** ☎ 828.18.18, fax 828.21.84. Un hôtel de *1 900 ch. et suites*, à « budget modéré », spécialement conçu pour les congrès et expositions.

Dans Disney's All-Star Resort Area. ▲ All-Star Music Resort. *1 920 ch.* ouv. en 1995. ▲ **All-Star Sports Resort.** Ouv. en 1994. *1 920 ch.* sur le thème des sports à 80 $ la chambre. Qui dit mieux ?

Camping et caravaning à Fort Wilderness

Un total de 1 200 emplacements pour tentes, caravanes, mobile homes dans un domaine de pins et de cyprès de près de 300 ha.

Restaurants

Les formules de restauration sont infinies : de l'établissement super-sophistiqué au buffet sommaire. Le rapport qualité-prix en tous cas est toujours correct et l'exotisme (d'un point de vue américain) souvent au menu.

Pour réserver dans les grands restaurants et les dîners-spectacles : WDW.DINE ou ☎ 939.34.63 – W.DISNEY ou ☎ 934.76.39. Pour payer, vous pouvez utiliser les cartes VISA, AE, MC.

Disney Dinner Shows. ♦♦♦ **Polynesian Luau**, dans l'hôtel Disney's Polynesian Resort. Dîner seulement, à 18h30 et 20h30. La réservation est recommandée. Spécialités polynésiennes, spectacles exotiques remuants et hauts en couleurs. Ne pas oublier de goûter aux boissons à base de rhum servies à volonté ! ♦♦ **Revue musicale Hoop-Dee-Doo**. Dans le Pionner Hall de Fort Wilderness Resort. Trois services par soirée. Désopilant pour des Américains. ♦ **Mickey's Tropical Luau**, dans l'hôtel Disney's Polynesian Resort. Mickey, ses amis vous accompagnent, vous et vos enfants, pour dîner tôt dans une ambiance polynésienne.

À l'intérieur du Magic Kingdom. Vous devrez consommer, comme la majorité des familles américaines, force saucisses et hamburgers copieusement décorés d'un jet de moutarde ou de ketchup. Vous pourrez aussi consommer toutes sortes de plats de *fast-food*. Les prix ne sont pas gonflés et la qualité est tout à fait satisfaisante.

À l'intérieur d'EPCOT. On peut dire que chaque « pavillon » national présente sa propre cuisine. Cependant, il s'agit généralement de « restaurants », ce qui veut dire, dans le vocabulaire américain, des repas à prix élevés. Mais on peut ainsi effectuer un fort honorable tour du monde gastronomique... Il faut souvent réserver. Deux mentions spéciales : au pavillon français, le restaurant **Les Chefs de France**, et le restaurant **Marrakesh** du pavillon marocain, où l'on a réussi le miracle d'importer même les odeurs et l'ambiance des *diffas* avec un service hors pair.

À l'intérieur des Studios Disney-MGM. Près d'une dizaine de formules de restauration rapide et spécialisée : saucisses, crèmes glacées, salades, pizzas, etc. Deux vrais restaurants gastronomiques de style américain : **Hollywood Brown Derby** et **Prime Time Cafe**, décoré de photos de stars des années 50.

Autres restaurants. ♦♦♦♦ Empress Room, à bord de l'Empress Lily, navire à aubes stationné à quai au bord du lac Buena Vista. Grande élégance et excellente qualité. Ambiance traditionnelle du sud des États-Unis. Décoration Louis XV. Smoking et robe longue. On ne fume pas. **♦♦♦ Arthur's 27**, dans l'hôtel Buena Vista Palace. Cuisine internationale exceptionnelle plusieurs fois primée. **♦♦♦ Top of The World**, dans l'hôtel Contemporary Resort. On trouve parfois des serveurs parlant français dans ce restaurant select. Spécialité : canard à la normande *(duckling Normandy)*. **♦ Lake Buena Vista Club**. Ses viandes et ses fruits de mer.

Téléphones utiles

Dépannage. ☎ 824.48.13.

Handicapés. ☎ 824.43.21. Fauteuil roulant à traction électrique disponible.

Interprètes. ☎ 824.79.00.

Objets perdus. Au Royaume Magique : ☎ 824.45.21. À EPCOT : ☎ 560.61.05. À MGM : ☎ 560.46.68.

Téléphone général de Walt Disney World. ☎ 824.43.21.

LA CÔTE EST,
DE MIAMI À SAINT AUGUSTINE

En suivant ce long ruban étiré du sud au nord, jusqu'aux abords de Jacksonville, la plus grande ville de l'État, on découvre l'industrie lourde de la recherche spatiale, sans jamais perdre le soleil ni les plages.

La route la plus commode, notamment sur le plan de la signalisation, pour gagner le nord de la Floride, en longeant la côte orientale, est la route fédérale US 1, qu'on emprunte également pour aller à Key West. Elle est très fréquentée quelle que soit la période de l'année, mais c'est le seul axe routier qui permette de voir l'ensemble des sites les plus marquants des régions traversées, notamment la « côte spatiale ». Elle est dédoublée en A1A qui constitue la véritable « route des plages ».

De Miami à Fort Lauderdale

Vous gagnerez d'abord **North Miami Beach**, en dépassant l'hôpital général. Vous atteindrez la communauté de **Bal Harbor**, où vous remarquerez l'élégance du Sheraton *(☎ 865.75.11, fax 864.26.01)*, des centres commerciaux comme le Bal Harbor Shops *(☎ 866.03.11)* ou le Haulover Park, ainsi que les condominiums qui étalent leur opulence de chaque côté de la rue. Vous traverserez ensuite une zone de vignobles avant d'arriver aux agglomérations de Hallandale et de Hollywood. Ces deux villes constituent des zones de forte population dans la grande conurbation de Miami.

Hallandale

➤ *À 17 mi/25 km de Miami.*

Le **Gulfstream Park** *(au carrefour de la route US 1 avec Hallandale Beach Boulevard ☎ (954) 454.70.00. Courses t.l.j. du 15 janv. à fin mars, sf le*

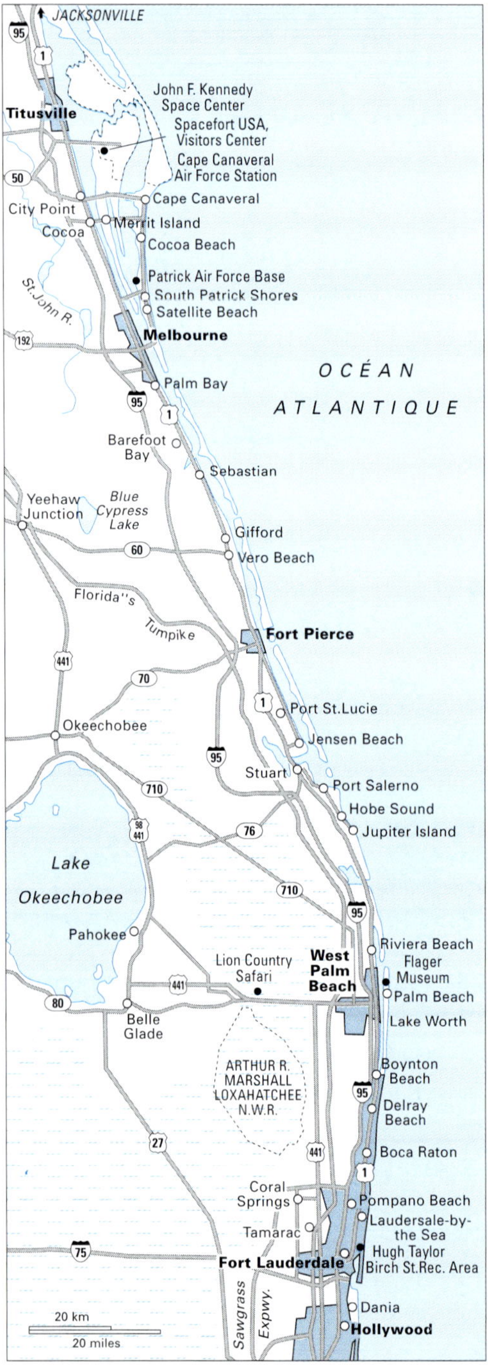

La côte est, de Fort Lauderdale à Titusville.

lun., et en avr. le mar. et du jeu. au dim.), est un des terrains de courses de chevaux les plus célèbres du monde. C'est le siège du Florida Derby Festival de fin février à début mars. Il possède une salle d'exposition où l'on peut admirer plaques et médailles décernées aux meilleures écuries. À voir encore, les courses de lévriers de décembre à avril au **Hollywood Dog Track** *(sur l'US 1 au carrefour avec Pembroke Road ☎ 454.94.00, 454.86.66. Malgré son nom, il se situe sur la communauté de Hallandale)*. Attenant un grand marché aux puces *(Flea Market)*. **Schmatta Row** (ou Fashion Avenue) est l'avenue de la mode à Hallandale.

Hollywood

➤ *À 2 mi/3 km de Hallandale et à 19 mi/27 km de Miami.*

Hollywood est une agglomération importante, puisqu'en 1994 elle comptait 122 000 hab. Née dans la foulée du boom immobilier de 1920, elle se situe toujours au sommet de la vague touristique. Elle compte rien moins que **17 terrains de golf** qui attirent les amateurs aisés du monde entier, d'où son surnom de *golfingest.* Ceux-ci trouvent à se loger dans ses 4 000 chambres d'hôtels mais aussi jusqu'à Collins Avenue à Miami Beach. Le tennis non plus n'y est pas négligé. Au **Seminole Indian Poker Casino** *(☎ 961.32.20, (800) 323.54.52. Ouv. 24h sur 24)*, vous pourrez jouer au bingo et au poker. En février, vous pourrez assister au **Seminole Indian Tribal Fair** *(☎ 584.04.00)* : concours d'art et d'artisanat, danses, plats traditionnels, congrès (Pow Wow) de tous les Indiens d'Amérique du Nord. Mais à vrai dire Hollywood est tout d'abord un centre balnéaire s'étalant sur 6 mi/10 km de long, avec sa plage de sable blanc, jalonnée par une promenade célèbre, appelée ***Broadwalk.***

Bonnes adresses

☎ Indicatif : 954

Informations touristiques : Greater Hollywood Chamber of Commerce, 4000 Hollywood Boulevard, Suite 265-S, Hollywood, FL 33021 ☎ 985.40.00.

▲▲▲ **Hilton Hollywood Beach**, 4000 S Ocean Drive, Hollywood, FL 33019 ☎ 458.19.00, fax 458.72.22. VISA, AE, DC, MC. Salles de réunions, sauna, boutiques. Étages pour les VIP : Tower Floor.

▲▲ **Howard Johnson Hollywood Beach Resort**, 2501 N Ocean Drive, Hollywood, FL 33019 ☎ 925.14.11, fax 921.55.65. VISA, AE, DC, MC. Sur la plage. Et quantité de motels, simples mais corrects.

♦♦ **Martha's**, 6024 N Ocean Drive ☎ 923.54.44. VISA, AE, DC, MC. Nouvelle American Cuisine. Surplombe l'Intracoastal. Animation musicale en fin de semaine.

♦ **Docksiders**, 908 N Ocean Drive ☎ 922.22.65. Très bon rapport qualité-prix. Idéal pour les familles. Terrasse dominant l'Intracoastal.

♦ **Bavarian Village**, 1401 N Federal Highway ☎ 922.73.21. Pas de cartes de paiement. La Bavière en Floride du sud.

Sports et loisirs. Golf : Diplomat Resort & Country Clubs ; The Club At Emerald Hills (☎ 961-PUTT). **Tennis :** dans de fort nombreux hôtels et Diplomat Resort & Country Clubs.

Téléphone utile. Aéroport : Fort Lauderdale-Hollywood International Airport ☎ 359.61.11.

Dania*

➤ *À 4 mi/6 km de Hollywood et à 23 mi/33 km de Miami, toujours par l'US 1.*

À quelques km plus au nord, voici Dania dont le nom évoque une vieille présence danoise remontant au début du siècle. Aujourd'hui,

Jaï-alaï : la pelote basque a traversé l'Atlantique

Remontant aux Babyloniens et pratiqué, dit-on, par les Mayas, le sport floridien du jaï-alaï s'apparente à la pelote basque, introduite aux États-Unis par des immigrants espagnols. De ses origines européennes, le jaï-alaï a conservé son vocabulaire spécifique. Sur le terrain *(cancha)*, le joueur, ou *pelotari*, doit renvoyer la balle, la *pelota*, contre un *fronton* ou mur. Pour ce faire, il dispose d'une *cesta*, petit panier d'osier ou de châtaignier, fixée à sa main droite par une lanière ou *cinta*. Enfin, ce nom de jaï-alaï (« jour de fête » en basque) dit assez combien le jeu le plus rapide du monde (la vitesse de la balle peut atteindre les 280 km/h) suscite l'enthousiasme en Floride. Notamment auprès des parieurs, qui peuvent enfin miser sur des joueurs et plus seulement sur des chevaux ! Pour les flambeurs donc, rendez-vous à Miami, qui possède la plus grande *cancha* du pays, mais aussi à Dania, Ocala ou Fort Pierce.

le souvenir de ces familles est bien mince. Il en est de même pour ce qui fit la richesse de l'agglomération à cette époque : la culture des tomates. Dania est aujourd'hui une petite ville touristique qui bénéficie d'une situation privilégiée entre Hollywood et Fort Lauderdale. La baignade, la pêche, pratiquée principalement depuis la jetée, au pied du Dania Beach Boulevard, le pique-nique y sont les principales activités de loisirs. Un autre centre d'intérêt est représenté par la pelote basque ou jaï alaï (voir encadré), au **Dania Jaï Alaï Fronton** *(tous les soirs du mar. au sam. à 19h15. Séances en matinée à midi, le mar., le jeu. et le sam. Les mineurs doivent être accompagnés).* Un musée d'archéologie régionale et internationale, **Graves Museum of Archeology & Natural History** *(☎ 925.77.70)*, s'est installé en 1993 sur Federal Highway, à dr. juste avant d'arriver au quartier des antiquaires.
Vous pouvez aussi passer une agréable journée de baignade en mer, de plongée sous-marine, de bateau ou encore de pêche à la ligne, dans le parc **John U. Lloyd Beach State Recreation Area** *(à 2 mi/3 km vers l'est de Dania Beach Boulevard ☎ 923.28.33).* Une centaine d'hectares avec une plage superbe à votre disposition. Sentiers balisés.

Bonnes adresses

☎ Indicatif : 954

Informations touristiques. Dania Chamber of Commerce, 100 W Dania Beach Boulevard, P.O. Box 838, Dania, FL ☎ 927.33.77.

Sport. Dania Jaï Alaï Fronton, Dania Beach Boulevard ☎ 920.15.11, 945.43.45, 426.43.30.

Antiquités. Dania Historic Antique District ☎ 925.94.00. Plus de 150 boutiques d'antiquaires y présentent leurs marchandises plus ou moins extraordinaires.

Okalee : une fête idienne

Avant de continuer vers le nord, sur la route US 1, vers Fort Lauderdale, vous pouvez faire un crochet, en prenant à l'O la route 441, vers le village d'origine indienne d'**Okalee** où a lieu, vers la mi-février, une rencontre appelée **Pow Wow** *(☎ 584.04.00)* entre les Séminoles et autres Indiens d'Amérique du Nord. Le but : élire la princesse séminole. À cette occasion s'organise une petite foire d'artisanat et d'art indiens, avec plats traditionnels, danses, rodéos.

♥ Fort Lauderdale***

➤ *À 7 mi/11 km de Dania et à 30 mi/45 km de Miami en suivant l'US 1.*
Capitale du comté de Broward, elle doit son nom au souvenir du major William Lauderdale qui construisit, en 1838, une fortification dans les parages, afin de lutter contre les Séminoles.

Le nom de Fort Lauderdale est certainement, après Miami, celui qui, à l'étranger, est le plus facilement associé à l'image de la Floride. Surnommée la « Venise d'Amérique », en raison d'un aménagement urbain réparti le long de 170 mi/250 km de canaux et des emplacements pour 40 000 bateaux. Sa population se monte à 150 000 hab. qui vivent des ressources du tourisme, d'emplois dans le commerce, l'industrie légère et la haute technologie. Fort Lauderdale apparaît de plus en plus comme la capitale montante d'un nouveau tourisme floridien plus humain, où les tours laissent la place à des villages de vacances à l'ambiance familiale. Elle est aussi une capitale pour les gays.

Sa plage, **Fort Lauderdale Beach**, longue de 10 km est très bien préservée, malgré sa très grande fréquentation due à un équipement hôtelier très développé et occupant tout le front de mer. Plus qu'une suite d'hôtels faisant assaut de luxe, l'aménagement touristique a réalisé une véritable cité des loisirs, avec des restaurants servant les cuisines les plus variées, des attractions, des jeux, des sports et l'embarras du choix en prime.

Sur **Lauderdale-By-The-Sea**, un peu plus au nord, l'ambiance devient plus familiale, plus modeste peut-être. Des pensions de famille, des « *inns* » et des « *bed & breakfast* » par dizaines, où l'accueil personnalisé et de qualité est de règle.

Fort Lauderdale est également un point de départ et d'arrivée pour les croisières exploitant l'ensemble de la zone des Caraïbes. Le grand port industriel et touristique, **Port Everglades** *(☎ 523.34.04, fax 525.19.10)*, le plus profond de Floride, situé dans la partie sud-est de la 24e Rue, voit passer plus de 2 millions de passagers par an.

Las Olas Boulevard, l'artère vitale qui naît sur la plage et meurt dans Downtown, est désormais sûre et vivante le soir. Terrasses, restaurants, animations, boutiques ouvertes en nocturne, etc. Le centre-ville de Fort Lauderdale vit un nouveau destin depuis l'ouverture de **Brickell Station**, original complexe de loisirs, dont la façade fin de siècle a été conservée et qui fait évidemment penser au « phénomène Church Street Station » d'Orlando.

La vie culturelle est active dans Downtown. Un **Museum of Art** *(1 E Las Olas Boulevard ☎ 763.64.64 ou 525.55.00)* présente des collections permanentes d'art moderne et de fréquentes expositions temporaires. Le **Museum Of Discovery & Science** *(401 SW 2nd Street, ☎ 467.66.37)* est idéal pour initier les enfants à la science et aux découvertes technologiques. Au **Blockbuster IMAX Theater** *(dans le même bâtiment ☎ 467.66.37)*, vous assisterez à des projections à faire frémir sur super-grand écran haut de 5 étages (prononcez *aïmax*). Le **Broward Center For The Performing Arts** *(☎ 462.02.22)*, centre théâtral du comté de Broward au bord de la New River, comprend la grande salle Au Rene (2 700 places), la petite Amaturo et Abdo New River Room, pour les réceptions et banquets. Opéras, ballets, drames, comédies, concerts pop, de haute volée, etc. La **Parker Playhouse** *(707 NE 8th Street ☎ 764.14.41)* est vouée aux comédies nationales.

Autres centres d'intérêt : le **Seminole Museum Ah-Tha-Thi-Ki** *(☎ 792.07.45)* ; **Bonnet House** *(☎ 563.53.93, fax 561.41.74)*, demeure et jardins extraordinaires des artistes Frederic et Evelyn Bartlett ; **Butterfly World** *(☎ 977.44.00)*, tout sur les papillons ; **International Swimming Hall Of Fame** *(☎ 462.65.36,* fax 525.40.31*)*, le panthéon de la natation ; **Flamingo Gardens** *(☎ 473.00.10)*, un charmant jardin botanique.
Une journée complète de nature dans un parc ? **Hugh Taylor Birch State Recreation Area** *(E Sunrise Boulevard ☎ 564.45.21)*, dont la superficie est de 73 ha. Ou encore **Everglades Holiday Park** *(☎ 434.81.11)*, avec promenades en bateaux à moteur (avec commentaires), pêche, crocodiles, etc. Pendant tout le mois de décembre, la ville organise **Winterfest** *(☎ 767.06.86) :* sports, culture, feux d'artifice.
Depuis septembre 1991, la ville possède un centre de congrès, le **Greater Fort Lauderdale Broward County Convention Center** *(☎ (800) 22-SUNNY, libre appel depuis le Canada : (800) 535.44.34).*
Fort Lauderdale est aussi le point de départ de la route n°84 (à péage) qui permet de traverser le parc des Everglades dans sa partie non préservée (voir p. 103).

BONNES ADRESSES

☎ **Indicatif : 954**

Informations touristiques. Greater Fort Lauderdale Convention & Visitors Bureau, 200 E Las Olas Boulevard, Suite 1500, Fort Lauderdale, FL 33301 ☎ 765.44.66, fax 765.44.67. **Greater Fort Lauderdale Chamber of Commerce**, 512 NE 3rd Avenue, Fort Lauderdale, FL 33302 ☎ 462.60.00. **Greater Fort Lauderdale Gay Business Association**, P.O. Box 7341 a, Fort Lauderdale, FL 33338.

Hôtels

▲▲▲ **Bonaventure Resort & Spa**, 250 Racquet Club Road, Fort Lauderdale, FL 33326 ☎ 389.30.00, fax 384.05.63. *504 ch. et 108 suites.* VISA, AE, DC, MC. Les chambres sont réparties dans 9 unités.

▲▲▲ **Pier 66 Resort & Marina**, 2301 SE 17th Street, Fort Lauderdale, FL 33316 ☎ 525.66.66, (800) 432.19.56, (800) 327.37.96, fax 728.35.41. VISA, AE, DC, MC. 2 piscines, 7 restaurants et bars, centre de remise en forme avec sauna, tennis, marina.

▲▲ **Bahia Mar Resort & Yachting Center**, 801 Seabreeze Boulevard, Fort Lauderdale, FL 33316 ☎ 764.22.33, (800) 327.81.54, fax 523.54.24. VISA, AE, DC, MC. Tous les services et équipements pour les yachts. Tennis éclairés. La plupart des chambres ont une terrasse.

▲▲ **Marriott Harbor Beach**, 3030 Holiday Drive, Fort Lauderdale, FL 33316-2498 ☎ 525.40.00, fax 766.61.52. VISA, AE, DC, MC. Plage privée. Centre de remise en forme avec saunas. 6 restaurants. Piscine avec matelas pneumatiques pour assister à la projection de films sur grand écran... Quelques antiquités dans le grand hall.

▲▲ **Rolling Hills**, 3501 W Rolling Hills Circle, Fort Lauderdale, FL 33328 ☎ 475.04.00, (800) 327.77.35, fax 476.61.50. Pour son golf.

« Inns »

Demander l'annuaire *Greater Fort Lauderdale Superior Small Lodgings* de l'année au Greater Fort Lauderdale Convention & Visitors Bureau.

▲▲ **A Little Inn By The Sea** ♥, 4546 El Mar Drive, Lauderdale-By-The-Sea, FL 33308 ☎ 772.24.50, fax 938.93.54. Charmante unité sur la plage tenue par les deux propriétaires. Musique baroque au petit déjeuner. Clientèle internationale.

Camping et caravaning

Buglewood RV Resort, 2121 NW 29th Court, Fort Lauderdale, FL 33311-2175 ☎ 485.11.50. **Candlelight Park**, 5731 SR 7, Fort Lauderdale, FL 33314-6499 ☎ 791.50.23.

Restaurants

♦♦♦ **California Cafe**, 2301 SE 17th Street, dans l'Hôtel Pier 66 Resort & Marina ☎ 728.35.00. VISA, AE, DC, MC. Avec vue sur l'Intracoastal et les yachts. Bonne cave de vins californiens. Le frère Mark du chef Militello tient le restaurant Mark's On Las Olas.

♦♦♦ **The Down Under**, 3000 E Oakland Park Boulevard ☎ 563.41.23. VISA, AE, DC, MC. Tous les combinés de crabe et bœuf. Touche italienne.

♦♦♦ **French Quarter**, Downtown, 215 SE 8th Avenue ☎ 463.80.00. VISA, AE, DC, MC. Cuisine française traditionnelle. Cadre Nouvelle-Orléans.

♦♦♦ **The Left Bank**, 214 SE 6th Avenue ☎ 462.53.76. VISA, AE, DC, MC. Chef français. Saumon de l'Atlantique grillé. Salade de crabe aux truffes. Prix raisonnables.

♦♦♦ **Mark's On Las Olas**, sur Las Olas Boulevard. Un digne et savoureux représentant de la « cuisine florantillaise ».

♦♦ **La Bonne Auberge**, 4300 N Federal Highway ☎ 776.16.68. VISA, AE, DC, MC. Un très bon restaurant français.

♦♦ **Le Café de Genève**, 1519 S Andrews Avenue ☎ 522.89.28. VISA, AE, DC, MC. Comme un chalet en Suisse. Fondue, veau, canard.

♦♦ **Mai Kai**, 3599 N Federal Highway ☎ 653.32.72, (800) 262.45.24. VISA, AE, DC, MC. Dîner avec spectacle à la polynésienne.

♦ **Mistral**, 201 S Atlantic Boulevard, ☎ 463.49.00. Un grand café au bord de la mer. Musique le week-end.

Shopping

Las Olas Boulevard. Nombreuses boutiques élégantes voire de luxe. Antiquités européennes, broderies, peintures, sculptures, vêtements, etc.

Centres commerciaux. **Sawgrass Mills**, 12801 W Sunrise Boulevard, à Sunrise, FL 33323 ☎ 846.23.50, (800) FL-MILLS. L'ensemble de boutiques « le plus grand au monde » : 225 détaillants, ce qui représente 1,5 km… **Swap Shop**, entre I-95 et le Turnpike ☎ 791-SWAP, (800) 345-SWAP. Ouv. t.l.j. Comme un marché aux puces géant de trucs et de troc (2 000 négociants). Animations. **Galleria**, E Sunrise Boulevard ☎ 564.10.15. 134 détaillants et 4 grands magasins. Des marques comme Neiman-Marcus, Saks, Cartier, Brooks Brothers, Ann Taylor, Sharper Image sont présentes. **Fashion Mall Plantation**, 321 N University Drive, Plantation, FL 33324 ☎ 370.18.84. Cadre de marbre et de granit pour 150 détaillants, notamment Macy's et Lord & Taylor.

Adresses et téléphones utiles

Aéroport. Fort Lauderdale-Hollywood International Airport ☎ 359.61.11.

Croisières et promenades en mer. **Jungle Queen Cruises**, Bahia Mar Yacht Center ☎ (954) 462.55.96, (305) 947.65.97 ; **Paddlewheel Queen Cruises**, Oakland Park Boulevard, sur la A1A ☎ 564.76.59 ; **Carrie B.**, Riverwalk ☎ 768.99.20 ; **Discovery I** ☎ 525.78.00. Appel gratuit depuis les États-Unis : ☎ (800) 749.74.47 et depuis la Floride : ☎ (800) 937.44.77.

Transports. **Grayline** ☎ 561.88.86. **Voyager Train**, 600 S Seabreeze Boulevard (A1A) ☎ 463.04.01. Tours de ville et excursions. **Water Taxi**, 1900 SE 15th Street ☎ 467.66.77. Bateau-taxi. **Wave Line Trolley** ☎ 768.07.00. Visiter l'agglomération en trolley, comme c'était encore le cas à Miami jusqu'en 1994.

Watersports Unlimited. ☎ 467.13.16.

La route des plages

Au choix : l'US 1, si l'on veut traverser les agglomérations, ou bien l'A1A pour se promener directement au bord de la mer.

♥ Boca Raton* * *

➤ *À 10 mi/16 km de Fort Lauderdale et à 40 mi/61 km de Miami.*

Janvier : Annual Boca Fest. *Toute la communauté en émoi. Glades Road* ☎ *(305) 472.37.55.* ***Royal Palm Polo****. Jeux célébrés au Royal Palm Polo Sports Club de Boca Raton, « la capitale mondiale du polo ». Chaque dim. de janv. à avr.* ☎ *(407) 994.18.76.* ***Avril. KidsFest****. Un joyeux festival à l'initiative du Musée des enfants (Children's Museum).*

Boca Raton doit son développement à l'architecte, homme de sciences et de lettres, Addison Mizner, qui y construisit dès 1926 un hôtel doté d'un club privé, **The Cloister**. Ce fut là le point de départ du boom immobilier, hôtelier et touristique qu'a connu la cité depuis lors. Aujourd'hui, ce club est incorporé dans le complexe The Boca Raton Hotel and Club (voir ci-dessous). Une université, **Florida Atlantic University** *(☎ 367.30.00)*, de 16 000 étudiants, a donné un vernis intellectuel à cette petite ville raffinée qui n'était que balnéaire.

Boca Raton Museum of Art *(☎ 392.25.00)*. Peintures, photographies, sculptures, cristaux.

Boca Raton Historical Society *(☎ 392.30.03, 395.67.66)*. Pour des visites culturelles de l'agglomération et du Boca Raton Resort & Club.

Children's Museum *(☎ 368.68.75)*. Pour développer les habiletés intellectuelles et manuelles des enfants.

Bonnes adresses

☎ **Indicatif : 407**

Informations touristiques. Greater Boca Raton Chamber of Commerce, 1800 N Dixie Highway ☎ 395.44.33.

▲▲▲▲ **Boca Raton Hotel & Club** ♥, 501 East Camino Real ☎ 395.30.00, (800) 327.01.01, fax 391.31.83. VISA, AE, DC, MC. Son ambiance européenne en fait l'un des hôtels les plus raffinés de la Floride et peut-être de tous les États-Unis. Il a été primé pour cela de nombreuses fois par AAA et Travel Mobil Guide. Il comprend 4 unités d'hébergement dans un parc paysager de 216 ha. **L'ancien « cloître »** d'Addison Mizner, avec ses allures de parador espagnol *(327 ch.)*. Des pierres sculptées, du mobilier ancien, des grandes cheminées, musique d'ambiance. Pour la clientèle américaine, qui ne le sait pas toujours, on indique à chaque restaurant ou bar comment il faut s'habiller (parfois smoking et robe longue sont de rigueur). **Une tour de 27 étages**, d'un confort luxueux plus conventionnel *(988 ch.)*. **Des *cabanas*** sur la plage *(213 ch.* dans le *beach club)*. Et enfin **des villas** avec kitchenette. Le complexe comprend 4 piscines, avec moniteur ; 34 tennis dont 9 éclairés ; un golf 36 trous ; une marina avec 23 emplacements pour yachts ; 9 restaurants ; 5 bars ; des boutiques de luxe, dont un antiquaire, etc. Salle de gymnastique avec sauna humide et vapeur, masseur. Étage de super-luxe : **Palm Court Club**. Prix élevés. 18 % de service inclus. Ne vous aventurez pas à vouloir simplement visiter cet hôtel qui est en quelque sorte un monument historique : cela vous sera froidement refusé si vous n'êtes pas résident.

♦♦♦♦ **La Vieille Maison**, 770 E Palmetto Park Road ☎ 391.67.01. VISA, AE, DC, MC. Costume de ville. Très grande cuisine française.

♦♦ **Joe Muer Seafood**, 6450 N Federal Highway ☎ 997.66.88. VISA, AE, DC, MC. Fruits de mer et pâtes (faites maison).

♦♦ **Pelican Bistro**, 36 SE 3rd Street ☎ 391.59.22. VISA, AE, MC. Cuisines française et italienne du nord.

West Palm Beach*

➤ *À 15 mi/23 km de Boca Raton et à 55 mi/86 km de Miami.*
Plus au nord, laissant à l'O le **Loxahatchee National Wildlife Refuge** (Refuge national de la vie sauvage de Loxahatchee), la grande conurbation balnéaire de West Palm Beach s'étale, en fait, de South Palm Beach à Jupiter.
En dehors des plaisirs de la baignade sur ses plages immenses, vous pourrez passer votre temps sur l'un des 145 terrains de golf de la commune et des environs, à moins que vous ne préfériez faire du bateau. En avril et mai, vous pourrez assister à **Sunfest**, le plus grand festival de jazz en plein air de Floride. Avec ski nautique et courses de bateaux *(☎ (407) 659.59.80 ou (407) 659.59.92, fax (407) 659.35.67).* Voir encore la **Norton Gallery & School of Art** *(☎ 832.51.94)*, avec son intéressante collection d'art américain de 1900 à nos jours. Ou bien le **Dreher Park Zoo** *(☎ 547.94.53).* Vous pouvez également prendre West Palm Beach comme base d'excursions dans les Everglades.

Bonnes adresses

☎ Indicatif : 407
Informations touristiques. Palm Beach County Convention & Visitors **Bureau**, 1555 Palm Beach Lakes Boulevard, Suite 204, Palm Beach, FL 33401 ☎ 471.39.95. **Palm Beach County Cultural Council**, 1555 Palm Beach Lakes Boulevard, Suite 900, West Palm Beach, FL 33401-2328 ☎ 471.29.01, 930.27.87, (800) 882-ARTS, fax 687.94.84.
▲▲▲▲ **PGA National Resort & Spa**, 400 Avenue of the Champions, Palm Beach Gardens, FL 33418 ☎ 627.20.00, (800) 633.91.50, fax 622.02.61. VISA, AE, DC, MC. 19 courts de tennis dont 12 éclairés, 5 terrains de golf, 6 de handball et 5 de croquet. Dans un parc de 936 ha comportant un lac de 11 ha pour la voile et la natation. Animations pour les enfants. Salle de gymnastique avec moniteur, sauna humide et vapeur, masseur. Centre thermal avec 6 piscines alimentées en minéraux et sels du monde entier. Cuisine diététique. Siège de la Professional Golf Association of America (PGA), du championnat annuel senior de la PGA et de la United States Croquet Association.
▲▲▲ **Palm Beach Polo & Country Club**, 13198 Forest Hill Boulevard ☎ 798.70.00, 327.42.04, fax 798.70.52. VISA, AE, DC, MC. Dans un parc de 900 ha. 9 piscines, 24 courts de tennis, 2 golfs 18 trous, 1 golf 9 trous, 10 terrains de polo. Sauna. Massage. Location de bicyclettes et de chevaux.
♦♦♦ **Café Chardonnay**, 4533 PGA Boulevard, Palm Beach Gardens ☎ 627.66.62. VISA, AE, DC, MC. Poisson et agneau à la française et à l'américaine.
♦♦ **Basil's Neighborhood Cafe**, 771 Village Boulevard ☎ 687.38.01. VISA, MC. Animations dim. et lun. en soirée.
♦ **Aleyda**, 1890 S Military Trail ☎ 642.25.00. VISA, AE, DC, MC. Mexicain.
Sports et loisirs. Activités culturelles. Raymond F. Kravis Center for the Performing Arts, 701 Okeechobee Boulevard ☎ 684.34.44. **Courses de lévriers.** Palm Beach Kennel Club, angle Belvedere Road et Congress Avenue ☎ 683.22.22. *En matinée et en soirée, t.l.j., sf lun. Avec paris.* **Pelote basque.** Palm Beach Jaï Alaï, 1415 W 45th Street ☎ 844.24.44. *Avec paris.* **Promenades en bateau.** Palm Harbor Marina ☎ 655.47.57.
Shopping. The Gardens. Sortie 57A de la I-95 ☎ 622.21.15. **Palm Beach Mall**, Palm Beach Lakes Boulevard ☎ 683.91.86.

Lion Country Safari*

➤ *À l'O de Florida Turnpike, en prenant la sortie 99 ou 93. ☎ 793.10.84. Ouv. à partir de 9h30 du matin et jusqu'à 17h30. Entrée payante pour les adultes.*

Sur le principe adopté en France à Thoiry-en-Yvelines, mais selon une autre échelle, des centaines de fauves et d'animaux sauvages viennent vous regarder et évoluent autour de vous avec, comme seul écran protecteur entre eux et vous, les vitres de votre voiture. Mentionnons les lions, les tigres, les rhinocéros, les éléphants, les girafes, les zèbres et les chimpanzés. Vous pouvez vous restaurer sur place.

Palm Beach*

➤ *À 3 mi/4,6 km de West Palm Beach et à 58 mi/91 km de Miami.*
Février. Flagler Anniversary Open House. *Le premier samedi du mois, célébration de l'ouverture de l'ancienne demeure de Henry Morrison Flagler comme musée en 1960. Tous les arts et toutes les animations comme à la Belle Époque.* ☎ *(407) 655.28.33.* ***Octobre. Air Show of The Palm Beaches.*** *Grande fête de l'aviation militaire ou civile avec nombreuses démonstrations.*

Une charmante agglomération de 10 000 hab. dans un environnement tropical élégamment reconstitué, de grand confort voire de luxe, parfois ostentatoire dans les *condos*. Le boom de cette zone est dû au promoteur Henry Morrison Flagler (voir pp. 180-181), qu'on retrouve dans plusieurs sites de la Floride. Il y construisit en 1901 son célèbre Royal Ponciana Hotel, aujourd'hui devenu musée. C'est aussi une capitale mondiale du polo.

♥ **Henry Morrison Flagler Museum***** (Whitehall) *(Cocoanut Row, Whitehall Way* ☎ *655.28.33. Ouv. t.l.j. sf le lun, f. le 1er janv. et le jour de Noël. Entrée payante).* C'est la demeure du magnat Henry Morrison Flager qui, à son ouverture en 1901, comptait 55 chambres. Cet édifice en marbre est devenu musée vers 1958. Ses collections sont riches de porcelaines, de poupées, de peintures, d'argenterie. Elles racontent l'histoire de la région et celle du promoteur. Voir encore la réplique intégrale de son wagon privé. (Voir pp.180-181).

Hibel Museum of Art *(150 Royal Ponciana Plaza, sur les rives du Lac Worth* ☎ *833.68.70. Ouv. t.l.j. sf le lun., f. le 1er janv. et le jour de Noël. Entrée payante).* Consacré à l'artiste vivante Edna Hibel. Peintures, lithographies, dessins, sculptures, etc. Également collection de mobilier anglais, italien et oriental.

Church of Bethesda by the Sea *(☎ 655.45.54. Entrée gratuite).* Église gothique du XVe s., construite en 1925, avec sa belle tour crénelée.

Bonnes adresses

☎ **Indicatif : 561**

Informations touristiques. Palm Beach Chamber of Commerce, 45 Cocoanut Row ☎ 655.32.82.

▲▲▲▲ Brazilian Court, 301 Australian Avenue ☎ 655.77.40, (800) 552.03.35, (800) 678.89.46, libre appel depuis le Canada : (800) 228.68.52, fax 655.08.01. VISA, AE, DC, MC. Encore un bel édifice des années 20, élégant et rempli de verdure, où chaque groupe de chambres donne sur un patio. Affilié aux « Historic Hotels of America ».

▲▲▲▲ The Breakers ♥, 1 South County Road, Palm Beach, FL 33480 ☎ 655.66.11, (800) 833.31.41, fax 659.84.03. Appel gratuit : ☎ (888) BREAKERS. *572 ch.* VISA, AE, DC, MC. Un des cinq hôtels exceptionnels de Floride, aujourd'hui affilié au groupement The Leading Hotels Of The World. Pour son architecture, sa décoration et ses services. Piscine.

Le Boca Raton Resort, un des complexes hôteliers les plus raffinés de Floride, club très fermé où le golf 36 trous fait la joie des amateurs... argentés.

7 étages. 19 courts de tennis, golf de 36 trous, salle entièrement équipée pour la remise en forme, avec sauna sec et humide et masseurs. Location de bicyclettes. Décor Renaissance italienne de très bon goût. Plage privée avec *cabanas*. Séjours à thème pour les enfants qui bénéficient des services d'un moniteur. On y parle français. On dit que le *jet set* international fréquente cet endroit, mais incognito…

▲▲▲▲ **Club Méditerranée Sandpiper**, 3500 Morningside Boulevard, Port Saint Lucie, FL 34952 ☎ 335.44.00, fax 335.94.97. VISA, AE, MC. À 70 km au N de Palm Beach. C'est le deuxième village aux États-Unis, ouvert en 1987. Il s'agit plutôt d'un vaste country-club, élégant et particulièrement confortable, de la nouvelle génération des Clubs Méditerranée. Capacité totale : 750 personnes. Trois restaurants, donnant tous sur la rivière, dont deux plus intimes et élégants ouverts sur réservation et servant à la carte : Le Riverside, de style français, et Le Fontana, pour les fruits de mer. Possibilité de cuisine allégée au restaurant principal. 3 golfs, 19 tennis, 5 piscines, voile, ski nautique, etc. Baby-club, miniclub et kids' club. Un vrai théâtre. Discothèque. École de cirque. Équipements pour congrès et réunions. Navettes vers la plage (à 20 mn). Possibilité de séjourner une nuit seulement.

▲▲▲▲ **The Ritz-Carlton Palm Beach**, 100 S Ocean Boulevard, Manalapan, FL 33462 ☎ 533.60.00, (800) 241.33.33, fax 588.42.01. *270 ch. et 56 suites.* VISA, AE, DC, MC. Sur 6 niveaux. Racé et élégant comme tous les Ritz.

♦♦♦♦ **Café L'Europe**, 150 Worth Avenue, au 2e niveau de Esplanade Shopping Area ☎ 655.40.20. Fermé le dim. Grande carte internationale d'inspiration française.

♦ **Chuck & Harold's**, 207 Royal Ponciana Way ☎ 659.14.40. Pâtes et poissons. Animations.

Sports et loisirs. Promenades à bicyclette : *Palm Beach Bicycle Trail* ☎ 655.72.26. Circuit balisé permettant de voir les plus belles demeures de l'endroit. **Promenades en bateau :** *Palm Beach Cruise Line* ☎ 845.74.47, (800) 841.74.47. *Star of Palm Beach* ☎ 842.08.82. **Théâtre :** *Royal Ponciana Playhouse*, 70 Royal Ponciana Plaza ☎ 659.33.10. Spectacles « à la Broadway » essentiellement de déc. à mars.

Shopping. Worth Avenue, Downtown Palm Beach ☎ 659.69.09 ; **The Esplanade** ; **Royal Ponciana Way** ; **South County Road**.

La côte spatiale

Continuons vers le nord, dépassant Juno Beach, puis Jupiter Beach, pour atteindre Fort Pierce.

De Fort Pierce à Titusville

➤ *Sur l'US 1, à 61 mi/94 km de Palm Beach et à 119 mi/185 km de Miami.* Fort Pierce (37 000 hab.) doit son origine à la garnison établie en 1837. C'est aujourd'hui le centre commercial du comté de Saint Lucie. Voir le nouveau **SEAL Museum** *(☎ (407) 489.35.97)*, consacré aux hommes-grenouilles de l'armée des États-Unis.

Dernières stations au bord de la mer le long de l'US 1 avant le centre spatial : **Port Saint Lucie** (embranchement sur la g. pour le Club Méditerranée Sandpiper, voir plus haut), **Vero Beach**, **Sebastian**, **Palm Bay** et **Melbourne**, dans le comté de Brevard, réputée pour son institut universitaire de technologie. Tout le long de cet itinéraire, vous pourrez vous arrêter pour une partie de pêche à la fameuse truite d'eau saumâtre dans l'Indian River. Cette région est considérée comme un de ses hauts lieux.

À **Satellite Beach**, pour gagner plus directement le centre spatial, on quitte l'US 1 pour bifurquer sur l'A1A vers la **Patrick Air Force Base**,

Cocoa Beach et la commune de **Merritt Island** située sur l'île du même nom. C'est sur cette île que se trouve le centre spatial en plein cœur du **Merritt Island National Wildlife Refuge** *(☎ (407) 867.06.67)*. Ce dernier s'étend sur 56 000 ha. Partout des oiseaux migrateurs, des représentants d'espèces en voie de disparition (on en a dénombré 284) et d'autres animaux vivent dans une paix relative malgré la chasse autorisée et le lancement de fusées à côté.
Au **Canaveral National Seashore**, qui forme la pointe de Merritt Island, vous pouvez vous baigner quasiment seul sur des plages vierges le long de la Mosquito Lagoon en compagnie de nombreuses espèces d'oiseaux qui viennent eux aussi se détendre sur la plage, notamment à Playalinda Beach. Attention aux surfers. Camping interdit. Administration du domaine : ☎ 267.1110.

Titusville

➤ *À 26 mi/40 km de l'agglomération de Merritt Island, 248 mi/384 km de Miami et à 40 mi/62 km d'Orlando.*
Première agglomération d'importance rencontrée, Titusville, dont le développement a accompagné celui des activités spatiales, commence à voir son rythme de croissance ralentir. Elle retourne petit à petit vers sa configuration première : celle d'un chef-lieu agricole, tourné vers l'élevage et la plantation d'agrumes. Comme la construction urbaine y a été particulièrement active, les installations d'hébergement, notamment résidences et petites villas particulières, permettent à de nombreux retraités d'y séjourner. La plage y est, comme tout le long de cette côte, particulièrement belle en raison de son sable blanc et fin. À cause de la proximité d'Orlando, elle est évidemment un peu moins calme en fin de semaine. Vous y trouverez des terrains de camping ou de caravaning. Ne manquez pas l'**Astronaut Hall Of Fame** *(☎ 269.61.00)*, le panthéon des astronautes.

Kennedy Space Center***

➤ *Le Kennedy Space Center est situé sur une presqu'île, un peu au sud de Titusville. Prenez la US 1 puis la SR 405. Si vous arrivez d'Orlando, prenez la Beeline Expressway et suivez le panneau « John F. Kennedy Center » (et non « Cape Canaveral »).*
Situé à l'intersection du présent et du futur, du réel et de la spéculation scientifique, le Kennedy Space Center (centre spatial Kennedy) matérialise un des plus grands rêves de l'humanité : l'exploration spatiale, la conquête du cosmos.
Dès votre arrivée, rendez-vous directement, en suivant les flèches, au **Spaceport USA Visitors Information Center**, le bureau d'informations *(entrée gratuite)*, où vous garerez votre véhicule. Dans ce pavillon central, où se tiennent des services de restauration rapide, des boutiques de souvenirs et autres équipements pratiques, on projette surtout deux films IMAX sur écran géant. Vous avez également libre accès à toutes les salles présentant des relevés géologiques (pierres lunaires) et des montages pédagogiques d'une très bonne tenue. Vous pourrez assister, dans des salles climatisées, à la simulation de départs reproduisant les différentes phases de l'opération réelle.
Par ailleurs, le Spaceport USA vous propose deux types de **circuits en autocar** (le rouge et le bleu) d'une durée de 2h chacun permettant la visite du centre spatial. *(T.l.j., sf le jour de Noël. ☎ 452.21.21, fax 454.32.11. 7 $)*. Au cours de ces deux heures denses et relativement fatigantes en raison des montées et des descentes fréquentes, plus de

La conquête de la lune

Le lundi 21 juillet 1969, à 3h50 du matin heure française, la planète Terre était devant son poste de télévision. En se posant sur la lune, Neil Armstrong, Edwin Buzz Aldrin et Michael Collins devenaient de nouveaux héros, à l'instar de ceux de l'Antiquité. Le vaisseau, baptisé *Eagle*, chargé de sa capsule *Apollo XI*, avait quitté la base de Cap Kennedy le 16 juillet, soit 109 heures, 7 mn et 35 s auparavant.
Armstrong descend l'échelle le premier. Il inspecte du regard cette vaste étendue poussiéreuse, inconnue. Dix-sept minutes plus tard, remis de ses toutes premières émotions, il prononce la phrase magique en laissant l'empreinte de son pied dans l'Histoire : « La surface a l'air d'être composée de grains très fins comme de la poudre. Ça colle à mes semelles. »
Le monde entier, ahuri, suit les premiers pas de l'Homme sur la lune. C'est au tour d'Aldrin. Il déploie le drapeau américain, dépose une branche d'olivier en or et les médailles des astronautes morts en mission. Le 24 juillet 1969, à 17h57, *Apollo XI* était de retour sur Terre.
À l'occasion des 25 ans de cette odyssée extraordinaire, en 1994, on a retrouvé ces hommes entrés dans la légende. L'un est devenu professeur d'université, un autre directeur au musée de l'Aéronautique et de l'Espace à Washington, le troisième a craqué un an après son exploit et a disparu dans les coulisses de l'Histoire. Au total, à ce jour, plus de 40 expéditions dans l'espace ont eu lieu, 114 astronautes américains y ont séjourné et 12 ont foulé le sol lunaire.

80 km sont parcourus à travers la base spatiale. Vous aurez l'occasion d'approcher des véhicules ayant effectué un voyage vers la lune et vers d'autres planètes. Vous observerez le montage des fusées dans un hangar d'une hauteur égale à celle d'un immeuble de vingt étages.
Comme vous vous en rendrez compte, la NASA, l'administration américaine de l'espace, fait très bien les choses. Elle en a d'ailleurs la mission depuis 1972, alors que les premiers départs vers la lune ont eu lieu, on s'en souvient, vers 1958. Afin de calmer l'opinion publique, inquiète devant l'accroissement des dépenses engagées dans l'aventure spatiale, le président Nixon avait œuvré pour que la NASA s'ouvre au public en acceptant une mission pédagogique.
Émotion supplémentaire : il semble de plus en plus acquis que l'emplacement actuel du centre spatial Kennedy se trouve à quelque 120 km du lieu, baptisé « Stone Hill », auprès duquel Jules Verne situait son « canon lunaire », le Columbia. La fiction romanesque rejoint curieusement la réalité...

Bonnes adresses

☎ **Indicatif : 407**

Informations touristiques. Titusville Chamber of Commerce, 2000 S Washington Avenue ☎ 267.30.36.

Hôtels. ▲▲ Quality Inn Kennedy Space Center, 3755 Cheney Highway, Titusville, FL 32780 ☎ 269.44.80, fax 383.06.46. VISA, AE, DC, MC.
▲▲ Ramada Inn, 3500 Cheney Highway, Titusville, FL 32780 ☎ 269.55.10,

C'est de la base de Cap Kennedy que décolla, en 1969, le vaisseau spatial commandé par Neil Amstrong, en partance pour la lune.

UNITED
STATES
1256

fax 269.37.96. VISA, AE, DC, MC. ▲ **Travelodge Space City USA**, 3810 S Washington Avenue, Titusville, FL 32780 ☎ 267.91.11, fax 267.07.50. VISA, AE, DC, MC.

Restaurants. ♦♦ **Sand Point Inn**, 801 Marina Road, ☎ 269.10.12. VISA, AE, DC, MC. Vue sur la marina et l'Indian River. ♦ **Dixie Crossroads**, 1475 Garden Street ☎ 268.50.00. VISA, AE, DC, MC. Poissons et fruits de mer.

Camping et caravaning. **Cape Kennedy KOA Campground**, 4513 W Main Street, à Mims, FL 32754 ☎ 269.73.61, (800) 848.45.62. Près de Titusville. **Manatee Hammock Park**, 7275 S US Highway 1, Titusville, FL 32780-8199 ☎ 264.50.83. VISA, MC.

Vers Saint Augustine

De retour sur l'US 1, la remontée vers le nord se poursuit à travers un paysage légèrement monotone, dont les seules variations sont celles des nuances de « la mer, la mer toujours recommencée... », selon le vers célèbre de Paul Valéry.

New Smyrna Beach

➤ *À 34 mi/54 km de Titusville, à 382 mi/532 km de Miami et à 40 mi/62 km d'Orlando (par l'US 50 et l'US 1).*

Son nom viendrait de Smyrne, en Grèce, ville natale du fondateur de l'agglomération au XVIIIe s. La station balnéaire de New Smyrna Beach possède un point d'intérêt particulier : les ruines d'un moulin à sucre, **New Smyrna Sugar Mill Ruines State Historic Site** *(☎ 428.21.26. Entrée payante)*, détruit par les Indiens pendant la guerre séminole. Pour construire ce bâtiment aux alentours de 1830, on a utilisé de la coquina, c'est-à-dire une roche faite d'un agglomérat de sable et de coquillages broyés. Dans l'agglomération, sur Riverside Drive, au nord de Canal Street, jetez un coup d'œil au vieux fort, **Old Fort**, qui aurait été construit en coquina par les Espagnols au XVIIe s.

Bonnes adresses

☎ **Indicatif : 904**

Informations touristiques. **Greater New Smyrna Beach-Edgewater-Oak Hill Chamber of Commerce**, 115 Canal Street, New Smyrna Beach, FL 32168 ☎ 428.24.49.

▲▲ **Coastal Waters Inn**, 3509 S Atlantic Avenue ☎ 428.38.00. VISA, AE, MC.

▲ **Norturne**, 1104 N Dixie Freeway ☎ 428.64.04. VISA, AE, MC.

♦♦♦ **Restaurante Pietro**, 725 3rd Avenue ☎ 428.06.44. VISA, AE, MC. Bon italien.

♦♦ **Northwood's Seafood**, 400 2nd Avenue ☎ 428.46.21. VISA, AE, MC. Poissons fumés.

Poursuivant la route US 1, l'itinéraire traverse **Allandale**, à 2 km à l'O, qui possède un monument historique dédié à la guerre séminole (Green Mound Historical Memorial), puis **Port Orange**, célèbre pour son Sea Zoo (zoo marin) et ses Sugar Mill Gardens, les jardins du moulin à sucre qui date de 1801 *(☎ 767.17.35. Entrée payante).*

Daytona et Daytona Beach*

➤ *À 14 mi/22 km de New Smyrna Beach, à 48 mi/76 km de Titusville, à 396 mi/564 km de Miami et à 54 mi/80 km d'Orlando. Accès aussi par l'avion. Liaisons avec Miami et New York.*

Daytona Beach est, historiquement, la première station balnéaire de Floride. La nature l'a dotée d'une plage de sable blanc exceptionnelle-

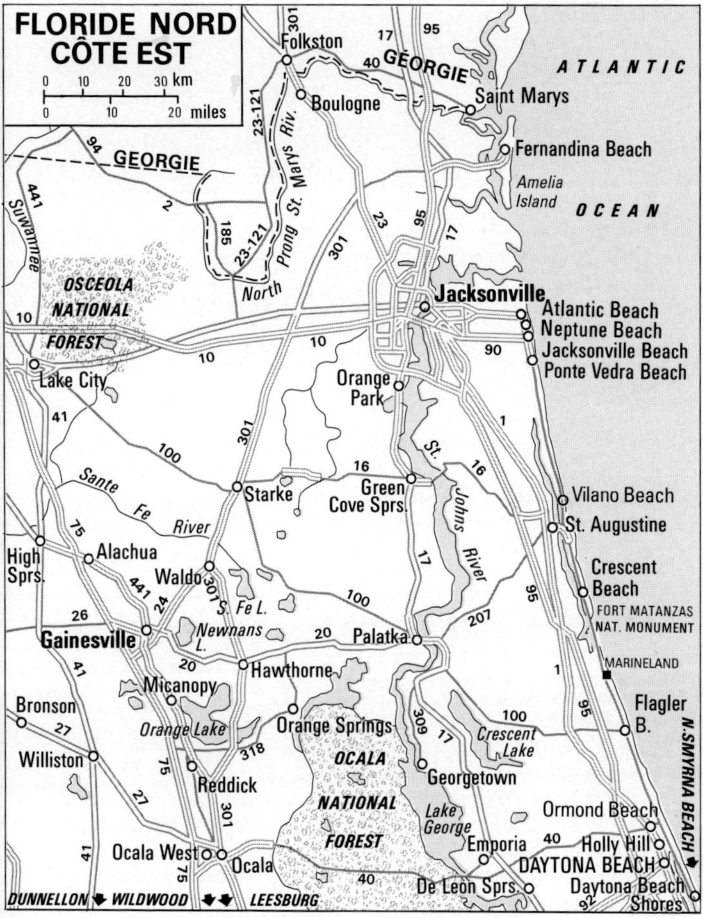

ment large, et, dès le début du siècle, des courses automobiles furent organisées sur cette longue bande de sable dur de 23 mi/37 km de long. En 1903, Alexander Winton y battit le record du monde de courses automobiles, avec… 109 km/h. Aujourd'hui, les voitures sont encore autorisées sur la plage, mais de jour et à 16 km/h.

Daytona est donc bien la ville des courses. Toutes se déroulent sur la fameuse piste **Daytona International Speedway** *(1801 Volusia Avenue ou encore appelée Speedway Boulevard, c'est-à-dire l'US 92, ☎ 254.27.00, 253-RACE, fax 254.67.91)*. Plus de 125 000 spectateurs peuvent y assister et la capacité du parc de stationnement de 35 000 places donne la mesure de l'affluence. Des visites guidées du domaine des courses sont organisées quand il n'y en a pas.

Le **Museum of Arts & Sciences** *(1040 Museum Boulevard, dans l'élégant Tuscawilla Park ☎ 255.02.85. Ouv. t.l.j. sf le lun. Gratuit le ven.)* présente des objets d'art et d'artisanat cubains, africains et américains ainsi que quelques éléments préhistoriques. On peut également visiter le phare, **Ponce de Leon Inlet & Lighthouse** (*☎ 761.18.21. Entrée payante).*

Vers Orlando. Si vous souhaitez interrompre votre élan vers le nord, vous pouvez emprunter l'excellente route fédérale US 4, vers le sud-ouest, en direction d'Orlando via Sanford, en plein pays séminole.
Vers Saint Augustine. Sinon, quittez Daytona par la route fédérale 1 en direction d'**Ormond Beach** et d'**Ormond-by-the-Sea**, zone où auraient accosté les compagnons huguenots de Jean Ribaud en 1562. En suivant la déviation A1A sur la dr., vous passerez devant les **Washington Oaks Gardens** (Jardins de chênes Washington) et le **Marineland of Florida** *(☎ 471.11.11)*, l'un des ancêtres des attractions aquatiques, exportées en Europe sous le même nom.
Avant la grande étape historique et culturelle de Saint Augustine, faites un arrêt au **Fort Matanzas National Monument** *(☎ 471.01.16. Ouv. t.l.j. sf Noël. Entrée payante)*, sur l'île Anastasia desservie par la route A1A. Vous ne manquerez pas d'avoir une pensée émue pour les 245 huguenots français massacrés par Pedro Menendez de Aviles en 1565. Le nom même de *matanzas* signifie en espagnol assassinats, massacres... Vous gagnez tranquillement Saint Augustine par la même route qui vous conduit directement au **Castillo de San Marcos National Monument** (château San Marcos).

Fêtes et manifestations

Janvier. Speedweeks. Une série de courses automobiles sur le fameux circuit de Daytona International Speedway, comprenant le Busch Clash & ARCA 200, le Goody's 300 et le Daytona 500. À cheval sur fin janvier et début février. Au moins 125 000 spectateurs de tous les horizons. Toutes se déroulent sur la fameuse piste Daytona International Speedway, 1801 Volusia Avenue ou encore appelée Speedway Boulevard, c'est-à-dire l'US 92 ☎ 254.27.00 ou 253-RACE, fax (904) 254.67.91.
Mars. Camel Motorcycle Week. Plusieurs courses de motos sur le fameux circuit de Daytona International Speedway : Grands Prix Twins, Arai Twin 50S, Daytona Supercross, Daytona 200, Harley Davidson AMA ☎ (904) 254.27.00 ou (904) 253-RACE, fax (904) 254.67.91.
Avril. Easter Beach Run. Course sur la plage ☎ (904) 258.31.06.
Juillet. Pepsi 400. Course automobile sur le fameux circuit de Daytona International Speedway ☎ (904) 254.27.00 ou (904) 253-RACE, fax (904) 254.67.91.
Décembre. WKA World Enduro Championships. Entre Noël et le Jour de l'An, un festival de courses de karting sur le fameux circuit routier de Daytona International Speedway ☎ (904) 254.27.00 ou (904) 253-RACE, fax (904) 254.67.91.
D'autres courses peuvent encore avoir lieu à des dates mobiles ou non répétitives au cours de l'année.

Bonnes adresses

☎ Indicatif : 904
Informations touristiques. Destination Daytona, 126 E Orange Avenue, P.O. Box 910, Daytona Beach, FL 32115 ☎ 255.04.15, (800) 854.12.34.
Plus de 30 000 chambres dans toute la région...
▲▲▲ **Hilton Daytona Beach**, 2637 S Atlantic Avenue ☎ 767.73.50, (800) 525.73.50, fax 760.36.51. VISA, AE, DC, MC. 2 tennis éclairés. Piscine et pataugeoire avec moniteur. Salle de gymnastique. Location de bicyclettes. Sur la plage.
▲▲ **Best Western La Playa Resort**, 2500 N Atlantic Avenue ☎ 672.09.90, fax 677.09.82. VISA, AE, DC, MC. Piscine. Salle de gymnastique avec sauna. Directement sur la plage.

▲▲ **Palm Plaza,** 3301 S Atlantic Avenue ☎ 767.17.11, (800) 448.22.86, fax 756.83.94. VISA, AE, DC, MC. Sur la plage.

▲ **Whitehall Inn,** 640 N Atlantic Avenue ☎ 258.54.35, (800) 874.70.16, fax 255.49.84. VISA, AE, DC, MC.

♦♦ **Gene's Steakhouse,** 3674 Volusia Avenue ☎ 255.20.59. VISA, AE, DC, MC.

♦♦ **Hungarian Village,** 424 S Ridgewood 253.57.12. VISA, AE, DC, MC. Le goulash avant toute chose.

♦ **Aunt Catfish's,** 4009 Halifax Drive ☎ 767.47.68. VISA, AE, MC. Pianiste en été.

Camping et caravaning. Certaines sections de la plage sont autorisées pour le camping, le caravaning et les mobile homes. **Daytona Beach Campground,** 4601 Clyde Morris Boulevard, Daytona Beach, FL 32119 ☎ 761.26.63, (800) 854.11.12.

Sports et loisirs. Bateaux. *Dixie Queen Riverboat* ☎ 255.19.97 ; *Jet Boat Rides* ☎ 767.76.76. **Circuits en autocars.** *Gray Line Bus Tours* ☎ 761.65.06. **Courses de lévriers.** *Daytona Beach Kennel Club*, à l'O sur l'US 92 ☎ 252.64.84. Avec paris. **Golf.** *River Bend Golf Club* ☎ 673.60.00. Ouv. au public. *Hawaiian Falls Golf*, 2504 South Atlantic. **Jaï Alaï (pelote basque).** Le fronton de pelote basque est situé sur l'US 92 ☎ 255.02.22. **Théâtre.** *Seaside Music Theater* ☎ 252.62.00 ; (800) 854.55.92. **Trolley.** *Votran* ☎ 761.77.00.

Shopping. **Volusia Mall** ☎ 253.67.83. **Christmas Hut** ☎ 257-NOEL, (800) 643.96.85. Tout pour Noël. **Flea Market** ☎ 252.19.99. Marché aux puces.

♥ Saint Augustine***

Tout le long du parcours qui vous conduit, par l'US 1, vers Saint Augustine, le paysage est sage, la voie est large. Vous dépassez **Favoretta**, puis **Espanola**, deux hameaux aux maisons éparpillées dans la verdure. Des noms bien latins, qui évoquent l'Espagne. Soudain, de gigantesques panneaux annoncent Saint Augustine, la « cité des Conquistadores ». Encore une « attraction » ? Détrompez-vous. À l'horizon, vous n'apercevez nul gratte-ciel. La ville n'apparaît qu'au dernier moment. Arrivant par le sud, sitôt franchi le pont de South A1A qui ouvre sur King Street, c'est vrai, le passé est là.

On surnomme souvent Saint Augustine la « Cité des Siècles ». C'est, en effet, la seule ville des États-Unis à être restée si longtemps sous occupation européenne avant le rattachement de la Floride à la Fédération. En visitant Saint Augustine, comment ne pas penser à La Havane de Cuba ou à Carthagène des Indes de Colombie ? Elles sont toutes villes d'Histoire et de mémoire, villes sièges de l'administration de la colonisation espagnole, et places fortes insérées dans le puissant réseau de défense de la monarchie espagnole ceinturant les Caraïbes et l'Amérique Latine. Comme ses sœurs, Saint Augustine a su, en outre, conserver son charme puissant et une vie active, alors que le risque était grand d'en faire une ville-musée. Un exemple réussi de sauvegarde et de mise en valeur du passé.

Saint Augustine dans l'histoire

Le soleil, ce matin-là, brille sur les eaux atlantiques. Les canons des caravelles espagnoles font jaillir de grandes gerbes de sable sur la plage. Puis, c'est de nouveau le silence. Alors éclatent les fifres et les trompettes. Dans un long roulement de tambours, le conquistador espagnol Pedro Menendez de Aviles s'élance vers le rivage américain, à la tête de ses 700 colons. C'est le 28 août 1565, jour de la Saint-

Augustin (*Saint Augustine* en anglais, *San Agustín* en espagnol). Le père Francisco Lopez célèbre une messe solennelle sous les étendards. Menendez et ses compagnons mettent genou à terre pour embrasser la croix. Enfin, le conquistador proclame que ce pays appartient désormais à Philippe II, roi d'Espagne. « Saint Augustine », comme elle s'appelle aujourd'hui en anglais, vient de naître.

Les Espagnols établissent bientôt un plan de ville, destiné à toutes leurs possessions américaines. Les premières maisons de bois et de torchis et une église sortent du sol. En même temps, les missionnaires se chargent d'accroître le nombre de leurs ouailles en convertissant les Indiens. Grâce à la découverte de la coquina sur l'île Anastasia, les habitations résistent mieux aux intempéries. À l'abri de fortifications, Saint Augustine devient une communauté vivante.

Pourtant, l'époque n'est pas tranquille. En Europe, les grandes puissances se battent pour la conquête des océans et de nouveaux territoires. Les Anglais envoient leurs corsaires écumer les horizons marins. En 1586, sir Francis Drake réussit à prendre la ville. Ses habitants s'enfuient dans la forêt proche. À leur retour, ils ne trouvent que des cendres. Avec les années, les conflits entre Espagnols et Anglais sont de plus en plus fréquents et de plus en plus graves. Pendant ce temps, les Augustiniens ne restent pas inactifs. En 1672, ils posent les fondations du redoutable château de San Marcos, à la limite nord de la ville. Quatre fois, les Anglais échouent devant ses murailles. En fait, il faut attendre le traité de Paris de 1763 pour que la Grande-Bretagne puisse enfin occuper Saint Augustine. Par ce traité, l'Espagne recouvre La Havane, récemment occupée par les Anglais, qui ne sont déjà plus véritablement les maîtres du jeu.

En 1776, les colonies se révoltent contre la Couronne britannique et proclament leur indépendance. Huit ans plus tard, au terme du second traité de Paris, l'Espagne reprend possession de la Floride. Affaiblis, ruinés, les Espagnols vendent leur possession à la jeune nation américaine. Le 10 juillet 1821, les troupes des États-Unis entrent pacifiquement dans Saint Augustine. Les descendants des conquistadores partent pour ne plus jamais revenir. Une ère vient de s'achever. Les Américains trouvent une cité vieillotte, pauvre, des habitants apathiques. De nombreuses maisons se dégradent ; certaines sont en ruine. Déjà, des spéculateurs venus du Nord s'installent pour tirer avantage de cette situation. Le charme de l'endroit, parfumé par les fleurs d'oranger, le pittoresque des rues étroites, des cours et patios frais font la renommée de Saint Augustine. Bien qu'au début du XIXe s., il soit difficile de gagner la ville, les visiteurs commencent à arriver. Le prince Achille Murat, fils du roi de Naples, est le plus célèbre d'entre eux.

Les guerres contre les Séminoles, à partir de 1836, donnent un coup d'arrêt à cet essor. Il reprend, à peine dix ans plus tard, quand la Floride devient le 27e État de l'Union. La cité continue de prospérer jusqu'à la guerre de Sécession. Les esclaves y sont très peu nombreux, comparativement au reste de l'État ; et, même les citoyens de Saint Augustine, souvent venus du Nord, ne cachent pas leurs sentiments fédéraux. Pourtant, la Floride fait sécession aux côtés des États esclavagistes. En mars 1862, un escadron de soldats fédérés obtient sans combat la reddition de la petite garnison. En 1883, les visiteurs peuvent enfin prendre le train à Jacksonville. Lors de sa découverte de la Floride, Henry M. Flagler (voir pp.180-181) est, lui aussi, séduit par

la « belle Espagnole ». Il fait construire trois hôtels, mélangeant les styles hispanique et mauresque : le Ponce de Leon, l'Alcazar et le Cordova. Le chemin de fer se poursuit sur la côte est jusqu'à Miami, en 1896.
Mais de vieilles maisons sont abattues pour laisser la place à de nouveaux buildings. En 1887 et 1914, deux grands incendies amputent la ville de nombreux vestiges du passé.

Saint Augustine aujourd'hui

Depuis, des mesures de préservation et de restauration ont été prises. Le vieux Saint Augustine, autour de Saint George Street, illustre l'immense travail accompli. Marchez à travers ses ruelles, découvrez l'ombre des jardins, pénétrez dans les ateliers à l'ancienne des artisans... Saint Augustine vous murmure son histoire. Au bout de la visite, il y a la plage, celle de Saint Augustine Beach (South A1A) dans l'île Anastasia. Cette proximité de la mer fait de Saint Augustine un lieu idéal de villégiature. De nombreux habitants de Jacksonville viennent, chaque fin de semaine ou pendant les vacances, grossir la population locale, estimée à 12 000 hab. D'ailleurs, beaucoup travaillent dans le tourisme ou dans les conserveries de poissons. Saint Augustine s'est aussi construit une réputation avec la conchyliculture (l'élevage des coquillages comestibles) et la construction de bateaux de plaisance. La baie de Matanzas est un refuge idéal pour les voiliers, escale, depuis des siècles, des aventuriers du voyage.

MODE D'EMPLOI

Accès

À 41 mi/63 km de Daytona, à 302 mi/467 km de Miami, à 98 mi/152 km d'Orlando et à 34 mi/53 km de Jacksonville. Seul accès possible : la route, en voiture ou dans le cadre d'excursions.

Circuler

Il est préférable de prendre un premier contact avec la cité en effectuant un tour de ville en petit train ou encore dans une carriole tirée par de (vrais) chevaux... Vous pouvez descendre ou monter à chacune des étapes de l'itinéraire et bénéficier des commentaires (en anglais uniquement). Il est, en effet, difficile de circuler en voiture dans la partie historique de la cité en raison des nombreux sens interdits, des difficultés de stationnement et de l'étroitesse de la plupart des voies. Les dimensions de la vieille ville sont telles que vous pouvez aussi très agréablement circuler à pied.

Programme

Si vous êtes amateur de vieilles pierres, comptez une bonne journée pour visiter (presque) tout Saint Augustine. Deux étapes s'imposent : le Castillo de San Marcos et le vieux Saint Augustine.

Fêtes et festivals

Mars. Easter Festival (☎ *829.56.81*). Depuis 40 ans, pendant trois semaines, une série d'événements liés à l'histoire de la ville : bénédiction des bateaux de pêcheurs de crevettes et autres embarcations ; anoblissement des Minorcains et des alliés de la famille royale espagnole au Lightner Museum, l'ancien Hôtel Alcazar ; présentation de la passion du Christ le matin du jour de Pâques, avec des costumes somptueux ; Seafood Festival (fêtes des fruits de mer) ; parade de chevaux et voitures attelées ; hommage aux Minorcains, dont quelques ancêtres vinrent peupler Saint Augustine en 1777, etc.

Avril. **Island Beaches Spring Festival** *(☎ 829.56.81).* Festival de Printemps avec tournois sportifs sur les plages (surf, voile, volley-ball, tennis, etc). **Queen Isabella's Birthday** *(☎ 829.56.81).* Anniversaire de la reine Isabelle 1ère d'Espagne, qui a généreusement financé le voyage de Christophe Colomb, dans le cadre d'une fête de la fin du XVe s.
Juin. **Spanish Night Watch** *(☎ 829.56.81).* Retraite aux flambeaux dans Saint George Street en souvenir des Espagnols. Changement de la garde au clair de lune. Mi-juin-mi-août : **Cross and Sword** *(☎ 471.19.65).* Dans Saint Augustine Amphitheater, au S de la ville sur l'A1A. Tous les soirs sf lundi et mardi. Un drame historique racontant la ville. Spectacle officiel de l'État de Floride, signé Paul Greene. **Greek Landing Day Festival** *(☎ 829.56.81).* Fête à la grecque en souvenir des immigrants hellènes.
Septembre. Le 3 septembre : **Fiesta España & Founders Day** *(☎ 829.56.81).* Célébration de la fondation de la ville en 1565 sur le site originel, suivie d'une messe catholique.
Novembre. **Saint Augustine Fall Arts and Crafts Fair** *(☎ 829.56.81).* Foire d'automne pour les arts et les artisanats.
Décembre. **Christmas in Saint Augustine** *(☎ 829.56.81).* Pendant trois semaines, autour de Noël, la saveur du Nouveau Monde : voitures attelées, flambeaux, musique ancienne, etc.

Castillo de San Marcos** (Château de San Marcos)

➤ *1 Castillo Drive ☎ 829.65.06. Ouv. t.l.j. sf le 25 déc. Entrée payante. Tarifs pour les personnes âgées.*

À l'origine, Saint Augustine était protégée de ses agresseurs par une succession de neuf fortins en bois. Pour subsister, il lui fallait une véritable défense. En 1669, la reine-régente Mariana ordonna la construction du château. Aussitôt, le vice-roi, installé à Mexico, apporta une somme de 12 000 pesos à Saint Augustine pour entamer les travaux. Ensuite, 10 000 pesos lui furent versés annuellement, jusqu'à l'achèvement de la construction. Le 2 octobre 1672, les citoyens se mirent donc au travail. Dressée sur un plan en étoiles, la forteresse, avec ses casemates, ses échauguettes, ses remparts à angle vif, semblait imprenable. Bien qu'achevée en 1695, la construction fut agrandie, renforcée au cours des siècles. Cette masse puissante impressionne toujours aujourd'hui par ses énormes murailles dominant les douves d'une hauteur de près de 8 m et dont l'épaisseur dépasse 4 m à leur base et atteint 2,75 m en leur sommet.
Les occupants anglais ajoutèrent un second étage aux casemates et baptisèrent la construction : Fort Saint Mark. À leur arrivée, les Américains préférèrent l'appeler Fort Marion. Pourtant, rien ne changea : il resta inexpugnable. Pendant la guerre contre les Séminoles, il servit de prison. En 1837, Osceola et Coacoochee, deux chefs indiens, capturés alors qu'ils venaient parlementer, y furent enfermés. Mais Coacoochee et vingt de ses compagnons s'évadèrent.
Le château fut désarmé en 1900 et déclaré monument national *(National Monument)* en 1924. Mais ce fut seulement en 1942 qu'il retrouva son nom d'origine : Castillo de San Marcos. Ne croyez pas pour autant que Saint Augustine fut au long des siècles une simple ville de garnison. Entre la cité et le fort, il existait un lien intime ; les filles des colons se mariaient avec les soldats, les fils prenaient l'uniforme, des soldats devenaient colons. La colonie renforçait son identité et la défendait avec cœur. Ainsi, en 1755, toute la population fit front contre l'autorité royale. Suite à une réorganisation militaire, l'ordre de quitter Saint Augustine pour La Havane fut donné à la gar-

La vie d'un engagé sous la couronne espagnole

Très souvent, les jeunes gens s'engageaient dans l'armée à partir de 18 ans. La jeune recrue était employée à diverses missions de défense dans le fort ou sur les avant-postes de la baie de Matanzas. Quand un navire arrivait de La Havane ou de Mexico, l'engagé assurait sa protection à l'entrée de la rade. Parfois, il quittait la ville pour accompagner les missionnaires. Sur place, il protégeait les Indiens convertis, contre leurs frères ennemis. Il intervenait dans les querelles entre chefs afin d'éviter tout affrontement sanglant. À tout moment, la Floride pouvait compter sur son dévouement contre les menaces extérieures ou intérieures.
Hélas pour lui, s'il ne savait ni lire, ni écrire, il ne pouvait guère espérer d'avancement. Il devenait tout au plus caporal ; mais au fond, peu lui importait la carrière des armes. En dehors de son service, il était un colon comme les autres, désireux de créer une famille et de faire fructifier son lopin de terre. Sa maigre solde suffisait à peine pour lui payer sa nourriture, son équipement et les soins dont il avait besoin. Soldat, certes, pionnier, surtout, il se sentait Saint-Augustinien à la fois pour le meilleur et pour le pire, s'il le fallait.

nison. Or, plus de la moitié des soldats étaient mariés. Le risque était donc grand de voir la cité se transformer en un simple poste militaire après leur départ. L'agitation fut telle que l'ordre de transfert fut modifié : seuls les célibataires embarquèrent pour Cuba.

♥ San Agustin Antiguo***

Le quartier ancien de Saint Augustine s'appelle encore le *Spanish Quarter*, soit le quartier espagnol. Il s'étire le long des artères San Marco Avenue, Cordova Street, Sevilla Street, Avenida Menendez et Spanish Street. L'échiquier qu'elles dessinent ne laisse aucun doute : l'Espagne est à chaque coin de rue, présente et vivante. Soucieuses de préserver l'authenticité de leur ville, deux sociétés d'histoire ont mobilisé leurs efforts pour restaurer toute une rue : la Saint George Street, en plein cœur de Saint Augustine. De chaque côté de cette voie piétonne, 36 maisons racontent l'histoire des pionniers. Des artisans continuent de perpétuer leurs gestes, à la forge, sur un métier à tisser ou un établi. Les bruits et les odeurs sont les mêmes : ceux du bois travaillé par le menuisier, de la friture à l'huile d'olive ou encore du gâteau mis au four par une *señora*.
Commencez votre découverte depuis **Orange Street**, derrière le Visitor Information Center. Chaque maison a son identité et il suffit pour la découvrir de flâner au hasard des rues. Arrêtez-vous d'abord devant la plus vieille école en bois. **The Oldest Wooden School House***** (*14 Saint George Street. Ouv. t.l.j. de 9h jusqu'à la nuit. Entrée payante. Tarifs pour les personnes âgées)*. Ce bâtiment, construit vers 1760 en cèdre rouge et en cyprès, est la plus ancienne construction de bois de Saint Augustine et sans doute des États-Unis. Visitez ensuite les **casas de Ribeira, de Gallegos, de Gomez, de Mesa-Sanchez, de Peso de Burgo** *(Ouv. t.l.j. de 9h à 17h. Entrée payante. Tarifs pour les personnes âgées)*. Ces maisons ouvrent leur patio à votre curiosité. En outre, de juin à septembre, une patrouille de rangers en costume d'époque défile au son des fifres et des tambours dans Saint George Street et Cuna Street *(week-end de 13h à 15h)*.

Zorayda Castle** *(82 King Street, près de la poste, sur Central Avenue ☎ 824.30.97. Ouv. t.l.j. de 9h à 17h30. Entrée payante. Tarifs pour les personnes âgées).* Cette villa de 1883 est la reproduction exacte d'une partie du palais de l'Alhambra de Grenade, construit par les Maures. Franklin Smith, son architecte, a fait là un petit chef-d'œuvre. On imagine sans peine la princesse Zorayda au balcon de sa tour ou recluse dans le harem. L'illusion est parfaite. Mais ce palais mauresque est aussi un musée qui contient des trésors de l'art oriental. Un mécène égyptien, Abraham S. Mussallem, y a rassemblé des objets trouvés dans des sarcophages égyptiens, des mosaïques, des bijoux et même le pied d'une momie. Toujours propriété privée, cet édifice est ouvert au public depuis 1936.

Oldest Store Museum*, le musée du Plus Vieux Magasin *(4 Artillery Lane, perpendiculaire à Saint George Street ☎ 829.97.29. Ouv. toute l'année de 9h à 17h30. Entrée payante. Tarifs pour les personnes âgées).* Passez la porte, la sonnette tinte et vous voilà en plein XIXe s., à l'époque où le propriétaire, M. Hamblen, était le fournisseur de l'Hôtel Ponce de Leon. Tous les objets et produits de l'époque y voisinent. Pendant que le maréchal-ferrant travaillait dans la forge attenante, le client faisait provision de café, d'épices, de savons, de médicaments. Les comptoirs de bois sont encore tout imprégnés des odeurs de marchandises. Sur les rayons, les pantalons de flanelle de nos grands-pères et les corsets de nos grands-mères semblent attendre quelque acheteur nostalgique. N'oubliez surtout pas, avant de partir, d'admirer la singulière collection de vélocipèdes et les réclames de jadis affichées aux murs. Plus de 100 000 pièces exposées.

Fountain of Youth, fontaine de Jouvence *(155 Magnolia Avenue ☎ 829.31.68, (800) 356.82.22. Ouv. t.l.j. de 8h à 17h. Entrée payante. Tarifs pour les personnes âgées).* Elle est située dans un parc archéologique national de 8,4 ha ombragé et tropical pour commémorer le débarquement de Ponce de Leon, en 1513. C'est donc en quelque sorte le premier monument historique des États-Unis. Vous pouvez vous rafraîchir dans l'eau de la claire fontaine, puis observer sur un globe l'itinéraire des premiers colons venus d'Espagne. Cet endroit correspondrait à la vieille ville indienne de Seloy. Quelques tombes précolombiennes peuvent être observées dans les parages.

The Oldest House*, la Plus Vieille Maison *(14 Francis Street, ☎ 824.28.72. Ouv. t.l.j. de 9h à 17h. Entrée payante. Tarifs pour les personnes âgées).* Les archéologues situent le début de l'occupation du site autour de 1600. La maison était alors faite de bois, de feuilles de palmiers et d'un mortier composé de sable et de terre. En 1702, elle fut rasée par les Anglais venus de Caroline. Son histoire rejoint celle de Saint Augustine. Tomas Gonzales y Hernandes fut le premier occupant du lieu dont on ait des traces, grâce aux documents qu'il a laissés. Nous apprenons ainsi que ses ancêtres étaient des Canariens venus avec les premiers galions espagnols. Les Gonzales occupèrent la maison jusqu'en 1763, date du début de l'occupation anglaise. La famille s'installa alors à Cuba comme 3 000 autres réfugiés espagnols. En 1775, le major Joseph Peavett, propriétaire de nombreuses terres et d'esclaves, acheta l'habitation. Il mourut deux ans après le retour des Espagnols en Floride. Sa veuve la revendit bientôt pour 942 pesos à Geronimo Alvarez. Arrivé seulement en 1784 à Saint Augustine, cet homme cultivé se fit rapidement une place dans la communauté. Il fut nommé maire et réunit chez lui les notables. Estimé et influent, il décida de rester à Saint Augustine quand la Floride devint américaine, en 1821. Son fils, Antonio, fut nommé conservateur des archives publiques de l'Est floridien par le président John Adams, huit ans plus tard. La dynastie Alvarez continua d'occuper la maison jusqu'en 1882. La Société d'histoire de Saint Augustine *(Saint Augustine Historical Society)* en est la propriétaire depuis 1918. L'argent de votre visite sert désormais à préserver ce témoignage essentiel des siècles passés.

Lightner Museum** *(King Street ☎ 824.28.74. Ouv. t.l.j. de 9h à 17h. Entrée payante. Tarifs pour les personnes âgées).* Ponce de Leon, raide sur son socle, vous accueille bravement dans ce musée installé dans l'ancien hôtel Alcazar. Henry M. Flagler (voir pp. 180-181) le fit construire en 1888 selon le modèle de l'Alcazar de Tolède. Cet hôtel, très luxueux, possédait une piscine et des bains turcs, toujours visibles aujourd'hui. La crise économique de 1929 lui fut fatale. En 1947, il fut racheté par Otto Lightner, un éditeur de Chicago. Il y fit alors transporter toute sa collection d'objets de l'époque victorienne pour en faire un musée à son nom, qu'il ouvrit en janvier 1948. L'hôtel de ville de Saint Augustine *(City Hall)* occupe une partie de cette construction. Signalons, parmi les nombreuses richesses exposées : une magnifique horloge anglaise indiquant l'heure, le quart d'heure, le jour, la semaine, le mois et les différentes phases de la lune ; un bureau de style Empire, cadeau de Napoléon Ier à son frère Louis, roi de Hollande, qui cache plus de 200 tiroirs ; la momie d'un enfant égyptien, mort il y a 4 000 ans, la plus belle pièce de tout un ensemble consacré à l'ethnologie. Des collections de boîtes à musique, de jouets, de pièces, de timbres, de boutons, etc., nécessitent trois heures de visite. Un délicieux jardin intérieur vous reposera de vos efforts.

Potter's Wax Museum, musée de cire Potter *(17 King Street ☎ 829.90.56. Ouv. t.l.j. Entrée payante. Tarif pour les personnes âgées).* Charlemagne, Osceola, Rudolph Valentino, en tout 150 personnages de cire y sont représentés. Les écrivains devisent avec les poètes, les explorateurs conversent avec les aventuriers, les héros de l'histoire ou de la légende vous regardent passer.

Government House *(48 King Street ☎ 825.50.33. Ouv. t.l.j. sf dim. et lun. et j.f. Entrée payante. Tarifs pour personnes âgées).* L'histoire de la cité depuis les Indiens jusqu'à l'âge d'or au temps de Flagler.

Ripley's Believe It Or Not Museum *(19 San Marco Avenue ☎ 824.16.06, 824.16.07, fax 829.17.90. Ouv. t.l.j. Entrée payante. Tarif pour les personnes âgées).* Un autre musée de collections diverses Ripley, installé ici dans une vieille tour de garde.

Mission Of Nombre de Dios*, *(sur San Marco Avenue, 6 pâtés de maisons au nord du Visitor Information Center ☎ 824.28.09. Ouv. t.l.j. Entrée gratuite).* Une belle croix d'acier de 70 m de haut commémore la fondation de Saint Augustine le 8 septembre 1565.

Our Lady Of La Leche Shrine*, Tombeau-châsse de Notre-Dame de La Leche *(attenant à la mission, ☎ 824.28.09. Ouv. t.l.j. Entrée gratuite).* Établi en 1603 et consacré au culte de Marie. Peut-être le plus ancien sanctuaire marial en Amérique.

Les environs de Saint Augustine

Anastasia State Recreation Area *(à 3 mi/4,8 km au sud de FL A1A, ☎ 461.20.33).* 400 ha de carrières de coquina, une roche faite d'un agglomérat de sable et de coquillages broyés, et de belles dunes blanches. Natation, pique-nique, pêche, sentiers balisés, emplacement de camping équipés.

FLAGLER, PLANT, TUTTLE ET LES AUTRES

On raconte que c'est la santé fragile de leurs épouses qui incita, au siècle dernier, les hommes d'affaires Henry Bradley Plant, d'abord, puis après lui Henry Morrison Flagler, à chercher des climats plus favorables. Ils découvrirent les bienfaits de l'État du Soleil et se prirent à imaginer la Floride comme une villégiature d'hiver pour l'élite de l'Amérique.

Henry M. Flagler vous accueille au collège qui porte son nom. Ancien hôtel Ponce de Leon, ce fut le premier édifice monumental à être construit sur la côte est de la péninsule (1884).

Ci-dessous, le « Don Cesar » à St Petersburg date des années 30.

Plant bâtit son empire du rail

Après un voyage de huit jours et… trois changements de bateau, Plant visite la Floride pour la première fois en 1853. La santé de sa femme s'étant améliorée à la suite de ce séjour, il obtient de son employeur, la compagnie de transport Adams Express Company, sa mutation à Augusta en Géorgie, au siège de la Division sud. Il rachète bientôt ladite Division et commence à bâtir son « empire du rail » dans le sud des États-Unis. Au fil des années, il acquiert un certain nombre de sociétés de chemins de fer et de navigation, et se trouve bientôt en possession de 1,5 million d'hectares en Floride. À la fin de 1883, il relie déjà Jacksonville à Tampa au moyen d'une combinaison de transports par chemin de fer et voie d'eau.

Flagler concurrence Plant sur la côte orientale

Entre-temps, Flagler a lui aussi découvert la Floride. Visitant Jacksonville pour la première fois en 1878, il remarque que les hôtels y sont peu nombreux. C'est de Saint Augustine qu'il commence à développer la côte orientale de la Floride, avec la construction du luxueux Grand Hôtel Ponce de Leon. Le succès rapide de ce premier établissement l'incite à bâtir une autre unité moins princière, l'Alcazar, en 1888, de l'autre côté de la rue (aujourd'hui Lightner Museum). Tandis que les touristes affluent dans ses premiers hôtels, il s'aventure plus au sud. Il rachète notamment la compagnie de chemin de fer qui dessert Saint-Augustine et Ormond Beach et en vient

Le Flagler College, richement décoré de marbre importé, de chêne sculpté, ou encore de vitraux de chez Tiffany, s'ouvre sur une cour qui débouche sur un vestibule que le public peut visiter. Plus loin se trouve la Rotonde, aujourd'hui transformée en une immense salle de réfectoire.

à acquérir des intérêts dans la société de l'hôtel Ormond Beach.

Ne voulant pas se laisser dépasser par Flagler, Plant construit lui aussi un hôtel à Tampa, six mois après l'inauguration du Ponce de Leon. Dans le plus pur style mauresque, orné de nombreux minarets, le Tampa Bay Hotel (aujourd'hui Université de Tampa) ouvre ses portes en 1891.

La Flagler's Folly

De son côté, Flagler, encouragé par Julia Tuttle, la femme d'affaires pionnière de Miami, poursuit ses actions en faveur de la côte orientale. À la suite d'un grave gel qui affecte la Floride jusqu'à Palm Beach, il étend ses voies ferrées jusqu'à Miami grâce à l'aide financière que lui procure Julia Tuttle. En 1894, la ligne atteint Palm Beach, où Flagler réalise de gros investissements hôteliers et construit même sa propriété personnelle, Whitehall, qui coûte davantage que le Grand Hôtel Ponce de Leon.

Son dernier projet, le plus monumental, est le prolongement du rail jusqu'à Key West. Plus de 400 000 travailleurs, 7 ans de travaux et plus de 20 millions de dollars sont nécessaires pour que la Flagler's Folly atteigne Key West, le 22 janvier 1922. 15 000 personnes qui n'ont jamais vu de train saluent son arrivée. On prolonge même le service en mettant le train sur le bateau. Destination : La Havane, située à 90 mi/144 km. Malheureusement, un gigantesque ouragan détruit ce grand œuvre en 1926. Dix ans plus tard, on décide la construction de la route US 1 pour remplacer la Flagler's Folly.

Saint Augustine Alligator Farm, la ferme des Alligators *(A1A South ☎ 824.33.37. Ouv. de 10h à 17h t.l.j. Entrée payante.* VISA, MC*)*. Vous quittez la ville par le Pont des Lions *(Bridge of Lions)*, puis vous suivez Anastasia Boulevard pour rejoindre la route A1A. Cette ferme est sans doute la plus ancienne et la plus grande de toute la Floride. Ross Allen et Chris Lightburn sont les deux animateurs de ce spectacle unique en son genre. Leur familiarité avec les serpents et les alligators est impressionnante. Sur des ponts suspendus, vous vous promènerez au-dessus de marais infestés de crocodiles. Plus loin, vous vous détendrez en regardant les pitreries des singes ou la démarche hautaine des paons. Car, si les alligators ont la vedette, les autres animaux ne sont pas oubliés pour autant et les enfants en sont ravis.

BONNES ADRESSES

☎ Indicatif : 904

Informations touristiques. Saint Augustine and Saint Johns County Chamber of Commerce, One Riberia Street, Saint Augustine, FL 32084 ☎ 829.56.81, fax 829.64.77. **Visitor Information Center**, 10 Castillo Drive ☎ 825.10.00, 824.33.35. Dépliants, cartes et plans gratuits en plusieurs langues, dont le français. Projection continue de films sur Saint Augustine et le Saint Johns County. *Ouv. de 8h à 17h30 t.l.j.* **South Beaches Information Center** ☎ 471.15.96. **Historic Saint Augustine Preservation Board** ☎ 825.68.30. **Saint Augustine Historical Society** Charlotte Street, Saint Augustine, FL 32084 ☎ 824.28.72.

Hôtels

▲▲▲ **Radisson Ponce de Leon Golf & Conference Resort**, 4000 N US 1, Saint Augustine, FL 32095 ☎ 824.28.21, (800) 228.28.21, fax 829.61.08. *193 ch.* VISA, AE, DC MC. Restaurant, bar, piscine. Tennis. Golf. Patios et balcons dans les chambres.

▲ **Days Inn**, 2800 Ponce de Leon Boulevard, dans le quartier historique ☎ 829.65.81. VISA, AE, DC, MC.

Inns

La solution des *inns* est celle qui va avec le cadre. Une bonne vingtaine se sont même regroupés en une association appelée **Historic Inns of Saint Augustine**, P.O. Box 5268, Saint Augustine, FL 32084-5268. Demandez la liste des adhérents. Une organisation de réservation : **RSVP**, P.O. Box 3603, Saint Augustine, FL 32085-3603 ☎ 826.42.66, (800) 669.66.38.

▲▲▲ **Carriage Way Bed & Breakfast**, 70 Cuna Street, ☎ 829.24.67. *9 ch.* Maison édifiée entre 1883 et 1885 dont les propriétaires vous proposent de vous orienter pendant votre séjour. Certaines chambres ont un lit à baldaquin et des meubles et objets anciens. Thé, café, jus de fruits, journaux à discrétion. Le réfrigérateur est ouvert aux hôtes. Savoureux petit déjeuner continental. Des « détails » *(special touches)* disponibles moyennant suppléments : roses, champagne, fromages, etc. Toujours se faire annoncer avant de prendre possession de sa chambre.

▲▲▲ **Westcott House**, 146 Avenida Menendez ☎ 824.43.01. VISA, MC. Domine la baie de Matanzas. Édifice de 1887. Chambres décorées avec des meubles et objets anciens. Bouteille de vin gratuite à l'arrivée.

▲▲ **Casablanca Inn**, 24 Avenida Menendez ☎ 829.09.28. Suites élégantes avec mobiliers et objets anciens. Vue sur la baie.

▲ **Saint Francis**, 279 Saint George Street ☎ 824.60.68. *12 ch. et 6 suites.* VISA, MC. Suites équipées d'une kitchenette ; piscine ; vélo gratuit ; bibliothèque. Bâtiment (très restauré) de 1791.

Camping et caravaning

Indian Forest Campground, 1555 SR 207, Saint Augustine, FL 32086-9321 ☎ 824.35.74, (800) 233.43.24.
KOA, 525 W Pope Road, Saint Augustine Beach, FL 32084 ☎ 471.31.13, (800) 992.56.22.

Restaurants

♦♦♦ **Columbia**, 98 Saint George Street ☎ 824.33.41. VISA, AE, DC, MC. Cuisine et décor à l'espagnole. Paella, soupe cubaine aux haricots noirs. Tous les parages sentent bon l'ail et l'huile d'olive.
♦♦♦ **Raintree**, 102 San Marco Avenue ☎ 824.71.11. VISA, AE, DC, MC. Installé dans l'une des plus vieilles maisons de la partie N de la ville (1879). On vous ramènera gratuitement en voiture à votre hôtel en ville.
♦♦ **La Parisienne**, Cordova Street ☎ 829.00.55. Un bon restaurant tenu par des Français.
♦ **Antonio's**, au carrefour entre FL 3 et FL 312 ☎ 471.38.35. VISA, AE, DC, MC. Cuisine italienne.
♦ **Chimes**, 12 Avenida Menendez ☎ 829.81.41. VISA, AE, DC, MC. Fruits de mer. Vue sur Matanzas Bay et le Castillo de San Marcos.

Adresses utiles

Excursions. Saint Augustine Sightseeing Trains, 170 San Marco Avenue ☎ 829.65.45. *T.l.j. sf le 25 déc.* Durée : 1h. Commentaires en anglais. 8 arrêts. Un départ toutes les 15 mn. **Gamsey Carriage Company**, 1525 N Whitney Street ☎ 829.23.91. *T.l.j. à partir de 8h du matin.* Les carrioles tirées par des chevaux démarrent à Bayfront. **Historic Tours**, 167 San Marco Avenue ☎ 829.38.00. Durée : 1h. À bord de trolleys à claire voie. *T.l.j. sf les 24 et 25 déc.* Commentaires en anglais. **Saint Augustine Transfer Company** ou **Colee's Horse-Drawn Carriage Tours** ☎ 829.28.18. Départs depuis Bayfront, près de l'entrée du Fort Castillo de San Marco. Durée : 1h. Possibilités en nocturne. *T.l.j. sf le 25 déc.*
Promenades en mer. Scenic Cruise, Municipal Marina, Avenida Menendez ☎ 824.18.06, (800) 542.83.16, fax 826.08.97. VISA, MC. Durée : 1h15. À bord du Victory II et du Victory III. **Matanzas Queen** ☎ 471.01.16. *T.l.j. de 9h à 16h30.*
Pêche en mer. Sea Lovers, 250 Vilano Road, Saint Augustine, FL 32084 ☎ 824.33.28, (800) 940-FISH. **Water Sports Center**, 111A Avenida Menendez ☎ 829.19.88, (800) 925-BOAT.
Toujours sur la A1A, voici encore **Vilano Beach**, **South Ponte Vedra Beach**, **Ponte Vedra Beach** et enfin **Jacksonville Beach**.

LA CÔTE OUEST :
DE NAPLES À PANAMA CITY

La côte occidentale de la Floride reste encore, pour de nombreux Européens, un trésor bien caché que les voyagistes commencent à peine à explorer. Des plages somptueuses sur le golfe du Mexique, mais aussi des pages d'histoire de toutes les Caraïbes et des États-Unis.

Notre itinéraire permettant de visiter la côte ouest de Floride commence à Fort Lauderdale d'où l'on emprunte, en direction de l'O, la route I-75 qui traverse le comté de Broward, avant de pénétrer dans le parc des Everglades dans sa partie la plus large et non préservée. On appelle cette agréable route, parfois un peu monotone, qui va jusqu'à Naples, *Alligator Alley* (le chemin des alligators) ou encore *Everglades Parkway*. En traversant de fort beaux paysages, la route passe au cœur du pays indien séminole. Une tribu, l'une des plus importantes de la population indienne, y est même installée. Elle occupe deux réserves, nommées Big Cypress Seminole Indian Reservation, c'est-à-dire la réserve du grand cyprès, et la Miccosukee Indian Reservation.

Reliée à la terre ferme par un pont, l'île de Sanibel abrite une réserve ornithologique et un parc naturel traversé par une rivière où l'on peut faire des promenades en bateau.

De Naples à Sarasota

♥ Naples**

➤ ***Par la route.*** *Après une longue traversée (184 mi/126 km) dans un paysage entouré des marais des Everglades décorés de buissons, d'arbres, de plantes et de fleurs tropicaux, vous laisserez la I-75 qui file vers le N pour arriver sur Naples par la FL 856.* ***Par avion.*** *L'**aéroport international de Fort Myers** (South West Florida International Airport), distant de 35 mi/73 km, est relié à une centaine de villes aux États-Unis et dans le monde ; l'**aéroport de Naples** est presque dans la ville.* ***Par bateau.*** *Importante marina. Quelques hôtels avec anneaux d'amarrage.*

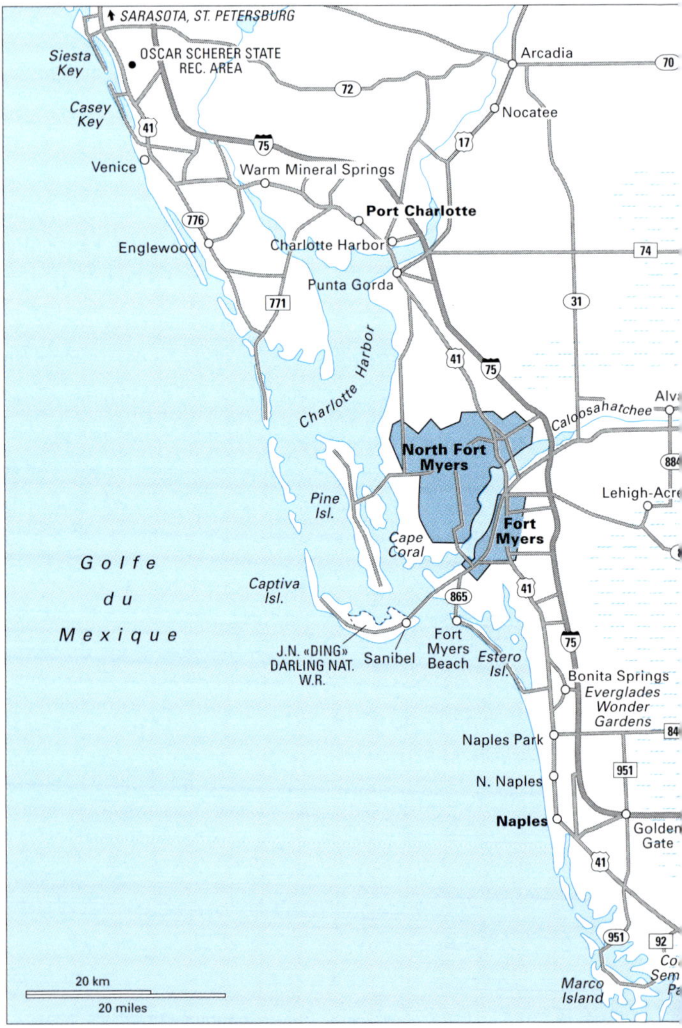

Carte des environs du lac Okeechobee

Mars, mai et octobre. *World Famous Swamp Buggy Races. Courses de buggies dans les marécages.* ☎ *(813) 774.27.01, fax (813) 774.41.18.*

Naples est la capitale du comté de Collier depuis 1962, quatrième producteur de légumes de Floride. Cette agglomération, où la richesse est véritable et n'a donc point besoin de s'étaler, est la proie des promoteurs immobiliers qui, depuis quelques années, ont cherché à tirer parti de cette station balnéaire en plein essor, en multipliant les immeubles pourvus d'appartements en copropriété *(condominiums* ou *condos)* et en la dotant d'une marina. Naples possède, en outre, deux des plus beaux hôtels de Floride : le Ritz-Carlton Naples et le Registry Naples. Malgré les transformations urbaines

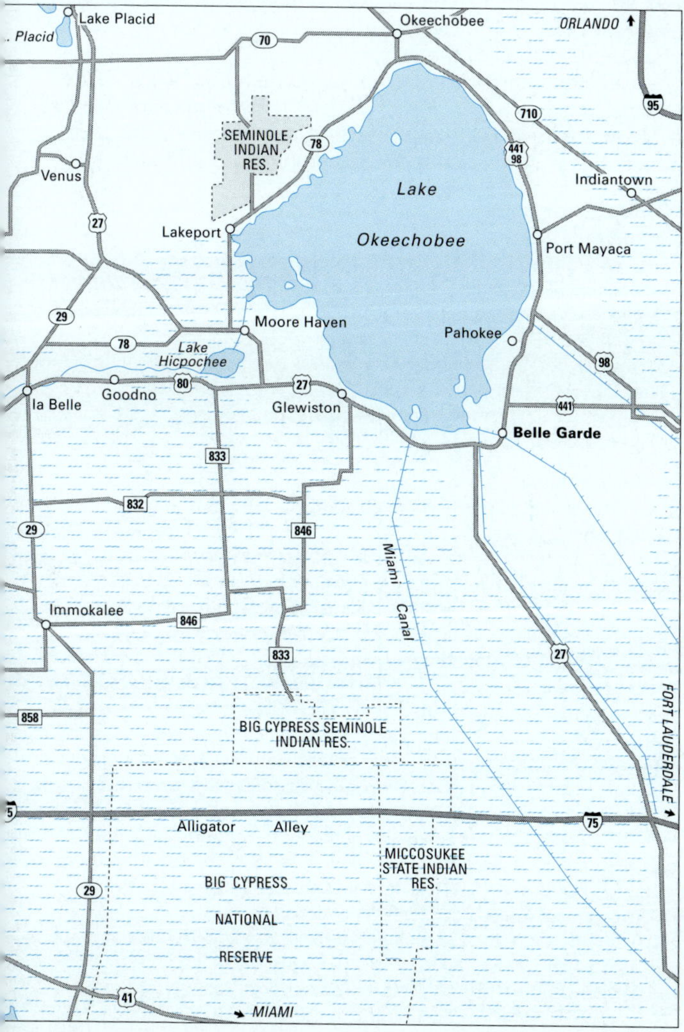

dont elle est l'objet, cette ville tranquille de 20 000 hab. permanents a conservé intacte la beauté de sa baie qui donne sur le golfe du Mexique et lui a valu d'être comparée à la capitale du sud italien dont elle aurait emprunté le nom. Elle dispose depuis 1990 d'un impressionnant **Performing Arts Center** ultra-moderne très orientalisant dans son architecture. Le code d'urbanisme, très sévère depuis les années 40, ne permet pas la construction de bâtiments plus hauts que le plus haut palmier de la plage. Récolte de coquillages fructueuse sur son harmonieuse plage de 10 mi/16 km. Pêche miraculeuse sur sa longue et pittoresque jetée (**The Pier**) qui sert de cadre à de sympathiques festivités le 4-Juillet.

À 2 mi/3 km au nord par la route US 41, vous pouvez observer des animaux sauvages apprivoisés, notamment des tiglons, moitié tigres, moitié lions, à **Jungle Larry's Zoological Park at Caribbean Gardens** *(☎ 262.54.09. Ouv. t.l.j. de 9h30 à 17h30. Entrée payante)*, à la fois jardin botanique et zoo.

Au **Conservancy Nature Center**, sur la 14th Avenue N, à la sortie de Goodlette-Frank Road *(☎ 262.03.04)*, vous apprendrez tout ce qu'il faut savoir sur les actions de protection de la nature dans cette région. À la fois musée et centre de réhabilitation des animaux.

Bonnes adresses

☎ **Indicatif : 941**

Informations touristiques. Naples Area Tourism Bureau, 853 Vanderbilt Beach Road, Naples, FL 33963 ☎ 262.27.12, fax 262.83.74. **Naples Area Chamber of Commerce**, 3620 N Tamiami Trail, Naples, FL 33940 ☎ 262.61.41.

Aéroports. Naples Municipal Airport, très proche du centre ville. **South West Florida International Airport** (Fort Myers) ☎ 768.10.00.

Compagnie aérienne. Cape Air : liaisons avec Key West ☎ (508) 771.69.44, (800) 352.07.14.

Hébergement

Un secret bien gardé : les prix en été fondent très vite…

▲▲▲▲ **The Registry Resort**, 475 Seagate Drive, Naples, FL 33940 ☎ 597.32.32, (800) 247.98.10, fax 566.79.19. VISA, AE, DC, MC. Un très bel établissement, à l'architecture peut-être un peu agressive. Trois piscines. 15 tennis. Plusieurs restaurants. Salle de gymnastique avec saunas sec et humide. Petit train vers la plage. Parc tropical de 10 ha avec une lagune.

▲▲▲▲ **The Ritz-Carlton Naples**, 280 Vanderbilt Beach Road, Naples, FL 33941 ☎ 598.33.00, (800) 241.33.33, fax 598.66.90. *500 ch. et 32 suites.* VISA, AE, DC, MC. À notre jugement, l'un des plus beaux hôtels de l'État du Soleil, ouv. en 1985. Piscine. Moniteur pour les enfants. Tennis éclairés. Chambres élégantes. Architecture, antiquités et décor méditerranéens à dominante espagnole somptueux mais peut-être un peu solennel. Directement sur la plage au sable blanc. Salle de gymnastique avec moniteur, masseur et saunas sec et humide. Option de cuisine diététique. Location de voilier et de planches à voile. Vélo gratuit. Section de luxe : Ritz-Carlton Club comprenant 65 chambres et 10 suites. Dans un parc tropical de 8,4 ha. Primé par le Gouvernement fédéral pour l'excellence de son service.

▲▲ **Vanderbilt Beach**, 9225 Gulf Shore Drive N, Vanderbilt Beach, Naples, FL 33963 ☎ 597.31.44, (800) 243.90.76, fax 597.21.99. VISA, AE, MC.

▲▲ **World Tennis Center & Resort**, 4800 Airport Road, Naples, FL 33942 ☎ 263.19.00, (800) 292.66.63, libre appel depuis le Canada : (800) 621.66.65, fax 649.78.55. VISA, AE, MC. 16 courts de tennis dont 10 éclairés. Piscine, sauna.

▲ **Hampton Inn** ♥, 3210 Tamiami Trail, Naples, FL 33940 ☎ 261.80.00, fax 261.78.02. VISA, AE, DC, MC. La formule habituelle de cette chaîne de motels simples et confortables pourvus de tous les services minimums nécessaires pour une étape sans problème. Confortable petit déjeuner continental gratuit.

Camping et caravaning : Crystal Lake RV Resort, 160 CR 951 N, Naples, FL 33999-9700 ☎ 353.42.12, (800) 322.45.25. **Endless Summer RV Estates**, 2 Tina Ln, Radio Road, Naples, FL 33942-3999 ☎ 643.15.11.

Restaurants

Il y a 700 restaurants à Naples et dans les environs immédiats…

♦♦♦ **Chardonnay**, 2331 9th Street N (Tamiami Trail) ☎ 261.17.44. VISA, AE, MC. Un très bon français. Réservation obligatoire.

♦♦♦ **Saint George & The Dragon**, 936 5th Avenue S ☎ 262.65.46. VISA, AE, DC, MC. Cuisine américaine. On s'habille pour le dîner. Décor maritime ancien.

♦♦ **Bayside**, 4270 Gulfshore Boulevard N, dans le Village Shopping Center, sur Venetian Bay ☎ 649.55.52. VISA, AE, DC, MC. Pour ses fruits de mer et ses grillades au bois de chêne.

♦♦ **The Dock At Crayton Cove**, à côté des docks de la ville, 12th Avenue S ☎ 263.99.40. VISA, AE, MC. Pour dîner simplement en plein air avec vue sur la baie de Naples.

♦ **HB's On The Gulf**, dans le Naples Beach Hotel & Golf Club ☎ 261.22.22. VISA, AE, MC. Le seul endroit pour déjeuner ou dîner simplement sur la plage.

♦ **Kelly's Fish House**, 1302 5th Avenue S ☎ 774.04.94. VISA, AE, MC. Ses fruits de mer et son gâteau au citron. Restaurant flottant avec vue sur la rivière Gordon.

Loisirs

Golf. Naples fait partie de la liste des « capitales mondiales du golf », avec plus de 40 terrains. Consultez sur place le *Golfer's Guide* de Naples Fort Myers (gratuit).

Shopping. The Village Shopping Center, sur Venetian Bay. ☎ 261.00.30. Une cinquantaine de boutiques et magasins luxueux ou élégants. **Coral Isle Factory Stores**. Sur la route vers Marco Island. ☎ 775.80.83. Vêtements et accessoires racés. **Yahl Street Antiques** ☎ 591.81.82. Un regroupement de 55 antiquaires. **Tin City** ☎ 262.42.00. Dans d'anciens entrepôts à poissons. Le meilleur et le pire chez 40 détaillants. **Waterside Shops**. Luxe et élégance avec Saks Fifth Avenue.

Trolley. Naples Trolley Tours ☎ 262.73.00. Durée : 1h45. 100 points d'intérêt visités. Arrêts en cours de route possible.

♥ Île Marco***

➤ *À 31 mi/46 km au sud de Naples, par la FL 951.*

Cette île fait l'objet d'un plan global d'aménagement en tant que complexe balnéaire, principe bien connu en Europe, mais très rare dans le système politique et économique des États-Unis où les pouvoirs publics interviennent peu dans l'aménagement du territoire. Marco Island, reliée au continent par deux ponts, n'a pas, jusqu'ici, réalisé les rêves de ses fondateurs Barron Collier et Jacob Ruppert dans les années 1870. Ceux-ci pensaient en faire la grande villégiature du golfe du Mexique. Mais elle n'atteignit jamais la renommée de Miami. Elle compte à peine 10 000 âmes. Un paradis pour la pêche et la récolte de coquillages. Possibilité de promenade en trolley de près de deux heures (☎ 394.16.00).

Bonnes adresses

☎ Indicatif : 941

Informations touristiques. Marco Island Area Chamber of Commerce, 1102 N Collier Boulevard, Marco Island, FL ☎ 394.75.49.

▲▲▲ **Hilton Marco Island Beach Resort**, 560 S Collier Boulevard ☎ 394.50.00, (800) 443.55.50, fax 394.52.51. VISA, AE, DC, MC. Tennis éclairés. Des antiquités orientales décorent le hall.

▲▲▲ **Marriott's Marco Island Resort & Golf Club**, 400 S Collier Boulevard ☎ 394.25.11, (800) 438.43.73, fax 642.26.76. *735 ch.* VISA, AE, DC, MC. Grosse unité : 3 piscines, plusieurs restaurants et cafés, golf 18 trous, tennis éclairés, plage privée avec tous les sports nautiques, sauna, salle de gymnastique, masseur.

▲ **Marco Bay Resort**, 1001 N Barfield Drive, à Bald Eagle Drive ☎ 394.88.81, (800) 228.06.61, fax 394.89.09. VISA, AE, DC, MC.

♦♦♦ **Sandcastles**, dans l'hôtel Hilton Marco Island Beach Resort, 560 S Collier Boulevard ☎ 394.50.00. VISA, AE, DC, MC. Fruits de mer, bœuf et veau. Tenue de ville. Pianiste. Antiquités et tableaux.

♦♦ **Vito's**, 1079 Bald Eagle Drive ☎ 934.72.22. VISA, AE, MC. Italien.

♦ **New Su's Garden**, 537 Bald Eagle Drive ☎ 394.46.66. VISA, AE, DC, MC. Cuisines chinoise et américaine.

En poursuivant vers le nord

En revenant sur Naples, au carrefour des routes FL 92 et US 41, le **Collier-Seminole State Park** *(☎ 394.33.97)*, parc de 2 600 ha aménagé pour le pique-nique, le bateau, la pêche, la randonnée et le camping, présente l'histoire et la culture indiennes.

En poursuivant vers le nord, par la route US 41, on rencontre, au bord de l'Imperial River, **Bonita Springs**, à cheval sur la I-75, très réputée auprès des amateurs de pêche à la ligne. Puis, ce sont les **Wonder Gardens**, les jardins merveilleux des Everglades *(☎ 992.25.91. Des visites guidées sont organisées t.l.j. Entrée payante. Tarifs pour les personnes âgées)*, habités de reptiles de toutes catégories.

Pour gagner Fort Myers, continuez vers le nord la route US 41, sans négliger le charmant détour par la jolie route FL 865, qui relie les îles **Estero Islands** et traverse le **parc Carl E. Johnson**. N'hésitez pas à faire un autre détour par les magnifiques plages des îles Sanibel et Captiva Islands.

♥ Îles Sanibel et Captiva***

➤ *À 34 mi/53 km à l'O de Naples par la FL 867.*

Vous y découvrirez des plages de coquillages, le plaisir des enfants… et aussi des adultes qui commencent ou poursuivent des collections. Ces îles seraient classées parmi les trois premiers sites de ramassage de coquillages du monde occidental. Ne manquez pas le premier week-end de mars la **Sanibel Shell Fair**, la grande rencontre des collectionneurs de coquillages. Le souvenir de la reine d'Espagne, Isabelle la Catholique, Santa Isabel, serait à l'origine du nom de Sanibel. Et la mémoire du pirate espagnol José Gaspar flotte encore sur les lieux qui virent, raconte-t-on, le regroupement des femmes qu'il fit prisonnières. Aujourd'hui, l'ensemble de la région est un lieu d'études où se poursuit la conservation de la nature, grâce à la **Sanibel-Captiva Conservation Fondation** *(3333 Sanibel-Captiva Road ☎ 472.23.29)* et au **Bird Sanctuary & Walk**, situé Tarpon Bay Road. Promenez-vous aussi au **J.N. « Ding » Darling Natural Wildlife Refuge** *(☎ 472.11.00)*. Le charme puissant de ces îles réside notamment dans le mélange de la nature tropicale, qu'on peut saisir à son propre rythme, en se promenant dans de petites routes bordées de villas de dimensions variées, luxueuses ou modestes.

Bonnes adresses

☎ **Indicatif : 941**

Informations touristiques. Sanibel & Captiva Islands Chamber of Commerce, Causeway Road, P.O. Box 166, à l'entrée de Sanibel ☎ 472.10.80.

Hôtels. De nombreux hôtels de luxe ou de grand luxe bordent les plages de Sanibel et Captiva Islands. Les plus grands sont installés dans de somptueux parcs à la végétation luxuriante.

▲▲▲ **South Seas Plantation**, P.O. Box 194, à l'extrémité N de Captiva Island ☎ (800) 237.60.00, fax (941) 472.75.33. VISA, DC, MC. 22 tennis dont 9 éclairés, golf 18 trous. Plusieurs piscines. Marina. Tous les sports nautiques.

▲▲▲ **Sundial Beach & Tennis Resort**, 1451 Middle Gulf Drive, Sanibel Island ☎ (800) 992.88.36, fax (941) 472.05.54. VISA, AE, DC, MC. Des grands appartements.

▲ **Gallery**, 541 E Gulf Drive, à Sanibel Island ☎ 472.14.00. *32 ch.* MC, VISA. Piscine. Charmant motel de petite capacité.

Restaurants. ♦♦♦ **The Green House**, Captiva Village Square 472.60.06. VISA, MC. Pour son agneau, son canard et ses fruits de mer. Changement fréquent de menu.

♦♦ **Nutmeg House**, 2761 W Gulf Drive, Sanibel Island ☎ 472.11.41. Spécialités : le veau et les fruits de mer.

♦ **Jerry's of Sanibel**, 1700 Periwinkle Way, Sanibel Island ☎ 472.93.00. VISA, MC.

Camping et caravaning. Certainement parmi les meilleures conditions naturelles pour pratiquer le camping. **Periwinkle Park**, 1119 Periwinkle Park, Sanibel, FL 33957 ☎ 472.14.33.

Regagnons le continent. Voici bientôt Fort Myers Beach, San Carlos Park, puis Fort Myers.

Fort Myers**

➤ ***Par la route :** à 15 mi/23 km de Sanibel, à 34 mi/54 km de Naples, à 85 mi/132 km de Sarasota, à 123 mi/190 km de Saint Petersburg et à 167 mi/258 km de Tampa. **Par l'avion :** aéroport international de Fort Myers (South West Florida International Airport ☎ 768.10.00) relié à une centaine de villes aux États-Unis et dans le monde.*

Fort Myers, ancien poste fédéral face aux attaques indiennes, est la capitale du Lee County, au bord de la majestueuse rivière Caloosahatchee. La ville, qui compte 45 000 âmes, a été rendue célèbre par l'inventeur Edison. Elle vit du commerce et du tourisme, avec son extension balnéaire de Fort Myers Beach, de la pêche au gros, du golf, de la récolte des légumes et de la culture des fleurs.

À visiter notamment : **Thomas Edison/Henry Ford Winter Estates*** ** *(2350 Mac Gregor Boulevard ☎ 334.36.14, 334.74.19. Ouv. du lun. au sam. de 9h à 16h, le dim. de 12h30 à 16h. Billet combiné pour les 2 maisons)*. La demeure hivernale de **Thomas Edison** a été transformée en musée des inventions et en un petit laboratoire pédagogique. On dit qu'il y avait fait construire la première piscine moderne de l'État de Floride à la fin du siècle dernier. Les jardins tropicaux qui l'environnent ajoutent au charme de la visite. Quant à celle de **Henry Ford**, « le premier billionnaire de la planète », elle est située à côté de celle de son ami Edison et reflète la grande aisance économique dans le plus pur style *midwestern*.

Bonnes adresses

☎ **Indicatif : 941**

Informations touristiques. Greater Fort Myers Beach Chamber of Commerce, P.O. Box 6109, 1661 Estero Boulevard, Fort Myers, FL 33932 ☎ 463.64.51. **Lee County Visitor & Convention Bureau**, 2180 W 1st Street, Suite 300, Fort Myers, FL 33901 ☎ 335.26.31.

Hôtels. ▲▲▲ **Courtyard By Marriott**, 4455 Metro Parkway ☎ 275.86.00, fax 275.70.87. VISA, AE, DC, MC.

▲▲ **Sheraton Harbor Place**, 2500 Edwards Drive ☎ 337.03.00, fax 337.15.30. VISA, AE, DC, MC.

▲▲ **Ramada Inn**, 12635 Cleveland Avenue ☎ 936.43.00, fax 936.20.58. VISA, AE, DC, MC.

Restaurants. ♦♦♦ **Peter's La Cuisine**, 2224 Bay Street ☎ 332.22.28. VISA, AE, DC, MC. Jazz et blues.

♦♦♦ **The Veranda**, angle 2nd Street et Broadway ☎ 332.20.65. VISA, AE, MC. Cuisine du sud. Ambiance victorienne.

♦ **The Fish Monger**, 19030 San Carlos Boulevard ☎ 765.55.44. VISA, MC. Pâtes et fruits de mer.

Camping et caravaning. **Gulf Air Travel Park**, 17279 San Carlos Boulevard SW, Fort Myers Beach, FL 33931 ☎ 466.81.00. **KOA**, 5120 Stringfellow Road, Saint James City, FL 33956 ☎ 283.24.15, (800) 992.72.02.

Loisirs. **Croisières et pêche au gros.** *Everglades Jungle Cruise*, City Yacht Basin, Lee Street ☎ 334.74.74. *FunKruz* ☎ (800) 688-PLAY. *Island Tall Ship Excursions* ☎ 765.74.47. **Train de la jungle.** *Seminole Gulf Railway* ☎ 275.84.87. Relie à travers la forêt et la campagne les agglomérations de Fort Myers et Bonita Springs. Commentaires axés sur l'écologie et la culture indienne de Floride. **En soirée.** *Broadway Palm Dinner Theater*, Royal Palm Square, 1380 Colonial Boulevard, à Fort Myers ☎ 278.44.22.

De Fort Myers à Sarasota

Avant de poursuivre vers le nord, vous pouvez piquer à l'est, par la FL 80, pour vous rendre après 47 mi/72 km au bord de l'imposant **lac Okeechobee*****, le deuxième en superficie aux États-Unis. Vous pourrez apercevoir le barrage W.P. Franklin, à Alva.

Pour gagner **Charlotte Harbor** (Port Charlotte), vous avez la possibilité de continuer la route FL 867, puis la FL 771 qui encerclent complètement la petite ville. Vous pouvez aussi choisir une voie plus directe en poursuivant la route US 41 en direction du nord. Vous laisserez alors, à votre dr., la réserve de gibier Cecil Webb (**Cecil Webb Game Reserve**), puis, avant de traverser Charlotte Harbor, le **Ponce de Leon Park** *(☎ 575.50.50)*, à g., à l'entrée de la station balnéaire de **Punta Gorda**. Vous pouvez aussi prendre des bains d'eau chaude, à 31 °C (87 °F), dans la petite ville de **Warm Mineral Springs** (**Warm Mineral Springs & Cyclorama** ☎ *426.16.92, t.l.j., entrée payante)*. Le Cyclorama raconte les aventures de Ponce de Leon.

Peu après l'élégante **Venice**, dernière étape avant la charmante cité de Sarasota : l'**Oscar Scherer State Recreation Area**, parc situé sur la route US 41. Là, vous pourrez vous baigner, pique-niquer, vous promener ou encore faire du bateau *(☎ 483.59.56)*.

C'est en longeant les **îles Casey Key** et **Siesta Key** que l'on atteint, par la route US 41, Sarasota, par le sud.

♥ Sarasota***

Des hôtels à l'ombre des palmes, une corniche balisée d'eucalyptus, Sarasota matérialise le cliché de la cité balnéaire à la beauté paisible. Elle a de plus la faveur des gens fortunés et ce joli cadeau de la nature distille une atmosphère de luxe discret. Si vous êtes venu en Floride pour vous détendre auprès des flots bleus, au bord d'une plage, vous apprécierez sûrement ce lieu où l'exotisme n'a rien de frelaté. Des pélicans planent au-dessus des toits, le golfe du Mexique ourle les plages. Sarasota, c'est vrai, a du caractère.

L'origine du nom Sarasota viendrait de l'espagnol *Saraxola,* vocable mentionné sur des cartes anciennes. Cependant, les premières appellations du site furent : Porte Sarasota, puis Boca Sarasota et encore Sara Zota. C'est seulement en 1839 que la première carte de Floride reprit le terme connu aujourd'hui de Sarasota.

C'est dans cette région du sud-ouest de la Floride que Ponce de Leon aurait débarqué. Le plan de la ville fut conçu, en 1886, en Écosse… par des représentants de la société Florida Mortgage Co Ltd, entreprise britannique qui avait acheté 20 000 ha de terres dans la région. Ce n'est qu'en 1914 que Sarasota devint une ville à part entière avec ses structures administratives. Dès 1911, les propriétaires d'un grand cirque, les frères Ringling, y installèrent leurs quartiers d'hiver, bientôt rejoints par leurs nouveaux associés, Barnum et Bailey, en 1927.

Au cœur du golfe du Mexique, cette agglomération a tendance à vouloir ressembler à un Palm Beach de la côte ouest. Son théâtre, l'Asolo, est un des rares à fonctionner entièrement sur fonds publics. Il programme régulièrement des œuvres d'un large répertoire, classique ou contemporain. Les résidents sont à forte proportion des intellectuels, des artistes et des écrivains. Le théâtre et le musée Ringling ont créé en ce lieu comme un microcosme ouvert aux influences des cultures européenne et américaine. C'est d'ailleurs dans cette ville qu'eut lieu, en novembre 1989, le premier Festival du film français. Sarasota a tout d'une oasis culturelle.

MODE D'EMPLOI

Accès

Par la route. À 85 mi/132 km de Fort Myers et à 105 mi/168 km de Naples au S par l'US 75 ou par l'US 41. À 39 mi/62 km de Saint Petersburg et à 53 mi/83 km de Tampa au N par les mêmes axes routiers.

Par avion. Aéroport international Sarasota/Bradenton ☎ 359.27.70, fax 351.82.64. Desservi par une dizaine de compagnies aériennes régulières, nationales et internationales.

Par autocar. Greyhound, sur l'US 301.

Fêtes et festivals

Mars. Medieval Fair. Sarasota prend l'allure d'une communauté médiévale avec ses chevaliers en armes, ses jongleurs, ses acrobates, ses cavaliers, etc. ☎ (813) 355.51.01. **Sailor Circus.** Les étudiants se mettent au cirque. ☎ (813) 361.63.50.

Avril. Sarasota Jazz Festival. ☎ (813) 366.18.19.

Juin. Sarasota Music Festival. ☎ (813) 953.42.52. Pendant deux semaines, musique de chambre et musique symphonique.

Novembre. French Film Festival. Festival du film français dont le premier a eu lieu en 1989. ☎ (813) 351.90.10.

Décembre. The Great Sarasota Circus Festival & Parade ☎ (813) 351.88.88. De fin décembre à début janvier, toute la ville est placée sous le signe du cirque.

♥ John & Mable Ringling Museum of Art* * *

➤ *Sur l'US 41 à 3 mi/5,5 km au nord de Downtown Sarasota, ☎ 355.51.01. Ouv. t.l.j., f. à Pâques et à Noël. Billet combiné pour l'ensemble du domaine. Tarif pour personnes âgées. L'Art Gallery est gratuite le sam.*

Le magnat du cirque John Ringling a construit la Ringling Residence, qui s'appelle aussi **Ca'd'Zan** (maison de Jean), entre 1927 et 1928, en trouvant sans doute inspiration dans le Palais des Doges de Venise. Elle a été construite pour sa femme bien-aimée, Mable, pour le montant astronomique, pour l'époque, de 1,5 million $. On peut notamment y admirer des tapisseries imposantes, des salles de bains à la robinetterie en or ou encore un orgue digne d'une cathédrale gothique. Elle est située au milieu d'un parc paysager de 28 ha agrémenté de plus de 400 variétés de fleurs et de plantes rares, de sculptures. Miracle de l'efficacité américaine et de la puissance économique, ce projet architectural, mené à bien en un an, possède une unité de style qui en fait une curiosité exemplaire. Son propriétaire a pu y loger plus de 500 tableaux, acquis entre 1925 et 1930, dans l'intention de fonder un musée destiné à l'éducation de ses concitoyens. Il a tout légué au peuple de Floride à sa mort, en 1936. La collection, riche en œuvres majeures du passé, possède une valeur inestimable.

Art Gallery. Elle est installée dans une impressionnante villa construite de la main d'artisans locaux selon le style de la Renaissance italienne. De la peinture allemande de la Renaissance à la peinture flamande du XVIIe s., du siècle d'Or espagnol à la peinture anglaise du XVIIIe, de l'école vénitienne de la Renaissance à la peinture française classique, sans oublier le baroque, c'est un panorama synthétique de l'histoire de l'art occidental qui est ici présenté entre les deux villas. Parmi les quatre œuvres de Rubens, citons *Les Quatre Évangélistes* et *Les Pères de l'Église*. Ou encore de Lucas Cranach l'Ancien *Le Cardinal Albrecht en saint Jérôme*. Mais n'oublions pas d'autres œuvres dues à Véronèse, Rembrandt, Le Greco, Poussin, Gainsborough, Murillo, Velázquez et Tiepolo. Le département faïence et objets en argent ainsi que le mobilier sont tout aussi intéressants.

Circus Gallery. Une émouvante collection de souvenirs évoquant le cirque et les gens du voyage à travers les siècles. Comprend aussi des décors et des accessoires.

Asolo State Theater*** (*☎ 355.51.37*). Ce charmant petit théâtre a été construit en terre floridienne en 1949 à partir d'éléments récupérés dans le château de la reine de Chypre, Catherine Cornaro, situé à Asolo – près de Venise – et qui date de 1798. En 1949, son institution répondit à une décision de l'État de Floride qui cherchait à mener une politique originale de création théâtrale. C'est ainsi qu'il est l'un des rares théâtres à financement public fonctionnant aux États-Unis. Cet établissement est aujourd'hui un centre d'activités culturelles de première importance, tant pour la Floride que pour les États-Unis. Une école de théâtre et de cinéma y a été ajoutée. On y présente l'opéra et l'opéra comique, des projections de films, des concerts et des conférences. Des spectacles appartenant à tous les répertoires y sont montés : *L'École des femmes de* Molière, *Richard III* de Shakespeare, *L'homme qui vint dîner*, de Moss Hart et George S. Kaufman, ou encore *Cyrano de Bergerac*, d'Edmond Rostand.

Bellm's Cars & Music of Yesterday

➤ *5500 N Tamiami Trail, en face du musée Ringling sur la route US 41, à 3 mi/5,5 km au nord de Downtown Sarasota, ☎ 355.62.28. Ouv. t.l.j. Entrée payante.*

Cette visite peut intéresser les enfants comme les adultes : des vieilles voitures (près de 200) allant de l'époque « héroïque » à celle des premières réalisations industrielles ; des voitures de course ; des bicyclettes (une bonne soixantaine) de grand-papa et d'aujourd'hui ; des instruments de musique allant du piano mécanique à l'orgue monumental (dont celui de Mortier en Belgique doté de 639 tuyaux), en passant par l'orgue de Barbarie.

Sarasota Jungle Gardens

➤ *3701 Bayshore Road, prendre la route US 41 au sud de l'aéroport de Sarasota à 2 mi/3 km, ☎ 355.53.05. Ouv. t.l.j. de 9h à 17h. Entrée payante.*

Dans un grand parc, où poussent 5 200 espèces de palmiers et de plantes tropicales, vivent des flamants roses, des cygnes noirs et blancs, des perroquets et des fauves dont on peut observer les comportements. Vous pourrez aussi dialoguer, si votre anglais le permet, avec des cacatoès.

Myakka River State Park

➤ *À 17 mi/25 km à l'est de la ville par la route FL 72 ☎ 361.65.11, 365.01.00.*

Grand parc consacré à la protection de la nature qui s'étale sur près de 12 000 ha, où 200 espèces d'oiseaux ont été identifiées. Des visites guidées, effectuées en bateau et en train (avec réservations), ainsi que des promenades individuelles à bicyclette, permettent d'apercevoir des daims, des sangliers, des dindes et quantité d'autres animaux qui vivent là en toute liberté.

Marie Selby Botanical Gardens

➤ *811 S Palm Avenue ☎ 366.57.30, 366.57.31. Ouv. t.l.j. sf Noël. Entrée payante.*

Somptueux jardin botanique sur plusieurs ha. Voir notamment sa collection d'orchidées.

Mote Marine Laboratory & Marine Aquarium

➤ *1600 Thompson Parkway ☎ 388.24.51. Ouv. t.l.j. Entrée payante.*

Tout sur les animaux marins du golfe et notamment les requins.

BONNES ADRESSES

☎ **Indicatif : 941**

Informations touristiques. Sarasota Convention & Visitors Bureau, 655 N Tamiami Trail ☎ 957.18.77, (800) 522.97.99.

Hébergement

▲▲▲ **Hyatt Sarasota**, 1000 Boulevard of the Arts, sur la baie de Sarasota ☎ 953.12.34, fax 952.19.82. VISA, AE, DC, MC. Grand hôtel de haut de gamme avec tous les services afférents. Marina.

▲▲ **Timberwoods Vacation Villas**, 7964 Timberwood Circle ☎ 923.49.66, (800) 824.54.44, fax 924.31.09. VISA, AE, MC. Un très sympathique ensemble de 112 villas équipées. Piscine. Tennis. Restaurants alentour.

▲ **Hampton Inn-Sarasota Airport**, 5000 N Tamiami Trail ☎ 351.77.34, (800) HAMPTON, fax 351.88.20, 351.77.34. VISA, AE, DC, MC. Tout ce qu'il faut pour être heureux dans un hôtel simple et fonctionnel, selon les (bons) principes de cette chaîne.
Camping et caravaning. **Gulf Beach Campground**, 8862 Midnight Pass Road, Sarasota, FL 34242-2898 ☎ 349.38.39. **Pine Shores Trailer Park**, 6450 S Tamiami Trail, Sarasota, FL 34231-3848 ☎ 922.19.29.

Restaurants

♦♦♦ **Bijou Café**, 1287 1st Street ☎ 366.81.11. VISA, DC, MC. Fruits de mer, bœuf, canard. En face de l'Opéra.
♦♦ **Jo-To Japanese Steak House**, 7971 N Tamiami Trail ☎ 351.46.77. VISA, AE, MC. Un excellent japonais.
♦ **Caragiulo's**, 69 S Palm Avenue ☎ 951.08.66. VISA, AE, DC, MC. Tout à l'italienne. Possibilité de dîner en plein air.

Adresses utiles et loisirs

Aéroport. **Aéroport international Sarasota/Bradenton** ☎ 359.27.70, fax 351.82.64.
Croisières. **Le Barge Cruises**, Marina Jack, sur l'US 41 ☎ 366.31.16.
Galeries. **Sarasota Visual Art Center**, 707 N Tamiami Trail ☎ 365.20.32.
Golf. Au moins deux douzaines... **Palm Aire At Sarasota** ☎ 355.97.33. **Sarasota Golf Club** ☎ 371.24.31. **The Meadows Country Club** ☎ 378.66.00.
Shopping. **St. Armands Circle** ☎ 388.15.54. Pas moins de 145 détaillants. **Sarasota Outlet Center** ☎ 359.20.50.
Vie culturelle. **Asolo State Theater**, 5555 N Tamiami Trail ☎ 351.80.00, 351.90.10. Théâtre et conservatoire. **Florida West Coast Symphony Music Center**, 709 N Tamiami Trail ☎ 953.42.52. **Golden Apple Dinner Theater**, 25 N Pineapple Avenue ☎ 366.54.54. Genre café-théâtre. **Sarasota Ballet of Florida**, P.O. Box 49094 ☎ 954.71.71, 366.67.40. **Sarasota County Arts Council** ☎ 365-ARTS ou 365.27.87. **Sarasota French Film Festival**, 5555 N Tamiami Trail ☎ 351.90.10. **Sarasota Opera House**, 61 N Pineapple Avenue ☎ 953.70.30, 366.84.50. **Van Wezel Performing Arts Hall**, 777 N Tamiami Trail ☎ 953.33.66, (800) VAN-WEZEL, 955.76.76.

Saint Petersburg** et Saint Petersburg Beach**

Une ville américaine balnéaire presque typique, qui a la réputation d'être « la ville du soleil ». Des hôtels, des restaurants, des cafétérias, des supermarchés, des couleurs vives, des tee-shirts bariolés et une population qui aime flâner. Saint Petersburg, ou plus simplement St. Pete, est l'une des grandes capitales balnéaires de la Floride.
Comme le site de l'agglomération de Tampa plus au nord, celui de Saint Petersburg fut découvert par Panfilo de Narvaez, au début du XVe s. La première installation humaine sédentaire en ce lieu date de 1843 avec un *fish ranch* (ferme de pêcheurs) sur les rives de la baie de Tampa. En 1875, le général Williams acquit 640 ha de terres, pour un prix avoisinant un demi-dollar l'hectare, afin de constituer l'Orange Belt Investment Company (Compagnie d'investissements de la Ceinture des orangers). À la suite de cette transaction, il revendit des lotissements, avec paiement échelonné sur neuf ans, à toute personne désirant se consacrer à la plantation d'agrumes. En choisissant cette

région, un grand nombre de propriétaires optèrent pour ce climat très favorable. Certains purent profiter du train dès son installation. Cette quête du soleil avait été préparée et entretenue par la publicité faite lors du congrès tenu, en 1885, par la Société médicale américaine *(American Medical Society)*. On y avait déclaré que Saint Petersburg était la ville de Floride dotée du climat le meilleur et le plus sain. Depuis une bonne soixantaine d'années, un quotidien du soir de Saint Petersburg aurait coutume de distribuer gratuitement sa première édition si le soleil ne s'est pas montré au moment de la mise sous presse. On dit cependant que les lecteurs bénéficieraient de cette aubaine quatre fois par an seulement.

Les hommes d'affaires engagés dans la promotion touristique n'ont pas manqué d'utiliser le slogan lancé par l'American Medical Society. Cela leur a permis, durant quelques années, d'accueillir à Saint Petersburg de nombreux retraités en construisant des équipements immobiliers et hôteliers adaptés au troisième âge. Depuis, on constate cependant un rajeunissement certain de la clientèle. La station qui est aussi une ville de 239 000 âmes a la cote d'amour auprès des jeunes estivants. Les quelques industries légères qui s'y sont installées (notamment liées à la construction aérospatiale) n'ont pas freiné l'essor balnéaire. Leur pollution ne doit pas faire trop de taches sur le soleil.

Le comté de Pinellas dont St. Pete est la capitale est devenu la région de Floride à la plus forte croissance touristique, grâce aux visiteurs nationaux plus qu'à la clientèle internationale. Ce comté a reçu 3,8 millions de touristes en 1993, dont 1,5 million d'étrangers.

MODE D'EMPLOI

Accès

En voiture. À 212 mi/328 km de Miami, 110 mi/160 km de Tampa, à 105 mi/163 km d'Orlando, à 143 mi/236 km de Naples et à 239 mi/371 km de Jacksonville.

Par avion. Aéroport international de Saint Petersburg/Clearwater ☎ 535.76.00, 531.14.51 ; aéroport international de Tampa ☎ 870.87.00.

En train. AMTRAK, 3601 31st Street N, à Saint Petersburg.

Fêtes et festivals

Mars. **Southern Ocean Racing**. L'une des plus belles courses de voiliers du monde. **Renaissance Festival**. Costumes d'époque garantis, ☎ (813) 586.54.23. **SPIFFS International Folk Fair**. Trois jours de présentation dans le Saint Petersburg ThunderDome de costumes et de cultures d'une quarantaine de pays. Existe depuis 1975, ☎ (813) 327.79.98. **Festival of States**. Grande compétition musicale, artistique et sportive avec parade de jeunes filles et jeunes gens dans les rues. Pour fêter le printemps. De fin mars à début avril, ☎ (813) 898.36.54.

À voir à Saint Petersburg

Saint Petersburg Historical & Flight One Museum* *(335 2nd Avenue NE ☎ 894.10.52. Ouv. t.l.j., f. le 1er janv., le Thanksgiving Day et les 24 et 25 déc. Entrée payante)*. Curieux musée qui présente conjointement des masques mortuaires de personnes célèbres, une momie vieille de 3 000 ans, des coquillages de la région ou d'ailleurs, le tout lié à l'histoire de St. Pete.

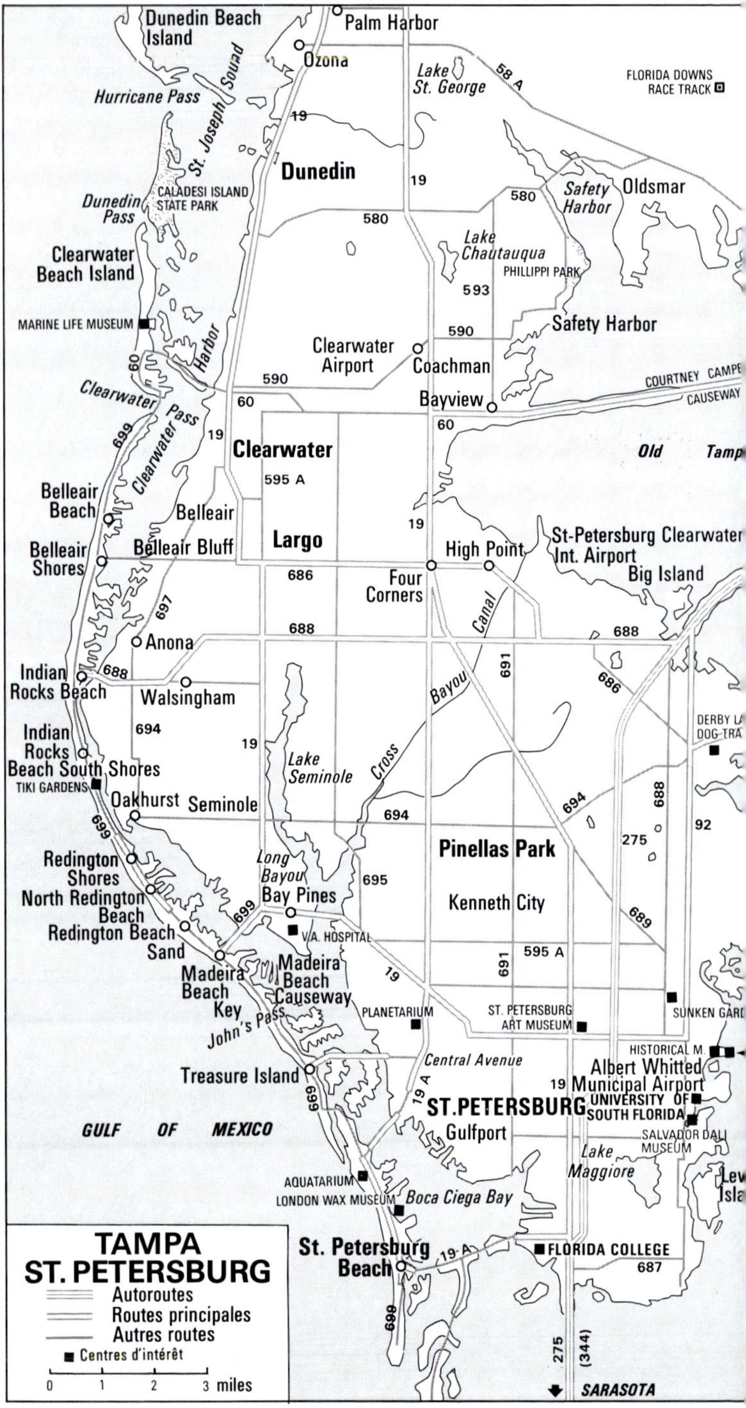
TAMPA
ST. PETERSBURG
Autoroutes
Routes principales
Autres routes
Centres d'intérêt
0 1 2 3 miles
Dunedin Beach Island
Palm Harbor
Ozona
Lake St. George
FLORIDA DOWNS RACE TRACK
Hurricane Pass
St. Joseph Sound
Dunedin
CALADESI ISLAND STATE PARK
Dunedin Pass
Safety Harbor
Oldsmar
Lake Chautauqua
PHILLIPPI PARK
Clearwater Beach Island
Safety Harbor
MARINE LIFE MUSEUM
Clearwater Airport
Coachman
Clearwater Harbor
Clearwater Pass
Bayview
COURTNEY CAMPBELL CAUSEWAY
Clearwater
Old Tampa
Belleair Beach
Belleair
Belleair Bluff
Belleair Shores
Largo
High Point
St-Petersburg Clearwater Int. Airport
Big Island
Four Corners
Canal
Anona
Indian Rocks Beach
Walsingham
Bayou
Indian Rocks Beach South Shores
TIKI GARDENS
Lake Seminole
Cross
DERBY LANE DOG TRACK
Oakhurst
Seminole
Redington Shores
North Redington Beach
Redington Beach
Sand
Long Bayou
Bay Pines
V.A. HOSPITAL
Pinellas Park
Kenneth City
Madeira Beach
Key
Madeira Beach Causeway
John's Pass
PLANETARIUM
ST. PETERSBURG ART MUSEUM
SUNKEN GARDENS
HISTORICAL M.
Treasure Island
Central Avenue
Albert Whitted Municipal Airport
ST.PETERSBURG
UNIVERSITY OF SOUTH FLORIDA
GULF OF MEXICO
Gulfport
SALVADOR DALI MUSEUM
Lake Maggiore
AQUATARIUM
LONDON WAX MUSEUM
Boca Ciega Bay
St. Petersburg Beach
FLORIDA COLLEGE
SARASOTA

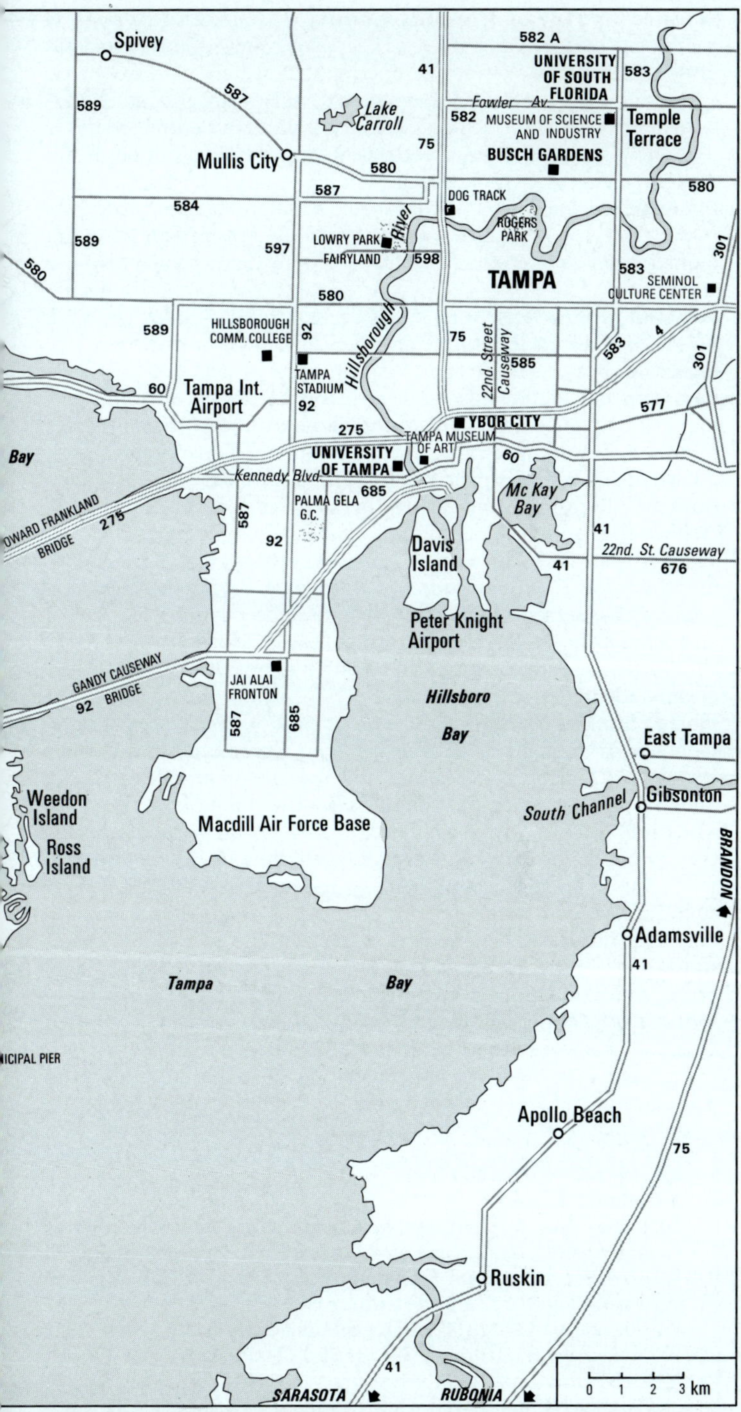
Spivey
587
589
Lake Carroll
Mullis City
41
582 A
UNIVERSITY OF SOUTH FLORIDA
583
Fowler Av.
582
MUSEUM OF SCIENCE AND INDUSTRY
Temple Terrace
75
BUSCH GARDENS
580
587
584
580
DOG TRACK
ROGERS PARK
589
LOWRY PARK
FAIRYLAND
597
598
Hillsborough River
301
580
TAMPA
583
SEMINOL CULTURE CENTER
580
589
HILLSBOROUGH COMM. COLLEGE
92
75
22nd. Street Causeway
583
4
301
585
TAMPA STADIUM
60
Tampa Int. Airport
92
577
275
YBOR CITY
TAMPA MUSEUM OF ART
UNIVERSITY OF TAMPA
60
Bay
Kennedy Blvd.
685
Mc Kay Bay
PALMA GELA G.C.
HOWARD FRANKLAND BRIDGE
275
587
92
Davis Island
41
22nd. St. Causeway
41
676
Peter Knight Airport
GANDY CAUSEWAY BRIDGE
92
JAI ALAI FRONTON
Hillsboro Bay
587
685
East Tampa
Gibsonton
South Channel
Weedon Island
Ross Island
Macdill Air Force Base
BRANDON
Adamsville
41
Tampa Bay
ICIPAL PIER
Apollo Beach
75
Ruskin
41
SARASOTA
RUBONIA
0 1 2 3 km

Science Center of Pinellas County *(7701 22nd Avenue N ☎ 384.00.27. Ouv. du lun. au ven., f. les jours de fêtes. Entrée libre).* Ce musée scientifique s'est acquis une réputation nationale aux États-Unis pour ses méthodes pédagogiques, destinées aux enfants, en matière de sciences et de techniques. Ceux-ci peuvent s'entraîner, dès le plus jeune âge, à faire des expériences. Leurs parents sont naturellement les bienvenus. Grand jardin.

Planetarium *(6605 5th Avenue N, sur le campus de Saint Petersburg Junior College ☎ 341.43.20. Ouv. de sept. à avr. Entrée libre).* Des démonstrations ont lieu tous les vendredis après-midi pendant l'année scolaire.

Museum of Fine Arts*, musée des beaux-arts *(255 Beach Drive NE ☎ 896.26.67. Fermé le lun. Une donation en guise de droit d'entrée).* Le musée des Beaux-Arts de Saint Petersburg est installé tout près de la mer, dans une grande maison de style méditerranéen. Le fonds permanent comprend des collections de peintures et de sculptures d'Europe, d'Amérique, notamment de l'époque précolombienne, et d'Extrême-Orient. On peut y voir, entre autres, des œuvres signées Boucher, Renoir, Monet et Rodin. Belle collection de verre de Steuben. Un jardin délicat entoure la maison.

The Salvador Dalí Museum*** *(1000 3rd Street S ☎ 823.37.67. Ouv. t.l.j. sf certains j.f. Visites guidées à la demande. Tarif réduit pour personnes âgées).* « Le plus grand musée au monde » comme se présente lui-même le musée, des œuvres réalisées entre 1914 et 1980 par le célèbre artiste espagnol, qui vécut aux États-Unis vers 1939. Huiles, dessins, aquarelles, sculptures, etc.

Florida Sunken Gardens* *(1825 4th Street N ☎ 896.31.86. Ouv. t.l.j. toute l'année de 9h à 17h. Entrée payante).* Superbe exposition de milliers de fleurs, plantes tropicales et subtropicales du monde entier. Au milieu d'oiseaux chanteurs. Voir aussi le musée biblique de cires.

The Pier* *(800 2nd Avenue NE ☎ 821.61.64. Ouv. t.l.j. toute l'année).* Une pyramide inversée de 5 étages érigée au bout de la jetée pour observer la mer ou la ville et pêcher. Des restaurants, des boutiques, un aquarium, un golf miniature, tout pour les sports aquatiques, etc.

Fort De Soto Park *(Entrée libre,. ☎ 866.26.62)*, sur les 5 îles accessibles par le Pinellas Bayway (péage) : autour du fort, baignade, pêche, sports aquatiques, camping, buvettes, etc.

Florida International Museum *(261 2nd Avenue N).* Ce nouveau musée a pour vocation de vulgariser les cultures étrangères. Il a ouvert ses portes en 1995 avec une exposition consacrée aux trésors des tzars, en collaboration avec les musées du Kremlin de Moscou.

BONNES ADRESSES

☎ Indicatif : 813

Informations touristiques. Saint Petersburg Area Chamber of Commerce, 100 2nd Avenue N, P.O. Box 1371, Saint Petersburg, FL 33731 ☎ 821.47.15. **Saint Petersburg Beach Chamber of Commerce**, 6990 Gulf Boulevard, Saint Petersburg Beach, FL 33706 ☎ 360.69.57. **Pinellas Suncoast Tourist Development Council**, 4625 E Bay Drive, Suite 109, Clearwater, FL 34624 ☎ (800) 554.36.00. **Suncoast Welcome Center**, 2001 Ulmerton Road, Saint Petersburg ☎ 576.14.49, et à The Pier, 800 2nd Avenue NE ☎ 821.61.64. **Current Events**, les événements du jour à Saint Petersburg ☎ 893.75.00.

Hôtels

À Saint Petersburg

▲▲▲ **Hilton**, 333 1st Street ☎ 894.50.00, fax 894.76.55. *333 ch. et 31 suites.* VISA, AE, DC, MC. Face à Tampa Bay. Grosse unité sur 15 étages de très bon confort ; grand effort dans la décoration et le service. La partie « Towers » pour les VIP comprend uniquement des suites avec services et installations plus raffinés.

▲▲▲ **Stouffer Vinoy Resort**, 501 5th Avenue NE ☎ 894.10.00, (800) 678.89.46, fax 822.27.85. VISA, AE, DC, MC. Un très grand hôtel de Floride dans un bâtiment « historique » de 1925. Affilié aux « Historic Hotels of America ». 2 piscines. Moniteur pour les enfants. Salles de réunions. 16 courts de tennis dont 8 éclairés. Siège de la Women's Tennis Association. Golf 18 trous. Salle de gymnastique bien équipée avec saunas sec et humide. Masseuse. Croquet. Marina.

▲▲ **Comfort Inn Central**, 1400 34th Street ☎ 323.31.00, fax 327.57.92. VISA, AE, DC, MC. Piscine. Petit déjeuner gratuit.

À Saint Petersburg Beach

▲▲▲▲ **The Don Cesar Beach Resort** ♥, 3400 Gulf Boulevard ☎ (800) 282.11.16, fax 367.36.09. *277 ch.* VISA, AE, DC, MC. On appelle aussi *The Pink* (le rose) cet extravagant hôtel balnéaire construit en 1928, qui domine de sa hauteur colorée tous les environs. Il tient à la fois de la casbah hispano-mauresque par sa forme et de la crème glacée italienne parfumée à la fraise par sa couleur. Décoration et service proches des meilleurs *paradors* espagnols. Tennis éclairés. Salle de gymnastique. Sauna. Massage. Piscine. Salles de réunions. Directement sur la plage. Affilié aux « Historic Hotels of America ».

▲▲▲ **Trade Winds Resort**, 5500 Gulf Boulevard ☎ 562.12.40, (800) 808.98.33, fax 562.12.15. *577 ch.* VISA, AE, DC, MC. Un gigantesque complexe de loisirs et d'hébergement, dans des unités de 2 à 7 étages dont la conception architecturale permet de ne pas en mesurer l'ampleur. Bon confort sans luxe et grande activité. Salles de réunions. Certaines chambres disposent de 2 récepteurs de télévision. Directement sur la plage. 5 piscines dont une intérieure. Sauna. Tennis éclairés. Salle de gymnastique. Moniteur pour les enfants. Groupe des Fortune Hotels.

▲▲ **Radisson Sandpiper Beach Resort**, 6000 Gulf Boulevard ☎ 360.55.51, (800) 237.07.07, (800) 282.55.53, fax 360.04.17. VISA, AE, DC, MC. Les chambres sont très grandes et certaines ont un patio privatif. Sur la plage. Groupe des Fortune Hotels.

▲ **Coral Reef Beach Resort**, 5800 Gulf Boulevard ☎ 360.08.21, (800) 553.65.99, fax 367.25.97. VISA, AE, DC, MC.

Camping et caravaning. KOA, 5400 95th Street N, Saint Petersburg, FL 33708 ☎ 392.22.33, (800) 848.10.94.

Restaurants

♦♦♦ **King Charles**, dans l'hôtel Don Cesar, 3400 Gulf Boulevard, à Saint Petersburg Beach ☎ 360.18.81. VISA, AE, DC, MC. Fruits de mer, gibier. Pianiste. Costume sombre le soir. Très bonne cave.

♦♦♦ **Terrace Room**, dans l'Hôtel Stouffer Vinoy Resort, 501 5th Avenue NE, à Saint Petersburg ☎ 894.10.00. VISA, AE, DC, MC. Menu baptisé méditerranéen, à tendances italianisantes, mais on sert tout de même de la bouillabaisse… Bonne cave. Prix raisonnables pour la qualité et le cadre. Costume sombre le soir.

♦♦ **Hurricane**, 807 Gulf Way, à Saint Petersburg Beach ☎ 360.95.58 ; 360.48.75. VISA, MC. Poisson. Au bord de la mer.

♦♦ **Leverock's**, 4801 37th Street S, à Saint Petersburg ☎ 864.38.83. VISA, AE, DC, MC. Poisson.

♦ **Smokey's Texas Bar-B-Que**, 8180 49th Street N, à Pinellas Park, Saint Petersburg ☎ 546.36.00. VISA, AE, MC. Pour ses viandes fumées.

Adresses utiles et loisirs

Aéroports. Aéroport international de Saint Petersburg/Clearwater ☎ 535.76.00, 531.14.51, **aéroport international de Tampa** ☎ 870.87.00.
Courses de lévriers. Derby Lane, St. Pete ☎ 576.13.31.
Croisières et excursions en mer. Capt. Andersen Boat Cruise ☎ 367.78.04. **Capt. Kidd** ☎ 360.22.63. **Empress Cruise Line** ☎ 895-DEAL, (800) 486.86.00. **Municipal Marina**, 300 2nd Avenue SE ☎ 893.73.29. Capacité pour 610 bateaux. **Sun Adventure Tours** ☎ 521.23.40.
Transports et excursions. AAA, 1211 1st Avenue N ☎ 823.12.11. AMTRAK ☎ (800) 972.72.45. **Gray Line Bus Tours**, P.O. Box 145, Saint Petersburg, FL 33731 ☎ 822.35.77. **Bus :** Pinellas Suncoast Travel Authority, à Clearwater Beach ☎ 530.99.11. **Trolley :** Pinellas Suncoast Travel Authority, à Clearwater Beach ☎ 530.99.11.

Vers Tampa

La route US 41 continue vers le nord jusqu'à Tampa et permet de longer par l'est la baie de Tampa sur 46 km. Mais vous prendrez de préférence, à **Rubonia**, à l'O, la route US 275 qui vous permettra, si votre emploi du temps l'autorise, de profiter du chapelet de plages s'égrenant sur le golfe du Mexique, un peu au nord de Saint Petersburg : **Gulfport**, **Treasure Island**, **Madeira Beach**, **Redington Beach**, **Indian Rocks Beach**, **Belleair** et enfin **Clearwater**. Cette dernière station organise tous les ans à la mi-mars pendant une dizaine de jours un **Fun'n' Sun Festival**, c'est-à-dire un festival de la joie et du soleil, avec défilé de chars dans les rues. Il restera encore 13 mi/20 km, par la magnifique **Campbell Causeway**, pour gagner Tampa.

Tampa**

Tampa constitue une très importante agglomération qui possède tous les charmes mais aussi tous les défauts de la grande ville. La circulation intense, les hauts immeubles de commerce, l'agitation incessante des autoroutes et des rues confèrent au décor un dynamisme moderne qui n'est pas l'atmosphère recherchée lorsque l'on vient en Floride pour un séjour balnéaire et sportif.
La troisième ville de Floride comprend, en effet, une vraie zone industrielle utilisant une main-d'œuvre essentiellement constituée de travailleurs émigrés de Cuba ou d'ailleurs. La population qu'on croise dans les rues de Downtown est peut-être moins nonchalante qu'ailleurs, plus pressée, plus soucieuse, plus indifférente à autrui. Elle a des horaires à respecter, des transports en commun à prendre, un rythme de vie urbain à assumer. En revanche, la zone balnéaire est grandiose : elle a su parfaitement tirer avantage du site, en l'occurrence la baie de Tampa, si belle et si bien protégée.

Tampa dans l'histoire

On admet généralement que le nom de Tampa est un mot indien qui signifierait : « près de », ou bien : « petit bois pour faire du feu »…
À l'arrivée des conquistadores au XVIe s., cette zone de Floride était peuplée d'Indiens. Panfilo de Narvaez mit pied sur cette terre en 1528, suivi de Hernando de Soto en 1539, lequel resta seulement quelques mois avant d'aller s'installer en Géorgie. Ce n'est qu'à partir du XVIIIe s. que les Séminoles ainsi que des pêcheurs cubains prirent

Fabrication des cigares à Tampa où émigra, à la fin du XIXe s., le premier Cubain spécialiste de cet art.

véritablement possession du site où se dresse, aujourd'hui, Tampa. Fort Brooke, construit en 1824 pour des motifs évidemment militaires, fut le véritable point de départ administratif de la ville, elle-même juridiquement constituée en 1855.

La région de Tampa fut le théâtre d'escarmouches nombreuses lors des guerres séminoles, la première (1835-1842), comme la seconde (1855-1858). De là, un grand nombre de tribus s'enfuirent en bateau vers Oklahoma, notamment au cours de la seconde guerre. Durant la guerre civile aussi, qui opposa violemment le nord au sud, Tampa fut tenue sous le feu des canons des Confédérés, basés sur des bateaux en pleine mer. Il y eut même un affrontement relativement important entre les forces des Confédérés et celles de l'Union, à Ballast Point.

C'est encore le chemin de fer, celui de Henry B. Plant (voir pp. 180-181), qui apporta, dès 1884, une certaine prospérité à la ville et à son agglomération. Témoin : le superbe Tampa Bay Hotel, surmonté d'un minaret, premier signe élégant d'un aménagement touristique naissant. En 1886, la région accueillit les premières usines de fabrication de cigares dans le quartier d'Ybor City, nom qui avait été choisi pour glorifier l'industriel ingénieux Vicente Martinez Ybor. La ville devint rapidement le lieu de rencontre de nombreux émigrés, de tous niveaux sociaux, venus aussi bien de Key West que de New York pour tenter leur chance dans cette nouvelle industrie.

Tampa s'est trouvée à nouveau au centre de l'histoire des États-Unis d'Amérique au cours de la guerre hispano-américaine. Des milliers de soldats la traversèrent afin de rejoindre le comté voisin de Hillsborough avant de s'embarquer pour Cuba. Durant cette période, Theodore Roosevelt installa une partie de son quartier général au Tampa Bay Hotel, alors que tout autour de la ville des campements de soldats s'organisaient.

Troisième apport historique : Tampa fut amenée à tenir un rôle important comme base militaire d'entraînement au cours de la Seconde Guerre mondiale, avec la base des forces aériennes Macdill.

Tampa aujourd'hui

Tampa est aujourd'hui un grand port, le huitième des États-Unis, avec un trafic supérieur à 50 millions de tonnes de marchandises. C'est aussi un grand aéroport international, sans doute l'un des plus modernes du continent américain. L'automatisation du service des passagers est poussée à son comble puisque le transfert d'une zone à l'autre se fait par des petites cabines fonctionnant sur monorail et se déplaçant automatiquement. Tampa est aussi dotée d'un complexe routier important, constitué par trois routes *Interstate* et plusieurs autoroutes qui traversent l'ensemble de l'agglomération. Ces diverses caractéristiques lui ont permis de devenir un centre industriel et minier (phosphates) et, conséquemment, un centre urbain qui arrive à la troisième place dans la hiérarchie des villes de Floride, avec plus de 280 000 hab. L'industrie de la pêche aux crevettes y est particulièrement active : elle fournit à la fois les marchés locaux et les industries de mise en conserve. Sa proximité avec le comté de Hillsborough a transformé Tampa en un centre de commerce agricole.
Parallèlement à ce dynamisme économique, la proximité des nombreuses plages le long du golfe du Mexique a aidé Tampa à devenir un centre touristique capital pour l'ensemble de la Floride. Pour réaliser son expansion touristique, elle a, en quelque sorte, bénéficié du trop-plein de Saint Petersburg, située plus au sud.

MODE D'EMPLOI

Accès

En voiture. À 20 mi/31 km de Saint Petersburg, à 156 mi/255 km de Naples, à 257 mi/390 km de Miami, à 119 mi/175 km de Jacksonville et à 40 mi/62 km d'Orlando.
En avion. Aéroport international de Tampa ☎ 870.87.00 ; aéroport international de Saint Petersburg/Clearwater ☎ 535.76.00, 531.14.51.
En train. Gare AMTRAK, angle Nebraska Avenue et Twiggs Street ☎ (800) 872.72.45.
En autocar. Gray Line ☎ 273.08.45.

Fêtes et festivals

Janvier. Tampa Greek Festival. Hommage aux émigrants grecs de Tampa et de la région. ☎ (813) 972.20.00.
Février. The Florida State Fair. Seule foire de l'État de Floride. State Fairgrounds. ☎ (813) 621.78.21. Latin Fiesta Day, jour de la fête latino-américaine. Nombreux bals publics et privés dans la ville et ses environs, spécialement à Ybor City. ☎ (813) 248.37.12 (à cheval sur février et mars).
Mars. Gasparilla Festival of Tampa Bay. Pendant tout un mois, des festivités maritimes inaugurées par une « invasion » de pirates. ☎ (813) 223.41.41.
Juillet. Tampa Bay Caribbean Calypso Carnival. À la jetée *(Pier)*. Folle ambiance d'un carnaval de toutes les Caraïbes…
Juillet. Lights Nights in Ybor. Grandes festivités nocturnes dans la vieille ville d'Ybor. ☎ (813) 979.19.19.
Octobre. Ybor City Fall Arts and Crafts Fiesta & Back to Ybor City (le retour à Ybor City). Célébration de Vicente Ybor Martinez. Plus de 20 000 personnes pour 300 artistes dans une folle ambiance à Ybor Square. ☎ (813) 247.48.25.

♥ Ybor City***

Ce quartier de Tampa est certainement, avec le centre-ville de Saint Augustine, l'une des bases historiques les plus émouvantes de toute la Floride. Il porte le nom du premier artisan fabricant de cigares qui émigra de Cuba vers la Floride en 1886 : Vicente Martinez Ybor. Il y avait en ce temps-là tant d'émigrés cubains que, vers 1895, José Marti, futur héros de la lutte finale pour l'indépendance de l'Île, vint constituer des « brigades pour la liberté » à Ybor City. Ce quartier, véritable ville dans la ville, est délimité par la treizième et la vingt-deuxième rues, la sixième et la dixième avenues. La plupart des maisons construites dans cette zone ont été inscrites à l'inventaire des monuments historiques des États-Unis. De ce fait, Ybor City bénéficie d'une protection architecturale exceptionnelle. Les bâtiments les plus anciens ont été restaurés, malheureusement peut-être un peu trop, et d'autres sont toujours en cours de travaux. Certains sont encore très délabrés. Le style colonial antillais domine. Peuplé essentiellement d'immigrés et de réfugiés d'origine latino-américaine, et plus particulièrement cubaine, auxquels s'ajoutent des Italiens, ce quartier est fréquemment surnommé *Latin Quarter* (quartier latin). Agrigente en Sicile est même jumelée à Tampa. Une vie animée et colorée y règne, notamment sur la place **Ybor Square**, reconstituée, dit-on, sur le site de la fabrique de V.M. Ybor *(vis. gratuite de la fabrique, ouv. t.l.j. ☎ 247.44.79).* L'exotisme du quartier tient également aux vertus de la cuisine : des restaurants où l'on parle et où l'on mange comme en Espagne, à Cuba, en Italie, ou aux Caraïbes, se sont implantés un peu partout. Il existe même un journal hebdomadaire trilingue espagnol, italien et anglais, *La Gaceta*, édité depuis 1922. Ne pas manquer **Ybor City State Museum** *(du mar. au sam., ☎ 247.63.23. Entrée payante).* Installé dans une ancienne boulangerie, Old Ferlita Bakery, qui faisait du pain cubain jusqu'en 1973, « ce pain qui était monté avec émotion, parfumé selon la tradition et consommé en grandes tranches de nostalgie », comme il est gravé en espagnol sur une plaque à l'entrée, ce musée vous dira tout de la fabrication du cigare et de l'histoire du quartier. Deux dates dans l'année donnent un éclat particulier au souvenir porté à celui qui fit la renommée de Tampa : le Latin Fiesta Day et le Back to Ybor City Day (voir plus haut). Un conseil : évitez le dimanche à cause de l'air désolé qui se dégage. Bien des sites intéressants sont malheureusement fermés.

Kennedy Boulevard

Hillsborough County Historical Commission Museum *(pièce 250, tribunal du comté de Hillsborough, le Hillsborough County Courthouse, Pierce Street, entre Kennedy Boulevard et Twiggs Street ☎ 272.59.19. Ouv. du lun. au ven., f. les j.f. Entrée libre).* Dans un espace réduit, on a accumulé quelques souvenirs de l'histoire du Hillsborough County et des reliques indiennes. On peut aussi y voir une bibliothèque.

Henry B. Plant Museum** *(401 W John F. Kennedy Boulevard, sur le campus de l'Université de Tampa. Ouv. du mar. au sam. ainsi que le dim. après-midi, f. les j.f. Visites guidées. Entrée payante).* La plupart des collections de ce musée proviennent de l'ancien Bay Hotel de Tampa, construit en 1891 par l'inventeur du chemin de fer floridien, Henry B. Plant (voir pp. 180-181). On peut y voir de nombreux meubles de l'époque victorienne (armoires et commodes), mais aussi des porcelaines (notamment de Wedgwood) ainsi que des objets d'art oriental. Informations aussi sur le fameux chemin de fer et sur les compagnies maritimes du magnat.

L'Université de Tampa - University of Tampa** *(401 John F. Kennedy Boulevard ☎ 253.62.20 ; visites historiques guidées gratuites de sept. à mai les mar. et jeu. après-midi).* Elle a été édifiée en 1931 sur le modèle du fameux Tampa Bay Hotel. Son architecture assez curieuse reprend la forme de l'Alhambra de Grenade avec 13 minarets. L'université compte 1 650 étudiants installés sur un espace de 500 m de long avec une surface couverte de 2,5 ha pour un campus de 28 ha. Son prestige est un peu limité en regard de l'Université de South Florida. Sur le campus se trouve un chêne célèbre, appelé *Soto Oak*, sous lequel Hernando de Soto aurait signé un traité de paix avec les Indiens.

Waterfront.* Les quais de Tampa. Vers les 13th Street et Twiggs Street, les Européens sont toujours curieux d'observer le déchargement des navires bananiers en provenance d'Amérique du centre et du sud. Sur le 22nd Street Causeway, on décharge des écrevisses.

Autour de Fowler Avenue

♥ **Busch Gardens – The Dark Continent***** *(3000 East Busch Boulevard, à 6 mi/9 km au nord-est de Tampa, entrée par la 40e rue. P.O. Box 9158, Tampa, FL 33674-9158 #987.51.71, 987.50.82. VISA, MC. Ouv. t.l.j. toute l'année. Entrée payante. Tarifs combinés avec Sea World à Orlando, Adventure Island à Tampa et Cypress Gardens à Winter Haven, près d'Orlando).* Busch Gardens constitue un sommet de ce qu'on peut appeler les « attractions commerciales » de Floride. Ses organisateurs et propriétaires n'ont bénéficié, à ce jour, ni de la même réputation ou ambition que Walt Disney, ni sans doute des mêmes moyens financiers. Mais il n'empêche que ce grand parc comporte des « attractions » à la fois spectaculaires et pédagogiques. Le but poursuivi, à l'origine, était de présenter l'Afrique aux Américains. Compte tenu de la ségrégation, qui divisa longtemps le sud selon des clivages ethniques et religieux, cette présentation s'est efforcée de corriger les clichés de la société blanche sans pour autant agresser les mentalités. C'est donc la voie du spectacle distrayant qui a été retenue. On visite différents pavillons ou, mieux, parcs spécialisés par pays ou par thème d'animation.

Le Maroc, c'est ***Marrakeh***, symbole de l'Orient arabo-musulman. On y trouve des danseuses du ventre qui se produisent sur un podium à heures fixes, munies de tous leurs atours : voiles, bijoux, couleurs et serpents. Une place non négligeable a été accordée à l'artisanat traditionnel, spécialement à la ferronnerie et à l'orfèvrerie de l'argent. Des objets et des bijoux sont confectionnés sur place par des artisans venus de leurs pays. On y trouve aussi les senteurs parfumées du Maghreb et différents mets à acheter et à consommer, comme les gâteaux aux amandes et les cornes de gazelle.

L'Afrique des fauves et des safaris est représentée par ***Nairobi***. À la gare de Nairobi (Nairobi Junction), vous vous embarquez dans un train à vapeur à travers un voyage excitant au plein cœur de l'Afrique pour observer différents animaux vivant dans une brousse reconstituée : tigres, lions, éléphants, singes, fennecs…

Une autre promenade, la ***Visite au-dessus de la plaine de Serengeti***, au-dessus d'un parc de 80 ha, se fait en téléphérique. On y observe rhinocéros, zèbres, lions, singes, girafes et buffles.

À la réserve *Myombe*, vous pénétrez dans la jungle des grands singes. Les enfants comme les adultes découvrent encore toutes sortes d'attractions qui leur permettent d'occuper leur journée tout en se promenant dans une nature riche et tropicale, au milieu de 1 200 oiseaux et 800 fauves. Une vingtaine de moyens de transport, ainsi qu'une quantité impressionnante de boutiques présentant des objets artisanaux de l'ensemble du continent africain, sans oublier les restaurants pour toutes les bourses, permettent de diversifier la visite à l'infini.
Nouveauté 1993 : *Kumba*, ce qui voudrait dire rugissement, hurlement dans la langue des Congos. Il s'agit d'un impressionnant grand huit, ainsi décrit dans les dépliants : « haut comme une montagne, long comme une rivière et rapide comme le vent ». Mais il faut dire que la comparaison avec ce qui se fait en Europe n'a guère de sens, en raison de la différence d'échelle.
Le promoteur de cette entreprise est la société Anheuser & Busch, qui élabore notamment de la bière Busch, l'une des marques les plus consommées aux États-Unis. De ce fait, on visite une brasserie, élément insolite en plein cœur de l'exotisme du « Continent Noir ». Et on reçoit quelques échantillons en cadeau.
Museum of Science & Industry *(4801 E Fowler Avenue ☎ 985.55.31. Ouv. t.l.j., sf le 1er janv., Thanksgiving et Noël. Entrée payante)*. Musée interactif présentant notamment un planétarium et la reconstitution d'un ouragan.
Adventure Island *(4545 Bougainvillea Avenue, à 1 mi/1,6 km de Busch Gardens ☎ 987.56.60. Ouv. t.l.j. de fin mars à mi-sept. De mi-sept. à fin sept., les sam. et dim. Entrée payante. Tarifs combinés avec Busch Gardens à Tampa, Sea World of Florida à Orlando et Cypress Gardens près d'Orlando)*. Un parc aquatique de près de 8 ha pour toute la famille. Installé en 1993, le Aruba Tuba, tunnel long de 140 m...
Université de la Floride du Sud, University of South Florida *(4202 E Fowler Avenue ☎ 974.22.35)*. La plus grande université de Tampa. D'importance régionale, elle a été inaugurée en 1956 à 10 mi/16 km au nord de la ville sur un campus de 680 ha. En 1993, elle comprenait 34 000 étudiants. Elle est le lieu d'animations culturelles diversifiées, destinées aussi bien à la population locale qu'aux touristes. Des expositions d'art contemporain ont régulièrement lieu dans la galerie de la bibliothèque (Library Gallery).

Et encore...

Tampa Museum of Art *(601 Doyle Carlton Drive, Downtown ☎ 223.81.30. Ouv. t.l.j. sf le lun.)*. Art traditionnel et contemporain. Animations pour les enfants. Antiquités grecques et romaines.
Lowry Park *(N Boulevard, au carrefour avec W Sligh Avenue ☎ 223.82.30. Ouv. t.l.j.)*. Dans ce parc, ouvert gratuitement au public, les enfants sont à la fête. Dans un zoo appelé *Bambiland (☎ 932.02.45)*, ils peuvent nourrir au biberon des daims, des cerfs et des chèvres ou encore s'amuser avec des voitures de pompiers, des avions en miniature, etc. On trouve aussi, reconstitués en cire, les principaux personnages des fables et des contes devenus pour un temps des partenaires de jeu pour les enfants. Au *Safety Village/Children's Museum (☎ 935.84.41)*, les enfants apprennent les premiers éléments de la sécurité à bicyclette et au volant. Comme dans tous les parcs, il est possible de pique-niquer ou de prendre des repas légers à la cafétéria. Si le cœur vous en dit, vous pouvez aussi faire un petit tour du domaine dans un train miniature.

Seminole Culture Center *(5221 Orient Road, en quittant la I-4 par la sortie n° 5, à N Orient Road, Tampa ☎ 623.35.49. Ouv. de 10h à 18h ; le dim. jusqu'à 17h. Entrée payante).* Musée et centre culturel des Séminoles.

BONNES ADRESSES

☎ **Indicatif : 813**

Informations touristiques. Tampa/Hillsborough Convention & Visitors Association, 111 Madison Street, Suite 1010, Tampa, FL 33602 ☎ 223.11.11, (800) 44-TAMPA.

Hébergement

▲▲▲ **Saddlebrook Resort**, 5700 Saddlebrook Way, Wesley Chapel, FL 33543-4499, à 25 mi/40 km au N de Tampa ☎ 973.11.11, (800) 729.83.83, fax 973.45.04. VISA, AE, DC, MC. Une base particulièrement raffinée dans une ambiance de sports et de loisirs pour profiter de la grande ville. Domaine boisé de 192 ha. Piscine. 45 courts de tennis dont 5 éclairés, un golf 36 trous dessiné par Arnold Palmer et Dean Refram. Salles de congrès. Circuits de randonnée. Salle de gymnastique, sauna sec et humide, massage, etc.

▲▲▲ **Hyatt Regency Westshore**, 6200 Courtney Campbell Causeway, sur la baie de Tampa ☎ 874.12.34, fax 286.98.64. VISA, AE, DC, MC. Un autre très grand Hyatt Regency. Comporte aussi des villas *(casitas)*.

▲▲▲ **Wyndham Harbour Island**, 725 S Harbour Island Boulevard ☎ 229.50.00, (800) 822.42.00, libre appel depuis le Canada : (800) 631.42.00, fax 229.50.22. VISA, AE, DC, MC. Piscine, boutiques, salles de congrès. Navettes gratuites pour l'aéroport. Vue sur Tampa et sur la baie.

▲▲ **Club Paradise** (naturisme), P.O. Box 750 G, Land O'Lakes, FL 34639 ☎ 949.93.27, fax 949.10.08. Formule hôtelière, appartements équipés, emplacements de camping. Restaurant, bars. Trois piscines, 5 courts de tennis, centre de remise en forme, massage, etc. L'un des plus grands complexes naturistes des Amériques (gestion allemande FKK).

▲▲ **Holiday Inn Busch Gardens**, 2701 E Fowler Avenue ☎ 971.47.10, fax 977.01.55. VISA, AE, DC, MC. Navette gratuite pour Busch Gardens. Salle de sports et de congrès. Jardin tropical.

▲ **Days Inn Busch Gardens North**, 701 E Fletcher Avenue ☎ 977.15.50, fax 977.65.56. VISA, AE, DC, MC. À quelques encablures de Busch Gardens.

Camping et caravaning. **Bay Bayou Traveler**, 12622 Memorial Highway, Tampa, FL 33635-5299 ☎ 855.10.00. **Camp Nebraska RV Park**, 10314 N Nebraska Avenue (US 41), Tampa, FL 33612 ☎ 971.34.60. **KOA**, 12870 Highway 92, Dover, FL 33527 ☎ 659.22.02, (800) 872.35.62.

Restaurants

♦♦♦ **Armani's**, dans l'hôtel Regency Hyatt Westshore ☎ 281.91.65. VISA, AE, DC, MC. Un très grand italien. Pour dîner seulement, et en costume sombre.

♦♦♦ **Bern's Steak House**, 1208 S Howard Avenue ☎ 251.24.21. VISA, DC, MC. Pour dîner seulement. Pianiste et accordéoniste. Spécialités : plats de légumes poussés sans engrais chimiques, côte de bœuf, soupe à l'oignon. Grand choix de cafés. Bonne cave.

♦♦ **Chavez At The Royal**, 2109 Bayshore Boulevard, à Hyde Park ☎ 251.69.86. VISA, AE, DC, MC. Pour ses plats d'agneau.

♦♦ **Don Diego's Spanish Steakhouse**, 3602 N Armenia Avenue ☎ 872.74.31. VISA, AE, MC. Cuisine espagnole, dont la paella.

♦ **A.J. Catfish**, 8751 N Himes Avenue ☎ 932.34.74. VISA, AE, MC. Le bon trio habituel qui fait recette aux États-Unis : fruits de mer, pâtes et viande de bœuf.

Adresses utiles et loisirs

Courses de lévriers. Tampa Kennel Club ☎ 932.42.13, 932.43.13.

Excursions Around The Town ☎ 932.78.03. Gray Line Bus Tours ☎ 273.08.45. Scenic Drive, Bayshore Boulevard. Tampa Tours ☎ 621.66.67.

Jaï Alaï (pelote basque). Tampa Jaï Alaï Fronton ☎ 837.24.41 ; 831.14.11.

Shopping. Old Hyde Park Village, angle Swann et Dakota Avenues, près de Bayshore Boulevard ☎ 251.35.00. Si vous aimez l'élégance… **Seminole Mall**, au croisement de Park Boulevard avec la 113e rue ☎ 392.81.74. **El Sol**, 1726 7th Avenue (Ybor City). Pour fumeur de cigares.

Transports. Gray Line Bus Tours ☎ 273.08.45. **Bus publics** *(Rapid Transit Authorty)* ☎ 254.42.78.

De Tampa à Panama City

Vous avez devant vous 425 mi/659 km… Pour longer le plus possible le golfe du Mexique, gagner le bord de la mer à l'O par la FL 580, puis la FL 586. Prendre l'ALT 19 et tourner à dr. en direction de Tarpon Springs, la grecque.

Tarpon Springs*

➤ *À 33 mi/50 km de Tampa et 189 mi/305 km de Naples.*

Tarpon Springs s'est développée vers 1900 à partir d'une communauté de 500 émigrés grecs qui étaient, à l'origine, des pêcheurs d'éponges. Leur heure de gloire s'est achevée vers 1940, mais on peut encore aujourd'hui observer des plongeurs descendre jusqu'à 46 m de profondeur pour aller chercher les éponges les plus diverses. Pour en savoir plus, une visite au **Spongeorama Exhibit Center** s'impose *(Sponge Docks, 510 Dodecanese Boulevard ☎ 942.37.71. Entrée payante)*. Une demi-heure pour tout le processus qui va de la « récolte » au traitement de conservation, en passant par l'utilisation en décoration, qui permet de tout savoir sur ce zoophyte. Projections pédagogiques. La **cathédrale grecque orthodoxe** de Tarpon Springs *(36 N Pinellas Avenue ☎ 937.35.40)*, qui date de 1943, est dédiée à saint Nicolas. Elle est le cadre, chaque année au moment de l'Épiphanie, d'une cérémonie de bénédiction des eaux, qui a lieu à midi. Les dignitaires de l'Église orthodoxe grecque sont présents et on y entend des chœurs byzantins dans le décor floridien ambiant. Un spectacle anachronique qui se termine par un banquet et un bal.

Bonnes adresses

☎ **Indicatif : 813**

Informations touristiques. Greater Tarpon Springs Chamber of Commerce, 210 S Pinellas Avenue, Suite 120, Tarpon Springs, FL 34689 ☎ 937.61.09. **Pinellas Suncoast Tourist Development Council**, 1 Stadium Drive, Suite A, Saint Petersburg, FL 33705 ☎ 554.36.00.

▲▲▲▲ **Innisbrook Hilton Resort**, P.O. Drawer 1088, au carrefour de la US 19 et de Klosterman Road ☎ 942.55.60, fax 942.55.78. *1 000 ch.* VISA, AE, DC, MC. Un immense *condo :* les chambres sont réparties en 28 *lodges*, dans un parc de 400 ha pourvu de sentiers balisés. Six piscines. 15 courts de tennis (dont 9 éclairés). Golf de 63 trous. Plusieurs restaurants, 4 snack-bars, 4 bars, 3 cafés. Salles de réunions. Centre de remise en forme avec saunas sec et humide.

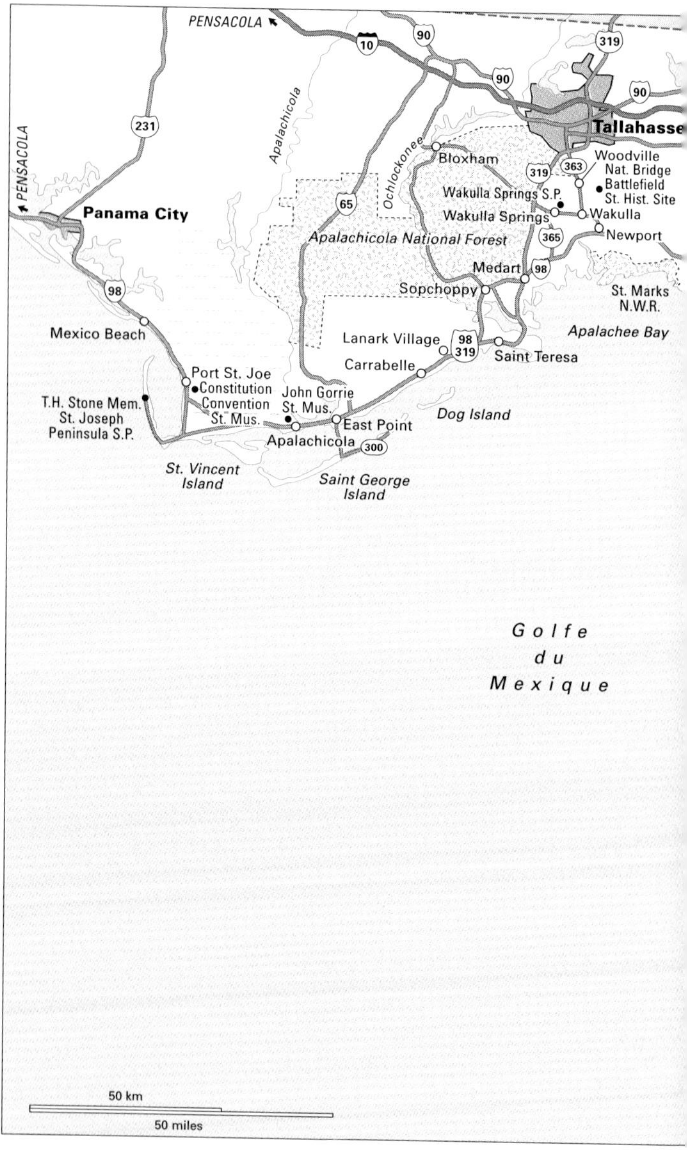

Côte Ouest : le long du Golfe du Mexique

Weeki Wachee*

➤ *Après la traversée de la Pithlachascotee River, notre route rejoint la FL 19 que l'on poursuit vers le nord. Au bout de 25 mi/37 km, on atteint Weeki Wachee.* L'agglomération doit sa célébrité à son « attraction » **Weeki Wachee Spring – The City of the Mermaids** (*☎ 596.20.62, (800) 678.93.35. Entrée payante.* VISA, AE, MC. *Ouv. t.l.j. de 9h30 à 17h30*). Mélange d'installations naturelles et artificielles conçu avec une remarquable ingéniosité : en utilisant les ressources d'une chute d'eau natu-

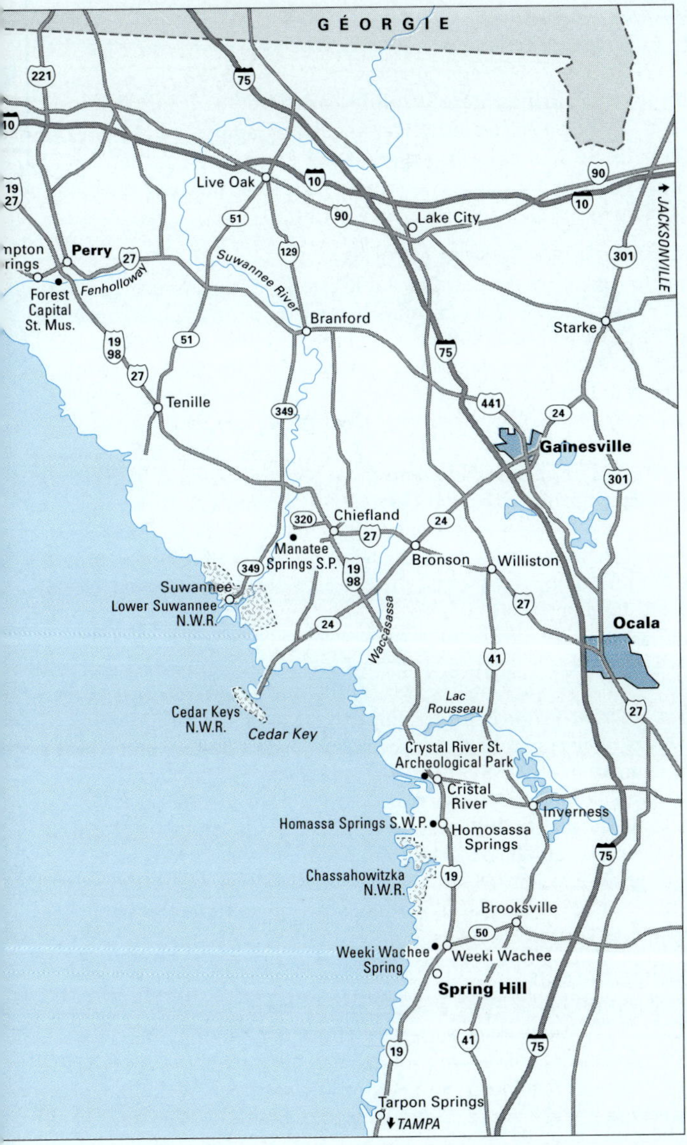

relle, des techniciens ont construit un véritable amphithéâtre sous-marin de 42 m de profondeur qui permet de présenter un spectacle subaquatique de ballets, de reproduction de tableaux de maîtres, d'acrobaties. Y compris le conte d'Andersen *La Petite Sirène.* La découverte du site appartient à un homme-grenouille de l'US Navy qui venait s'entraîner là. La première ouverture au public date du 13 octobre 1947. À côté, **Buccaneer Bay** (☎ *596.20.62, (800) 678.93.35. Entrée payante*), un nouveau parc d'attractions aquatiques doté d'eaux thermales.

Homosassa Springs*

➤ *À 22 mi/33 km au N de Weeki Wachee Spring, sur l'US 19, à 47 mi/76 km de Tarpon Springs et à 236 mi/378 km de Naples.*
Homosassa Springs State Wildlife Park *(Ouv. t.l.j. Entrée payante. ☎ 628.23.11)* est situé à un carrefour hydrographique, idéal pour observer la vie aquatique (poissons d'eau douce et d'eau de mer). Le complexe propose des excursions en bateau et un petit zoo (alligators, lamantins, flamants roses, hérons, otaries).

De Homosassa Springs à Perry

Encore 7 mi/11 km et c'est **Crystal River**, où les eaux douces se mêlent aux eaux salées pour en faire un paradis de pêche. Les lamantins en péril en font leur lieu d'hivernage de mi-novembre à mars. Également célèbre comme zone de plongée, pour sa centrale nucléaire et son cimetière indien que l'on peut visiter : **Crystal River State Archaelogical Site** *(☎ 795.38.17. Ouv. t.l.j. Droits d'entrée par véhicule).*
En poussant toujours vers le nord, nous traversons la Waccasassa River avant de gagner **Chiefland** d'où, par la FL 320 à g., l'on se rend à **Manatee Springs State Park** *(☎ 493.60.72. Entrée payante).* Dans un grand parc, plusieurs sources jaillissent avant de se jeter dans la Suwannee River, produisant un débit de 187 000 litres par minute. Possibilités de promenades à pied et en bateau, de camping, de baignade, de plongée, etc.
Poursuivant l'US 19/98 qui devient, à **Tennille**, la route ALT 27, nous atteignons **Perry**, qui organise tous les ans au cours du quatrième week-end d'octobre un festival écologique autour du thème de la forêt *(Florida Forest Festival).* Pour tout savoir sur les industries forestières, voir encore le très intéressant **Forest Capital State Cultural Museum** *(☎ 584.32.27. Ouv. du jeu. au dim. Entrée payante).*
Si vous souhaitez arrêter là votre parcours sur la côte ouest, il vous est facile de gagner Tallahassee, au nord, par la route 19/27 qui pénètre dans la capitale de l'État par le sud-est et se termine au pied du Capitole après 51 mi/78 km.
Dans le cas contraire, nous poursuivons notre itinéraire par la très champêtre US 98.

Wakulla Springs*

➤ *À 41 mi/51 km de Perry et à 378 mi/555 km de Naples.*
Après Perry, bifurquer à g., vers **Hampton Springs** par la route US 98. Encore 41 mi/64 km tout droit, et vous arrivez à **Newport.** Un petit détour vers le nord pour visiter l'**Edward Ball Wakulla Springs State Park** *(☎ 922.36.33. Entrée payante),* où vous observerez ce gigantesque réservoir de 55 m de profondeur, d'une capacité d'eau courante de 2 millions de litres par minute. Des bateaux, à fond de verre, permettent d'observer un spectacle naturel de toute beauté : poissons, formations calcaires multicolores, os d'animaux préhistoriques pétrifiés, etc. Ce site est également une zone de protection de la vie naturelle et de nombreux oiseaux y trouvent refuge.

Vers Panama City

Laissant à dr. la magnifique forêt d'Apalachicola, vous vous dirigez, toujours par la route US 98, vers les zones balnéaires du golfe : **Saint Teresa, Alligator Point, Lanark Village, Carrabelle, Green Point, East Point** et enfin la petite ville d'**Apalachicola**. C'est là que les

conquistadores Narvaez et Hernando de Soto ont construit des bateaux pour partir à la conquête du Mexique. Sur l'**île Saint George**, en face, plage et surf. Apalachicola organise, le premier samedi de novembre, un festival des fruits de mer *(Florida Seafood Festival)*, avec notamment dégustation massive d'huîtres... Non loin du centre, à 7 mi/11 km, vous pouvez visiter un petit musée consacré à l'inventeur de la première machine à glace destinée à réfrigérer l'air, John Gorrie *(**John Gorrie State Museum**, Avenue C, angle 6e rue ☎ 653.93.47. Ouv. du jeu. au lun. Entrée payante)*. Médecin de formation, il mena ses premières expériences en 1845, à l'occasion d'une épidémie de fièvre jaune. Son idée était de rafraîchir les chambres des patients. L'exposition présente une réplique de cette première machine à glace, des scènes de la vie et de l'histoire locales.
À 34 mi/51 km par la route US 98, les amateurs d'histoire s'arrêteront au **Constitution Convention State Museum** *(☎ 229.80.29)*, musée de l'Assemblée constituante de l'État de Floride situé sur la commune de **Port Saint Joe**. Le site forme une magnifique marina naturelle qui permet tous les plaisirs de l'eau. Sa plage mesure plus de 20 mi/32 km. La pointe extrême de la commune est occupée par un arc protégé qui porte le nom de **Th. Stone Memorial Saint Joseph Peninsula State Park** *(☎ 227.13.27. Entrée payante. Camping possible)*.
Les derniers 33 mi/49 km qui permettent de gagner Panama City (voir p. 228) par la route US 98, entre la mer et la lagune formant East Bay, sont très agréables. La **base aérienne Tyndall**, Tyndall Air Force Base *(☎ 283.29.65)* peu avant Panama City se visite sur rendez-vous.

Monroe St

LE NORD DE LA FLORIDE

Aux confins de la Floride et de la Géorgie,
entre Jacksonville et Pensacola,
l'arrière-pays est plutôt tempéré.
Les plages superbes et souvent désertes
du Golfe du Mexique vous attendent
le long de la Miracle Strip,
entre Panama City et Pensacola.

Jacksonville *

Jacksonville ne révèle pas facilement ses charmes à un Européen. Des gratte-ciel, des parcs de stationnement (on en a dénombré 184 à la fin de l'année 1978), 110 km de rues, de routes, d'autoroutes et de périphériques donnent une allure de gigantisme à cette agglomération active et dynamique, qui sent déjà le Sud.

Jacksonville dans l'histoire

C'est Andrew Jackson, le conquérant anglais de la Floride, qui a donné son nom à la ville. Mais, malgré les apparences, Jacksonville est une ville française ou plutôt d'origine française. Jean Ribaud et ses compagnons huguenots, envoyés par l'amiral Gaspard de Coligny, alors chef de la Ligue des protestants français, l'ont en effet fondée au XVIe s. Leur but : explorer la Floride afin d'y préparer une terre d'asile pour les fidèles de cette nouvelle religion, persécutée en France. Le 1er mai 1562, Jean Ribaud remonte ce qu'on appelle aujourd'hui la Saint Johns River, baptisée, à l'origine, rivière de Mai. La

Le capitole abrite le parlement de l'État de Floride sous son architecture néo-classique et domine de ses 22 étages la ville de Tallahassee.

flotte aurait touché terre à l'emplacement actuel de l'île de Fort George. Au nom du roi de France, Jean Ribaud s'approprie alors les terrains alentour. Il indique les limites du territoire avec une borne portant la fleur de lis, avant de reprendre la mer en direction du nord, pour installer une autre base sur l'île qui porte actuellement le nom de Paris Island. Au cours de l'été 1564, le lieutenant de Jean Ribaud, René de Goulaine de Laudennière, fait son entrée à l'embouchure de la rivière de Mai en compagnie de 250 huguenots. Ils établissent la colonie française au pied de la colline, appelée aujourd'hui Saint Johns Bluff, située sur la rive méridionale de la rivière Saint Johns, entre l'actuelle Jacksonville et l'Océan. Ils y bâtissent un fortin appelé Fort Caroline en hommage au roi de France Charles IX.

Mais le roi d'Espagne, en raison de son droit de découverte, prétend que la Floride est son bien. En 1565, il y envoie donc Pedro Menendez de Aviles dans le but de chasser les Français et de rétablir la domination espagnole sur l'ensemble du territoire. Menendez, après avoir fait obstacle à la progression des Français, dans la zone qui correspond actuellement à la ville de Saint Augustine, bat ceux-ci par surprise à Fort Caroline et reprend possession du domaine. Jean Ribaud ne se croit pas vaincu définitivement. Rentré en France, il complète sa petite armée pour passer à une nouvelle offensive. Malheureusement, une forte tempête l'empêche de mener à bien sa nouvelle mission : ses navires coulent au large de Saint Augustine. Il doit se rendre au catholique Menendez de Aviles. Les historiens pensent qu'il est alors tué par l'Espagnol, ainsi que ses compagnons.

Cependant, une Française, de confession protestante, a donné naissance au premier enfant français né sur la terre d'Amérique du Nord, avant même la prise de Fort Caroline par les Espagnols. Une petite graine française reste ainsi en terre floridienne. Petit à petit, les Espagnols s'installent en Floride. Coup de théâtre, au cours de l'été 1567 : le Français Dominique de Gourgues arrive avec trois bateaux, dans l'intention de venger ses compatriotes. Peu après, il remonte la rivière de Mai afin de constituer une alliance avec les Indiens, dont le sort, sous le joug de Menendez de Aviles, est particulièrement cruel. Il reprend ainsi Fort Caroline et deux autres forts construits par les Espagnols à l'embouchure du fleuve. Pour venger la mort des protestants français, Dominique de Gourgues fait pendre tous les survivants espagnols. « Justice étant faite », il rentre en France… Malgré cela, la Floride reste espagnole pendant deux cents ans, le siège de l'administration de cette région étant Saint Augustine. Peu de territoires sont développés aux alentours de la rivière Saint Johns. C'est sans doute pour cela que l'endroit où est fondée Jacksonville porte longtemps le nom indien de *Wacca Pilatka*, ce qui veut dire le Gué ou le passage des Vaches.

En juillet 1821, l'Espagne cède définitivement la Floride, ainsi que d'autres colonies, à la nouvelle confédération des États-Unis d'Amérique du Nord. C'est alors que I.D. Hart forme le projet de construire une ville sur le site du fameux passage des Vaches. Les plans sont prêts en juin 1822. Le nom même est trouvé : la nouvelle ville doit honorer le général Andrew Jackson, d'où le nom de Jacksonville. On crée administrativement le Duval County, en mémoire de William P. Duval, le premier gouverneur de Floride.

Même à cette époque lointaine, on vient depuis le nord des États-Unis vers cette région méridionale pour y chercher la santé.

Beaucoup d'hôtels sont construits et on prétend que, vers 1840, chaque maison de Jacksonville est une pension de famille. Le coton supplante l'indigo dans l'économie floridienne. Jacksonville devient un grand centre de commerce pour un territoire immense. Saint Johns River regorge de bateaux chargés de toutes sortes de marchandises et les routes, menant à la ville, sont très fréquentées par des caravanes traînées par des chars à bœufs.
En 1850, naît l'ère de l'industrie du bois de charpente. Toutefois, elle est freinée par différents facteurs : la guerre séminole, des épidémies, deux immenses incendies et surtout une grande vague de froid, phénomène météorologique jusque-là inconnu dans l'histoire de la Floride, qui détruit presque complètement les récoltes de fruits. Au début de la guerre de Sécession, Jacksonville est une petite ville prospère de 2 000 hab. La région, comme bien d'autres dans le sud, souffre des aventuriers politiques *(carpet baggers)* qui n'ont d'autre motivation que leur propre profit mais, vers 1870, la dégradation des mœurs politiques est dépassée, voire effacée, et les touristes reviennent en grand nombre vers la ville de Jackson.
En 1888, un autre fléau survient : des centaines de citoyens meurent de la fièvre jaune. Le 3 mai 1901, autre tragédie : un grand feu réduit presque à néant la ville de Jacksonville. On reconstruit encore, et la densité de la population se met à croître rapidement et atteint, en 1920, la barre de 92 000 hab.

Jacksonville aujourd'hui

Par un arrangement administratif de 1968, la ville de Jacksonville est devenue la plus grande commune des États-Unis, puisqu'elle couvre à la fois la zone urbaine et le comté. Elle a, en effet, une superficie de 215 000 ha et on estime qu'elle comptait 635 000 hab. en 1994.
C'est, aujourd'hui, le plus grand port de Floride pour les marchandises (JAXPORT) et le premier grand centre d'accueil et de transit de Floride pour les touristes déferlant de la côte est vers le sud. La ville est aussi le siège de nombreuses compagnies d'assurances, d'industries, ainsi qu'un centre de commerce particulièrement actif.

MODE D'EMPLOI

Accès

Par la route. Jacksonville est à l'extrémité floridienne septentrionale de l'US 1 et de l'US 95. On y arrive de l'O par l'US 10. Elle est située à 134 mi/207 km d'Orlando, à 338 mi/524 km de Miami, à 163 mi/253 km de Tallahassee et à 119 mi/175 km de Tampa.
Par avion. Liaisons fréquentes avec les autres grandes villes de Floride, avec New York, etc. **Jacksonville International Airport** ☎ 741.49.02.
Par car et par train. Greyhound, 10 Pearl Street ☎ 356.55.21. **Amtrak**, Clifford Lane Station, 3570 Clifford Lane.

S'orienter

Tout se passe à Jacksonville le long de Riverwalk, grande artère le long de la Saint Johns River, et Jacksonville Landing. C'est le centre de la finance, du commerce et de l'assurance. L'ensemble de l'agglomération dessine, en fait, comme un S en épousant le tracé du fleuve qui coule du S vers le N.
Dans notre visite, nous présenterons d'abord les sites de la rive droite, à l'E et au S, et ensuite ceux de la rive gauche.

Fêtes et festivals

Mars. Delius Festival. Concerts, conférences et expositions en l'honneur de ce compositeur britannique du XIXe s. qui a vécu à Jacksonville. ☎ (904) 744.39.50.

Septembre. Riverside Art Festival. Festival d'art de toutes disciplines. ☎ (904) 389.48.66.

Octobre. Jacksonville Jazz Festival. Au Metropolitan Park, le long de la Saint Johns River. L'un des plus importants de tout le pays.

Cummer Gallery of Art & Gardens*

➤ *829 Riverside Avenue ☎ 356.68.57. Ouv. t.l.j. sf le lun. et les j.f., ainsi qu'une semaine en avril. Entrée payante.* Dans la galerie d'art Cummer, une collection présente un vaste panorama de l'histoire de l'art. Les pièces exposées vont de l'Égypte et de la Grèce anciennes au XXe s. On trouve aussi 700 objets en porcelaine de Meissen. Autour du bâtiment moderne, il ne faut pas manquer d'observer les jardins à la française dont le dessin est le même que celui de l'ancienne demeure des Cummer.

Museum of Science and History

➤ *1025 Museum Circle ☎ 396.70.62. Ouv. du lun. au sam. et le dim. après-midi, f. la plupart des j.f. Entrée payante. Tarifs pour les personnes âgées.* Dans ce musée, la ville de Jacksonville organise des expositions thématiques très variées : archéologie, écologie, santé, faune, flore, Indiens, pionniers de la conquête, etc. Vous pouvez également y voir un planétarium ainsi que des présentations de reptiles.

Jacksonville University*

➤ *N University Boulevard, sur la rive orientale de Saint Johns River, ☎ 744.39.50. Ouv. à la visite seulement pendant l'année universitaire, du lun. au ven. de 9h à 16h, f. la plupart des j.f. Entrée libre.*

L'université de Jacksonville, fondée en 1934, accueille près de 3 000 étudiants. Elle est composée de l'Académie des arts et sciences *(College of Arts and Sciences)*, l'Académie de gestion *(College of Business Administration)* et l'Académie des beaux-arts *(College of Fine Arts)*. Cette université comprend aussi un Centre pour l'éducation économique et un Centre d'études urbaines. En dehors de la visite des bâtiments où ont lieu les cours, possible sur rendez-vous, l'entrée sur le campus est libre. Dans ce vaste espace, deux centres d'intérêt : la **Delius House** et la **Brest Art Gallery & Pavilion** *(Ouv. t.l.j. sf dim. et la plupart des vacances. Entrée gratuite)*. Dans la demeure, très restaurée, du compositeur britannique Frederick Delius (1862-1934), quelques souvenirs sont regroupés. Un festival lui est consacré en mars (voir plus haut). Dans la Brest Art Gallery & Pavilion, sont exposés, alternativement, des peintures, des poteries, des tissus et des sculptures. Beaux ivoires orientaux.

Fort Caroline National Memorial*

➤ *À 10 mi/16 km de Downtown Jacksonville. Pour s'y rendre, prendre la route 90, vers l'est, qui devient Atlantic Boulevard, ou encore SR 10. Tourner à g. à Saint Johns Bluff et piquer vers le nord pour Fort Caroline Road et, de là, vers le National Memorial, ☎ 641.71.55. Ouv. t.l.j. sf le 25 déc. Entrée libre.*

Pour un citoyen français, il est absolument nécessaire de visiter ce monument de l'histoire américaine, intimement lié aux gloires militaires françaises évoquées plus haut. C'est aujourd'hui un musée où

La fièvre jaune à Jacksonville en 1888

Elle s'abattit sur la ville avec une telle vigueur que le quotidien *New York Times* titrait sur sa première page : « Sauve qui peut et chacun pour soi à Jacksonville. » La fièvre jaune frappa de façon inattendue et sans discrimination. Elle se transforma en épidémie en moins de deux semaines. Certains habitants l'eurent très faiblement. D'autres connurent tous les symptômes (fièvres, hémorragie...) pendant des jours avant de mourir. On estime que cette fièvre jaune toucha 4 700 personnes, soit un bon tiers des 14 000 hab. qui n'avaient pas fui la ville, et entraîna 400 décès.

La fièvre jaune était connue depuis des années dans les ports du sud et de l'est des États-Unis, se propageant vers le nord jusqu'à Boston à l'occasion des mois les plus chauds de la fin des années 1880. C'est ainsi que Jacksonville, qui était alors la toute première station balnéaire d'hiver d'Amérique, subit l'épidémie la plus forte.

La réaction des médecins, des autorités et des citoyens ne fut pas à la hauteur de la gravité de la situation. En effet, on brûlait par exemple du goudron « pour purifier l'air des miasmes contagieux ». On tirait des coups de canon dans le ciel « pour déplacer les masses des germes en suspension ». Ce dernier remède fut abandonné lorsqu'un médecin, fervent partisan de cette méthode, contracta le mal. On utilisa beaucoup de désinfectants de toutes sortes qu'on diffusait dans l'atmosphère. Le courrier partant de Floride, les véhicules privés et publics étaient « aseptisés » de cette façon.

Une hystérie collective commença alors à s'emparer de la Floride. On dut notamment suspendre la Course du Gouverneur de 1888 parce qu'on obligeait les concurrents à subir une quarantaine de 10 jours entre chaque comté de l'État de Floride afin de s'assurer qu'ils n'étaient pas contagieux. Le commerce aussi pâtissait de l'épidémie, car les gens dépensaient tout leur argent pour quitter Jacksonville et la Floride.

On a coutume de considérer que la seule chose positive née de cette épidémie fut la création, en 1889, du Conseil floridien pour la santé publique *(Florida Board of Public Health)*. Les pouvoirs publics sentirent, en effet, le besoin d'un organisme central pour coordonner le contrôle d'éventuelles futures épidémies, quelles qu'elles fussent.

Bien que la fièvre jaune ait complètement disparu des États-Unis au début du siècle, lorsqu'on découvrit qu'elle était transmise par des moustiques, cet organisme continue aujourd'hui à lutter et à coordonner la lutte contre toutes les épidémies, notamment le sida. Il faut cependant garder à l'esprit que la fièvre jaune existe encore dans de nombreuses forêts tropicales dans le reste du monde et à quelques centaines de kilomètres seulement de la Floride.

D'après Cindy Schreuder, *The Orlando Sentinel*, 25 juin 1989.

l'on trouve des objets d'artisanat indien et français authentiques, mêlés à quelques reproductions. On peut y voir la première carte dessinée par le citoyen Le Moyne, l'un des membres les plus actifs de l'expédition des huguenots français. Sur la rive de Saint Johns River, on peut voir une belle reproduction du Fort Caroline, construit en l'honneur du roi de France Charles IX. À 0,5 mi/800 m du bureau d'informations touristiques *(Visitor Center)*, se dresse une colonne haute de 30 m, réplique de la colonne de Ribaud. Depuis le sommet, le panorama sur le fleuve, et au-delà, sur la région, est intéressant.

Jacksonville Art Museum*

➤ *4160 Boulevard Center Drive ☎ 398.83.36. Ouv. t.l.j. sf le lun, f. les jours de fêtes légales. Entrée libre.* Il possède une collection intéressante de céramiques orientales ainsi que de sculptures précolombiennes et africaines. De plus, il organise des conférences et des visites guidées pour les scolaires.

Jacksonville Zoological Park

➤ *8605 Zoo Road, en prenant Heckscher Drive vers le nord de la ville (suivre les indications sur le bord de la route), ☎ 757.44.62 et 757.44.63. Ouv. t.l.j. de 9h à 17h, f. le 1er janv., Thanksgiving Day et le 25 déc. Entrée payante.* Ce parc zoologique de 16 ha comprend un millier d'animaux de toutes sortes, oiseaux, reptiles et fauves, installés au bord de la rivière Traout. Enfants et parents peuvent effectuer le tour du domaine dans un petit train appelé *Safari Train*, enfourcher des éléphants, pique-niquer ou s'amuser en montant sur des manèges.

Mandarin

➤ *Sur la rive orientale du fleuve Saint Johns, à 12 mi/18 km au sud de Jacksonville, en prenant Mendricks Avenue vers le sud, puis la SR 13 vers Mandarin Road.* Mandarin était, il y a quelques années, un centre actif de plantations d'agrumes. C'est aujourd'hui un charmant village protégé par de grands arbres, lieu de résidence d'hiver de l'écrivain Harriet Beecher Stowe, qui y rédigea *La Case de l'Oncle Tom.*

BONNES ADRESSES

☎ **Indicatif : 904**

Informations touristiques. Jacksonville & Beaches Convention & Visitors Bureau, 3 Independent Drive, Jacksonville, FL 32202 ☎ 798.91.48.

Hébergement

▲▲▲ **Omni**, 245 Water Street, Downtown ☎ 355.66.64, fax 354.29.70. VISA, AE, DC, MC. L'un des plus grands de la ville. Vue sur la rivière. Piscine. Salles de réunions et de gymnastique. Section de luxe : l'Omni Club Floor. Navette gratuite pour l'aéroport.

▲▲ **Holiday Inn East Conference Center**, 5865 Arlington Expressway ☎ 724.34.10, fax 727.76.06. *272 ch.* VISA, AE, DC, MC. Transfert gratuit de l'aéroport. Plusieurs de ses chambres disposent de balcons et patios. Tennis. Piscine. Centre de congrès. Pour les hommes d'affaires et les amateurs de plus grand confort, le Club Royale propose ses 51 chambres avec accès privatif. Navette gratuite pour l'aéroport.

▲ **Red Roof Inn**, 6099 Younger Man Circle ☎ 777.10.00, fax 777.10.05. VISA, AE, DC, MC.

Camping et caravaning. Flamingo Lake RV Resort, 3640 Newcomb Road, Jacksonville, FL 32218-1510 ☎ 766.06.72, (800) 742.42.23.

Fleetwood Park, 5001 Phillips Highway, Jacksonville, FL 32207-7280 ☎ 737.47.33.

Restaurants

♦♦ **Crawdaddy's**, 1643 Prudential Drive, sur la rive méridionale à San Marco ☎ 396.35.46. VISA, AE, DC, MC. Des parfums de Louisiane. Vue sur la rivière.

♦♦ **Patti's**, 7300 Beach Boulevard ☎ 725.16.62. VISA, AE, DC, MC. Cuisine italienne.

♦ **Yoshi**, 9866 Baymeadows Road, à Baymeadows ☎ 642.39.78. VISA, AE, MC. Japonais par excellence.

Adresses utiles et loisirs

Aéroport. Jacksonville International Airport ☎ 741.49.02.
Bus. Jacksonville Transportation Authority ☎ 630.31.00.
Croisières. FunCruise : ☎ 241.72.00, (800) 752.17.78. **Emerald Princess :** ☎ 277.89.80, (800) 842.01.15.
Dîner-spectacle. Alhambra Dinner Theater, 12000 Beach Boulevard ☎ 641.12.12. VISA, AE, MC. Spectacle style revue de Broadway. *F. le lun.*
Courses de lévriers. Kennel Club à Orange Park. **Greyhound Park** à Saint Johns. **Kennel Club** à Jacksonville.

Amelia Island

L'extrême pointe de la Géorgie, comme un doigt qui pénètre en Floride, c'est l'île floridienne d'**Amelia Island**, une forme de paradis balnéaire qui dispose notamment de deux très grands établissements hôteliers : le **Ritz-Carlton Amelia Island** et l'**Amelia Island Plantation.**

L'arrière-pays : de Jacksonville à Tallahassee

Cet itinéraire parcourt une région plus vallonnée et campagnarde que tout le reste de la Floride, plus nourri de souvenirs historiques. Attention : on change d'heure à la rivière Apalachicola.
Le mieux est de prendre le grand axe de la route fédérale US 10 : les petites routes ne conduisent pas vers des découvertes sensationnelles, à la différence de la partie méridionale de « l'État du Soleil ».
Prenez donc l'US 10, par la sortie ouest de Jacksonville, vers Whitehouse et Baldwin. Après avoir dépassé la base aérienne Cecil, à g., on arrive aux approches du site historique de la bataille Olustee, qui a vu s'opposer les Séminoles et les forces régulières des États-Unis. La somptueuse **forêt nationale d'Osceola*****, grâce au mont Carrie, présente un paysage vallonné. Son nom est un hommage au grand résistant indien (voir p. 59). C'est l'une des plus belles forêts de Floride pour la variété de ses essences. Nombreux sentiers pour les promenades romantiques ; baignade, plongée, canoë et canot dans des rivières aux eaux transparentes. Camping (payant) autorisé. À voir, le monument rappelant la rude bataille d'Olustee en 1864 mettant aux prises les troupes des Confédérés et celles de l'Union qui furent vaincues. Administration de la forêt : ☎ 752.25.37.
À **Lake City** (par la route FL 250 vers le sud-ouest) se tient aux mois de juillet et d'août une vente aux enchères de tabac *(tobacco auction).*
En continuant sur la route fédérale US 10, on traverse le district de Suwannee qui comprend plusieurs sources thermales telles que : **Suwannee Springs, Blue Springs** ou **Falmouth Springs.**
Par la route 41 à dr., on peut rallier un des hauts lieux indiens : **White Springs** (700 hab.). Les eaux qui jaillissent ici ont toujours eu de grandes qualités médicinales ; les Indiens y venaient retrouver des forces après les guerres. Ils ne sont plus les seuls aujourd'hui à consommer l'eau du lieu… Dans les parages, une industrie d'extraction des phosphates commence à se développer. Cette agglomération est aussi le siège du **Suwannee River Water Management District**, l'office de gestion de l'eau de la rivière Suwannee.
Un peu après White Springs, sur la route US 41, le **centre Stephen Foster State Folk Culture Center** présente l'artisanat, la musique, la culture des Floridiens, d'hier et d'aujourd'hui. Des concerts de carillon

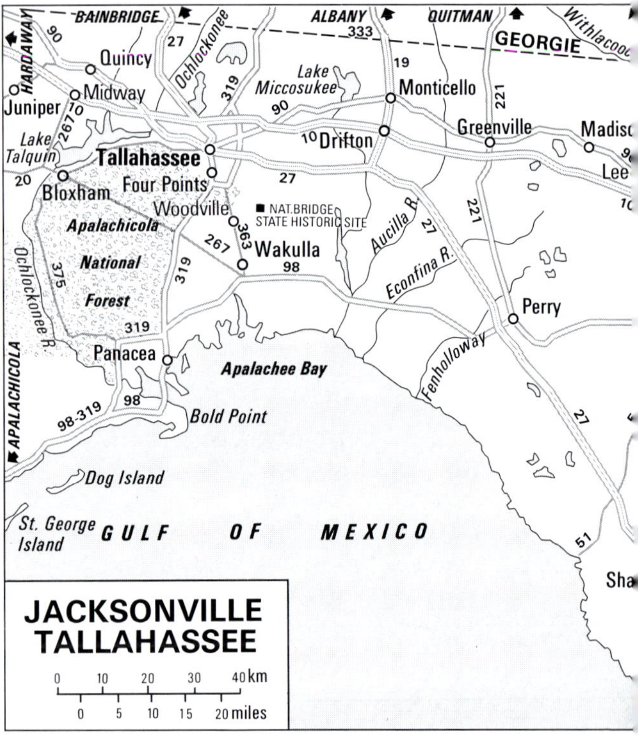

y sont donnés plusieurs fois par jour. Grand parc de 100 ha, à la frontière de la Géorgie et de la Floride, sur le fleuve Suwanee. ☎ 397.27.33.
Si vous avez le temps, vous pourrez aussi descendre en bateau le fleuve Suwannee dans le parc **Suwanee River State Park** (☎ 362.27.46).
À **Live Oak** se tient le plus vieux marché de tabac de Floride *(tobacco auction)*, tous les ans entre les mois de juillet et d'août.
La route continue par **Eliaville**, **Lee**, **Madison**, **Greenville**, **Drifton** pour arriver à la capitale administrative de l'État de Floride, Tallahassee.

Tallahassee*

Construite dans les collines, la capitale administrative de l'État de Floride est certainement l'une des agglomérations de l'État du Soleil les plus élevées… avec ses 60 m d'altitude. La grâce de l'époque des plantations reste bien présente. La ville, avec ses nombreux jardins et ses grands espaces, dénote un art de vivre urbain à l'américaine, discrètement influencé par la culture sudiste. L'office de tourisme de Tallahassee et du comté de Leon le proclame clairement : *Tallahassee… Florida With A Southern Accent,* soit quelque chose comme « Tallahassee, la Floride avec l'accent du sud ».

Tallahassee dans l'histoire

Le nom de Tallahassee viendrait du grec ancien et signifierait vieille ville. D'autres sources indiquent que cela signifie vieux champs dans la langue séminole. En fait, la zone montagneuse, ou plutôt vallon-

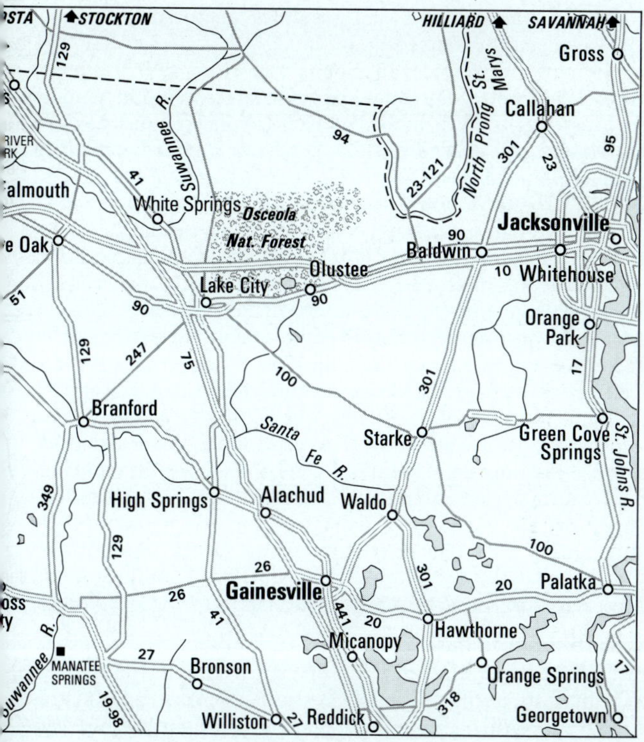

née, où elle se dresse est mentionnée par Panfilio de Narvaez dès 1528, car c'est là qu'il fait abattre les arbres d'une magnifique forêt, alors présente sur le site, pour construire les bateaux qu'il lance sur les fleuves Saint Marks et Wakulla. En 1539, Hernando de Soto y passe l'hiver. Des missions de pères franciscains sont également installées à cet endroit. Certaines sont détruites en 1675 par des raids en provenance de Caroline du Sud. En 1821, lorsque les États-Unis prennent possession de la Floride, les seules véritables villes de cette région sont Saint Augustine et Pensacola. C'est d'ailleurs dans cette dernière que se réunit, en 1822, la première Assemblée constituante de l'État de Floride *(First Legislative Council)*. Le 24 juin 1823, le Parlement décide la création d'un nouveau siège pour le Gouvernement de l'État de Floride, qui aurait la particularité d'être presque à égale distance des deux villes mentionnées.

Le Gouverneur William Duval fait très vite : il nomme deux commissaires, le Dr W.M. Simmons, de Saint Augustine, et John Lee Williams, de Pensacola, et leur donne la mission de déterminer le site. Les deux hommes se rencontrent le 23 octobre 1823, à Saint Marks, soit approximativement 30 km au sud de l'actuelle Tallahassee. Ils découvrent alors la petite agglomération indienne de Tallahassee, et, grâce à l'aide du jeune Naemathlea, ils obtiennent la signature d'un arrangement avec le chef de tribu. Prenant acte de leur rapport, le Gouverneur Duval fait la déclaration historique du 4 mars

1824, convoquant les membres de l'assemblée territoriale à l'endroit même où Tallahassee se dresse aujourd'hui.
Les plans urbains sont prêts en 1825 : une disposition symétrique, un grand capitole au centre, 4 grandes places, de larges rues. On vend les premiers lotissements dès le mois d'avril, et la ville est constituée administrativement le 9 décembre 1825. Le réseau routier la relie bien vite aux deux points extrêmes de la Floride, Pensacola à l'O et Saint Augustine à l'E. Notons, pour la petite histoire, que le prince Achille Murat, neveu de l'empereur Napoléon Ier et fils du roi de Naples fusillé à la chute de Napoléon, s'est porté acquéreur d'une plantation à une vingtaine de kilomètres à l'E de la nouvelle ville, à Belleview. Il est juge à Saint Augustine et à Tallahassee, où il est enterré.
La construction du premier capitole en bois, siège du Parlement de l'État de Floride, commence en 1826. En 1830, le gouverneur Richard Keith Call fait construire The Grove, sa nouvelle résidence. En 1839, la plantation Goodwood est créée ainsi que le capitole actuel, dont la partie centrale est achevée en 1845. C'est cette année-là que la Floride devient le 27e membre de l'Union des États-Unis. Pour un temps relativement court, puisqu'en 1861, la convention des États sécessionnistes se réunit en Floride, à Tallahassee. En 1865, les armées de l'Union menacent la capitale de la Floride, sans succès : elles sont rejetées lors de la bataille de Natural Bridge. En 1901, l'architecture du capitole est remaniée, et on lui ajoute un dôme.

Tallahassee aujourd'hui

Bien que Tallahassee soit aujourd'hui un centre commercial très important, la majeure partie des activités est orientée vers l'administration de l'État de Floride, autour du Parlement (le Capitole est le siège de la Chambre des représentants) ou autour des agences gouvernementales. Il y a, de ce fait, certainement un mode de vie particulier qui distingue Tallahassee du reste des villes de Floride. La forte densité de fonctionnaires y a institué un rythme quotidien, régulier et calme, qui rompt avec le concert dynamique et parfois plus bruyant des autres centres urbains floridiens. Compte tenu de son cadre verdoyant et de son urbanisme très aéré, la vie à Tallahassee est très agréable. On y vit (presque) les quatre saisons. En outre, les industries y sont limitées à l'exploitation du bois de charpente et d'autres dérivés de la forêt, comme la fabrication du papier, d'où la présence de nombreuses imprimeries et maisons d'édition, ainsi qu'à quelques industries agro-alimentaires. La ville comptait 125 000 hab. en 1994.

MODE D'EMPLOI

Accès

Par la route. Située dans la « queue de la poêle de Floride » *(Florida Panhandle)*, à 463 mi/717 km de Miami, à 163 mi/253 km de Jacksonville (SR 10), à 242 mi/375 km d'Orlando et à 239 mi/361 km de Tampa (SR 19).
Par avion. Quelques dessertes intra-Floride depuis Miami, Tampa, Orlando, Fort Lauderdale et Jacksonville. **Aéroport :** ☎ 891.78.00.
Par train. AMTRAK. Relations avec Jacksonville, Orlando et Miami ☎ 224.27.79, (800) 872.72.45.

Fêtes et festivals

Mars. Natural Bridge Battle Reenactment. Reconstitution, sur le site même de Natural Bridge, de la bataille qui a mis aux prises les forces des Confédérés

et celles de l'Union en 1865. Uniformes et armes authentiques. ☎ 922.60.07.
Le dimanche autour du 6 mars. **Springtime Tallahassee.** Festival de printemps de Tallahassee en souvenir de la fondation de la ville. Concerts, parades, décoration de vitrines, expositions, etc. Quatre semaines entre mars et avril. ☎ 224.13.73.
Octobre. North Florida Fair. Une foire-exposition de produits agricoles et de bétail. En musique. ☎ 878.32.47.

Le complexe du capitole et ses alentours

The State Capitol* *(Duval Street, au carrefour de South Monroe Street et de Apalachee Parkway ☎ 681.92.00. Des visites sont organisées t.l.j. Entrée libre. Possibilités de stationnement à proximité, mais il faut bien faire attention aux interdictions, fort nombreuses dans cette zone de la ville).* Facile à localiser puisqu'il domine toute l'agglomération de ses 22 étages, ce bâtiment est le siège du Parlement de l'État de Floride. Sa construction débuta en 1826, mais une suite de difficultés financières empêchèrent la poursuite des travaux. Ils ne reprirent seulement qu'en 1839 pour s'achever en 1845. C'est un magnifique bâtiment néo-classique, dressé au milieu d'autres constructions marquées par l'esthétique du début de ce siècle. Le capitole a été agrandi entre 1902 et 1920, puis une seconde fois entre 1921 et 1922, avec la construction des ailes est et ouest. La nouvelle aile nord fut achevée en 1939 et la nouvelle aile sud en 1947.
The Governor's Mansion, la maison du Gouverneur *(700 N Adams Street ☎ 488.46.61. Visites les lun., mer. et ven. lors des sessions du Parlement de Floride, en principe de fév. à avr.).* C'est la maison du premier magistrat de Floride. On peut admirer, depuis la rue, les magnifiques jardins de la résidence. Le bâtiment date de 1957.
The Columns* *(100 N Duval Street ☎ 224.81.16. Ouv. du lun. au ven.).* Déplacée de son site originel, cette élégante demeure en briques de trois étages date de 1830. Elle a servi successivement de banque, d'auberge, de cabinet médical et de restaurant. C'est aujourd'hui le siège de la chambre de commerce. On peut y voir des meubles anciens fort intéressants.

Park Avenue et Calhoun Street

Il s'agit de rues anciennes bordées de maisons du XIXe s. restaurées et classées.
First Presbyterian Church**, première église presbytérienne *(angle Adams Street et Park Avenue ☎ 222.45.04. Ouv. du lun. au ven., f. les j.f.).* C'est la première église de la ville de Tallahassee, construite en 1832. Aujourd'hui, détourné de sa fonction religieuse, le bâtiment est devenu un lieu privé faisant office de galerie de peinture. Les esclaves noirs avaient jadis la coutume de venir y prier en grand nombre.
LeMoyne Art Foundation* *(125 N Gadsden Street ☎ 222.88.00. Ouv. t.l.j. sf le lun. Entrée libre).* Ce musée doté de collections permanentes organise des expositions temporaires consacrées aux meilleurs artistes de Floride et de Géorgie.

Les environs de Tallahassee

Natural Bridge State Historic Site *(à 11 mi/16,5 km au sud du centre de Tallahassee, en prenant la route US 319 vers Woodville, puis une petite route d'intérêt local à env. 6 mi/9 km à l'est, ☎ 925.62.16, 922.60.07. Ouv. t.l.j. Entrée libre).* Il s'agit d'un parc de 3 ha situé au bord de Saint Marks River, dédié au souvenir de la guerre civile. C'est approximativement à cet emplacement que les troupes confédérées arrêtèrent les troupes fédérales, barrant ainsi la voie d'accès à la capitale. On peut y pique-niquer et effectuer de nombreuses et charmantes promenades.

Florida Agricultural and Mechanical University ou FAMU, université de Mécanique et d'Agriculture de Floride *(au carrefour de S Adams Street, Boulevard Street et Wahnish Way ☎ 599.30.00, 599.30.20. Musée. Visite du lun. au ven.)*. Ce centre universitaire, créé en 1887, regroupe plus de 9 300 étudiants.

Florida State University ou FSU, université de l'État de Floride *(West Tennessee, au carrefour de la route US 90 et de Wood West Street ☎ 644.32.46. Visites du lun. au ven.)*. Cette université, fondée en 1857 et forte aujourd'hui de ses 28 000 étudiants et de son campus de 140 ha, comprend de nombreux centres d'intérêt, dont un accélérateur nucléaire et un cirque. Une galerie d'art y est installée à l'angle des rues Copeland et West Tennessee *(☎ 644.68.36. Ouv. t.l.j. de sept. à mai et f. le dim. le reste de l'année. F. pendant les vacances universitaires. Entrée libre)*. L'université comprend aussi des facultés d'arts et sciences, d'économie, de sciences sociales, de travail social, de sciences musicales, de criminologie, etc.

Tallahassee Museum of History & Natural Science*, anciennement **Junior Museum** *(3945 Museum Drive, au bord du lac Bradford. Pour y accéder, tourner vers l'O, en quittant Orange Avenue, puis vers le sud, sur Rankin Avenue, ☎ 575.86.84. Ouv. t.l.j. sf les j.f. principaux. Entrée payante. Tarifs pour les personnes âgées)*. Sur 20 ha, on a construit ou reconstruit, dans le style d'origine du XIXe s., un ensemble de maisons et fermes de pionniers, de maisons de planteurs et de fermes indiennes ainsi que le premier capitole de 1824. À côté, des animaux sauvages, natifs de la région, font le bonheur des enfants. Dans cet écomusée, on organise des expositions, comme celles consacrées à l'art précolombien ou au costume du XIXe s.

Alfred B. Maclay State Gardens *(3540 Thomasville Road, à 5,5 mi/ 8 km au nord de Tallahassee par la route US 319 ☎ 487.45.56. Ouv. t.l.j.)*. Pour les amateurs de plantes et de fleurs, ce jardin doté d'une superficie de 123 ha est un lieu de visite apprécié. On y remarque, entre autres, de magnifiques et nombreux massifs d'azalées et de camélias. Les chiens sont interdits. Dans le parc près du lac, des équipements sont prévus pour la natation, le bateau, la pêche et le pique-nique.

Bonnes adresses

☎ Indicatif : 904

Informations touristiques. Leon County Tourist Development Council, P.O. Box 1369, 200 W College Avenue, Tallahassee, FL 32302 ☎ 488.39.90. **Tallahassee Area Convention & Visitors Bureau** ☎ 681.92.00, (800) 628.28.66. **Historic Tallahassee Preservation Board** ☎ 488.39.01. **Tallahassee Area Visitor Center**, New Capitol Building, West Plaza ☎ 681.92.00, (800) 628.28.66. **Tallahassee Chamber of Commerce**, 100 N Duval Street, Tallahassee, FL 32302. **State of Florida Department of Commerce Division of Tourism**, 107 West Gaines Street, Suite 410, Tallahassee, FL 32399-2000 ☎ 487.14.62, 488.73.00, fax 921.91.58.

Hébergement

▲▲▲ **Governors Inn**, 209 S Adams Street ☎ 681.68.55, (800) 342.77.17, fax 222.31.05. *40 ch.* VISA, AE, DC, MC. Un charmant ensemble. Cheminée, lit à baldaquin, antiquités dans certaines chambres. Transport gratuit pour l'aéroport.

▲▲▲ **Radisson**, 415 N Monroe ☎ 224.60.00, fax 224.60.00. VISA, AE, DC, MC. Salles de réunions. Transport à l'aéroport gratuit. Centre de remise en forme avec sauna.

▲▲ **Cabot Lodge**, 2735 N Monroe Street ☎ 386.88.80, (800) 223.19.64, fax 386.42.54. VISA, AE, DC, MC. Piscine. Bibliothèque. Grande cheminée.

Camping et caravaning. KOA, Rt 3, Box 25, à Monticello, FL 32344 (20 mi/32 km à l'E de Tallahassee) ☎ 997.38.90. **Tallahassee RV Park**, 6504 Mahan Drive, Tallahassee, FL 32308-9646 ☎ 878.76.41.

Restaurants

♦♦♦ **Andrew's 2nd Act**, 228 S Adams Street ☎ 222.27.59. VISA, AE, DC, MC. Pour son tournedos Saint-Laurent et son veau à la Oscar. Un peu nouvelle cuisine. Musique d'ambiance. Service élégant et efficace.

♦♦ **Chez Pierre**, 115 N Adams Street ☎ 222.09.36. VISA, DC, MC. Français typique avec ses propres soupes et pâtisseries.

♦ **Barnacle Bill's**, 1830 N Monroe Street, VISA, AE, MC. Fruits de mer et poissons grillés et fumés.

Vers Pensacola

La sortie de Tallahassee la plus aisée est celle qui rejoint la route fédérale US 10. Pourtant, nous vous suggérons de prendre la route FL 20 qui longe, vers l'O, le **lac Talquin** et la **forêt nationale d'Apalachicola****. À Bloxham, remontez vers le N par la route FL 267, qui recoupe l'US 10 à Quincy. Au passage de la rivière Apalachicola, passage de l'heure standard de l'Est *(Eastern Standard Time)* à l'heure standard du Centre *(Central Standard Time)*, c'est-à-dire que vous devez remonter vos montres d'une heure. Un détour sur la route FL 269, juste avant la rivière, permet de faire une pause-café à **Chattahoochee** au bord du lac séminole qui sert de frontière aux États de Géorgie et d'Alabama.

De retour sur la route d'origine, on commence à longer la frontière de l'État d'Alabama, à peu près à 14 mi/20 km à vol d'oiseau.

Près de Marianna, à 3 mi/4,5 km par la FL 167, dans le **Florida Caverns State Park**, parc des cavernes de Floride *(☎ 482.95.98)*, vous avez la possibilité de faire notamment de la plongée sous-marine dans des cavités calcaires réparties sur une surface de plus de 700 ha.

Après Chipley, se profile la petite agglomération de **De Funiak Springs** (sources de Funiak), à quelques km par la FL 183, du monument dédié aux confédérés. Dans le **Ponce de Leon Springs State Recreation Area** *(☎ 836.42.81, 638.61.30)*, baignade en eaux thermales, pêche, pique-nique, randonnée, etc.

La FL 331 conduit directement au point le plus élevé de Floride près de Lakewood à la frontière avec la Géorgie : 345 feet/115 m.

L'arrivée sur Pensacola (voir p. 231) se fait par une route toute droite, qui traverse le comté d'Okaloosa en longeant les méandres de la rivière Yellow et la base aérienne d'**Eglin** *(Eglin Air Force Base)*.

De Panama City à Pensacola : Miracle Strip (la ceinture miraculeuse)

L'enchaînement de plages superbes et souvent désertes, qui se succèdent de Panama City à Pensacola, aux confins de l'Alabama, porte ce nom de Miracle Strip ou la ceinture miraculeuse…

Panama City* et Panama City Beach*

➤ *À 33 mi/49 km de Port Saint Joe, par l'US 98. Par l'US 98, à 103 mi/165 km de Pensacola et à 161 mi/257 km d'Apalachicola.*

Mai. Spring Festival Of The Arts. *L'art a droit de cité au McKenzie Park durant deux jours avec le festival de printemps des arts.* ***Juillet. Bay Point Billfish Tournament.*** *Concours de pêche au gros, parmi les plus importants de Floride.*

Panama City, avec son extension sur les plages de Panama City Beach, est comme un prototype des nouvelles capitales balnéaires qui se développent encore dans cette partie de la Floride appelée « la Queue de la Poêle » *(the Panhandle).*

Les vacanciers dominent très largement en été à Panama City, alors que durant toute l'année les résidents sont en grande partie constitués de retraités. Paradis pour la pêche, Panama City et les communes environnantes disposent, en outre, de nombreuses marinas publiques. Cela n'empêche pas la ville d'avoir une autre activité économique intense : des usines de pâte à papier basées sur l'exploitation des vastes et nombreuses forêts voisines. Au **Miracle Strip Amusement Park** *(☎ 234.58.10, (800) 538.73.95. Ouv. t.l.j. de Memorial Day – mai – à Labor Day – sept. De mi-mars à mi-mai, ouv. les ven. et sam. Entrée payante)*, nombreux manèges « à l'américaine ». Le **Shipwreck Island**, situé en face, est un grand parc aquatique *(☎ 234.03.68, ouv. t.l.j. de juin à Labor Day – sept., ouv. le sam. en avr. et mai. Entrée payante)*.

Bonnes adresses

☎ Indicatif : 904

Informations touristiques. Panama City Convention & Visitors Bureau, P.O. Box 9473, Panama City Beach, FL 32417 ☎ 233.65.03, (800) 722.32.24.

▲▲▲ **Marriott's Bay Point**, 4200 Marriott Drive, Panama City Beach, FL 34208 ☎ 234.33.07, fax 234.03.05. VISA, AE, DC, MC. L'un des plus beaux *resorts* de la *Panhandle.* Tennis éclairés. Golf 36 trous. 6 piscines. Moniteur pour les enfants de mars à oct. Marina avec tous les sports nautiques. Salles de réunions. Saunas sec et humide.

▲ **Econo Lodge**, 4411 W US 98, Panama City, FL 32401 ☎ 785.27.00. VISA, AE, DC, MC.

Camping et caravaning. KOA Panama City Beach, 8800 Thomas Drive, Panama City Beach, FL 32408-5000 ☎ 234.57.31. **Ocean Park RV Resort**, 3026 W Highway 98, Panama City Beach, FL 32413-1107 ☎ 235.03.06, (800) 338.31.03.

♦♦ **Capt Anderson's**, 5551 N Lagoon Drive, sur la zone de Panama City Beach ☎ 234.22.25. VISA, AE, DC, MC. Demandez ses exquises salades grecques. Décor maritime.

♦ **Cajun Inn**, 477 Beckrich Road, dans le centre commercial The Shoppes, à Edgewater, sur la zone de Panama City Beach ☎ 235.99.87. VISA, MC. Menus créole et cajun dans l'ambiance appropriée.

Les plages au nord de Panama City

Tout au long des 63 mi/101 km, conduisant de Panama City à Fort Walton Beach, s'échelonnent des plages de sable blanc, très fin, convenant aussi bien aux familles qu'aux naturistes, étant donné leur étendue. Discrétion et intimité sont garanties, même si la loi interdit le naturisme. Enumérons : **Laguna Beach**, **Sunnyside**, **Seagrove Beach**, **Seaside**, **Grayton Beach**, **Santa Rosa Beach** et **Destin**, pour ne

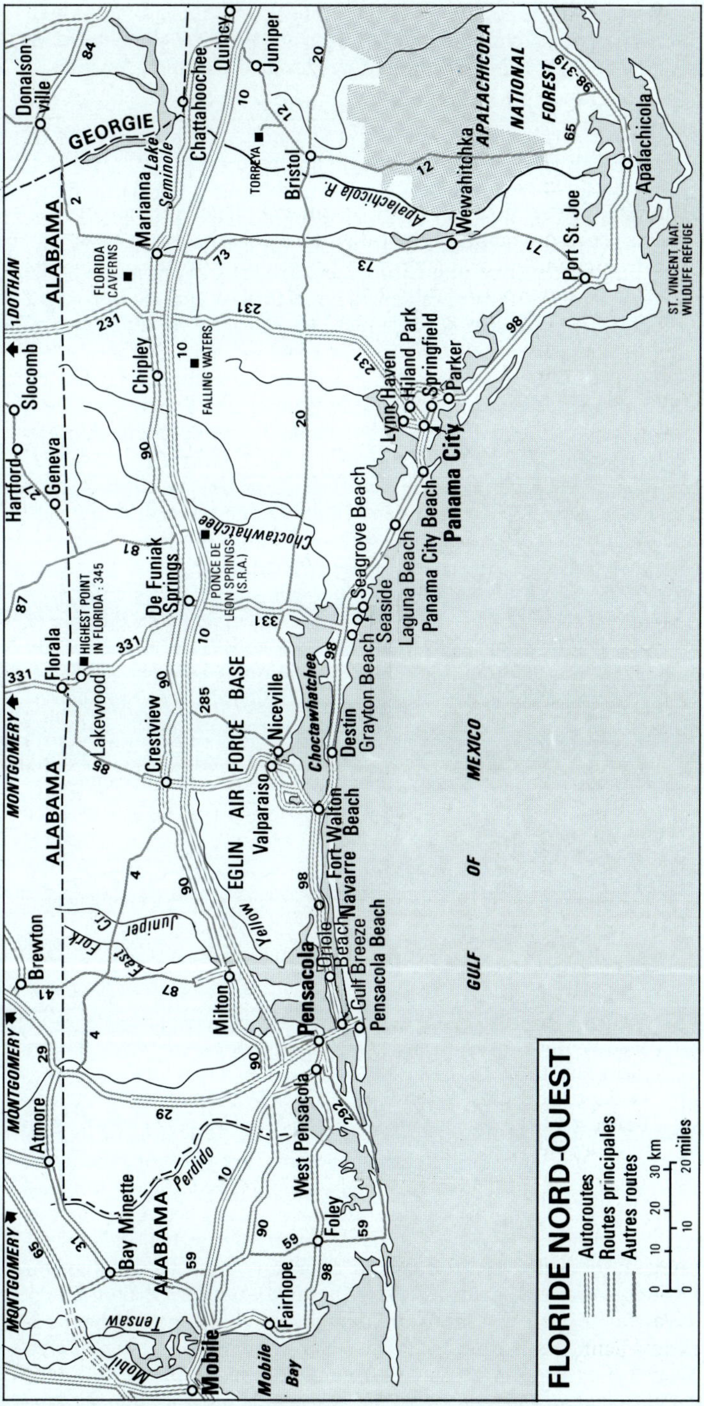
FLORIDE NORD-OUEST
Autoroutes
Routes principales
Autres routes
0 10 20 30 km
0 10 20 miles
GEORGIE
ALABAMA
MONTGOMERY
DOTHAN
Donalsonville
Chattahoochee
Quincy
Juniper
Lake Seminole
Marianna
FLORIDA CAVERNS
TORREYA
Bristol
Apalachicola R.
Wewahitchka
APALACHICOLA NATIONAL FOREST
Apalachicola
Port St. Joe
ST. VINCENT NAT. WILDLIFE REFUGE
Slocomb
Chipley
FALLING WATERS
Hartford
Geneva
Lynn Haven
Hiland Park
Springfield
Parker
Panama City
Panama City Beach
Laguna Beach
Seagrove Beach
Seaside
Grayton Beach
Choctawhatchee
PONCE DE LEON SPRINGS (S.R.A.)
De Funiak Springs
Florala
Lakewood
HIGHEST POINT IN FLORIDA : 345
Crestview
EGLIN AIR FORCE BASE
Niceville
Valparaiso
Destin
Fort Walton Beach
Navarre Beach
Yellow
Juniper Cr.
East Fork
Brewton
Milton
Pensacola
Oriole Beach
Gulf Breeze
Pensacola Beach
West Pensacola
Perdido
Atmore
Bay Minette
Foley
Fairhope
Mobile
Mobile Bay
Tensaw
Mobil
GULF OF MEXICO

mentionner que celles qui ont un nom. Elles sont plus ou moins bien desservies par de charmantes routes secondaires qui permettent de longer les plages à vitesse réduite. Une Floride d'une autre tonalité.

♥ Seaside***

➤ *À 140 mi/212 km de Tallahassee, à 513 mi/821 km de Naples, à 600 mi/960 km de Miami et à 350 mi/560 d'Orlando.*

Seaside (bord de mer) mérite une mention tout à fait particulière. Nous sommes, en effet, en présence d'un montage urbanistique exceptionnellement rare aux États-Unis. En effet, Seaside qui, aujourd'hui, est devenue une commune balnéaire à part entière – elle élit par exemple son propre conseil municipal –, était au départ un ensemble de terrains de bord de mer appartenant à un seul propriétaire, M. Robert S. Davis. Tout a commencé au début des années 80, lorsque celui-ci souhaita construire sur son domaine des chalets en bois (*cottages*), selon le modèle traditionnel que l'on trouve dans quelques États du pays. Il s'inspira donc de six prototypes de maisons existant à Charleston (Caroline du Sud), Mac Anny Island, Nentucket (Massachussets) et Savannah (Géorgie). Le concept ainsi élaboré, les terrains furent mis en vente. Chaque acheteur d'une parcelle dut s'engager à construire suivant l'un des modèles choisi par M. Davis. Résultat : un ensemble de 200 cottages habités par leurs propriétaires ou loués tout équipés par une agence locale à des touristes de passage. Le charme des lieux est indéniable bien qu'un peu artificiel. Comme dans un hôtel-club, tous les services d'une station de bord de mer sont compris dans la location (à la journée, à la semaine, au mois, etc.) : 3 piscines, 6 courts de tennis, 1 terrain de croquet, des animations sportives et culturelles variées, tous les commerces nécessaires sur place, restaurants... : une vraie ville de vacances où tout est si près qu'une voiture devient encombrante.

Bonnes adresses

☎ **Indicatif : 904**

Chalets. Seaside Cottage Rental Agency, P.O. Box 4730, Seaside, FL 32459 ☎ 231.13.20, 231.22.22, 231.42.24, fax 231.22.93. **Floridays :** ☎ 231.16.63.

Restaurants. Plusieurs bons restaurants, qui n'abusent pas de la situation... **Shades** ☎ 231.19.50.

Fort Walton Beach

À 63 mi/101 km de Panama City, à 40 mi/64 km de Pensacola et à 544 mi/870 km de Naples.

Fort Walton Beach possède un émouvant musée indien, **Indian Temple Mound Museum** (*☎ (904) 243.65.21. Ouv. t.l.j. sf le dim. Entrée payante*), qu'a longtemps fait visiter l'épouse du fondateur. Des tableaux récapitulatifs constituent une introduction à la connaissance de la civilisation indienne. Des objets, dont certains sont très anciens, illustrent la visite. Ce musée aurait été construit à l'endroit même d'un ancien centre religieux et civique indien. Le **Gulfarium** (*☎ (904) 244.51.69. Ouv. t.l.j. Entrée payante*), sur l'île Okaloosa, présente des spectacles d'otaries et de marsouins. Quant à la **base aérienne Eglin**, Eglin Air Force Base (*Ouv. de janv. à mars et de juin à août, les lun., mer. et ven. Les billets gratuits sont à retirer au Musée de l'Armement, Armament Museum, que compte aussi la base ☎ (904) 882.39.33*), c'est la plus grande des États-Unis avec une surface de

1 800 km^2. Elle couvre l'ensemble de l'arrière-pays, de Pensacola à De Funiak Springs. On la visite en autocar, au cours d'un circuit de 3h.
La route US 98 continue par les agglomérations balnéaires de **Wynnhaven, Navarre, Woodlawn Beach, Oriole Beach** et **Gulf Breeze** vers Pensacola, dernière grande agglomération de cette côte du golfe du Mexique, avant d'entrer dans l'Alabama.

♥ Pensacola***

➤ *À 425 mi/680 km de Tampa par l'US 10 puis l'US 75, à 103 mi/166 km de Panama City par l'US 98, et à 575 mi/920 km de Naples par l'US 98, l'US 19/98, l'US 75 et l'US 41.*

Fêtes et manifestations. Juin. Fiesta Of The Five Flags. *La célébration des cinq drapeaux qui ont flotté sur la ville au cours des siècles : parades avec costumes des différentes époques, spectacle de ski nautique, courses automobiles, etc.* ***Octobre. Pensacola Interstate Fair :*** *l'une des plus vieilles foires de l'État.* ***Novembre. Blue Angels Air Show.*** *Grande fête aérienne, parachutage, etc.*

Des grandes artères, des petits immeubles, des maisons coloniales avec balcons en fer forgé, l'odeur de la mer, voilà Pensacola. Cette longue agglomération étalée sur une bande de sable blanc est souvent qualifiée de porte d'entrée de la *Miracle Strip*, en raison, semble-t-il, de ses quelque 100 mi/160 km de plages, péninsules et îles qui se prolongent jusqu'à Panama City. Elle possède un très intéressant centre historique remontant à la fondation de la ville par les conquistadores espagnols. Son port naturel appelé *Pensacola Bay* est presque fermé par l'**île Santa Rosa** reliée à la terre ferme par deux ponts qui constituent de fabuleuses jetées pour la pêche, « miraculeuse » ici aussi.

La ville aux cinq drapeaux

Pensacola est fondée, en 1559, par Tristan de Luna, soit six ans avant Saint Augustine. Elle représente certainement la première implantation européenne aux États-Unis. Tout au long de l'histoire, cette cité a triomphé des malheurs, des ouragans et de la guerre. Elle a successivement été placée sous la domination de cinq nations : l'Espagne, la France, le Royaume-Uni, les États Confédérés du Sud et les États-Unis d'Amérique. C'est pour cela, qu'aujourd'hui, on appelle Pensacola « la ville aux cinq drapeaux » *(The City of Five Flags).* À la suite de leur premier débarquement, en 1559, les Espagnols laissent la région vierge jusqu'à leur deuxième tentative d'installation en 1698. En 1719, les Français n'ont pas beaucoup de mal à reconquérir ce morceau de terre, les Espagnols l'ayant insuffisamment protégé.
Ce n'est qu'en 1722 que les Espagnols se rendent de nouveau maîtres du territoire et installent une base militaire solide sur l'île de Santa Rosa. Cette colonie souffre mille maux lors de l'ouragan de 1752. Les survivants s'enfuient en direction du continent et débarquent tout près du site actuel de Seville Square, pour faire de la ville de Pensacola leur lieu de résidence.
Les Anglais occupent la ville entre 1763 et 1781. Ils s'emploient à inventer son urbanisme et déterminent le système de rues tel que nous le connaissons aujourd'hui, du moins dans la partie ancienne de Pensacola. Quelques années plus tard, ils sont battus et doivent céder le terrain aux Espagnols.
Par la suite, la ville est prise deux fois par les forces fédérales américaines d'Andrew Jackson, avant que l'Espagne ne la cède définitive-

ment aux États-Unis en 1822. La guerre civile allume encore des escarmouches. Les États Confédérés prennent Pensacola en 1861, après la défaite des forces de l'Union à Fort Pickens, à la pointe de l'île Santa Rosa.
L'expansion urbaine s'est faite, au cours des années, autour du centre ancien, ce qui a permis d'en préserver quelques vestiges, topographiquement très délimités. L'activité de Pensacola repose, en dehors du tourisme, sur la pêche, quelques industries chimiques et papetières et sur la base aérienne *(Naval Air Station)*. Elle compte 60 000 âmes.

Un tour de ville

Seville Square et le Historic Pensacola Village***, le village historique de Pensacola (☎ *444.89.05. Un seul droit d'entrée pour les principaux sites, à l'exception du Pensacola Historical Museum. Ouv. t.l.j. sf le dim., f. Thanksgiving, Noël et 1er janv.*). Vous pourrez effectuer cette visite à pied, si la chaleur le permet (mais c'est malgré tout un peu long), en voiture, ou en alliant les deux, formule que nous jugeons idéale. Prévoir pour l'ensemble du quartier historique une bonne demi-journée de promenade ou mieux une journée.
Saint Michael's Cemetery*, le cimetière de Saint-Michel *(à l'angle des rues Alcaniz et Garden)*. Sur quelques tombes flottent des drapeaux, comme c'est le cas pour celles de Stephen R. Mallory, Secrétaire à la Marine des Confédérés, ou de Dorothy Walton, veuve d'un des signataires de la déclaration d'indépendance des États-Unis d'Amérique. La plupart des tombes portent des indications gravées en langue espagnole.
Old Christ Church** *(à l'angle de Zaragoza Street et d'Adams Street)*. Sa construction a commencé en 1830, et c'est à ce jour la plus vieille église de Floride occidentale. La brique locale et les poutres en bois de pin contribuent à donner un cachet très particulier à l'édifice. L'affectation de l'église a subi de nombreux avatars : hôpital de champs de bataille, bibliothèque et, aujourd'hui, elle abrite le **Pensacola Historical Museum** *(ouv. t. lj. sf dim. et j.f.,* ☎ *433.1559. Entrée payante)*. Toute l'histoire de la ville depuis les temps préhistoriques.
T.T. Wentworth Junior Florida State Museum *(angle Jefferson Street et Zaragoza Street. Ouv t.l.f sf dim., Thanksgiving Day, 25 déc. et 1er janv.* ☎ *444.8905)*. Art, architecture et archéologie dans l'histoire floridienne.
Museum of Industry & Museum of Commerce, Musée de l'industrie et Musée du commerce *(200 E Zaragoza Street. Ouv. t.l.j. sf dim., Thanksgiving Day, 25 déc. et 1er janv.* ☎ *444.8905)*. Des anciens entrepôts convertis en musée de l'histoire de la côte du golfe du Mexique.
Et encore, quelques maisons intéressantes notamment pour leur architecture et/ou leur mobilier : **Charles La Valle House** (1805), *205 E Church Street ;* **Dorr House** (1871), *311 S Adams Street ;* **Quina House**, *204 S Alcaniz Street.*
The Zoo *(5801 Gulf Breeze Parkway, à 15 mi/23 km à l'est de Pensacola sur l'US 98* ☎ *932.22.29. Ouv. t.l.j., sf Thanksgiving Day et Noël. Entrée payante)*. Jardin zoologique et botanique sur 8 ha. Plus de 600 animaux, parmi lesquels les plus gros gorilles en captivité.
Naval Air Station Pensacola (☎ *452.23.11, 452.23.12. Accès libre à la base)*. La base comprend différents éléments. Au **National Museum of Naval Aviation** (☎ *453.23.89, (800) 327.50.02. Entrée libre. Ouv. t.l.j. sf le 1er janv., Thanksgiving Day et Noël) :* plus de 100 appareils

depuis le Triad A1 de 1911 jusqu'aux *jets* de notre époque, et aux engins de la conquête de l'espace, ainsi qu'un panthéon des navigateurs, le *Naval Aviation Hall of Honor*. Le **USS Forrestal** *(☎ 432.88.02. Visite libre les sam., dim. et pendant les vacances lorsqu'il est à quai)*, est un gigantesque navire-école qui nécessite un équipage de 2 000 femmes et hommes. Enfin, on peut voir le **Fort Barrancas** *(☎ 455.51.67. Entrée libre)* qui fit partie des fortifications espagnoles, caché dans un bois de pins et de chênes de 16 ha.

Bonnes adresses

☎ Indicatif : 904

Informations touristiques. Pensacola Convention & Visitors Bureau, 1401 E Gregory Street, Pensacola, FL 32501 ☎ 434.12.34, (800) 343.43.21, (800) 874.12.34.

▲▲▲ **New World**, 600 S Palafox ☎ 432.41.11. VISA, AE, DC, MC.

▲▲ **Best Western Village Inn**, 8240 N Davis Highway ☎ 479.10.99. VISA, AE, DC, MC.

▲ **Red Roof Inn**, 7340 Plantation Road, sur University Mall ☎ 476.79.60, fax 479.47.06. VISA, AE, DC, MC.

♦♦♦ **Jamie's**, 424 E Zaragoza Street ☎ 434.29.11. VISA, AE, DC, MC. Un excellent français. Bonnes bières et bons vins. Dans une élégante maison victorienne.

♦♦ **Skopelos Seafood & Steak**, 670 Scenic Highway ☎ 432.65.65. Comme son nom l'indique. Spécialités grecques par ailleurs.

♦ **Darryl's**, 7251 Plantation Road, sur University Mall ☎ 476.18.21. VISA, AE, DC, MC. Bœuf et fruits de mer. Décor fin de siècle.

Camping et caravaning. **All Star RV Resort**, 1500 Perdido Key Drive, Pensacola, FL 32507 ☎ 492.00.41. *Ouv. en 1994.* **Emerald Coast RV Resort**, Rt 1 Box 2820, Santa Rosa Beach, FL 32459-9762 ☎ 267.28.08, (800) BEACH-RV.

QUELQUES MOTS D'ANGLO-AMERICAIN

français	**anglo-américain**	**anglais**
ascenseur	*elevator*	*lift*
bagage	*baggage*	*luggage*
boîte de conserve	*can*	*tin*
camion	*truck*	*lorry*
centre	*center*	*centre*
chambre	*guest room*	*room*
cinéma (lieu)	*(movie) theater*	*cinema*
courrier	*mail*	*post*
essence	*ga*	*petrol*
flic	*co*	*bobby*
hall	*lobby*	*hall*
kitchenette	*efficiencies*	*kitchenette*
longue distance (tél.)	*long distance call*	*trunk call*
magasin	*store, shop*	*shop*
médecin	*physician*	*medical doctor (MD)*
métro	*subway*	*underground*
motor home	*RV (recreational vehicle)*	*motor home*
nom	*last name*	*surname*
note, addition	*check*	*bill*
pharmacie	*drugstore*	*chemist's*
port	*harbor, port*	*harbour*
pourboire	*tip*	*gratuities*
premier étage	*second floor*	*first floor*
prénom	*first name*	*Christian name*
réparer	*to fix*	*to repair*
rez-de-chaussée	*first floor*	*ground floor*
téléphoner	*to call, to phone*	*to ring up*
théâtre	*theater*	*theatre*
toilettes	*rest rooms*	*lavatory, toilets*
trajet simple	*one way ticket*	*single ticket*
trajet aller-retour	*round trip ticket*	*return ticket*
type, mec, copain	*guy*	*fellow, chap*
vacances	*vacation*	*holidays*
vestiaire	*checkroom*	*cloakroom*

DES LIVRES ET DES FILMS

Romans

Trois auteurs furent des amoureux de la Floride, spécialement de Key West, où ils vécurent et rédigèrent plusieurs de leurs ouvrages:

John DOS PASSOS, *Manhattan Transfer* (1925), *Le 42e Parallèle* (1930), *Aventures d'un jeune homme* (1939).

Ernest HEMINGWAY (voir p. 119), *Le Soleil se lève aussi* (1926), *L'Adieu aux armes* (1929), *Les Neiges du Killimandjaro* (1935), *Pour qui sonne le glas* (1940), *Le Vieil Homme et la mer* (1952)

Tennessee WILLIAMS, *Un tramway nommé désir (1947), La rose tatouée (1935), La Chatte sur un toit brûlant (1955), Soudain l'été dernier.*

Lisez aussi :

Thomas SANCHEZ, *Kilomètre Zéro*, Le Seuil, « Fiction », Paris, 1990.

Claude CHEBEL, *L'Épervier d'Amérique*, Éditions Lattès, Paris, 1985.

Histoire, art et documents

L'Amérique des Ethnies, Thomas SOWELL , Éd. Age d'Homme, 1983.

« **Floride et Miami** », Revue *Muséart* n° 27, février 1993.

La Grande Aventure des Indiens d'Amérique du Nord, Stanley A. FREED, Sélection du Reader's Digest, 1983.

Le Grand Livre des Oiseaux. Ses 435 planches originales. Jean-Jacques AUDUBON, préface de Jean DORST, de l'Institut de France ; collaboration des ornithologues Roger TORY et Virginia-Marie PETERSON, éditions Mazenod, Paris, 1987.

Les Indiens d'Amérique du Nord, Geoffrey TURNER, Armand Colin, « Civilisations », Paris, 1985.

Les Indiens, un siècle de déshonneur, H.H. JACKSON, UGE, « 10-18 », Paris, 1972.

Inoubliables Antilles, Bernard QURIS, Éditions France-Empire, Paris, 1981.

Journal du Missouri, John James AUDUBON , La Table Ronde, 1990.

Les Marais de la Floride, Archie CARR et la rédaction des éditions Time-Life, « Les Grandes Étendues Sauvages », Amsterdam.

Miami. Architectures sous les tropiques, Maurice CULOT et Jean-François LEJEUNE, éditions des Archives d'Architecture Moderne (AAM), Hazan, Paris.

Voyages dans l'Amérique équinoxiale, Alexandre DE HUMBOLDT, Éditions Maspero, Paris, 1980.

Guides et vidéo-guides Hachette

Guide des États-Unis Est et Sud, Hachette, « Guides Bleus », 1994.

Guide du Routard États-Unis Côte Est et Sud.

Floride , vidéo-guide n°13, 1991.

Attractions en Floride, vidéo-guide n°16, 1992.

Films

Key Largo, de John HUSTON (1948), avec Lauren Bacall et Humphrey Bogart.

Tournés à l'hôtel Fontainebleau Hilton de Miami Beach et dans la ville:

The Bodyguard (1993) avec Kevin Costner et Whitney Houston ; *The Specialist* (1994) avec Sylvester Stallone et Sharon Stone ; *Golfinger* avec James Bond ; *The Bellboy* avec Jerry Lewis ; *Tony Rome* avec Frank Sinatra ; *Scarface* avec Al Pacino; *Stick* avec Burt Reynolds; *Police Academy 5* ; les feuilletons télévisuels *Surfside Six* et, bien sûr, *Miami Vice*...

INDEX

Miami Beach : nom de lieu
Disney Walter Elias : nom de personnage
CARTE DE PAIEMENT : mot-clé

Pour
vos voyages...
Mini format :
78 x 116 mm
HACHETTE
& Oxford
Mini dictionnaire
FRANÇAIS-ANGLAIS
ANGLAIS-FRANÇAIS
+ guide de
conversation
ANGLAIS
Avec
son guide
de conversation
méthodique
et pratique

Imprimé en France par I.M.E. - 25110 Baume-les-Dames
Dépôt légal n° 10990-04/2001 - Collection n° 25 - Edition n° 02
ISBN : 2.01.242817.7 - ISSN : 0762.2392 - N° Imprimeur : 15060
24/2817/5

Carnet de voyage

À nos Lecteurs...

Ces pages vous appartiennent. Notez-y vos remarques, vos impressions de voyage, vos découvertes personnelles, vos bonnes adresses. Et ne manquez pas de nous en informer à votre retour. Nous accordons la plus grande attention au courrier de nos lecteurs.

HACHETTE Tourisme
Guides Bleus Évasion – Courrier des lecteurs
43, quai de Grenelle – 75905 PARIS Cedex 15